eXamen.press

eXamen.press ist eine Reihe, die Theorie und Praxis aus allen Bereichen der Informatik für die Hochschulausbildung vermittelt.

Alexander Schill · Thomas Springer

Verteilte Systeme

Grundlagen und Basistechnologien

2. Auflage

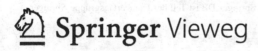

Prof. Dr. Alexander Schill
TU Dresden
Fakultät Informatik
Dresden, Deutschland

Dr. Thomas Springer
TU Dresden
Fakultät Informatik
Dresden, Deutschland

ISBN 978-3-642-25795-7   ISBN 978-3-642-25796-4 (eBook)
DOI 10.1007/978-3-642-25796-4

Die Deutsche Nationalbibliothek verzeichnet diese Publikation in der Deutschen Nationalbibliografie; detaillierte bibliografische Daten sind im Internet über http://dnb.d-nb.de abrufbar.

Springer Vieweg

Gedruckt auf säurefreiem und chlorfrei gebleichtem Papier

Springer Vieweg ist eine Marke von Springer DE. Springer DE ist Teil der Fachverlagsgruppe Springer Science+Business Media
www.springer-vieweg.de

Für unsere Familien

Vorwort zur zweiten Auflage

Nach der im Jahr 2007 veröffentlichten ersten Auflage liegt nun 4 Jahre später eine zweite Auflage des Buches vor. Dies ist zum einen der erfreulichen Tatsache geschuldet, dass die Exemplare der ersten Auflage weitestgehend ihre Leser gefunden haben. Zum anderen entwickelt sich das Themengebiet der Verteilten Systeme, wie die meisten Bereiche der Informatik, stetig weiter. Aus diesem Grund wurde die zweite Auflage um einige Themen erweitert und an einigen Stellen aktualisiert.

Die bedeutendste Änderung betrifft das Thema dienstorientierter Architekturen. Diese haben sich in den letzten Jahren zum vorherrschenden Paradigma für die Umsetzung Verteilter Systeme entwickelt. Wurden dienstorientierte Architekturen in der ersten Auflage im wesentlichen als Systemmodell unter dem Aspekt einer lose gekoppelten, interoperablen Kommunikation verteilter Systembausteine beschrieben, findet sich in der zweiten Auflage ein eigenes Kapitel mit einer ausführlichen Diskussion der wesentlichen Konzepte und Technologien zur Umsetzung dienstbasierter Systeme und Geschäftsprozesse. Weitere Ergänzungen betreffen etwa die Themen AJAX und Cloud Computing sowie Übungsaufgaben und Musterlösungen. Im Gegenzug wurde beim Thema der Anonymität gekürzt, so dass das Fachbuch auch weiterhin einen kompakten Überblick über das Themengebiet gibt.

Für die Unterstützung bei der Erstellung der zweiten Auflage danken wir dem Springer-Verlag sowie allen beteiligten Kollegen und Studierenden.

Dresden,   *Alexander Schill und Thomas Springer*
November 2011

Vorwort

Verteilte Systeme bilden das Rückgrat vieler industrieller Anwendungen, indem sie die gezielte Zusammenarbeit vernetzter Programme auf unterschiedlichen Rechnern ermöglichen. Einsatzfelder sind etwa die Büroautomatisierung, die Fertigungssteuerung, der elektronische Handel und natürlich auch das World Wide Web. Ausgehend vom Client-/Server-Modell entwickelten sich die Basistechnologien Verteilter Systeme seit Anfang der 90er Jahre intensiv weiter.

Das vorliegende Lehr- und Fachbuch gibt eine umfassende, aber dennoch kompakte Einführung in den Bereich der Verteilten Systeme. Ausgehend von konkreten Praxisbeispielen werden die wichtigsten Zielsetzungen Verteilter Systeme erörtert, Systemmodelle für deren Realisierung vorgestellt und dann einzelne Ansätze bis hin zu aktuellen objektorientierten und komponentenbasierten Technologien vertieft. Dabei spielen insbesondere verteilte Systemdienste für die Kommunikation, die Transaktionsverarbeitung, die Sicherheit und die Verwaltung von Namen und Ressourcen eine wichtige Rolle. Die teilweise eher abstrakten Konzepte werden regelmäßig durch Programmbeispiele in Verbindung mit einem durchgängigen Anwendungsbeispiel näher illustriert und zugänglich gemacht. Unter dem Gesamtkonzept der Middleware und der zugehörigen Application Server werden integrierte Systemlösungen präsentiert. Schließlich wird auch auf Werkzeuge zur Softwareentwicklung Verteilter Systeme unter Abdeckung des gesamten Lebenszyklus eingegangen und die Verzahnung mit Middleware-Lösungen aufgezeigt. Aufgrund der stark wachsenden Bedeutung mobiler Kommunikationsmöglichkeiten bildet das Mobile Computing, also die Realisierung mobiler Verteilter Systeme, einen weiteren aktuellen Schwerpunkt.

Das Buch wendet sich damit gleichermaßen an Praktiker aus der Software-Entwicklung und dem IT-Management, die einen aktuellen Überblick über Verteilte Systeme und Middleware suchen, wie auch an Dozenten und Studierende der Informatik und der damit verwandten Bereiche, die eine systematische und gleichermaßen auch praxisbezogene konzeptionelle Darstellung des Fachgebiets für die Ausbildung an der Hochschule suchen.

Das Fachbuch konzentriert sich auf die am weitesten verbreiteten Architekturkonzepte und Grundprinzipien Verteilter Systeme. Speziellere Aspekte wie etwa anwendungsspezifische verteilte Algorithmen, verteilte Dateisysteme oder auch ganz konkrete Produkte und kurzlebige Technologiedetails werden dagegen weitgehend ausgeblendet bzw. nur im konzeptionellen Überblick vorgestellt. Elementare Grundlagen wie etwa die Ressourcenverwaltung im Betriebssystem, die Details kryptografischer Verfahren, das World Wide Web, die Prinzipien der objektorientierten Programmierung oder die Programmier-

sprache Java, die alle durchweg in zahllosen anderen Publikationen und Lehr-
veranstaltungen vorgestellt werden, wurden bewusst nicht nochmals vertieft,
sondern mit entsprechenden Literaturhinweisen unterlegt. Grundkenntnisse
der Programmiersprache Java sowie des World Wide Web bzw. Internet werden vorausgesetzt. Vertiefende Kenntnisse in den Bereichen der Rechnernetze
und Protokolle, Mobilfunktechnologien oder Sicherheit werden jedoch nicht
erwartet.

Um das Buch für den Einsatz in der Lehre in entsprechenden Vertiefungs-
veranstaltungen noch attraktiver zu machen, werden die einzelnen Kapitel
um Übungsaufgaben ergänzt, zu denen auch Musterlösungen zur Verfügung
stehen.

Das vorliegende Buch entstand aus einer über viele Jahre hinweg realisierten
und kontinuierlich weiterentwickelten Vorlesungsreihe zu Verteilten Systemen
für das Hauptstudium in Informatik bzw. das Master´s Program in Compu-
tational Engineering an der Technischen Universität Dresden. Wir danken
allen beteiligten Kollegen und Studierenden für ihre fachlichen Hinweise, die
mit in diese Ausarbeitung eingeflossen sind. Dem Springer-Verlag gebührt
unser Dank für die kontinuierliche Unterstützung bei der Bucherstellung und
-publikation.

Dresden,   *Alexander Schill und Thomas Springer*
März 2007

Inhaltsverzeichnis

11   Zusammenfassung und Ausblick

Kapitel 1

Einleitung

1

A. Schill, T. Springer, *Verteilte Systeme*,
DOI 10.1007/978-3-642-25796-4_1, © Springer-Verlag Berlin Heidelberg 2012

1

1 Einleitung

Vernetzte Rechnersysteme haben sich in den vergangenen Jahrzehnten, aber gerade auch in jüngster Zeit rasch weiterentwickelt. Die Rechnerhardware stellt heute in Bezug auf Verarbeitungsleistung, Speicherkapazitäten und Peripheriegeräte kaum noch Grenzen für die Realisierung von Anwendungen dar. Gleichermaßen hat sich die Übertragungsleistung der Rechnernetze im letzten Jahrzehnt um mehrere Größenordnungen erhöht. Darüber hinaus ist mit dem World Wide Web eine weltweite Plattform für die globale Informationsbereitstellung und -verarbeitung entstanden, die nicht nur für den privaten Nutzer, sondern gerade auch für industrielle Anwendungen völlig neue Möglichkeiten erschlossen hat. Durch Fortschritte bei Mobilfunknetzen und mobilen Rechnern werden diese Lösungen auch mehr und mehr ortsunabhängig verfügbar.

Die somit entstehende Infrastruktur ermöglicht die Entwicklung vernetzter Anwendungen, die sich über viele verschiedene Rechner erstrecken, deren einzelne Bausteine über Nachrichten kommunizieren und kooperieren und insgesamt ein Verteiltes System bilden. Die verstärkte Integration mobiler Technologien führt dabei zu einer Weiterentwicklung hin zu mobilen Verteilten Systemen.

Der Benutzer kommt vielfach mit solchen Systemen in Berührung, etwa bei der Buchung eines Fluges oder einer Bahnreise über das Internet, beim Zugriff auf ein Informationsportal eines Unternehmens, bei der onlinegestützten Realisierung eines Beschaffungsvorgangs innerhalb der Firma oder auch beim mobilen Aufruf einer Fahrplanauskunft vom Handy aus.

Im Folgenden werden die typischen Zielsetzungen und Basiskonzepte Verteilter Systeme an Hand eines solchen Beispiels diskutiert, um die Grundlage für darauf aufbauende Systemarchitekturen zu schaffen.

1.1 Anwendungsbeispiel

Abbildung 1.1 zeigt ein Beispiel eines Verteilten Systems im Überblick. Eine elektronische Handelsplattform steht dem Kunden in Form einer Web-Schnittstelle zur Verfügung. Dieser führt in der Rolle eines Clients Geschäftstransaktionen wie etwa Produktrecherchen, Bestellungen, Statusanfragen und Bezahlvorgänge über ein Rechnernetz bzw. über das Internet durch.

Innerhalb des anbietenden Unternehmens führt dies zu komplexen Geschäftsvorgängen, die durch mehrere kooperierende Server ausgeführt werden. Ein Web-Server bildet einen Zugangspunkt für den Kunden und übergibt die eingehenden Aufträge an geeignete Application Server im Hintergrund. Diese bearbeiten bestimmte Anwendungsfunktionen und sind somit etwa für die

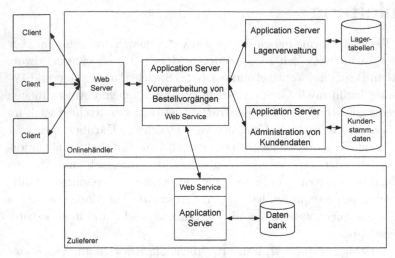

Abbildung 1.1. Beispielanwendung – elektronische Handelsplattform

Vorverarbeitung von Bestellvorgängen, für die Lagerverwaltung der Produkte sowie für die Administration der Kundendaten zuständig. Die Kommunikation zwischen den Servern erfolgt wiederum über Rechnernetze. Die verarbeiteten Datenbestände, etwa Lagertabellen oder Kundenstammdaten, sind häufig persistent und werden in Datenbanken abgelegt.

Teilweise ist auch die Kooperation mit anderen Unternehmen erforderlich, um etwa Zulieferer mit einzubinden. Dies erfolgt wiederum durch Kommunikation zwischen den einzelnen Bausteinen Verteilter Systeme, etwa zwischen verschiedenen Application Servern. Die verwendeten Mechanismen unterscheiden sich dabei teilweise hinsichtlich der Art der Kopplung, der Sicherheitsmechanismen oder auch der Kommunikationsparadigmen.

An Hand dieses Beispiels wurden bereits einige wichtige Eigenschaften Verteilter Systeme deutlich, die uns zu einer entsprechenden Definition führen:

> „Ein Verteiltes System setzt sich aus mehreren Einzelkomponenten auf unterschiedlichen Rechnern zusammen, die in der Regel nicht über gemeinsamen Speicher verfügen und somit mittels Nachrichtenaustausch kommunizieren, um in Kooperation eine gemeinsame Zielsetzung – etwa die Realisierung eines Geschäftsablaufs – zu erreichen."

Betrachtet man nun verschiedene weitere Beispiele, so lässt sich damit auch eine schärfere Abgrenzung Verteilter Systeme darstellen:

So ist etwa das *World Wide Web* zweifellos das weltweit größte Verteilte System, es besteht aus vernetzten und räumlich verteilten Web-Servern und ermöglicht den Web-Clients komplexe Informationsrecherchen mittels Browser, die über HTTP-Nachrichten realisiert werden. Auch viele *Büroabläufe* und viele Systeme der *Fertigungssteuerung* sind den Verteilten Systemen zuzuordnen, denn sie werden häufig auf vernetzen Workstations zur Realisierung einer übergreifenden Anwendungsfunktionalität implementiert.

Ein zentraler Großrechner mit sternförmig angekoppelten Terminals ohne eigene Funktionalität ist dagegen kein Verteiltes System, da die physikalische Verteilung der verarbeitenden Einzelkomponenten nicht gegeben ist. Ebenso ist ein Shared-Memory-Hypercube-Multiprozessorsystem gemäß der Definition kein Verteiltes System, da nicht über Nachrichten, sondern mittels gemeinsamen Speichers interagiert wird. Ein einfaches Workstation-Cluster mit PCs als Internet-Terminals ist auch nicht in jedem Fall ein Verteiltes System: Es ist zwar vernetzt und die Kommunikation erfolgt mittels Nachrichten, aber die einzelnen Anwendungskomponenten kooperieren offenbar nicht untereinander mit gemeinsamer Zielsetzung, sondern stellen lediglich voneinander unabhängige Internet-Zugänge bereit.

1.2 Zielsetzung Verteilter Systeme

Verteilte Systeme setzen sich aus mehreren unabhängigen Bestandteilen zusammen, die erst in ihrer Gesamtheit ein vollständiges System bilden. Insbesondere kann die Funktionalität des Gesamtsystems nicht durch die Einzelbausteine, sondern erst durch deren Kooperation erbracht werden. Es werden also in der Regel unterschiedliche Systemkomponenten miteinander gekoppelt und damit deren *Kooperation* bzw. *Integration* über Rechnergrenzen und meist auch eine *räumliche Trennung* hinweg ermöglicht. Im obigen Anwendungsbeispiel findet sich etwa die abteilungsübergreifende Realisierung rechnergestützter Arbeitsabläufe oder die Zusammenarbeit unterschiedlicher Unternehmen über Rechnernetze.

Oft damit verbunden ist der *gemeinsame Ressourcenzugriff* mittels Verteilter Systeme; in unserem Beispiel nutzen etwa die verschiedenen Geschäftsabläufe gemeinsame Datenbanken. Ein anderes Beispiel ist die gemeinsame Nutzung teurer Peripheriegeräte, etwa eines hochauflösenden Plotters.

Die Erhöhung der Verarbeitungsleistung durch *Parallelisierung* kann ein weiteres Motiv für den Einsatz Verteilter Systeme sein; so könnte etwa ein paralleler und damit effizienterer Zugriff auf Kunden- und Lagerdaten innerhalb des gleichen Geschäftsablaufs erfolgen. Eine weitergehende Parallelisierung könnte durch Aufspaltung der Verarbeitung von Kundendaten auf mehrere Server erfolgen, die jeweils für bestimmte Kundengruppen zuständig sind, oder auch durch Vervielfältigung von Servern, wobei dann jeder Server für sich die gesamte Kundenverwaltung anbietet. Dies geht einher mit einer weiteren Zielsetzung, dem *Lastausgleich*. Durch eine Vervielfältigung bzw.

Aufspaltung von Server-Funktionalität könnte die Verarbeitungslast von einer zentralen Komponente auf mehrere Komponenten verteilt werden, um Engpässe zu vermeiden.

Weitere Zielstellungen ergeben sich aus Anforderungen an Softwaresysteme, die ebenfalls eine Verteilung von Systemkomponenten motivieren können. Wesentlich sind dabei ein hohes Maß an *Fehlertoleranz, Ausfallsicherheit* und *Verfügbarkeit*, das auf Basis Verteilter Systeme erreicht werden kann. So könnten besonders kritische Komponenten unserer Anwendung – etwa die zentrale Auftragsverarbeitung – mehrfach repliziert aufgebaut werden. Beim Ausfall eines Replikats stehen die weiteren Replikate mit der gleichen Funktionalität weiterhin zur Verfügung. Systeme können auf diese Weise nahezu 24 Stunden am Tag, 7 Tage in der Woche verfügbar gehalten werden, wie dies für geschäftskritische Abläufe, etwa bei Banken, gefordert wird.

Skalierbarkeit bezeichnet die Fähigkeit eines Systems, wachsende quantitative Anforderungen durch Hinzufügen von Ressourcen auszugleichen, ohne dass eine Änderung von Systemkomponenten notwendig wird. Zentrale Lösungen stoßen hier in der Regel schnell an Grenzen; etwa wenn ein zentraler Server zur Vorverarbeitung von Bestellvorgängen an eine deutliche Erhöhung der Kundenzahl und damit der Zahl der Clients in unserem Beispiel angepasst werden muss. Speicher, Verarbeitungsleistung oder auch die Ressourcen zur Kommunikation sind bei einer zentralen Lösung in der Regel nicht beliebig ausbaubar, sondern besitzen eine obere Grenze. Zur Sicherung der Skalierbarkeit könnten neben der Aufspaltung bzw. Replikation der Vorverarbeitung auch spezielle Implementierungskonzepte wie etwa nebenläufige Prozesse innerhalb der einzelnen Server beitragen.

Zum Erreichen der genannten Zielstellungen haben sich im Bereich der Verteilten Systeme eine Reihe von Basiskonzepten entwickelt, die nachfolgend diskutiert werden sollen.

1.3 Basiskonzepte

Die Realisierung der genannten Ziele erfordert zahlreiche Basiskonzepte und -mechanismen. Von besonderer Bedeutung sind dabei grundsätzlich *dezentrale Systemlösungen*, die ein hohes Maß an Unabhängigkeit der Einzelkomponenten gewährleisten und damit Ziele wie Lastausgleich, Verfügbarkeit und Skalierbarkeit erst ermöglichen. In unserer Anwendung bedeutet dies, dass klare Schnittstellen zwischen den Clients, der Auftragsbearbeitung und den nachgeschalteten Komponenten zu definieren sind und diese teilweise unabhängig administriert und betrieben werden. Die Möglichkeit der *Kommunikation* zwischen den einzelnen Komponenten in möglichst einfach handhabbarer Weise ist dabei selbstverständlich eine Grundvoraussetzung.

Ein wichtiges Basiskonzept zum Auffinden von Kommunikationspartnern sowie weiteren Ressourcen in einem Verteilten System stellen *Namens- und Verzeichnisdienste* dar. Diese bilden logische, meist auch lokationsunabhängige Bezeichner auf konkrete Instanzen, etwa Rechneradressen und Portnummern, ab und ermöglichen damit eine flexible Zuordnung von Ressourcen und Kommunikationspartnern. Dies kann beispielsweise zum Lastausgleich bzw. zur Unterstützung einer ortsunabhängigen Dienstnutzung verwendet werden.

Ein weiteres Basiskonzept ist die konsistente Verarbeitung verteilter Datenbestände mit Hilfe *verteilter Transaktionen*. Diese überführen die Anwendung von einem konsistenten Zustand in einen anderen – in unserer Beispielanwendung könnte dies etwa die integrierte Durchführung von Kundenaufträgen und damit assoziierten Online-Bezahlvorgängen sein. Häufig stellt sich dabei die Anforderung, vorhandene lokale Transaktionskonzepte – etwa innerhalb der Datenbanken unserer Anwendung – mittels so genannter Transaktionsmonitore auf verteilte Lösungen zu erweitern.

Ebenso grundlegend sind Technologien und Verfahren im Bereich der *Sicherheit*. Vor dem Zugriff eines Clients auf Server-Funktionalität sollten beide Partner gegenseitig authentisiert werden, also ihre korrekte Identität nachweisen. Außerdem ist die Autorisierung der Clients nötig, um deren Zugriff auf die wirklich zulässigen Funktionen einzugrenzen. Gegebenenfalls muss die Kommunikation ferner durch Verschlüsselung mit Hilfe kryptografischer Techniken gegen unberechtigtes Mithören sowie gegen Modifikationen geschützt werden. In unserem Beispiel stellen sich solche Sicherheitsanforderungen vor allem bei der Übergabe von Aufträgen (z. B. Bestellungen) durch die Clients, aber etwa auch bei der Kommunikation unterschiedlicher Unternehmen. Auch hier ist oft die Integration vorhandener Sicherheitstechniken der kooperierenden Teilsysteme zu berücksichtigen.

Schließlich stellt die *Überwindung der Heterogenität* eine wichtige Anforderung dar. Abbildung 1.2 verdeutlicht dies am Beispiel der eingesetzten Netzwerktechnologien in unserer Anwendung. In dieser werden für die Netzwerkzugänge der Clients ebenso wie für die Verbindung der Server-Rechner unterschiedliche Technologien verwendet. Diese umfassen den lokalen Zugang über Fast Ethernet und die Anbindung von Kunden über DSL ebenso wie den drahtlosen Netzzugang von Außendienstmitarbeitern des Unternehmens über UMTS und die Kommunikation zwischen den Servern über Gigabit Ethernet. Darüber hinaus betreffen Fragen der Heterogenität vor allem Unterschiede zwischen Datenformaten, Systemfunktionen und Programmiersprachen der beteiligten Systemkomponenten. Zur Überwindung der Heterogenität müssen die Basismechanismen entweder unabhängig von der zugrunde liegenden Technologie arbeiten oder eine einfache Portierung bzw. Anpassung unterstützen.

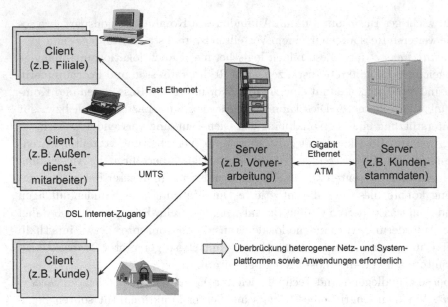

Abbildung 1.2. Aspekte der Heterogenität Verteilter Systeme

So sind die wesentlichen Basismechanismen Verteilter Systeme von den verwendeten Netzwerktechnologien sowie weiterer Hardwarespezifika unabhängig. Hinsichtlich unterschiedlicher Datenformate wie etwa ASCII und EBCDIC für Zeichenketten, Sprachkonzepte wie etwa C++ und Java sowie Programmierschnittstellen wird dagegen eine weitgehend automatische Anpassung unterstützt.

Insgesamt werden heute viele dieser Basismechanismen durch *Middleware* realisiert. Dabei handelt es sich um generische Softwareplattformen zur Überbrückung der Heterogenität unterschiedlicher Systeme und Netze, die gleichzeitig auch eine Reihe wichtiger Systemdienste wie etwa Sicherheitskonzepte, Transaktionsmechanismen und Verzeichnisdienste anbieten.

Middlewareplattformen führen Abstraktionen ein, die verschiedene Aspekte Verteilter Systeme vor den Entwicklern, Anwendern oder Administratoren verbergen. *Ortstransparenz* bezeichnet die Möglichkeit des Zugriffs auf Ressourcen ohne Kenntnis ihrer Position. Unter *Zugriffstransparenz* wird die Verwendung identischer Operationen zum Zugriff auf lokale bzw. entfernte Ressourcen verstanden. Weitere Middlewarekonzepte verbergen den Ausfall bzw. Fehler von Systemkomponenten (*Fehlertransparenz*), die nebenläufige Abarbeitung mehrerer Prozesse unter Nutzung gemeinsamer Ressourcen (*Nebenläufigkeitstransparenz*), die transparente Integration von replizierten Ressourcen (*Replikationstransparenz*), die Bewegung von Ressourcen und Clients innerhalb des Systems (*Mobilitätstransparenz*), die Erweiterung des Systems um Ressourcen ohne die Systemstruktur oder Applikationsalgorithmen verändern zu müssen (*Skalierungstransparenz*) sowie die Rekonfiguration des Systems zur Leistungserhöhung (*Leistungstransparenz*).

Diese Formen der Transparenz wurden im Rahmen des *Advanced Network Systems Architecture (ANSA)* Referenzmodells sowie des Reference Model for *Open Distributed Processing (RM-ODP)* der ISO definiert und hier in Anlehnung an [CDK02] wiedergegeben. In heute aktuellen Middlewarelösungen werden meist nur für eine Teilmenge der genannten Transparenzformen Lösungen angeboten.

Das Konzept der Middleware wird aufgrund seiner hohen praktischen Relevanz in den nachfolgenden Kapiteln eine bedeutende Rolle einnehmen.

1.4 Übungsaufgaben

1. Nennen Sie wesentliche Kriterien zur Motivation der Verteilung von Anwendungsfunktionalität.

2. Welche der folgenden Systeme können als Verteilte Systeme bezeichnet werden?
   a. eine dezentral organisierte Büroumgebung auf einem Workstation-Netz,
   b. der Zentralrechner einer Fluggesellschaft mit weltweit 10.000 sternförmig angeschlossenen einfachen Buchungsterminals,
   c. ein Multiprozessorsystem mit gemeinsamem Speicher,
   d. ein Grid-System.

3. In der vorgestellten Beispielanwendung werden Bestellvorgänge auf verschiedenen Servern vorverarbeitet und mit der Lagerverwaltung abgeglichen. Welcher Basisdienst kann verwendet werden, um die folgenden Anforderungen zu erfüllen?
   a. Bestellvorgänge werden übergreifend durch die Vorverarbeitung, die Kundenverwaltung und die Lagerverwaltung bearbeitet. Dabei wird sowohl die Versendung von Waren aus dem Lager als auch die Bezahlung abgewickelt. Es soll sichergestellt werden, dass die einzelnen Arbeitsschritte auch bei Ausfall eines der Systeme insgesamt oder gar nicht ausgeführt werden.
   b. Bestimmte Bestellvorgänge sollen nur von Firmenkunden ausgeführt werden können.
   c. Bestellinformationen sollen vertraulich behandelt und insbesondere ohne Zugriffsmöglichkeiten Dritter über das Netz kommuniziert werden.
   d. Der Bestelldienst soll beliebig über das Internet auffindbar sein.

Kapitel 2

Systemarchitekturen

2

A. Schill, T. Springer, *Verteilte Systeme*,
DOI 10.1007/978-3-642-25796-4_2, © Springer-Verlag Berlin Heidelberg 2012

2

2 Systemarchitekturen

Ausgehend von den bisherigen grundsätzlichen Überlegungen werden nun verschiedene, aufeinander aufbauende Architekturkonzepte für Verteilte Systeme beschrieben. Zunächst wird das *Client/Server-Modell* als grundlegendes Modell Verteilter Systeme vorgestellt. Eine konsequente Weiterentwicklung hiervon ist das *objektorientierte Modell*, das verteilte Objekte beliebiger Granularität unterstützt und die Anwendungsmodellierung dadurch flexibler macht.

Das *komponentenbasierte Modell* ermöglicht eine systematische Trennung von Anwendungsfunktionalität einerseits und speziellen verteilungsbezogenen Eigenschaften und Fragestellungen andererseits. Grundsätzlich können Komponenten ebenso wie Objekte beliebig granular sein. Komponenten kapseln jedoch in der Regel komplexere Anwendungslogik, die zu einem wieder verwendbaren Softwarebaustein zusammengefasst wird. Das *dienstorientierte Modell* schließlich stellt Dienste als Bausteine Verteilter Anwendungen in den Mittelpunkt. Diese können durch eine lose Kopplung flexibel kombiniert werden und bieten auf der Basis von Standards eine hohe Interoperabilität, insbesondere über Plattform- und Unternehmensgrenzen hinweg. Die Granularität von Diensten liegt in der Regel noch über der von Komponenten; Dienste können beispielsweise auf Basis von Komponenten realisiert werden bzw. Schnittstellen komplexer Komponenten werden als Dienst „nach außen" angeboten. Die genannten Modelle bauen aufeinander auf und lassen sich unter dem Dach einer gemeinsamen Middleware durchaus auch kombinieren, wobei heute die modernen objektorientierten bzw. komponentenbasierten Ansätze meist bevorzugt werden. Dienstorientierte Ansätze rücken immer weiter in den Blickpunkt von Unternehmen, insbesondere bei übergreifenden und grob granularen Geschäftsprozessen. Einige Technologien, etwa die Sicherheit von Web Services, sind jedoch noch Gegenstand der Forschung.

Die Einbettung in Middleware-Ansätze wird für diese Modelle schließlich auf Basis mehrstufiger Architekturkonzepte aufgezeigt. Vorherrschend sind mehrstufige Architekturen, die sich in der einfachsten Variante aus den Systembestandteilen Client und Server zusammensetzen, die in der Regel verteilt vorliegen. Der Client greift dabei über eine wohldefinierte Schnittstelle auf Serverfunktionalität zu. Eine kaskadierte Anwendung des Client/Server-Modells führt zu einer weiteren Aufteilung der beiden Ebenen in mehrstufige Architekturen. Diese weisen traditionell eine klare Trennung zwischen Client-Ebene, Serverseitiger Anwendungsfunktionalität und dahinter angesiedelter Datenebene auf. Es wird aufgezeigt, wie solche mehrstufigen Architekturen schließlich durch *Application Server* als konkrete Realisierungen von Middleware umgesetzt werden. Dem steht die Peer-to-Peer-Architektur gegenüber,

Abbildung 2.1. Client/Server-Modell

deren Grundprinzipien zum Zweck der Einordnung und Abgrenzung ebenfalls erläutert werden. Abschließend geht das Kapitel nochmals in einer Zusammenfassung auf die historische Entwicklung der einzelnen Modelle insgesamt ein.

2.1 Client/Server-Modell

Das Client/Server-Modell ist der traditionelle Ansatz zur Strukturierung Verteilter Systeme und findet sich auch in aktuellen Weiterentwicklungen in der Praxis wieder. Wie Abbildung 2.1 zeigt, ruft dabei ein Client eine bestimmte Funktionalität bzw. Dienstleistung eines Servers über ein Rechnernetz hinweg auf, der diese Funktionalität zur Verfügung stellt. Der Server kann sich zur Ausführung der Dienstleistung wiederum der Dienste anderer Server bedienen. Das Client/Server-Modell beschreibt also eine Dienstnutzung durch die Rollen des Diensterbringers (Servers) und des Dienstnutzers (Client). Wie im oben angeführten Beispiel kann ein Systembestandteil eine, aber auch beide Rollen einnehmen, etwa wenn ein Server weitere Diensterbringer einbezieht. Somit lässt sich das Client/Server-Modell entsprechend kaskadieren und flexibel an große, hierarchisch aufgebaute Systeme anpassen. Bezogen auf unsere Anwendung greift der Kunde in der Rolle des Clients auf den Vorverarbeitungsserver des E-Commerce-Anbieters zu, der intern wiederum weitere Server zur Kunden- und Lagerverwaltung aufruft.

Die Umsetzung des Modells erfolgte traditionell in Form einer zentralisierten Client/Server-Architektur, in der die einzelnen Clients und Server typischerweise Betriebssystemprozesse von recht grober Granularität sind. Zu jedem solchen Prozess gehören sein Prozesskontext, sein Adressraum und verschiedene Verwaltungsinformationen; es ist also recht aufwändig, einzelne Instanzen zu erzeugen bzw. anzupassen.

Client und Server kommunizieren dabei entsprechend des prozeduralen Programmierparadigmas mit Hilfe entfernter Prozeduraufrufe (*Remote Procedure Call*). Diese erweitern lokale Prozeduraufrufe um verteilte Konzepte, die möglichst transparent für den Entwickler eingesetzt werden können. Grundsätzlich ist die Kommunikation dabei synchron, d. h., der Client übergibt seinen Kontrollfluss beim Absetzen des Aufrufs und wartet dann in blockiertem Zustand, bis sich der Server mit dem Ergebnis der geforderten Dienstleistung zurückmeldet, der Aufruf und damit der Kontrollfluss also zum Client zurückkehrt.

Dies führt zu einfachen, gut beherrschbaren Aufrufstrukturen, die dem prozeduralen Programmiermodell in einer lokalen Umgebung entsprechen, hat aber den Nachteil, dass eine parallele Aufrufdurchführung schwierig ist; der blockierte Client kann nicht gleichzeitig einen weiteren Aufruf absetzen. Daher werden entfernte Prozeduraufrufe typischerweise um asynchrone, nicht blockierende Aufrufmechanismen erweitert.

Die Parameterübergabe erfolgt in der Regel in Form von Wertparametern, d. h., der Client übergibt dem Server seine Parameterdaten, die dann in den Adressraum des Servers kopiert werden. Dieses Verfahren ist zwar einfach, hat aber den Nachteil, dass solche Kopien bei eventueller Parallelverarbeitung leicht inkonsistent werden können. Eine *Referenzparameter-Semantik*, wie sie im objektorientierten Modell verfügbar ist, erhält auch bei parallelen Aufrufen die Konsistenz der Parameter. Diese wird aber im reinen Client/Server-Modell nicht unterstützt.

Typische Vertreter für Implementierungen entfernter Prozeduraufrufe waren etwa der *Sun Remote Procedure Call* oder der Remote Procedure Call des *Distributed Computing Environment (DCE)* der *Open Software Foundation (OSF)* bzw. später der *OpenGroup*.

2.2 Objektorientiertes Modell

Das objektorientierte Modell strukturiert Verteilte Systeme ebenfalls nach Art des Client/Server-Modells, die Einheiten der Kommunikation und Verteilung, die nun die Rolle des Diensterbringers bzw. Dienstnutzers einnehmen, sind dabei jedoch Objekte beliebiger Granularität. Diese können entsprechend des objektorientierten Programmiermodells im lokalen Umfeld von grobgranularen Instanzen, wie etwa einem gesamten Vorverarbeitungsserver-Objekt, bis hin zu sehr feingranularen Instanzen, wie etwa einem Auftrags-Objekt oder einem Kundendatensatz-Objekt, reichen. Verteilte Systeme lassen sich dadurch flexibler gestalten; jede relevante Instanz wird einheitlich als Objekt modelliert.

Abbildung 2.2 zeigt dies am Beispiel unserer Anwendung: Neben den grobgranularen kommunizierenden Objekten können nun auch feingranulare Objekte direkt als Parameter übergeben und lokal oder auch entfernt aufgerufen werden. Dabei wird meist je nach Bedarf sowohl eine Wertparameter- als auch

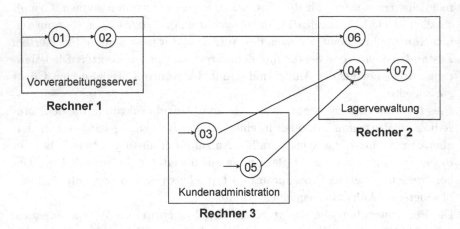

Abbildung 2.2. Objektorientiertes Modell

eine Referenzparameter-Semantik unterstützt. Ein Client kann also beispielsweise einen Auftrag als Objekt an den Server übergeben und gleichzeitig eine
Referenz hierauf erhalten. Bei länger andauernden Auftragsbearbeitungen
könnte der Client dann etwa periodische Anfragen nach dem Auftragssta-
tus stellen, indem er eine Statusfunktion auf dem entfernten Auftragsobjekt
aufruft.

In einigen Verteilten Systemen, insbesondere in mobilen Agentensystemen,
können Objekte sogar dynamisch im laufenden Betrieb ihren Aufenthaltsort
wechseln, d. h. mit ihrem Programmcode, ihren Daten und ihrem aktuellen
Ausführungszustand von einem Rechner auf einen anderen migrieren bzw.
verlagert werden. Hauptmotivation hierfür ist die flexible Anpassung an unterschiedliche Verarbeitungssituationen; so könnte etwa in unserer Anwendung ein Objekt zwischen mehreren Rechnern migrieren, um den günstigsten
Zulieferer für ein Unternehmen zu finden und dazu bei mehreren entfernten
Servern vor Ort Anfragen zu stellen. Ein weiterer Motivationsgesichtspunkt
für die Objektmigration kann der Lastausgleich oder auch die gezielte lokale
Zusammenführung kommunizierender Objekte sein, um z. B. den Austausch
großer Datenmengen über das Netzwerk zu vermeiden.

Die Realisierung Verteilter Systeme entsprechend des objektorientierten Modells erfolgt auf der Basis entfernter Methodenaufrufe. Dafür wird häufig
Java in Verbindung mit der Java Remote Method Invocation als Erweiterung für entfernte Methodenaufrufe eingesetzt. Ähnliche Erweiterungen existieren für die Programmiersprache C++ und verschiedene andere dedizierte Sprachen. Mit den Web Services steht ferner ein sprachübergreifender
Ansatz zur Verfügung. Die Objekte werden dabei in einem einheitlichen,

Tabelle 2.1. Vergleich zwischen Client-Server und objektorientiertem Modell

	prozedurales Client/Server-Modell	Verteiltes objektorientiertes Modell
Verarbeitungsmodell	Kommunikation verteilter Prozesse	Objektkommunikation
Zugriffsweise auf Daten	Datenzugriff indirekt über RPC-Server	Direktzugriff auf Objekte
Datenübergabe	Wertparameter-Semantik	Referenzparameter-Semantik
Identität	Nicht systemweit eindeutig	Systemweit eindeutig
Granularität	Server grober Granularität	Objekte beliebiger Granularität
Platzierung	Feste Platzierung	Modifizierbare Platzierung

sprachübergreifenden Format in XML (eXtensible Markup Language) beschrieben und auf Client- und Serverseite jeweils an lokale Formate und Programmiersprachen angepasst. Einen ähnlichen Ansatz, jedoch in etwas eingeschränkter Form, verfolgt *CORBA (Common Object Request Broker Architecture)*. Dort existiert auch ein objektorientiertes, sprachübergreifendes
Kommunikationskonzept, das auf verschiedene lokale Programmiersprachen
abgebildet werden kann. Während CORBA jedoch nur eine Programmier-
sprachen- und Plattformunabhängigkeit innerhalb der CORBA-Welt unterstützt, ermöglichen Web Services die Aufrufvermittlung über die Grenzen
verschiedener System- und insbesondere Komponentenplattformen hinweg.
In Tabelle 2.1 wird das Client/Server-Modell schließlich mit dem objektorientierten Ansatz verglichen. Das Verarbeitungsmodell ist bei letzterem flexibler,
da dieses eine Objektkommunikation mit direktem Datenzugriff auf Objekte
beliebiger Granularität unterstützt. Durch die Referenzparameter-Semantik
lassen sich komplexe Verarbeitungsvorgänge mit parallelem Zugriff auf Objekte besser modellieren. Objekte können beliebige Granularität besitzen und
eignen sich damit für die Modellierung jeglicher Art von Verteilungsinstan-
zen. Durch eine feste, in der Regel systemweit eindeutige Identität lassen sich
Objekte auch universell referenzieren, aufrufen und speichern. Die Migration
ermöglicht in einigen Systemen schließlich auch die dynamische Anpassung
der Objektplatzierung an den aktuellen Systemzustand. Insgesamt zeigt sich
also, dass das objektorientierte Modell zahlreiche Vorteile besitzt und des-
wegen auch starke Verbreitung in der Praxis findet. Dennoch baut es direkt

auf den Grundprinzipien des Client/Server-Modells auf, so dass im Folgenden
beide Modelle weiter behandelt werden.

2.3 Komponentenbasiertes Modell

Während viele aktuelle Verteilte Systeme auf Basis des objektorientierten
Modells strukturiert werden, besitzt auch dieses entscheidende Limitationen.
Um eine Wiederverwendung von Objekten und damit indirekt auch von Implementierungscode zu ermöglichen, wird in der Regel das aus der Softwaretechnik lange bekannte Konzept der Vererbung eingesetzt: Gleichartige Objekte werden zu Klassen zusammengefasst, und spezifische Klassen werden
von allgemeineren Klassen abgeleitet, indem deren Methoden und Datenstrukturen weiter verfeinert und spezialisiert werden.

Diese Technik der Wiederverwendung kann grundsätzlich funktionieren, in
Verteilten Systemen existiert jedoch ein entscheidendes Problem: Viele Details der verteilten Systemeigenschaften werden in bisherigen Ansätzen im
Implementierungscode festgelegt. Dies gilt etwa für die Steuerung der Transaktionsverarbeitung, für die Persistenzeigenschaften von Objekten oder auch
für die Einstellung von Sicherheitsparametern. Wenn nun solche Eigenschaften in Oberklassen festgelegt sind und einfach mit vererbt werden, so ist eine
flexible Anpassung neuer Unterklassen an andere verteilte Systemumgebungen kaum möglich.

Dies führte zur Entwicklung des komponentenbasierten Modells als Erweiterung der objektorientierten Ansätze. Die Grundidee dabei ist, dass die eigentliche Anwendungsfunktionalität weitgehend von den Eigenschaften der
Verteilten Systeme getrennt wird. Dies soll gemäß Abbildung 2.3 wiederum
am Beispiel unserer Anwendung verdeutlicht werden.

Eine Komponente zur Auftragsbearbeitung auf Serverseite greift auf eine
spezielle Komponente zur Überprüfung von Kundendaten zu. Diese wiederum erhält eine Kundenkennung als Eingabe und soll eventuell eingeräumte
Kundenrabatte berücksichtigen, das Kundenprofil gemäß dem jeweiligen Ge-
schäftsvorgang aktualisieren (z. B. Treueprämien berechnen) und eventuell
auch das Kreditlimit des Kunden überprüfen. Dabei handelt es sich zunächst
um reine Anwendungsfunktionalität, die unabhängig von Verteilten Systemen
und ihrer Realisierung mit Hilfe von Middleware ist. In der gerade gegebenen
Systemumgebung sollen nun aber einzelne Kundendatensätze persistent verwaltet, alle Änderungen auf Kundendaten durch spezielle Datenbanktransaktionen in Bezug auf Konsistenz geschützt und dedizierte Zugriffsrechte je nach
speziellem Sachbearbeiter unterschieden werden. Diese Eigenschaften haben
an sich kaum mit der Anwendungsfunktionalität zu tun, sondern beziehen

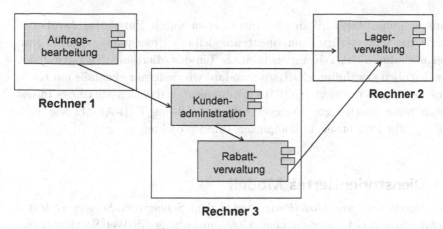

Abbildung 2.3. Komponentenbasiertes Modell

sich eher auf die jeweilige Realisierung in der konkreten Systemumgebung und betreffen durchweg Verteilungs- bzw. Middleware-spezifische Aspekte.

In einer traditionellen Client/Server-Realisierung und auch bei einer objektorientierten Implementierung würden diese Eigenschaften nun jedoch im Implementierungscode an unterschiedlichen Stellen quasi verborgen bzw. würden gar den Implementierungscode weitgehend unstrukturiert durchziehen. Damit wäre eine nachträgliche Änderung oder Anpassung solcher Eigenschaften kaum möglich, was aber bei einer Wiederverwendung des Codes unter anderen Rahmenbedingungen (z. B. ohne Transaktionsumgebung oder mit geänderter Sicherheitsstrategie) notwendig wäre.

Der komponentenbasierte Ansatz dagegen ermöglicht eine weitgehende Trennung der Anwendungsfunktionalität von den eher für Verteilte Systeme spezifischen Eigenschaften: Eine Komponente umfasst den reinen Anwendungscode und wird dann erst später zum Zeitpunkt ihrer Installation („Deployment") mit den gewünschten Eigenschaften attributiert, etwa für Transaktionen, Persistenz und Sicherheit. Eine spezielle Laufzeitumgebung zur Ausführung der einzelnen Komponenten „versteht" dann diese Attributierungen und setzt sie passend um, etwa in Aufrufe an einen Transaktionsmonitor. Damit ist eine spätere Änderung der jeweiligen Eigenschaften problemlos möglich, selbst wenn dann nicht einmal mehr Zugriff zum Quellcode der Anwendungskomponenten besteht. Ferner bieten komponentenbasierte Ansätze eine Reihe weiterer Abstraktionen, welche die Entwicklung Verteilter Systeme vereinfachen. Dazu gehört ein einheitliches Deployment-Modell zur Installation aller Komponenten, stark vereinfachte Programmierschnittstellen zum Zugriff auf Systemdienste sowie eine Reihe integrierter Werkzeuge für die Softwareentwicklung.

Konkret umgesetzt wird dieser Ansatz etwa durch Enterprise JavaBeans (EJB), das serverseitige Komponentenmodell der Programmiersprache Java oder auch durch .NET-Komponenten als Teil des Microsoft .NET-Ansatzes. Für den oben erwähnten CORBA-Standard wurde ferner ebenfalls ein Komponentenmodell definiert (CORBA Components), das sich allerdings in der Praxis kaum durchsetzte. Dagegen erfreuen sich der EJB-Ansatz wie auch .NET großer Beliebtheit in komplexen Praxisprojekten.

2.4 Dienstorientiertes Modell

Das *dienstorientierte Modell* wird unter dem Schlagwort *Service Oriented Architectures (SOA)* häufig in engem Zusammenhang mit Web Services (siehe Abschnitt 3.4) und damit im Verbund mit bestimmten Technologien genannt. Die Betrachtung von SOA als dienstorientiertes Modell weist aber darauf hin, dass Technologien nur eine untergeordnete Rolle spielen. Im Mittelpunkt steht vielmehr eine prozessorientierte Sicht mit Diensten als Basiskonzept, die in Verteilten Systemen angeboten, gesucht und genutzt werden können.

Dienste stellen grobgranulare Bausteine von Softwaresystemen dar, die in loser Kopplung zu komplexen Geschäftsprozessen und Abläufen in Unternehmen ebenso wie über Unternehmensgrenzen hinweg integriert werden können. Ähnlich wie Komponenten kapseln Dienste Funktionalität und Daten, die sie über eine wohldefinierte Schnittstelle zugreifbar machen, die Granularität ist jedoch für Dienste in der Regel höher. Im Vergleich zu Objekten und Komponenten können Dienste damit auf einer höheren Abstraktionsebene angesiedelt werden.

Dabei steht die Verfügbarkeit der Funktionalität von Diensten im Vordergrund. Während Komponenten in der Regel an eine Plattform gebunden sind und innerhalb dieser wiederverwendet und insbesondere entsprechend der Anforderungen verschiedener Verteilter Anwendungen konfiguriert werden sollen, ist das Ziel des dienstorientierten Modells die Interoperabilität über Plattform- und Unternehmensgrenzen hinweg.

Zur Komposition von Diensten können dabei zwei grundlegende Ansätze unterschieden werden: Orchestrierung und Choreographie. Beide Ansätze unterscheiden sich in der Art der Kombination von Diensten.

Die *Orchestrierung* hat die Bildung zusammengesetzter, komplexer Dienste aus vorhandenen Diensten zum Ziel. Dabei steht die Wiederverwendung und Integration von Diensten in deklarativer, d. h. implementierungsunabhängiger Form, im Vordergrund. Als Ergebnis entsteht ein neuer komplexerer Dienst der eine erweiterte Funktionalität durch die Kombination der enthaltenen Dienste erbringt. Dabei präsentiert sich der orchestrierte Dienst nach Außen

als ein Dienst, die zur Orchestrierung verwendeten Dienste werden gekapselt
und sind nach Außen nicht sichtbar.

Im Gegensatz dazu sollen Dienste durch *Choreographie* zu Geschäftsprozessen
kombiniert werden. Dafür werden verschiedene Dienste in loser Kopplung zu
einem Geschäftsablauf zusammengesetzt. Als Ergebnis entsteht eine Ablauf-
beschreibung die auf verschiedene Dienste zugreift. Die verwendeten Dienste
sind dabei als einzelne Dienste nach Außen sichtbar. Sowohl Ochestrierung als
auch Choreographie können unternehmensübergreifend Dienste unterschiedlicher Anbieter bzw. Organisationen miteinander kombinieren.

Abbildung 2.4 zeigt die in eine Warenbestellung einbezogenen Dienste unserer
Beispielanwendung entsprechend des dienstorientierten Modells. Die einzelnen Funktionsblöcke der Anwendung bestehen nun aus Diensten, die ihre
Funktionalität über eine wohldefinierte Schnittstelle anbieten. Unternehmen
A bietet dabei einen komplexen Dienst zur Bestellungsabwicklung an, der
durch Orchestrierung der Dienste Auftragsbearbeitung, Kundenadministration und Rabattverwaltung zusammengesetzt wurde. Außerdem wird innerhalb von Bestellvorgängen auch auf die Lagerverwaltung zugegriffen, etwa
um die Verfügbarkeit von Waren zu prüfen oder um Waren nachzubestellen,
wobei im Beispiel auf einen Dienst zur Auftragsbearbeitung bei einem Zu-
liefererunternehmen zugegriffen wird. Ebenfalls in die Bestellungsabwicklung
kann ein Dienst zur Bezahlungsabwicklung einer Bank einbezogen werden.
Die Interaktionen zwischen den Diensten Bestellungsabwicklung, Lagerverwaltung, Auftragsbearbeitung und Bezahlungsabwicklung können durch eine
Choreographie dieser Dienste festgelegt werden.

Neben der Abbildung von Geschäftsprozessen spielt auch die Integration heterogener Systeme eine wesentliche Rolle. Auf der Basis etablierter Standards
soll durch die Dienstorientierung ein schnelles Zusammenwachsen heterogener und unabhängig voneinander entwickelter (beispielsweise bei der Fusion
von Unternehmen bzw. bisher separat arbeitender Abteilungen) bzw. über
viele Jahre gewachsener Systeme ermöglicht werden. Ein wichtiger Aspekt
ist dabei die Integration von so genannten Legacy-Systemen, d. h. von Alt-
systemen, die meist grossrechnerbasiert z. T. bereits über Jahrzehnte hinweg
stabil und zuverlässig in Unternehmen arbeiten und nun mit moderneren
Systemen zu ganzheitlichen Lösungen kombiniert werden sollen.

Durch die Etablierung von Standardmechanismen wird deshalb eine weitgehende Technologieunabhängigkeit dienstorientierter Systeme angestrebt. Beispielsweise kann mit der Verwendung von Web Services eine Unabhängigkeit
von der zu verwendenden Programmiersprache sowie Implementierungsplatt-
form erreicht werden. Das Kommunikationsprotokoll *SOAP* stellt aufbauend
auf XML die gemeinsame Basis für den Zugriff auf Dienste dar. Die Schnittstelle wird programmiersprachenunabhängig durch *WSDL (Web Service De-*

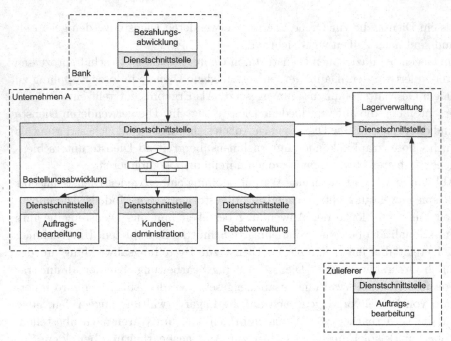

Abbildung 2.4. Dienstorientiertes Modell

finition Language) spezifiziert. Eine detaillierte Betrachtung der Web Service Technologien als Basis für die Realisierung dienstorientierter Modelle enthält Abschnitt 3.4.

2.5 Mehrstufige Architekturen

Die Strukturierung eines Verteilten Systems, d. h. die funktionalen Bestand-teile, deren Verteilung und die Schnittstellen zwischen diesen, wird durch die Architektur beschrieben. Eine einfache zweistufige Architektur legt da-bei zunächst zwei potenziell verteilte Systembestandteile, Client und Server, sowie eine Schnittstelle fest, über die diese Dienste nutzen und Daten austau-schen können. Diese zweistufige Architektur und insbesondere die Definition einer Schnittstelle erlaubt es nun, Implementierungen sowohl des Clients als auch des Servers auszutauschen oder diese zu verteilen, ohne den anderen Bestandteil dadurch zu beeinflussen. Dies findet sich etwa beim einfachen entfernten Datenbankzugriff mit *ODBC (Open Database Connectivity)* oder *JDBC (Java Database Connectivity)* sowie bei Erweiterungen Mainframe-basierter Transaktionsmonitore für Web-Clients.

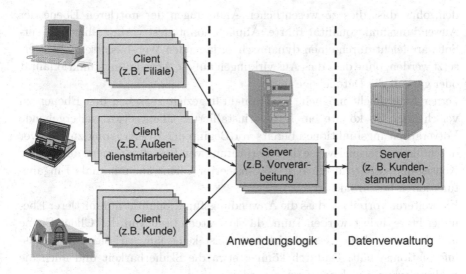

Abbildung 2.5. Mehrstufige Architekturen

2.5.1 Dreistufige Architekturen

Es zeigt sich jedoch schnell, dass diese Zweiteilung für komplexe Verteilte Systeme zu wenig Flexibilität bietet. So beinhaltet der Client beim entfernten Datenbankzugriff über ODBC bzw. JDBC sowohl die Benutzerschnittstelle als auch die Anwendungsfunktionalität, im Falle des erweiterten Mainframesystems enthält der Server die gesamte Verarbeitungsfunktionalität einschließlich der Realisierung der Datenpersistenz. Damit ist ein Austausch oder die Replikation der Anwendungsfunktionalität bzw. ein einfacher Austausch des Datenbanksystems nicht möglich, ohne größere Anpassungen anderer Systemkomponenten vornehmen zu müssen.

Durchgesetzt haben sich deshalb Architekturen mit drei oder mehr Stufen. Die wesentlichen Stufen einer dreistufigen Architektur sind dabei die Benutzerschnittstelle und ggf. einige Vorverarbeitungsfunktionen auf dem Client (*Präsentationsschicht*), die Ebene der Anwendungslogik (*Verarbeitungsschicht*) mit der eigentlichen serverseitigen Verarbeitung sowie die Datenebene mit der Verwaltung persistenter Datenbestände, auf die serverseitig zugegriffen wird (*Persistenzschicht*). Abbildung 2.5 verdeutlicht diese Strukturierung am Beispiel unserer Anwendung.

Diese Strukturierung bietet wesentliche Vorteile: So lassen sich damit eindeutige Schnittstellen zwischen den einzelnen Stufen festlegen, die dann auch eine unabhängige Modifikation der Stufen ermöglichen. Beispielsweise könnte eine relationale Datenbank in der Persistenzschicht leicht gegen ein anderes Produkt oder gar gegen eine objektorientierte Datenbank ausgetauscht werden, ohne dass dies zu wesentlichen Änderungen der mittleren Ebene der Anwendungsfunktionalität führte. Ähnlich könnte fest vorinstallierte Client-Software leicht durch einen dynamisch zu ladenden Web-basierten Client ersetzt werden, ohne dass dies Auswirkungen auf die Anwendungsfunktionalität oder gar auf die Datenebene hätte.

Ferner ist es leicht möglich, Funktionalität gezielt zwischen den Ebenen zu verschieben: So könnte ein fest vorinstallierter Client etwa weitergehende Vorverarbeitungsfunktionen bereits vor Beginn der Übertragung zum Server durchführen (beispielsweise die Überprüfung von Bestellnummern auf interne Konsistenz), während ein rein Web-basierter Client auf minimale Eingabefunktionen beschränkt ist.

Ein weiterer Vorteil ist, dass die Anwendungsfunktionalität auf mittlerer Ebene leicht repliziert werden kann, da sie systematisch von der Client-Ebene und der Datenebene getrennt ist und meist keine längerfristigen Zustandsinformationen hält. Dadurch können etwa die Skalierbarkeit und auch die Fehlertoleranz gezielt verbessert werden.

Varianten mit mehr als drei Stufen können ebenfalls sinnvoll sein; so wird etwa bei einem vier- oder fünfstufigen Modell die mittlere Ebene der Anwendungsfunktionalität weiter aufgespalten, um z. B. komplexe Arbeitsabläufe auf mehrere Server zu verteilen und somit etwa mehreren Abteilungen eines Unternehmens zuzuordnen. Dies wurde bereits am Beispiel unserer Anwendung deutlich, die eigentlich zumindest aus vier Stufen besteht. Grundsätzlich werden dabei jedoch die Client-Ebene und die Datenebene nicht weiter aufgespaltet.

Die Realisierung solcher mehrstufigen Modelle erfolgt in der Praxis meist auf Basis von Middleware mit Hilfe so genannter Application Server, auf die in Kapitel 7 näher eingegangen wird. Diese umfassen zunächst Laufzeitumgebungen und Kommunikationsmechanismen für alle genannten Ebenen, wobei meist ein Komponentenmodell in Verbindung mit entfernten Methodenaufrufen unterstützt wird. Darüber hinaus bieten Application Server oft noch eine Vielzahl von Werkzeugen an, um den Softwareentwurf, die schrittweise Transformation vom Entwurf zur Implementierung sowie die Installation und Ausführung von Softwarekomponenten zu unterstützen. Ferner werden teilweise auch Adapter zur Ankopplung existierender Software („Legacy-Software") an moderne Middleware-Umgebungen angeboten. Dies wird häufig auch als *Enterprise Application Integration (EAI)* bezeichnet.

❯ 2.5.2 Cluster

Im letzten Abschnitt wurde bereits kurz erläutert, dass durch eine Aufteilung verteilter Anwendungen in mehrere, durch wohldefinierte Schnittstellen getrennte Stufen ein Austausch von Systembausteinen, insbesondere aber auch

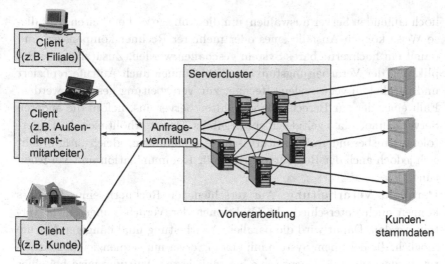

Abbildung 2.6. Replikation von Verarbeitungsfunktionalität durch Cluster

die Replikation der Funktionalität einzelner Stufen möglich wird. Durch die
Replikation, d. h. die Vervielfältigung von Ressourcen, können vor allem in
der Verarbeitungs- und Persistenzebene gleiche Funktionalität bzw. Anwendungsdaten mehrfach angeboten werden.
Cluster stellen die in der Praxis am häufigsten eingesetzte Form der Vervielfältigung von Verarbeitungsressourcen dar. Der Begriff *Cluster* bezeichnet eine Menge von Rechnern bzw. Servern, die über ein schnelles, in der
Regel lokales Netzwerk miteinander verbunden sind und nach außen als eine
Einheit betrachtet werden können (siehe Abbildung 2.6).
Auf der Grundlage replizierter Verarbeitungsressourcen können mehrere Aspekte der Leistungsfähigkeit Verteilter Systeme beeinflusst werden:

– **Lastverteilung**: Die Replikation von Serverfunktionalität ermöglicht die
  Verteilung der Last auf mehrere Rechner mit gleicher Funktionalität im
  Cluster. Basierend auf einem Verfahren zur Vermittlung von Anfragen
  kann der Server im Cluster zur Verarbeitung ausgewählt werden. Insbesondere kann anhand der ermittelten Last auf allen Servern der Server mit
  der geringsten Belastung zur Verarbeitung des zu vermittelnden Aufrufs
  gewählt werden. Damit wird eine verbesserte Antwortzeit für die Verarbeitung einzelner Aufrufe sowie eine Erhöhung des Gesamtdurchsatzes an
  Aufrufen erreicht.
– **Fehlertoleranz**: Durch die redundante Auslegung der Serverfunktionalität kann ebenfalls eine erhöhte Fehlertoleranz und damit Verfügbarkeit
  und Ausfallsicherheit des Gesamtsystems erreicht werden. Fällt einer der
  replizierten Server im Cluster aus, kann die Anfragevermittlung einen

noch laufenden Server auswählen, um die Anfrage zu bearbeiten. Auf diese Weise können Ausfälle eines oder mehrerer Rechner kompensiert und damit ein hochverfügbares System geschaffen werden. Zusätzlich zur Replikation der Verarbeitungsfunktionalität können auch Aufrufe repliziert und parallel an verschiedene Rechner zur Verarbeitung gesendet werden. Fällt einer der zur Berechnung gewählten Server aus, liefern die anderen Server dennoch fast zeitgleich ein Ergebnis. Damit erhöht sich die Fehlertoleranz insbesondere für zeitkritische Anwendungen, gleichzeitig erhöht sich jedoch auch der Ressourcenbedarf für Kommunikation und Verarbeitung.

– **Parallele Verarbeitung**: Auf verschiedenen Rechnern eines Clusters können auch unterschiedliche Funktionen der Verarbeitungsschicht verteilt werden. Damit wird die parallele Abarbeitung unabhängiger Aufrufe möglich, die bei einem System mit einem Server nur sequenziell abgearbeitet werden könnten. Ebenso wie bei replizierten Aufrufen wird bei einer parallelen Verarbeitung ein Zeitgewinn durch erhöhten Ressourceneinsatz für die Verarbeitung sowie die Synchronisation der parallel ermittelten Ergebnisse erreicht.

Auf der Basis eines Clusters können ebenso Datenbestände repliziert werden. Damit wird eine Bearbeitung unterschiedlicher, aber auch gleicher Datensätze parallel auf mehreren Rechnern eines Clusters möglich, da das System einen Datensatz zur Bearbeitung nur auf dem aktiven System sperren muss, Duplikate aber zeitgleich verändert werden können. Bei diesem Verfahren ist ein Abgleich der Replikate unter Einhaltung der Konsistenz zwischen allen Replikaten notwendig. Wurden parallel gleiche Datensätze verändert, entstehen jedoch Konflikte, die zum Teil automatisch, zum Teil jedoch auch manuell aufgelöst werden müssen. Dem erhöhten Aufwand zur Synchronisation und Konfliktbehandlung steht ein erheblicher Gewinn an Verarbeitungsgeschwindigkeit gegenüber.

2.6 Grid Computing

Grid Computing bezeichnet ein Konzept zur Aggregation und gemeinsamen Nutzung von heterogenen, vernetzten Ressourcen wie Rechnern, Datenbanken, Sensoren und wissenschaftlichen Instrumenten. Diese Ressourcen sind in der Regel im Besitz und unter Verwaltung verschiedener Organisationen und können über große geographische Gebiete verteilt sein. Der Begriff *Grid* steht als Metapher für eine einfache Verfügbarkeit und Nutzung von Rechenleistung und anderen Rechnerressourcen in einer Form, wie dies für die Wasser- oder Stromversorgung heute der Fall ist. Daten- bzw. berechnungsintensive

Probleme der Wissenschaft und Wirtschaft, beispielweise aus den Bereichen der Klimasimulation und Genforschung oder die Auswertung physikalischer Experimente, die nicht mit den Ressourcen einer wissenschaftlichen Einrichtung oder eines Unternehmens lösbar sind, sollen durch die Bündelung von Ressourcen verschiedener Organisationen kosteneffizient gelöst werden. Ein Grid kann nach Ian Foster [Fos02b] durch die folgenden drei Merkmale charakterisiert werden:

1. eine dezentrale Administration von Verarbeitungsressourcen,
2. die Verwendung offener Standards und
3. eine umfassende Unterstützung von Dienstgütemerkmalen (Quality of Service).

Eine der Motivationen für Grid war die Nutzung bereits verfügbarer, jedoch nicht voll ausgelasteter Rechner bzw. Ressourcen, die für die Lösung der genannten Problemstellungen herangezogen werden können. Heutige Ansätze gehen jedoch weit darüber hinaus und unterstützen eine Bündelung von Supercomputern, Hochgeschwindigkeitsnetzwerken und Datenspeichern hoher Kapazität mit Standardhardware und speziellen Ressourcen wie Teleskopen oder Forschungsanlagen zur Teilchenbeschleunigung (z. B. CERN Large Hadron Collider [LHC]).

Diese Ressourcen sollen integriert in eine Grid-Infrastruktur in einfacher Weise über Organisations- und Unternehmensgrenzen hinweg nutzbar werden. Dabei entstehen *virtuelle Organisationen*, auf deren Basis gemeinsame Sicherheits-und Zugriffsrichtlinien sowie weitere Festlegungen zur Ressourcennutzung (z. B. zur Dienstgüte, Rechtedelegation oder Bezahlung) etabliert und verwaltet werden. Virtuelle Organisationen unterliegen insbesondere dynamischen Änderungen hinsichtlich der Mitglieder und deren Beziehungen, die durch die Grid-Infrastruktur entsprechend unterstützt werden müssen.

Neben der Virtualisierung von Organisationen wird auch eine *Virtualisierung der Ressourcen* eines Grids angestrebt. Durch geeignete Abstraktionen soll der spezifische Zugriff auf Ressourcen vor dem Gridbenutzer verborgen bleiben, benötigte Ressourcen sollen bei Bedarf sofort verfügbar sein und ohne Kenntnisse von Details über Besitzer, Technologie und Standort nutzbar werden. Unternehmen könnten beispielsweise auf kurzfristige Schwankungen interner Ressourcenanforderungen reagieren, indem Ressourcen anderer Unternehmen und Organisationen für einen bestimmten Zeitraum mit herangezogen werden. Ähnliches gilt für wissenschaftliche Anwendungen, die für bestimmte Zeiträume hohe Anforderungen an Rechenressoucen stellen können.

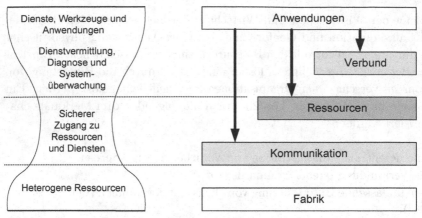

Abbildung 2.7. Grid-Protokollarchitektur (nach [Fos02a])

2.6.1 Grid-Architektur

Damit stellen neben dem übergreifenden Management die Interoperabilität heterogener Systeme sowie die Etablierung von Standardplattformen und -diensten zur Abstraktion von Ressourcen wesentliche Herausforderungen für Grid-Infrastrukturen dar. Ein geeigneter Lösungsansatz sind standardisierte Protokolle, die den Inhalt und die Reihenfolge des Nachrichtenaustausches zum Auffinden, Reservieren, Nutzen und Verwalten von Ressourcen und Diensten festlegen. Protokolle spezifizieren Interaktionen zwischen den Komponenten, ohne Interna und Implementierung dieser Interaktionen in den einzelnen Systembestandteilen festzulegen. Darüber hinaus bieten Dienste und Schnittstellen geeignete Abstraktionen zum Erreichen von Interoperabilität. Dienste abstrahieren von ressourcespezifischen Details, standardisierte Programmierschnittstellen vereinfachen die Entwicklung komplexer Anwendungen und Dienste.

Die Architektur von Grid-Systemen besteht aus einer Reihe von Schichten, deren Umfang in Form einer Sanduhr variieren (siehe Abbildung 2.7 (links)). Die mittleren Schichten werden durch eine kleine Anzahl von Protokollen gebildet, die in der Regel auf Standardprotokollen des Internets und des WWW basieren. Diese ermöglichen einen sicheren Zugriff auf Ressourcen und Dienste. Sie kapseln damit einerseits die heterogenen Technologien der Ressourcen und bieten andererseits eine einheitliche Plattform zur Realisierung vielfältiger Dienste und Anwendungen.

Die wesentlichen Schichten einer Grid-Architektur in Anlehnung an das Globus-System [GLO02] werden in Abbildung 2.7 (rechts) dargestellt. Die einzelnen Schichten beschreiben dabei generelle Klassen von Komponenten, keine vollständige Systemspezifikation.

Die **Fabrikschicht** (*fabric*) bildet abstrakte Operationen zum Zugriff auf Ressourcen auf lokale, ressourcenspezifische Operationen ab und ermöglicht damit eine Integration von Ressourcen in die Grid-Infrastruktur. Die Funktionalität der Ressourcen wird für die darüber liegenden Schichten in einheitlicher Form zugreifbar.

Die **Kommunikationsschicht** (*connectivity*) definiert die Basisprotokolle zur Kommunikation und Authentifizierung, die auf der Fabrikschicht aufsetzen. Die Kommunikationsprotokolle ermöglichen den Austausch von Daten zwischen Ressourcen der Fabrikschicht. Dies umfaßt den Transport und die Wegewahl von Nachrichten sowie die Zuordnung logischer Namen zu physischen Adressen (Naming Service). Entsprechende Protokolle sind bereits in der Internet Protokollarchitektur verfügbar und können vielfach übernommen werden (z. B. TCP, UDP, DNS und RSVP). Die Authentifizierungsprotokolle setzen auf den Kommunikationsprotokollen auf und dienen der Verifikation der Identität von Benutzern und Ressourcen des Grids. Insbesondere müssen *Single Sign On*, d. h. die Nutzung der Ressourcen auf der Basis einer einmaligen Anmeldung des Benutzers im System, die *Delegation* von Zugriffsrechten und die *Integrierbarkeit verschiedenster lokaler Sicherheitsmechanismen* unterstützt werden.

Die **Ressourcenschicht** (*resource*) beinhaltet die Aushandlung, Ausführung, Überwachung, Abrechung und Bezahlung von Zugriffen auf einzelne Ressourcen des Grids. Zwei Klassen von Protokollen unterstützen die Ermittlung von Informationen über Ressourcen und die Verwaltung des Ressourcenzugriffs.

In der **Verbundschicht** (*collective*) werden ressourcenübergreifende Dienste zur gemeinsamen Nutzung und Verwaltung von Ressourcen bereitgestellt. Diese umfassen Dienste zur Namensauflösung, Überwachung, Verwaltung, Abrechnung und Kollaboration.

In der **Anwendungsschicht** (*application*) sind die Anwendungen angesiedelt, die auf Ressourcen eines Grids zugreifen und dabei die Dienste der unterschiedlichen Schichten zur Realisierung nutzen. So können ausreichende Zugriffsrechte auf Ressourcen über Dienste der Kommunikationsschicht erlangt werden, während Aufrufe von Ressourcenfunktionalität über Dienste der Ressourcenschicht absetzbar sind.

❯ 2.6.2 Anwendungsfelder des Grid Computing

Wesentliche Anwendungsfelder des Grid Computing finden sich sowohl im wissenschaftlichen als auch wirtschaftlichen Bereich in rechen- oder datenintensiven Problemstellungen. Durch das Einbeziehen einer Vielzahl von verfügbaren Standardrechnern, verbunden mit einer Verteilung und zum Teil Parallelisierung von Anwendungslogik, können durch die Nutzung von Grid-

Infrastrukturen Rechenleistungen erreicht werden, die alternativ nur durch enorm teure Supercomputer bereitgestellt werden können.

DataGrid, ein von der EU gefördertes Projekt, ist eines von vielen Beispielen zum Aufbau von Grid-Infrastrukturen über die Grenzen von wissenschaftlichen Institutionen hinweg. Ziel des Projektes ist die gemeinsame Nutzung von Rechen- und Speicherkapazität zur Verarbeitung großer Datenmengen, die in wissenschaftlichen Experimenten erzeugt werden. Auf der Suche nach den fundamentalen Bausteinen der Materie und den zwischen diesen wirkenden Kräften, wird der derzeit noch im Bau befindliche Large Hadron Collider in physikalischen Experimenten große Datenmengen erzeugen, die auf der Basis von DataGrid gespeichert und verarbeitet werden sollen. Ein weiterer Aspekt ist die globale Verfügbarkeit der in den physikalischen Experimenten erzeugten Daten. Ein zweiter Anwendungsbereich ist in Biologie und Medizin angesiedelt. Die Speicherung und Verarbeitung von Daten über das menschliche Genom ebenso wie die Auswertung und Suche in medizinischen Bilddaten spielen hier eine wesentliche Rolle. Das dritte Anwendungsgebiet von DataGrid stellt die Auswertung von Daten über die Erde dar, die durch verschiedene Instrumente in Satelliten gesammelt werden. Ein Beispiel ist die Analyse der Ozonkonzentration in der Erdatmosphäre.

Simulationen, beispielsweise zur Klimaforschung, sind ein weiteres Anwendungsfeld, das von Grid-Technologien profitiert. Mit der Verfügbarkeit einer sehr hoher Rechenleistung wird eine immer exaktere Modellierung und eine Betrachtung von immer mehr Parametern sowie längerer Zeiträume in Simulationsmodellen möglich, die damit auch genauere Ergebnisse liefern können. Ein Beispiel aus diesem Anwendungsfeld ist das *Earth System Grid Projekt (ESG)* [ESG], in dem ein virtuelle kollaborative Umgebung zur Arbeit an diesen Problemstellungen geschaffen werden soll.

Zur Unterstützung der internationalen Zusammenarbeit in der Forschung bestehen zahlreiche Aktivitäten für die Etablierung globaler Grid-Infrastrukturen. Das *International Virtual Data Grid Laboratory (iVDGL)* [iVD06] ist eines der Beispiele, in denen die Ressourcen weltweiter Forschungszentren über Hochgeschwindigkeitsnetze zu virtuellen Arbeitsumgebungen für die interdisziplinäre Zusammenarbeit auf der Basis von Grid-Technologien integriert werden sollen. Damit soll sowohl die Forschung an Infrastrukturen und Technologien als auch die Entwicklung und Nutzung von Anwendungen gefördert werden. Vorteile für alle genannten Anwendungsgebiete sind dabei, dass nicht auf teure Supercomputer, sondern preiswerte Standardrechner zugegriffen wird. Mit wachsender Zahl der einbezogenen Rechner steigt jedoch auch der Koordinations- und Synchronisationsaufwand. Für die genannten Anwendungsfelder überwiegt jedoch der Vorteil durch die Einsparung von Rechenzeit bzw. Hardwarekosten.

2.7 Cloud Computing

Cloud Computing führt die Entwicklungen aus dem Bereich Grid Computing fort. Es setzt einerseits auf Konzepte des Grid Computing auf, entwickelt diese teilweise auch weiter und integriert neue Aspekte, insbesondere aus dem Bereich dienstorientierter Architekturen.

Ähnlich wie beim Grid Computing sollen Nutzern in der Cloud Ressourcen je nach deren Anforderungen bereitgestellt und wieder entzogen werden können. Beispiele für Ressourcen in der Cloud sind etwa Speicherplatz, Rechenleistung, Netzwerkkapazität oder Anwendungen. Das Stichwort *Elastizität* kennzeichnet die Art der Ressourcenbereitstellung. Die vorhandenen physischen Ressourcen werden dazu in Pools gebündelt und mit Hilfe von Virtualisierungstechnologien als virtuelle Ressource verfügbar gemacht. Anfragen können dann aus dem Pool bedient werden, entsprechend des aktuellen Bedarfs beim Kunden. Wo die Ressourcen zur Verfügung gestellt werden, ist dabei für den Nutzer transparent, der Zugriff erfolgt über das Netzwerk.

Gemäß den Konzepten dienstorientierter Architekturen sind Cloud-Infrastrukturen, -Plattformen und -Anwendungen als elektronische Dienste verfügbar. Diese können entsprechend der SOA-Konzepte auch komponiert und in Geschäftsprozesse integriert werden, wie dies schon in Abschnitt 2.4 diskutiert wurde. Basis dafür ist eine umfassende Unterstützung von Standards des Internet und dienstorientierter Architekturen.

Anders als beim Grid Computing werden die Ressourcen nun von einem Cloud-Anbieter bereitgestellt. Das zugrunde liegende System kann ein leistungsfähiger Server oder eine verteilte Infrastruktur, etwa ein Servercluster oder auch eine Menge weiter verteilter Rechnerknoten bzw. Rechenzentren sein. Die Infrastruktur ist nicht mehr zwingend dezentral. Ein weiterer wichtiger Unterschied ergibt sich mit der Art der Verwaltung der Rechnerknoten. Während diese im Grid autonom sind, erfolgt die Verwaltung der Cloud-Infrastruktur zentral durch den Cloud-Anbieter.

Darüber hinaus besitzt das Cloud Computing eine klare wirtschaftliche Orientierung. Die Verwendung und die Qualität der bereitgestellten Ressourcen wird dabei überwacht. Die Bezahlung erfolgt in der Regel nur für die tatsächlich genutzten Ressourcen auf der Basis von *pay-per-use* Bezahlmodellen.

❯ 2.7.1 Dienstmodelle des Cloud-Computing

Der grundlegende Gedanke, IT-Infrastrukturen und darauf aufbauend Softwareplattformen und Anwendungen als Dienst im Internet zur Verfügung zu stellen, spiegelt sich auch in den verschiedenen Modellen von Cloud-Lösungen wider. Gemäß der Definition des National Institute of Standards and Technology (NIST) [MG11] lassen sich drei wesentliche Modelle unterscheiden:

Auf der niedrigsten Abstraktionsebene ist das Modell **Cloud Infrastructure as a Service (IaaS)** angesiedelt. Ziel von IaaS-Lösungen ist die Bereitstellung grundlegender Verarbeitungsressourcen wie Rechenleistung und Speicher. Dem Nutzer werden diese Ressourcen in der Regel in Form eines virtuellen Rechners bereitgestellt, der etwa als Server im Unternehmen eingesetzt werden kann. Auf diesem kann dann auf unterster Ebene ein Betriebssystem und darauf aufsetzend weitere Anwendungssoftware installiert und ausgeführt werden. Ein Beispiel ist die Amazon Elastic Compute Cloud (Amazon EC2), über die virtuelle Server mit unterschiedlichen Betriebssystemen und weiteren Softwarepaketen erzeugt und genutzt werden können. Bei diesem Modell steht also die Virtualisierung von Verarbeitungsressourcen im Vordergrund, die je nach Bedarf erweitert oder verringert werden können. Auf diese können dann beliebige Middlewarelösungen, Entwicklungsumgebungen und Anwendungen aufgesetzt werden.

Auf der nächst höheren Abstraktionsebene, dem Modell **Cloud Platform as a Service (PaaS)**, wird den Nutzern eine Plattform für die Entwicklung von Anwendungen bereitgestellt, die dann in der Cloud ausgeführt werden. Dabei wird vom PaaS-Anbieter in der Regel eine Entwicklungsumgebung geliefert, die einen hohen Abstraktionsgrad für die Anwendungsentwicklung bietet. Damit wird einerseits eine einfache und schnelle Entwicklung von Anwendungen ermöglicht, andererseits wird die Flexibilität des Entwicklers hinsichtlich der zu verwendenden Programmiermodelle und -sprachen eingeschränkt. Ein Beispiel ist die Google App Engine, die die Entwicklung von Web-Applikationen auf Basis der bereitgestellten Laufzeitumgebung und Programmierschnittstellen unterstützt. Die verfügbaren Werkzeuge und Funktionsbibliotheken erleichtern zwar die Anwendungsentwicklung, bergen aber auch die Gefahr einer Abhängigkeit von einem Anbieter, was auch als *Vendor-Lock-In* bezeichnet wird.

Das Modell **Cloud Software as a Service (SaaS)** bietet den höchsten Grad an Transparenz. Mit diesem Modell stellt der Anbieter den Nutzern Anwendungen in der Cloud bereit. Diese werden dann in der Regel über einen Web-Client genutzt. Beispiele sind etwa Web-basierte E-Mail Lösungen, Office-Anwendungen wie Google Docs oder auch Unternehmenssoftware wie Salesforce.com, einer Cloud-Lösung zur Verwaltung von Kundenbeziehungen (CRM – Customer-Relationship Management). Der Nutzer benötigt damit keinerlei IT-Infrastruktur mehr und kann die Anwendungen jederzeit und von jedem Ort über das Internet verwenden. Bezahlt werden muss nur die tatsächliche Nutzung. Von Nachteil ist die eingeschränkte Konfigurierbarkeit und Anpassbarkeit des Anwendungssystems. Eine Integration etwa eines CRM-Systems in weitere Geschäftsprozesse des Unternehmens über den Zu-

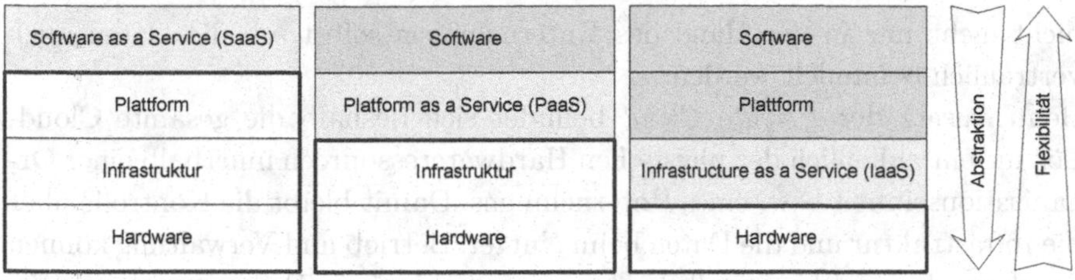

Software as a Service (SaaS)	Software	Software	
Plattform	Platform as a Service (PaaS)	Plattform	
Infrastruktur	Infrastruktur	Infrastructure as a Service (IaaS)	Abstraktion / Flexibilität
Hardware	Hardware	Hardware	

Abbildung 2.8. Cloud-Protokollarchitektur

griff auf interne Schnittstellen der Anwendung ist nur sehr eingeschränkt
möglich.

Die genannten Dienstmodelle werden in Abbildung 2.8 dargestellt. Cloud-
Systeme weisen dementsprechend eine Schichtenarchitektur auf. Die unteren
Schichten bilden dabei die Basis für die darüberliegenden Schichten. Je nach
verwendetem Modell kann der Nutzer der Cloud-Dienste nun mehr oder weniger Einfluss auf die einzelnen Schichten des Systems nehmen. Während beim
SaaS-Modell die Anwendung nur konfiguriert werden kann – für die weiteren
von der Cloud bereitgestellten Ressourcen ist dies durch Qualitätsparameter
sehr eingeschränkt möglich – kann beim PaaS-Modell die Anwendung selbst
entwickelt werden. Konfigurierbar sind darüber hinaus auch Parameter der
Plattform. Beim IaaS-Modell stehen weitreichende Einflussmöglichkeiten für
die Infrastruktur zur Verfügung. So können das Betriebssystem sowie die
weitere Softwareplattform und damit auch Entwicklungsmethodik und Werkzeuge frei gewählt werden. Zusammenfassend erhöht sich mit verringertem
Abstraktionsgrad die Möglichkeit der Einflussnahme und damit die Flexibilität der Cloud-Lösung aus Sicht des Kunden. Gleichzeitig steigt auch der
Aufwand für die Entwicklung bzw. Administration und damit die Notwendigkeit von entsprechender Expertise im Unternehmen.

Eine weitere Unterscheidung von Cloud-Lösungen kann entsprechend des Be-
triebs erfolgen. In den bisherigen Betrachtungen wurde von einem Cloud-
Anbieter ausgegangen, der die Cloud-Lösung betreibt. Dieser gehört nicht
dem selben Unternehmen bzw. der selben Organisation wie der Nutzer der
Cloud-Dienste an. In diesem Fall spricht man von einer *Public Cloud*. Aus
dieser Konstellation ergeben sich allerdings eine Reihe von Problemen aus
Sicht des Nutzers. So entsteht mit der erreichten Transparenz auch Unsicher-
heit über die Verfügbarkeit der Cloud-Dienste. Der Nutzer selbst kann im
Falle von Problemen nicht selbst eingreifen, sondern ist auf das Eingreifen
des Cloud-Anbieters angewiesen. Darüber hinaus werden unternehmensin-
terne Daten über das Internet in einer unbekannten Umgebung verarbeitet
und evtl. sogar persistent gespeichert. Sind dies vertrauliche Daten, liegt es

nicht mehr nur in der Hand des Unternehmens selbst, ob die Daten auch vertraulich behandelt werden.

Beim Ansatz der *Private Cloud* befindet sich deshalb die gesamte Cloud-Lösung einschließlich der physischen Hardwareressourcen innerhalb einer Organisationseinheit bzw. eines Unternehmens. Damit bleibt die Kontrolle über die Infrastruktur und die Daten beim Nutzer. Betrieb und Verwaltung können durch das Unternehmen selbst, aber auch durch einen Dritten erfolgen. Wesentlich ist die ausschließliche Nutzung der Cloud-Dienste durch nur einen Anbieter.

Eine gemeinsame Nutzung von Cloud-Diensten durch mehrere Nutzer auf der Basis vertraglicher Vereinbarungen wird als *Community Cloud* bezeichnet. Die Cloud-Dienste sind dann nur für einen festgelegten Nutzerkreis verfügbar. Betrieb und Verwaltung können wie bei der Private Cloud durch das Unternehmen oder einen Dritten erfolgen.

In einigen Fällen ist auch eine Kombination von Private und Public Cloud zur *Hybrid Cloud* sinnvoll, beispielsweise um bestimmte, unkritische Funktionen in die Public Cloud auszulagern oder um Lastspitzen bei bestimmten Diensten zu begegnen.

❯ 2.7.2 Anwendungsfelder und Plattformen für Cloud-Lösungen

Eine wesentliche Triebkraft des Cloud Computing ist dessen Potential für eine Vereinfachung der Bereitstellung und der Verwaltung von IT-Ressourcen und Anwendungen, verbunden mit Kostenersparnissen und einer erhöhten Flexibilität bei den Nutzern. In den letzten Jahren konnte sich bereits eine Vielzahl von Cloud-Lösungen etablieren, die entsprechend der bereits vorgestellten Dienstmodelle IaaS, PaaS und SaaS eingeordnet werden können.

Ein wichtiger Vertreter der Lösungen für IaaS sind die *Amazon Web Services*. Das Kerngeschäft von Amazon ist nicht im IT-Bereich angesiedelt, die hohe Verfügbarkeit und Skalierbarkeit der Online-Handelsplattform ist aber natürlich geschäftskritisch. Da in Zeiten der Höchstlast, wie etwa im Weihnachtsgeschäft, die Auslastung wesentlich höher als in normalen Geschäftsperioden ist, wurden die Ressourcen der Rechenzentren entsprechend des Bedarfs bei Höchstlast dimensioniert. Diese Ressourcen bleiben damit aber über längere Perioden ungenutzt. Für Amazon bot es sich damit an, diese Ressourcen anderen zur Nutzung zu vermieten. Dies erfolgt in Form der *Amazon Web Services*. Über diese Plattform sind verschiedenste Cloud-basierte Dienste nutzbar.

Ein wichtiger Dienst ist die *Elastic Compute Cloud*, über den Nutzer virtuelle Rechner mit verschiedenen Betriebssystemen und verschiedenen Stufen der Ressourcenausstattung konfigurieren und nutzen können. Die Erstellung und Administration erfolgt über eine Web-Schnittstelle.

Als weitere Dienste auf der Ebene der Infrastruktur werden verschiedene Möglichkeiten zur Datenverwaltung (Relational Database Service, SimpleDB und Simple Storage Service), zur Kommunikation (Simple Queue Service und Simple Notification Service), für Überwachung und Management (Cloud Watch) sowie zur Sicherung der Skalierbarkeit (Auto Scaling und Elastic Load Balancing) bereitgestellt.

Darüber hinaus werden auch Dienste angeboten, die für bestimmte Anwendungsdomänen interessant sind, etwa zum Bereitstellen von Web-Inhalten (Cloud Front), zur Umsetzung datenintensiver Anwendungen auf der Basis des Hadoop-Algorithmus (Elastic Map Reduce), oder zur Abwicklung von Bezahlungen (Flexible Payments Service und DevPay).

Auf der Ebene der PaaS sind die *Azure Service Platform* von Microsoft und die *Google App Engine* als wichtige Vertreter zu nennen. Kern der Azure Services Platform ist *Windows Azure*, eine Umgebung zur Anwendungsentwicklung. Diese stellt eine Laufzeitumgebung für Web-Anwendungen, Dienste und komplexe Berechnungsaufgaben mit Basisdiensten für Skalierbarkeit und Verfügbarkeit bereit. Zur Implementierung der Anwendungen können im Wesentlichen .NET, PHP und C++ verwendet werden. Die wichtigsten Bausteine zur Umsetzung von Azure-Anwendungen werden als *WebRole* und *WorkerRole* bezeichnet. Eine WebRole repräsentiert eine Web-basierte Benutzerschnittstelle, eine WorkerRole einen Geschäftsprozess. Mehrere WebRoles und WorkerRoles werden in der Regel miteinander kombiniert, um komplexere Anwendungen zu erstellen. Zur Implementierung werden stark abstrahierte Programmierschnittstellen bereitgestellt, die Entwicklung erfolgt mit Visual Studio. Sämtliche Einstellungen für die Plattform können auf einfache Weise über Konfigurationsdateien vorgenommen werden.

Neben Windows Azure selbst sind auch SQL Azure, Azure AppFabric sowie Dallas Bestandteile der Azure Services Platform. SQL Azure stellt einen von Microsoft betriebenen SQL Server zur Speicherung von Daten in der Cloud zur Verfügung. Die Azure AppFabric stellt Dienste zur Verfügung, mit denen Desktop-Anwendungen schrittweise in die Cloud verlagert werden können. Diese sind dienstorientiert und umfassen etwa die Prüfung von Zugriffsrechten und die lose gekoppelte Kommunikation der Anwendungsdienste nach dem Prinzip des Enterprise Service Bus (siehe Abschnitt 8.5.1). Dallas ermöglicht das Anbieten von Daten über einen zentralen Dienst, wobei die Interoperabilität von Datenzugriff und -repräsentation im Vordergrund steht.

Die Google App Engine ist eine Entwicklungs- und Laufzeitumgebung für Web-Anwendungen in einer Cloud-Infrastruktur. Neben den Diensten zur Ressourcenbereitstellung, der Datenverarbeitung und dem Lastausgleich bietet die App Engine auch erweiterte Funktionen für Web-Anwendungen. So kann die Nutzerverwaltung direkt über Google-Dienste erfolgen, zur Kommu-

nikation mit den Nutzern steht ein Mail-Dienst bereit. Darüber hinaus stehen
Dienste zur Verarbeitung von Bildern und zur Kommunikation über XMPP
zur Einbindung von Instant-Messaging-Funktionen zur Verfügung. Zur Implementierung werden die Programmiersprachen Java und Phyton unterstützt.
Vertreter des Bereiches Software-as-a-Service sind die Google Apps und Sa-
lesforce. Google bietet mit den Google Apps typische Büroanwendungen wie
E-Mail-Client, Kalender, Textverarbeitung und Tabellenkalkulation an. Sa-
lesforce bietet die drei Anwendungen Sales Cloud, Service Cloud und Chatter
an. Sales Cloud ist eine Anwendung zur Verwaltung von Kundenbeziehungen und den Vertrieb von Unternehmen. Service Cloud zielt auf den Dienst-
leistungsbereich und ermöglicht die Verwaltung und Abwicklung von Kun-
denanfragen. Chatter letztlich ist eine Anwendung zur kollaborativen Infor-
mationsverwaltung.

Darüber hinaus existiert natürlich eine Vielzahl weiterer Dienste und Ange-
bote für Cloud-Computing, etwa Lotus Live, eine SaaS-Lösung von IBM oder
Eucalyptus, eine Open-Source-Lösung zur Umsetzung privater und hybrider
Cloud-Infrastrukturen. Für weitere Informationen sei etwa auf [BKNT11] und
[MH10] verwiesen.

Die beschriebenen Ansätze und Plattformen verdeutlichen das Potential des
Cloud-Computing. Ob sich diese Technologie in der Breite durchsetzen wird,
hängt aber maßgeblich davon ab, ob die für Cloud-Computing kritischen
Probleme hinsichtlich Nutzervertrauen, Verfügbarkeit, Datensicherheit und
Kostenersparnis tatsächlich gelöst werden können.

2.8 Peer-to-Peer-Architekturen

Eine Alternative zu mehrstufigen Client/Server-Architekturen stellen Peer-
to-Peer-Architekturen dar. So genannte *Peers* kommunizieren direkt miteinander und nutzen dabei gegenseitig Dienste bzw. stellen Dienste zur Verfügung. Während bei mehrstufigen Architekturen die Rollen von Client und
Server getrennt und Systembestandteilen fest zugeordnet werden, erfolgt diese Trennung in Peer-to-Peer-Architekturen nicht. Vielmehr existieren hier
gleichberechtigte, autonome Systembestandteile mit ähnlicher Funktionalität.
Damit wird die klassische Rollenverteilung und insbesondere die zentrale
Struktur der Client/Server-Architektur aufgelöst. Peers agieren sowohl in der
Rolle des Clients als auch des Servers. Während in Client/Server-Systemen ei-
ne potenziell hohe Zahl von Clients typischerweise auf einen bzw. eine kleine
Anzahl von Servern in einem Cluster zugreifen, existieren in reinen Peer-
to-Peer-Systemen keine zentralen Server, jeder der Peers ist ein potenzieller
Server. Die Funktionalität wird in Peer-to-Peer-Systemen dezentral erbracht.
Abbildung 2.9 stellt beide Architekturen im Vergleich dar.

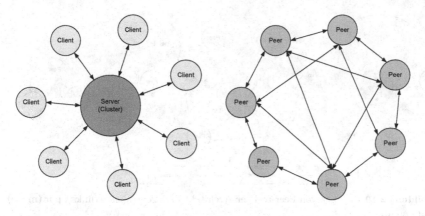

Abbildung 2.9. Client/Server-Architektur (links) vs. Peer-to-Peer-Architektur (rechts)

2.8.1 Typen von Peer-to-Peer-Architekturen

Die Struktur von Peer-to-Peer-Systemen hat zur Konsequenz, dass geeignete Peers zur Diensterbringung nicht von vornherein bekannt sind, sondern zunächst gesucht werden müssen. Erst nach dem Ermitteln eines Diensterbringers kann der Dienstnutzer dann dessen Dienst mittels direkter Kommunikation nutzen. Aus der Sicht des Internets bedeutet dies, dass die Verarbeitung von Servern im Internet auf die Endgeräte in der Peripherie des Internets verlagert wird. Endgeräte werden somit zu Dienstanbietern.

Peer-to-Peer-Architekturen können nach [SW05] in drei grundlegende Typen unterteilt werden: *zentralisiert*, *pur* sowie *hybrid*. Diese drei Typen werden in Abbildung 2.10 dargestellt.

Zentralisierte Peer-to-Peer-Architekturen setzen zur Dienstsuche ein zentrales Verzeichnis ein, bei dem sich dienstanbietende Peers registrieren können. Dienstanfragen werden an das zentrale Dienstverzeichnis gestellt, welches einen entsprechenden Dienstanbieter an den anfragenden Peer vermittelt. Dabei können Diensteigenschaften wie schnellster oder billigster Dienst in die Suche einbezogen werden. Der Ansatz erfordert eine zentrale Infrastruktur, die Informationen über alle teilnehmenden Peers enthält. Damit ergeben sich Grenzen für die Ausfallsicherheit des Systems. Ist das zentrale Dienstverzeichnis nicht erreichbar, kann keiner der zum System gehörenden Peers mehr gefunden werden. Da alle Anfragen beim zentralen Dienstverzeichnis zusammenlaufen, ist auch die Skalierbarkeit des Ansatzes begrenzt. Es kann aber mit entsprechenden Ressourcen ausgestattet auch große Nutzerzahlen bedienen. Ein Beispielsystem ist der Filesharing-Dienst *Napster*.

In *puren* Peer-to-Peer-Architekturen existiert kein zentralisierter Server. Sowohl die Suche nach dienstanbietenden Peers als auch die Dienstnutzung

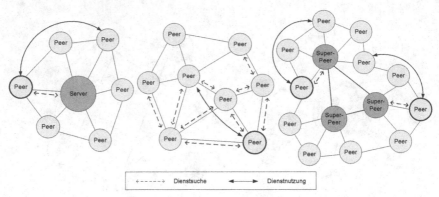

Abbildung 2.10.   Typen von Peer-to-Peer-Architekturen: zentralisiert(links), pur (mitte), hybrid (rechts)

zwischen Peers erfolgt ohne Verwendung eines Servers. Die Dienstsuche kann beispielsweise nach dem *Flooded Requests-Algorithmus* erfolgen. Nach diesem werden Dienstanforderungen an alle direkt verbundenen Nachbarpeers geflutet, d. h. per Broadcast verteilt. Diese Nachbarpeers reichen die Dienstanfragen ihrerseits an ihre direkten Nachbarn weiter, bis ein entsprechender Dienstanbieter gefunden oder die maximale Anzahl von Flutungsschritten erreicht wurde. Nachteil dieses Ansatzes ist der hohe Bandbreitenbedarf. In Systemen begrenzter Größe, etwa dem Intranet eines Unternehmens, arbeitet dieser Ansatz jedoch sehr effizient. Ein Beispielsystem ist der Filesharing-Dienst *Gnutella*.

Hybride Peer-to-Peer-Architekturen, auch als *Superpeer-Architekturen* bezeichnet, stellen eine Mischform der anderen beiden Typen dar. Neben den Peers existieren im System so genannte Superpeers, die Informationen bzw. Dienste enthalten, die nicht von allen Peers angeboten werden. Dies sind beispielsweise die Informationen über dienstanbietende Peers im System. Da mehrere Superpeers im System existieren können, stellt ein Superpeer keinen zentralen Server und damit keinen Engpass im System dar. Eine Verteilung von Dienstanfragen kann beispielsweise erreicht werden, indem ein Superpeer nur die Dienstangebote der benachbarten Peers verwaltet. Insbesondere ist die Zuordnung der Rolle eines Superpeers dynamisch. So kann etwa bei Ausfall eines Superpeers ein anderer Peer im System dessen Funktion übernehmen, wodurch neben der verbesserten Skalierbarkeit auch eine höhere Ausfallsicherheit im Vergleich zu zentralisierten Peer-to-Peer-Architekturen erreicht wird. Ein Beispielsystem ist der Filesharing-Dienst *KaZaa*.

❯ 2.8.2 Anwendungsgebiete von Peer-to-Peer-Architekturen

Wesentliche Anwendungsgebiete für Peer-to-Peer-Architekturen stellen parallelisierbare (verteilte) Anwendungen, eine verteilte Daten- und Inhaltsverwaltung sowie kollaborative Systeme dar.

Zur *Parallelisierung* von Anwendungen bieten Peer-to-Peer-Systeme die Möglichkeit, berechnungsintensive Operationen in Teiloperationen zu zerlegen, die anschließend parallel auf einer Menge von Peers ausgeführt werden. Dabei können Peers parallel dieselbe Operation mit unterschiedlichen Parametern (z. B. eine Primzahlzerlegung) oder verschiedene Operationen (z. B. eines komplexen Workflows) ausführen.

Die *verteilte Verwaltung von Daten und multimedialen Inhalten* (wie Musik, Videos etc.) zielt auf die gemeinsame Nutzung von ungenutzten Ressourcen in einem Peer-to-Peer-Netz. Auf einer Menge von Peers können Daten und Inhalte verteilt gespeichert werden. Das System muss dann Mechanismen zur Suche dieser Daten bereitstellen. Außerdem verteilen sich die Zugriffe auf die Daten auf die speichernden Peers, wodurch die Skalierbarkeit des Systems erhöht wird. Einen häufigen Anwendungsfall stellen Filesharing-Systeme dar, die vorzugsweise zum Austausch multimedialer Daten eingesetzt werden.

Peer-to-Peer-Systeme ermöglichen eine *Kollaboration* ohne einen zentralen Server. Anwendungsfälle sind insbesondere die simultane Bearbeitung gleicher Datenbestände bzw. Dokumente sowie die Kommunikation; etwa per E-Mail und Instant Messaging.

Peer-to-Peer-Systeme können im Internet, in Intranets sowie in Ad-hoc-Netzwerken eingesetzt werden. Ebenso variieren die Geräteplattformen von Standard-PCs über Laptops bis zu PDAs und Smartphones. Anwendungen zur Daten- und Inhaltsverwaltung sowie zur parallelen verteilten Verarbeitung haben sich im Internet, aber auch in Intranets bereits etabliert. Ad-hoc-Netzwerke bieten für kollaborative Systeme und insbesondere die spontane Kollaboration ein hohes Potenzial, stellen jedoch gegenwärtig noch weitgehend einen Forschungsgegenstand dar.

2.9 Zusammenfassung

2.9

Zusammenfassend lässt sich eine schrittweise aufeinander aufbauende Entwicklung der einzelnen Systemmodelle feststellen, wie Abbildung 2.11 zeigt. Den Ausgangspunkt bildet in den 80er Jahren das Client/Server-Modell mit dem Remote Procedure Call als Realisierungsform. Dieser wurde ergänzt durch verteilte Transaktionen in Form von Transaktionsmonitoren, um die Integrität und Konsistenz bei der Verarbeitung verteilter persistenter Daten zu gewährleisten. Ein nächster Entwicklungsschritt war die Einführung objektorientierter Modelle für die verteilte Verarbeitung und Kommunikation.

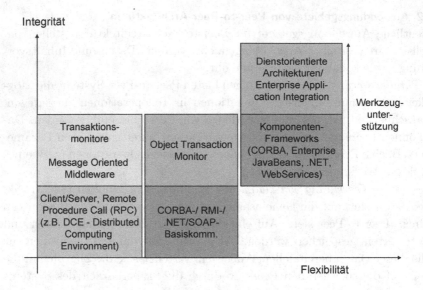

Abbildung 2.11. Entwicklung der Systemmodelle

Damit ging auch die entsprechende Anpassung der Transaktionsmonitore an das neue Modell einher, was dann zum Begriff des *Object Transaction Monitor* führte.

Schließlich gewannen die komponentenbasierten Ansätze an Bedeutung und wurden zunehmend auch um Werkzeuge im Rahmen der Application Server und der Enterprise Application Integration ergänzt. Diese realisieren wiederum wesentliche Middleware-Funktionen zwischen der Netzwerk- und Betriebssystemebene einerseits und der Anwendung andererseits.

Dies wird in Abbildung 2.12 nochmals verdeutlicht: Die Middleware baut auf dem physikalischen Kommunikationsnetz und den Internet-Protokollen TCP/IP auf und abstrahiert von deren systemnahen Details. Ferner werden wichtige Systemdienste zur Transaktionsverarbeitung, zur Gewährleistung von Sicherheitsmechanismen, zur Verwaltung persistenter Daten und zur Realisierung von Verzeichnisdiensten hinzugefügt. Somit sind die hier betrachteten Ebenen der Verteilten Systeme und der zugehörigen Middleware im wesentlichen den Schichten 5-7 des bekannten ISO/OSI-7-Schichten-Referenzmodells für offene Kommunikation und damit dem eher anwendungsorientierten Bereich zuzuordnen. Eine feste Schichtenzuordnung lässt sich dabei allerdings kaum treffen; vielmehr wird eine schichtenüberspannende Funktionalität angeboten.

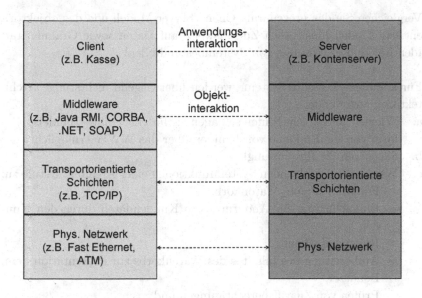

Abbildung 2.12. Einordnung von Middleware und Verteilten Systemen

Natürlich muss an dieser Stelle auch darauf hingewiesen werden, dass ein mehrstufiges Modell in Anlehnung an Client/Server-Prinzipien zwar für sehr viele, aber doch nicht für alle Fragestellungen Verteilter Systeme passt. Wie bereits dargestellt, existieren etwa viele Peer-to-Peer-Anwendungen mit weitgehend gleichberechtigten Kommunikationspartnern, die sich nicht in Client oder Server kategorisieren lassen. Ein Beispiel sind etwa auch verteilte Groupware-Lösungen wie Lotus Notes, die eine flexible Gruppenkommunikation ermöglichen oder auch verteilte Online-Spiele im Internet, die zwischen gleichberechtigten Teilnehmern durchgeführt werden. Hierauf lassen sich aber oft doch zumindest die grundlegenden Kommunikationsmodelle zwischen Objekten anwenden, selbst wenn dann keine direkte Einordnung in mehrstufige Architekturen mit relativ fester Client/Server-Zuordnung erfolgt.

2.10 Übungsaufgaben

2.10

1. Das Client/Server-Modell weist den miteinander kommunizierenden Prozessen Rollen zu. Skizzieren Sie die Zusammenhänge und Rollen zwischen drei Clients und zwei Servern, wobei der erste Server die Dienste eines zweiten Servers über eine Unterbeauftragung nutzt.

2. Vergleichen Sie das prozedurale Client/Server-Modell und das objektorientierte Modell hinsichtlich Zugriffsweise auf Daten sowie Granularität, Identität und Platzierung von Systembestandteilen!

3. Für komplexe Verteilte Systeme werden überwiegend mehrstufige Architekturen angewendet.
   a. Wieviele und welche Stufen schlagen Sie für eine Online-Handelsplattform vor, die Einkäufe von Kunden über das WWW ermöglicht?
   b. Skizzieren Sie Ihre Lösung!
   c. Weisen Sie die folgenden Systemfunktionen einer Architekturstufe zu:
      − Funktionen eines Warenkorbs,
      − Eingabemaske zur Änderung von Kundendaten durch den Kunden,
      − Rabattberechnung,
      − Aufbereitung des Inhaltes des Warenkorbs zur Präsentation beim Benutzer,
      − Prüfen von Zugriffsberechtigungen und
      − Speicherung von Kundendaten.

4. In einem Peer-to-Peer-System bietet ein Peer P_1 Dienste an. Ein zweiter Peer P_2 möchte dieses Dienstangebot nutzen. Skizzieren Sie den Nachrichtenaustausch zur Dienstsuche und -nutzung für eine zentralisierte, eine pure und eine hybride P2P-Architektur! Diskutieren Sie Vor- und Nachteile der drei Varianten hinsichtlich Nachrichtenaufkommen und Skalierbarkeit!

Kapitel 3

Kommunikation

3

A. Schill, T. Springer, *Verteilte Systeme*,
DOI 10.1007/978-3-642-25796-4_3, © Springer-Verlag Berlin Heidelberg 2012

3

3 Kommunikation

Die *Kommunikation* ist der elementare Mechanismus zum Austausch von Nachrichten, um Interoperabilität und Kooperation von Instanzen eines Verteilten Systems zu ermöglichen. In modernen Umgebungen wird dabei auf einen möglichst hohen Abstraktionsgrad in Bezug auf System- und Netzwerkdetails Wert gelegt. Dadurch wird ein hohes Maß an Transparenz erreicht, d. h., Eigenschaften des zugrunde liegenden Basissystems bleiben vor der Anwendung weitgehend verborgen, um insbesondere die Unabhängigkeit der Kommunikation von der zugrunde liegenden Netzwerktechnologie zu sichern.

Dieses Kapitel stellt die wichtigsten Kommunikationsmechanismen für Verteilte Systeme vor. Zunächst wird auf den *Remote Procedure Call (RPC)* als grundlegende Kommunikationstechnik des Client/Server-Modells eingegangen. Da heute aber objektorientierte Mechanismen sehr viel verbreiteter sind, wird direkt im Anschluss daran die Einbettung von RPC-Mechanismen in die objektorientierte Kommunikation am Beispiel von *Java Remote Method Invocation (Java RMI)* erläutert. Dabei wird auch auf Grundkonzepte eingegangen, die zur Unterstützung der Kommunikation mobiler Objekte notwendig sind. *Mobile Objekte* sind Objekte, deren Platzierung zur Laufzeit dynamisch verändert werden kann.

Am Beispiel der *Web Services* werden anschließend die Konzepte des RPC in Form sprachunabhängiger Mechanismen verallgemeinert. Alle genannten Konzepte unterliegen dem *Request-Response* Prinzip, d. h., ein Client stellt eine Anfrage an den Server (*Request*) und erwartet daraufhin eine Antwort (*Response*). Diese Art des Nachrichtenaustauschs wird als *synchron* bezeichnet, da Client und Server hier Nachrichten in einer aufeinander abgestimmten zeitlichen Folge senden bzw. empfangen.

Zum Vergleich werden dann *asynchrone* Kommunikationstechniken vorgestellt, die auf dem Austausch von Nachrichten basieren (*Message Passing*) und Sender und Empfänger zeitlich entkoppeln. Die dafür wesentlichen Grundprinzipien werden anhand von *Message Oriented Middleware (MOM)* erläutert und mit synchronen Lösungen verglichen. In engem Zusammenhang damit stehen auch ereignisbasierte Systeme, die über die Abstraktion des Nachrichten- bzw. Ereigniskanals (*Message Channel* bzw. *Event Channel*) in entkoppelter und zuverlässiger Form Nachrichten bzw. Ereignisse vermitteln. Das dabei zugrunde liegende Grundprinzip des *Publish-Subscribe* wird ebenfalls erläutert.

Ferner werden die wesentlichen Konzepte der strombasierten Kommunikation in Verbindung mit Quality-of-Service-Mechanismen für verteilte Multimedia-Systeme im Überblick vorgestellt. Ein abschließender Vergleich der behandelten Mechanismen sowie ein Ausblick auf die notwendige Anbindung an weitere Dienste wie Transaktionen, Sicherheitsmechanismen und Verzeichnisverwaltung runden das Kapitel ab.

3.1 Remote Procedure Call

Die Kommunikation in Verteilten Systemen könnte an sich mit sehr elementaren Mechanismen erfolgen, wie sie etwa durch die Programmierabstraktion der Sockets bekannt sind. Dabei werden Daten in Form einfacher Blöcke an eine Transportschnittstelle übergeben und nach der Übertragung mittels des Transport- und Vermittlungsprotokolls TCP/IP beim Empfänger wieder ausgelesen. Dabei entstehen jedoch zahlreiche Probleme: Die Anwendung muss die Kodierung und Dekodierung komplexerer Datenstrukturen wie Listen oder Bäume selbst realisieren, dies ist also manuell zu programmieren. Auch die häufig erforderliche Konvertierung zwischen unterschiedlichen Datenformaten auf Sender- und Empfängerseite ist von Hand zu realisieren. Beispiele sind etwa unterschiedliche Zahlenrepräsentationen wie Big Endian und Little Endian, unterschiedliche Zeichencodes wie ASCII und EBCDIC oder auch unterschiedliche Compiler-Repräsentationen von Strukturen wie z. B. Longwords (4 Byte Zahlenformate). Ein weiteres Problem ist, dass die entfernte Kommunikation mit Sockets syntaktisch und semantisch völlig anders gestaltet ist als die Verarbeitung im lokalen Fall, die traditionell mit Hilfe von Prozeduraufrufen gesteuert wird.

Um also ein höheres Maß an Transparenz zu erreichen, wurde der *Remote Procedure Call (RPC)* als Basismechanismus des Client/Server-Modells eingeführt. Gemäß der bekannten Definition nach Nelson handelt es sich bei einem RPC um *die synchrone Übergabe des Kontrollflusses zwischen zwei Prozessen mit unterschiedlichen Adressräumen auf Ebene der Programmiersprache, wobei der Datentransfer mittels Aufruf- und Ergebnisparametern erfolgt. Die Prozesse sind in der Regel über einen im Vergleich zum lokalen Fall relativ schmalen Kanal gekoppelt.*

Mit dem Konzept des RPC wird also versucht, die Kommunikation in Verteilten Systemen ebenfalls in Form eines Prozeduraufrufs zu ermöglichen. Dabei wird eine weitgehende syntaktische und semantische Uniformität in Bezug auf Aufrufmechanismus, Sprachumfang und Fehlerbehandlung zwischen lokalem und entferntem Prozeduraufruf angestrebt. Dies gelingt zwar nicht in vollem Umfang, wie noch deutlich wird, aber dennoch ist der Transparenzgrad erheblich höher als etwa bei der direkten Socket-Kommunikation.

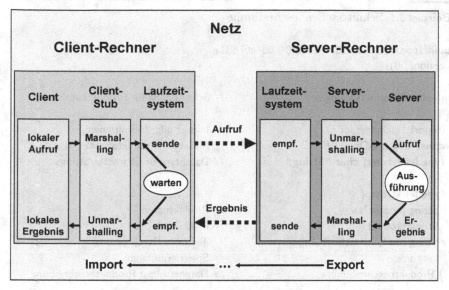

Abbildung 3.1. Ablauf und Architektur eines RPC-Systems

3.1.1 Architektur

Die generelle Architektur eines RPC-Systems und darauf aufbauend der typische Ablauf eines RPCs werden in Abbildung 3.1 dargestellt. Gemäß dem in Abschnitt 2.1 beschriebenen Client/Server-Modell ruft ein Client, etwa unser Kunde, eine Dienstleistung eines Servers, etwa einen Produktkatalog, auf. Dazu wird zunächst die Schnittstelle des Servers in einer einheitlichen Notation beschrieben; häufig erfolgt dies auf Basis einer *Interface Definition Language (IDL)*. Aus der Schnittstellenbeschreibung werden für beide Seiten so genannte *Stubs* mit Hilfe eines Compilers generiert. Der Server-Stub wird in einigen Systemen auch als *Skeleton* bezeichnet.

Stubs und Skeletons sind Codemodule, die alle notwendigen Funktionen kapseln, um einen lokalen Aufruf an einen entfernten Rechner zu übermitteln bzw. am entfernten Rechner zu empfangen und an eine lokale Einheit weiterzureichen. Sie enthalten unter anderem Konvertierungsroutinen, die unter Kenntnis der Ein- und Ausgabeparameter vollautomatisch die Umwandlung des Aufrufes einschließlich der zu übertragenden Aufrufparameter in ein geeignetes Übertragungsformat (*Marshalling*) sowie anschließend in das Zielformat des Servers und auf dem Rückweg in umgekehrter Weise durchführen (*Unmarshalling*).

Beispiel 3.1 Schnittstellenbeschreibung

```
[
uuid(765c3b10-100a-135d-1568-040034e67831),
version(1.0),
]
interface Produktkatalog              // Schnittstelle für Produktkatalog
{
  import "globaldef.idl";            // Import allg. Definitionen
  const long maxDoc=10;              // Maximale Produktanzahl
  typedef [string] char *String;     // Datentyp für Character-Strings

  typedef struct {
    String produktName;              // Produktname
    String produktTyp;               // Produkttyp
    String produktBeschreibung;      // Textuelle Beschreibung
    long size;                       // Speicherumfang
  } Produktbeschreibung;             // Datenstruktur Produktbeschreibung

  typedef struct {
    Produktbeschreibung beschr;      // Produktbeschreibung
    String header;                   // Meta-Informationen
    char *data;                      // Produktdaten
  } Produkt;                         // Datenstruktur Produkt

  [idempotent] long sucheProdukt (   // Suche Produkte nach Typ
    [in] String produktTyp,          // Eingabeparameter Produkttyp
    [out] Produktbeschreibung *b[maxDoc],  // Ausgabeparameter Beschreibungen
    [out] long *status);             // Ausführungsstatus

  long liefereProdukt (              //Beschaffen eines Produktes
    [in] Produktbeschreibung *beschr,  // Eingabeparameter Beschreibung
    [out] Produkt *p);               // Ausgabeparameter Produkt
  ...
}
```

Nun kann der Client den gewünschten Aufruf absetzen, der für ihn wie ein lokaler Aufruf erscheint. Nach Aktivierung des Client-Stubs und Datenkonvertierung wird das Laufzeitsystem mit der Übertragung beauftragt. Dazu baut es bei Bedarf eine Transportverbindung zum Server auf und übergibt Aufruf und Daten in kodierter Form an eine Socket-Schnittstelle wie oben beschrieben – jedoch mit dem entscheidenden Unterschied, dass dies weitgehend transparent für die Anwendung erfolgt. Der Client-Prozess geht nun in einen

Wartezustand über, bis die Antwort des Servers eintrifft; d. h., der Client wartet blockierend bzw. *synchron* auf das Ergebnis. Das Laufzeitsystem des Servers wird durch einen Interrupt auf Ebene des Transportprotokolls aktiviert, nimmt den Aufruf entgegen, dekodiert ihn mittels des Server-Stubs, übergibt ihn an das serverseitige Anwendungsprogramm zur Ausführung und liefert schließlich die Ergebnisse an den Client zurück; die einzelnen Schritte werden dabei spiegelverkehrt, aber weitgehend identisch abgearbeitet. Schließlich setzt der Client die Ausführung fort, als hätte der Aufruf lokal stattgefunden.

3.1.2 Schnittstellenbeschreibung

Beispiel 3.1 zeigt die Struktur einer RPC-Schnittstellenbeschreibung am Beispiel des *Distributed Computing Environment (DCE)* unter Zugrundelegung unserer Anwendung. Zunächst werden die verwendeten Parameterdatentypen beschrieben, wobei sich die Notation stark an die Programmiersprache C anlehnt. Im Beispiel sind das Datenstrukturen zur Beschreibung von Produkten sowie zur Repräsentation von Produktdaten.

Dann werden die Schnittstellen der entfernt aufzurufenden Prozeduren festgelegt, etwa zur Suche nach Produkten in einem Produktkatalog oder zur Anforderung der Daten zu einem bestimmten Produkt anhand der Produktbeschreibung. Ebenso könnten Anfragen zum Zugriff auf Kundendaten oder auf den Bestellstatus eines Kunden formuliert werden. Dabei ist explizit nach Ein- und Ausgabeparametern (*in/out*) zu unterscheiden, um den Stubs eine korrekte Kodierung in jeder der beiden Richtungen zu ermöglichen. Ferner werden einige optionale Attribute verwendet, um etwa Operationen ohne Seiteneffekte (*idempotent*) einer einfacheren Fehlerbehandlung unterziehen zu können.

Wie Abbildung 3.2 verdeutlicht, werden aus der Schnittstellenbeschreibung der Client- und der Server-Stub sowie eine geeignete Repräsentation der Datenstrukturen in der konkret verwendeten Programmiersprache erzeugt. Nach Erstellung des Anwendungsprogramms auf beiden Seiten wird dies jeweils mit dem Stub zu ausführbarem Code gebunden. Nach Start des Servers und anschließendem Start des Clients ist dann die RPC-Kommunikation möglich.

3.1.3 Bindevorgang

Bevor jedoch entfernte Aufrufe abgesetzt werden können, ist zusätzlich noch die Frage zu lösen, wie der Client einen geeigneten Server findet, der die gewünschte Schnittstelle für entfernte Aufrufe anbietet. Prinzipiell wäre es möglich, die Adresse des Servers fest in das Client-Programm zu kodieren oder etwa mittels einer Betriebssystemvariablen (z. B. Environment Variable unter Linux oder Registry-Eintrag unter Windows) auf Clientseite festzulegen. Das Problem dabei ist aber, dass es in großen, skalierbaren Sys-

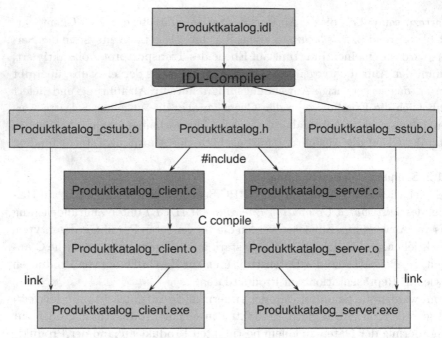

Abbildung 3.2. Generierung des Schnittstellencodes

temen oft Dutzende von Servern gibt und eine optimierende Auswahl so kaum möglich wäre. Außerdem würden die Client-Einträge bei möglicher Rekonfiguration der Server rasch ungültig. Eine weitere denkbare Alternative wäre eine Broadcast-Anfrage des aufrufenden Clients nach einem Server im gesamten Netzwerk. Aufgrund des damit verbundenen hohen Nachrichtenaufkommens ist dies jedoch nur in kleinen lokalen Netzen, etwa innerhalb eines IP-Subnetzes realistisch; das bekannte DHCP-Protokoll (*Dynamic Host Configuration Protocol*) zur dynamischen Allokation von IP-Adressen arbeitet etwa nach diesem Prinzip. In großen Firmennetzen oder gar global im Internet ist eine Broadcast-Anfrage nach RPC-Servern jedoch nicht praktikabel.

Als Lösung wird vielmehr ein *Verzeichnisdienst* (*Directory Service*) eingesetzt. Dieser Dienst ist in der Regel auf einem dedizierten Systemserver installiert und wird zur Erhöhung von Leistung und Fehlertoleranz auch häufig repliziert. Der Server registriert nun seine Schnittstelle, seine Adresse und ggf. weitere Beschreibungsdaten bei diesem Verzeichnisdienst mittels Aufruf einer geeigneten Systemfunktion, die wiederum als RPC ausgeführt wird. Der Client kann dann Anfragen nach passenden Servern stellen und sich deren Adresse vom Verzeichnisdienst vermitteln lassen, um anschließend einen RPC an einen der ermittelten Server zu richten. Dies wird insgesamt als *Bin-*

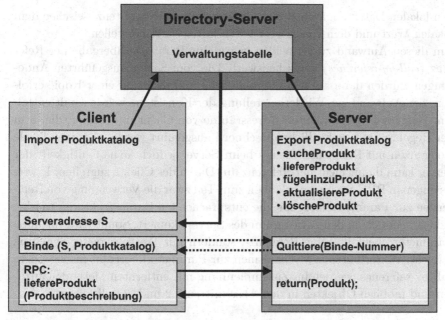

Abbildung 3.3. Bindevorgang

devorgang bezeichnet und ist schematisch in Abbildung 3.3 zusammengefasst. Zur Optimierung werden die vom Client ermittelten Server-Adressen und die zugehörigen Namen und Schnittstellen oft für eine bestimmte Zeit in einem Client-Cache gehalten; ändert sich die Adresse nicht, wovon meist ausgegangen werden kann, so kann dadurch der Aufwand einer erneuten Anfrage beim Verzeichnisdienst vermieden werden. Eine weitere Optimierungsmöglichkeit besteht darin, ausgewählte, besonders wichtige Server-Adressen bereits beim Start des Client-Programms mittels eines initialen Bindevorgangs zu ermitteln und dann im Cache zu halten. Dies können z. B. die Adressen des Namensdienstes sowie weiterer Basisdienste sein, die auch als *initiale Referenzen* bezeichnet werden.

3.1.4 Parameterübergabe
Wie im Beispiel 3.1 gezeigt, sind entfernte Aufrufe häufig parametrisierbar. Parameter können dabei zwischen verteilten Modulen auf zwei grundlegende Arten übergeben werden: als Wertparameter sowie als Referenzparameter. RPC-Systeme unterstützen davon nur die Übergabe von Parametern als Wert (*call-by-value*), d. h., der Parameterwert wird vom Client als Kopie an den Server gesendet. Wird der Parameter beim Server verändert und als Resultat an den Client zurückgesendet, muss der Client den Parameterwert mit sei-

nen lokalen Daten abgleichen und, wenn gefordert, Konsistenz zwischen dem lokalen Wert und dem vom Server veränderten Wert herstellen.

Um diesen Aufwand zu vermeiden, wäre eine Parameterübergabe per Referenz (*call-by-reference*) wünschenswert. Die vom Server ausgeführten Änderungen würden dann auf den Originaldaten und nicht auf einer Kopie erfolgen, der Aufwand zur Wiederherstellung der Konsistenz würde somit entfallen. Aufgrund der getrennten Adressräume von Client und Server, die ja in der Regel auf unterschiedlichen Rechnern ausgeführt werden, besitzen lokale Referenzen auf Daten des Clients beim Server jedoch keine Gültigkeit, der Server kann damit nicht per Referenz auf Daten des Clients zugreifen. Erweiterungen in RPC-Systemen erlauben zum Teil zwar die Verwendung von Referenzen zur Parameterübergabe, die entsprechenden Datenstrukturen werden jedoch ebenfalls in den Adressraum des Servers kopiert. Somit wird für diese Parameter ebenfalls keine Referenz-, sondern nur Wertparameter-Semantik erreicht. Weiterführende Mechanismen zur Parameterübergabe, insbesondere call-by-reference, werden im Zusammenhang mit entfernten Methodenaufrufen und mobilen Objekten in den Abschnitten 3.2 und 3.6 diskutiert.

3.1.5 Prozessverwaltung

Bisher wurde davon ausgegangen, dass Client und Server jeweils durch einen Prozess auf Betriebssystemebene implementiert werden. Für sehr einfache Anwendungen reicht dies zwar aus, um besser skalierbare Mechanismen zu erreichen wird aber meist mit mehreren quasi-parallelen Prozessen auf Client- und auch auf Serverseite gearbeitet. Dazu werden so genannte Threads oder leichtgewichtige Prozesse eingesetzt, die besonders effizient zu verwalten sind. Anders als vollwertige Betriebssystemprozesse verfügen sie lediglich über einen eigenen Stack, Programmzähler und Register, nicht aber über einen individuellen Adressraum. Vielmehr teilen sich mehrere Threads den Adressraum eines Betriebssystemprozesses, in dem sie ablaufen. Moderne Betriebssysteme unterstützen Thread-Modelle als integralen Bestandteil.

Abbildung 3.4 zeigt nun den Einsatz von Threads auf Client- bzw. Serverseite im Rahmen der Prozessverwaltung von RPC-Systemen. Ein Client kann mehrere Threads starten, um mehrere RPC-Aufrufe an einen, aber auch an unterschiedliche Server parallel abzusetzen. Dabei wird jeder – weiterhin synchrone – RPC durch einen separaten Thread abgesetzt, der bis zum Eintreffen des Aufrufergebnisses blockiert bleibt. Die einzelnen Threads arbeiten zueinander asynchron und parallel (im Falle von mehreren Prozessoren) oder zumindest quasi-parallel. Somit sind die verschiedenen Aufrufe zunächst unabhängig und werden erst nach Vorliegen der Einzelergebnisse durch einen übergreifenden Client-Prozess synchronisiert und zusammengefasst.

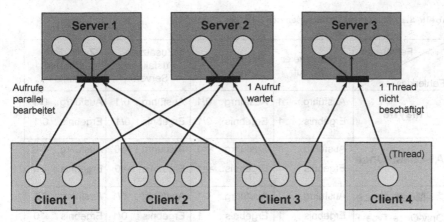

Abbildung 3.4. Prozessverwaltung

Threads sind insbesondere auch auf Serverseite sinnvoll und wichtig, um eintreffende Aufrufe unterschiedlicher Clients parallel oder zumindest quasi-parallel zu bearbeiten und damit effizienter auszuführen. Dadurch können eventuell mehrere Prozessoren wirklich zeitgleich eingesetzt bzw. zumindest I/O-Wartezyklen eines Threads durch einen anderen Thread genutzt werden. In großen Systemen werden oft Dutzende oder gar Hunderte von Threads innerhalb eines RPC-Servers verwendet, um die Skalierbarkeit in Bezug auf die Anzahl zeitgleich bedienbarer Clients zu erhöhen.

Eine Optimierung besteht oft noch darin, bereits zur Initialisierungszeit einen so genannten *Thread-Pool*, also eine Reihe vorallokierter Threads im Ruhezustand, anzulegen. Bei einem dann eintreffenden RPC-Aufruf ist keine aufwändigere Thread-Erzeugung mehr erforderlich, sondern nur eine effizienter handhabbare Aktivierung eines schon bestehenden Threads. Nach der Abarbeitung des Aufrufs kehrt dieser schließlich wieder in seinen Ruhezustand als Teil des Thread-Pools zurück.

3.1.6 Fehlersemantik

Der Problematik von möglichen Fehlerfällen und der zugehörigen Fehlerbehandlung, die dann zu einer entsprechenden Fehlersemantik führt, muss in RPC-Systemen besondere Aufmerksamkeit geschenkt werden. In lokalen Umgebungen kann im Prinzip nur das System als Ganzes ausfallen, eine darauf aufsetzende Anwendung wird also entweder komplett ausgeführt oder die Ausführung wird komplett abgebrochen. In Verteilten Systemen muss dagegen stärker differenziert werden: Der Client, das Kommunikationssystem oder auch der Server können unabhängig voneinander oder auch in beliebigen Kombinationen ausfallen. Dem muss durch geeignete Maßnahmen begegnet werden.

Tabelle 3.1. Fehlersemantikklassen des RPC

Fehlerarten / Fehlerklassen	Fehlerfreier Ablauf	Nachrichten-verluste	Zusätzlich Ausfall des Servers	Zusätzlich Ausfall des Clients
Maybe	Ausführg.: 1 Ergebnis : 1	Ausführg.: 0/1 Ergebnis : 0/1	Ausführg.: 0/1 Ergebnis : 0/1	Ausführg.: 0/1 Ergebnis : 0/1
At-Least-Once	Ausführg.: 1 Ergebnis : 1	Ausführg.: >=1 Ergebnis : >=1	Ausführg.: >=0 Ergebnis : >=0	Ausführg.: >=0 Ergebnis : 0
At-Most_Once Only-Once-Type-1	Ausführg.: 1 Ergebnis : 1	Ausführg.: 1 Ergebnis : 1	Ausführg.: 0/1 Ergebnis : 0/1	Ausführg.: 0/1 Ergebnis : 0
Exactly-Once Only-Once-Type-2	Ausführg.: 1 Ergebnis : 1	Ausführg.: 1 Ergebnis : 1	Ausführg.: 1 Ergebnis : 1	Ausführg.: 1 Ergebnis : 1

Die grundlegenden Mechanismen hierfür umfassen die einfache Wiederholung von Aufrufen bei Kommunikationsfehlern sowie das Rücksetzen auf einen konsistenten Zustand mit anschließendem Wiederanlauf und Aufrufwiederholung bei Ausfall von Client oder Server. Die entsprechenden Effekte werden wie in Tabelle 3.1 dargestellt durch RPC-Fehlersemantikklassen nach Spector beschrieben. Die Zahlen in der Tabelle geben die jeweils zu erwartende Anzahl von Aufrufausführungen bzw. Ergebnisauslieferungen an (0/1 entspricht 0 oder 1).

Ein RPC-System gehört dabei einer bestimmten Fehlersemantikklasse an, wenn es Mechanismen zur Fehlerbehandlung gemäß dieser Klasse unterstützt. Die einfachste Klasse ist *maybe*; dabei werden RPC-Aufrufe vom Client einfach abgesetzt, ohne dass irgendeine Form der Fehlersicherung erfolgt. Bei einem fehlerfreien Ablauf kann der Server ein Ergebnis liefern, bei Ausbleiben dessen wird aber keine Aufrufwiederholung eingeleitet. Dieser sehr einfach zu realisierende Mechanismus ist allerdings nur für Anwendungen geeignet, die keinerlei Ansprüche hinsichtlich der Daten- und Aufrufkonsistenz stellen. In unserer Beispielanwendung könnte etwa eine einfache Informationsschnittstelle über Server-Dienste für den Client so realisiert werden, sicherlich aber nicht etwa die Durchführung von Bestellungen.

Eine etwas höhere Fehlersemantikklasse ist *at-least-once*; dabei werden Aufrufe nach Ausbleiben des Ergebnisses nach einer gewissen Timeout-Zeit wiederholt. Somit können temporäre Kommunikationsfehler maskiert werden. Es ist jedoch auch möglich, dass nicht die Aufrufübertragung selbst, sondern die Übertragung der Ergebnisdaten fehlschlägt oder zu stark verzögert ist. In diesem Falle würde ein Aufruf ebenfalls wiederholt, obwohl er bereits zuvor erfolgreich beim Server ausgeführt wurde. Die genannte Fehlersemantikklasse behandelt diesen Fall nicht speziell, es kann also Aufrufduplikate geben. Somit ist diese Klasse für Aufrufe ohne Seiteneffekte geeignet, die problemlos wiederholbar sind, wie etwa die Anfrage nach dem Status einer Bestellung. Ein Bestellvorgang selbst könnte damit jedoch nicht sinnvoll ausgeführt werden.

Hier schafft die Fehlersemantikklasse *at-most-once* Abhilfe: Neben der Aufrufwiederholung im Fehlerfall werden hierbei nun auch mögliche Aufrufduplikate erkannt und eliminiert. Diese Klasse ist üblicherweise auch in den meisten RPC-Systemen voreingestellt und wäre in unserer Anwendung beispielsweise für das Absetzen von Bestellungen geeignet.

Die semantisch stärkste Klasse ist schließlich *exactly-once*. Sie umfasst die Eigenschaften von at-most-once und maskiert zudem auch Ausfälle von Client und Server. Nach einem solchen Fehlerfall werden beide Instanzen auf einen konsistenten Zustand vor der Aufrufdurchführung zurückgesetzt, der Aufruf hinterlässt also keine partiellen Effekte. Nach Wiederanlauf der beteiligten Instanzen wird der gesamte Aufruf wiederholt und dann im Regelfall erfolgreich abgeschlossen bzw. notfalls erneut wiederholt, bis ein Abschluss möglich ist. Die Realisierung erfolgt durch verteilte Transaktionen und wird in Kapitel 4 näher beschrieben. Aufgrund ihres Realisierungsaufwandes wird diese Fehlersemantikklasse nur bei Bedarf eingesetzt. In unserer Anwendung wäre sie auf jeden Fall etwa bei der Durchführung von Online-Bezahlvorgängen notwendig, die entsprechende Datenkonsistenz erfordern.

● 3.1.7 Asynchrone RPCs

Wie bereits beschrieben, arbeitet der RPC in seiner Grundform synchron, d. h., der Client bleibt bis zum Eintreffen des Ergebnisses im Wartezustand und kann während dieser Zeit keine weiteren Verarbeitungen durchführen oder RPCs absetzen. Dies ist insbesondere von Nachteil, wenn Server langdauernde Berechnungen durchführen oder in kurzen Abständen größere Datenmengen per RPC übergeben werden sollen.

Einen einfachen Lösungsansatz stellen asynchrone Aufrufe ohne Ergebnisrückgabe dar. Diese ermöglichen ein sofortiges Weiterarbeiten des Clients, da nicht auf Ergebnisse gewartet werden muss. Die Lösung ist jedoch unzureichend, wenn später eine Synchronisation des Clients mit ausstehenden Aufrufen oder eine explizite Ergebnismeldung, etwa bei aufwändigen Berechnungen, notwendig wird.

Eine weitere Lösungsmöglichkeit ist durch parallele Threads auf Clientseite gegeben, wie dies in Abschnitt 3.1.5 diskutiert wurde. Der Einsatz von Threads und insbesondere deren Synchronisation muss dabei aber vom Programmierer selbst übernommen werden und führt zu einem komplexen Programmiermodell. Außerdem fehlt eine Sprachintegration mit strenger Typisierung, etwa die Möglichkeit der Deklaration asynchroner RPCs in IDL. Eine Lösung mit Sprachintegration bieten die Konzepte der *Futures* [WFN90a] bzw. *Promises* [LS88]. Diese agieren als Platzhalter für die Ergebnisse von RPC-Aufrufen. Von Anwendungen abgesetzte RPC-Aufrufe kehren direkt nach dem Versenden des Aufrufs mit einem Future bzw. Promise als Resultat des Aufrufs zurück. Der Client kann dann weiterarbeiten und auch weitere RPC-Aufrufe absetzen. Über das Platzhalterobjekt kann der Client dann nicht blockierend testen, in welchem Zustand sich der Aufruf befindet bzw. ob ein Resultat zur Verfügung steht und dieses schließlich abrufen. Bis zum Eintreffen des Resultats können also weitere RPCs parallel abgesetzt bzw. lokale Verarbeitungsoperationen angestoßen werden. Aufgrund der Sprachintegration können durch einen Stub-Generator streng typisierte Operationen zur Statusanfrage, zum Warten und zum Abfragen von Aufrufergebnissen erzeugt werden.

❯ 3.1.8 Erweiterungen

Im Verlauf der Jahre wurden zahlreiche Erweiterungen von RPC-Lösungen vorgeschlagen und realisiert. Einige Mechanismen wie asynchrone Aufrufe oder Fehlermaskierung wurden bereits angesprochen und werden im Rahmen der Betrachtungen nachrichtenorientierter Kommunikation in Abschnitt 3.5 weiter vertieft. Andere Erweiterungen betreffen objektorientierte Modelle, wie sie bereits in Kapitel 2 angesprochen wurden. Dadurch werden wesentliche Limitationen des RPC beseitigt: In seiner Grundform ermöglicht er nur die Kommunikation zwischen grobgranularen Prozessen, was oft aber nicht der Struktur der jeweiligen Anwendung gerecht wird. Außerdem ist mit dem RPC prinzipiell nur eine Parameterübergabe mit Wertparameter-Semantik möglich, da die Adressräume von Client und Server getrennt sind und somit Referenzparameter nicht sinnvoll interpretiert werden könnten. Objektorientierte Konzepte sind hier deutlich flexibler.

Andere Erweiterungen betreffen etwa verteilte Multimedia-Systeme: Mit dem synchronen RPC wäre es höchst ineffizient, etwa einen Video- oder Audio-Datenstrom mit periodisch auftretenden Video/Audio-Frames zu übertragen. Sowohl die Art der Parameterkodierung als auch die synchrone Bestätigung einzelner Aufrufe wären hierfür nicht geeignet. Auch würde eine dedizierte Zeitsynchronisation zwischen Sender und Empfänger fehlen. Eine Lösung hierfür stellen Stream-basierte Kommunikationsmechanismen bereit. Auf diese und andere Erweiterungen bzw. alternative Modelle wird in den nachfolgenden Abschnitten eingegangen.

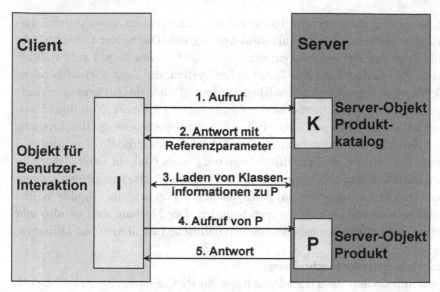

Abbildung 3.5. Ablauf eines entfernten Methodenaufrufs

3.2 Remote Method Invocation

Eine nahe liegende und in der heute von der Objektorientierung dominierten IT-Welt häufig genutzte Weiterentwicklung des RPC ist die Kommunikation zwischen Objekten mittels entfernter Methodenaufrufe (*Remote Method Invocation*). Die Kommunikationspartner sind dabei feingranulare Objekte auf unterschiedlichen Rechnern, die jeweils innerhalb von Betriebssystemprozessen ausgeführt werden. Eine wesentliche Verbesserung gegenüber dem RPC ist es, dass nun alle kommunizierenden Instanzen der Anwendung einheitlich als Objekte modelliert werden können und nicht umständlich zwischen kommunizierenden Betriebssystemprozessen einerseits und übertragenen Datenstrukturen andererseits unterschieden werden muss. Ein weiterer Vorteil besteht darin, dass alle gängigen objektorientierten verteilten Kommunikationsmechanismen auch die Parameterübergabe per Objektreferenz erlauben (Referenzparameter-Semantik); man ist also nicht mehr auf die häufig zu restriktive Wertparameter-Semantik beschränkt.

3.2.1 Java Remote Method Invocation

Diee Erweiterungen sollen am Beispiel von *Java Remote Method Invocation (RMI)* verdeutlicht werden, einer Realisierung der verteilten Objektkommunikation, eingebettet in die Programmiersprache Java. Abbildung 3.5 zeigt die entsprechende Ablaufstruktur als Auszug aus unserem Anwendungsbeispiel. Auf Clientseite wird ein Interaktionsobjekt I erzeugt, das mittels RMI auf Methoden eines Server-Objekts K zum Management von Produktinformationen in Form eines Produktkataloges zugreift. Das Server-Objekt K gibt dem Client eine Referenz auf ein weiteres Objekt P zum Zugriff auf Produkte zurück. Bei Bedarf kann das Java-Laufzeitsystem, die *Java Virtual Machine (JVM)*, sogar die erforderlichen Klasseninformationen des entfernten Objekts dynamisch nachladen, hierfür ist der *Class Loader* zuständig. Nun führt I weitere Methodenaufrufe gegenüber P durch, um beispielsweise die Beschreibung des Produktes abzurufen bzw. die Verfügbarkeit des Produktes zu prüfen. I könnte über P bzw. andere Objekte nun ein ganzes Geflecht zusätzlicher Objekte mittels Referenzparametern und entfernten Methodenaufrufen nutzen. Diese Objekte können sich auf dem gleichen Server wie die Objekte K und P, ebenso aber auf anderen Servern befinden. Der Mechanismus ist also sehr flexibel und erlaubt insbesondere eine dynamische Installation von Objekten.

❯ 3.2.2 Schnittstellenbeschreibung

Intern funktioniert Java RMI ähnlich wie ein RPC-System. Zunächst ist auch die Generierung von Stubs für den Client und Skeletons für den Server auf Basis einer Schnittstellenbeschreibung erforderlich. Als Schnittstellenbeschreibungssprache kommt bei RMI die Java-interne Möglichkeit zur Deklaration von Schnittstellen zum Einsatz. Die entsprechende Syntax in Anlehnung an unser Anwendungsbeispiel ist in Beispiel 3.2 dargestellt. Zur Kennzeichnung entfernt aufrufbarer Schnittstellen werden diese von der Schnittstelle `java.rmi.Remote` abgeleitet. Objektklassen, die diese Schnittstelle implementieren, erben damit automatisch die entfernte Kommunikationsfunktionalität, einschließlich der Möglichkeit, entfernte Referenzparameter auf solche Objekte zu übergeben. Objektklassen, deren Instanzen als Wertparameter übergeben werden sollen (z. B. einfache Datenobjekte) werden dagegen von der Schnittstelle `java.io.Serializable` abgeleitet; sie sind damit automatisch serialisierbar, d. h. in eine flache, über das Netzwerk übertragbare Form konvertierbar. Außerdem muss jede entfernt aufrufbare Methode auch Fehler behandeln, die durch die Kommunikation über das Netzwerk entstehen. Dies wird durch die `throws`-Klausel zur Behandlung von Fehlern vom Typ `java.rmi.RemoteException` ausgedrückt. Weitere Details Verteilter Systeme sind in der Schnittstellenbeschreibung nicht enthalten und in einfachen Fällen auch nicht erforderlich.

Ähnlich wie beim RPC werden aus der Schnittstellenbeschreibung Stub-Komponenten für Client und Server erzeugt, die die notwendige Verarbeitungslogik zur Serialisierung und Übertragung von Methodenaufrufen zwischen entfernten Objekten enthalten. Um entfernte Aufrufe transparent für die Anwendung zu halten, ist eine Indirektion bei der Referenzierung über ein Stellvertreterobjekt notwendig.

Beispiel 3.2 Schnittstellenbeschreibung

```
public interface Produktkatalog extends java.rmi.Remote
{
  Produktbeschreibung[] sucheProdukt(String produktTyp)
      throws java.rmi.RemoteException;
  Produkt liefereProdukt(Produktbeschreibung b)
      throws java.rmi.RemoteException;
  int loescheProdukt(Produktbeschreibung b) throws java.rmi.RemoteException;
  int aktualisiereProdukt(Produkt p) throws java.rmi.RemoteException;
... }

public interface Produkt extends java.rmi.Remote
{
  String liefereProduktBeschreibung() throws java.rmi.RemoteException;
  byte[] liefereProduktDaten() throws java.rmi.RemoteException;
  int aktualisiereProduktbeschreibung(String beschr)
      throws java.rmi.RemoteException;
  String pruefeVerfügbarkeit() throws java.rmi.RemoteException;
... }

public class Produktbeschreibung implements java.io.Serializable
{
  private String produktName;
  private String produktTyp;
  private String produktBeschreibung;
  private long size;                          // Größe der Produktdatei
...
}
```

Dafür wird ein spezieller Zeigertyp eingeführt, über den geprüft werden kann, ob ein Objekt lokal oder entfernt vorliegt. Im lokalen Fall referenziert ein solcher Zeiger eine Speicheradresse, im entfernten Fall dagegen ein Stellvertreterobjekt. Das Stellvertreterobjekt enthält dann alle notwendigen Informationen zum Aufenthaltsort des entfernten Objektes und zum Absetzen von Aufrufen. Zur Vermittlung von Aufrufen wird eine logische Objektkennung verwendet. Diese muss dann auf der Serverseite einem lokalen Objekt zugeordnet werden, was durch eine Hashtabelle erfolgt, durch die logische Objektkennungen auf Speicheradressen abgebildet werden. Dies ist in Abbildung 3.6 dargestellt.

Das Stellvertreterobjekt auf der Seite des aufrufenden Objektes stellt somit eine lokale Repräsentation des entfernten Objektes dar. Es enthält ebenso wie das entfernte Objekt alle Methoden der Schnittstellenbeschreibung,

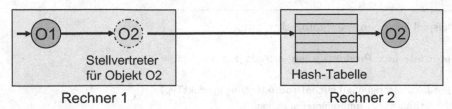

Rechner 1   Rechner 2

Abbildung 3.6. Referenzierung entfernter Objekte über Stellvertreter

die Implementierung enthält jedoch keine Anwendungslogik, sondern nur die
Mechanismen zur Lokalisierung und Aufrufweiterleitung. Ein Methodenaufruf unterscheidet sich dadurch aus der Sicht des aufrufenden Objektes nicht
von einem lokalen Methodenaufruf. Das Stellvertreterobjekt bietet damit die
Basis zur Weiterleitung entfernter Methodenaufrufe sowie zur Lokalisierung
entfernter Objekte. Dies ist insbesondere im Zusammenhang mit mobilen
Objekten von Bedeutung (siehe Abschnitt 3.6).

3.2.3 Server-Programm

Beispiel 3.3 zeigt die zugehörige Realisierung des RMI-Serverprogramms.
Die Objektimplementierungen werden von `UnicastRemoteObject` abgeleitet
und erben somit automatisch die internen Mechanismen des Server-Lauf-
zeitsystems wie etwa die Steuerung der Aufrufannahme und -durchführung
sowie die eingebaute Thread-Verwaltung. Außerdem muss die Server-Klasse
die Methoden der entfernten Schnittstelle implementieren. Dies wird durch
die Klausel `implements Produktkatalog` ausgedrückt.

Der Programmteil im Konstruktor umfasst die Initialisierung des Servers und
insbesondere die Anmeldung der Schnittstelle bei einem lokalen Namensdienst. Dieser wird in Java RMI als *Registry* bezeichnet und ist als einfacher
Verzeichnisdienst auf dem jeweiligen Server-Rechner implementiert. Die Registrierung beim Namensdienst entspricht im Wesentlichen dem Bindevorgang
beim RPC, der in Abschnitt 3.1.3 erläutert wurde. Zusätzlich muss der Server
einen so genannten `SecurityManager` installieren, der in RMI die im System
definierten Zugriffsrichtlinien zur entfernten Kommunikation durchsetzt. Im
unteren Teil des Beispiels finden sich die Implementierungen der in der zugehörigen Schnittstelle `Produktkatalog` als entfernt aufrufbar deklarierten
Methoden.

Wie bereits angedeutet, verwendet Java RMI auf Serverseite automatische
Thread-Mechanismen, die nach dem Modell des Thread-Pools arbeiten. Aufrufe unabhängiger Client-Objekte werden dabei stets durch unterschiedliche,
quasi-parallele Threads bearbeitet, während sequenzielle Aufrufe desselben
Client-Objektes zur Reihenfolgeerhaltung auch auf Serverseite sequenzialisiert werden.

Beispiel 3.3 Serverobjekt Produktkatalog

```
public class ProduktkatalogImpl extends UnicastRemoteObject
  implements Produktkatalog
{
private Registry LocalRegistry;
public ProduktkatalogImpl() throws RemoteException
{
  if (System.getSecurityManager() == null)      // kein SecurityManager installiert?
                                                 // RMISecurityManager installieren
    { System.setSecurityManager(new RMISecurityManager()); }
  try
    {
    LocalRegistry = LocateRegistry.getRegistry(); // Referenz auf lokalen Namensdienst
    LocalRegistry.rebind("Produktkatalog", this); // Serverobjekt mit logischem Namen
    }                                             // Produktkatalog registrieren
  catch (RemoteException re)
    { ... }                                       // Fehler bei Aufrufvermittlung behandeln
}

public Produkt liefereProdukt(Produktbeschreibung b) throws RemoteException
{
  Produkt p = null;
  // suche Produkt passend zu Produktbeschreibung in Datenbank
  return p;
}

public Produktbeschreibung[] sucheProdukt(String produktTyp)
  throws RemoteException { ... }
...
}
```

> ### 3.2.4   Client-Programm

Beispiel 3.4 vervollständigt schließlich unsere RMI-Anwendung um das zugehörige Client-Programm. Unter Kenntnis des logischen Namens, unter dem das Serverobjekt beim Registry-Dienst registriert wurde, stellt der Client zunächst mittels `Naming.lookup()` eine Anfrage nach dem konkreten Objekt S des Produktkatalogs auf Serverseite. Wurde das Objekt zuvor registriert, erhält der Client eine Referenz auf den Produktkatalog, wie dies zuvor schon in Abschnitt 3.2.1 beschrieben wurde. Über diesen kann der Client nun entfernt Methoden aufrufen.

Beispiel 3.4 Client-Programm zur Produktrecherche

```
public class ProduktrechercheClient
{
 private Produktkatalog katalog=null;
 public ProduktrechercheClient()
 {
 try
  {
  Registry registry = LocateRegistry.getRegistry();
  katalog = (Produktkatalog) registry.lookup(„Produktkatalog");
  }
 catch (RemoteException re)
  { // Fehler bei Aufrufvermittlung behandeln }
 catch (NotBoundException nbe)
  { // kein Server mit logischem Namen „Produktkatalog" registriert }
 }
 public void listeVerfuegbareProdukte(Produktkatalog katalog, String produktTyp)
 {
  try
  {
  Produktbeschreibung beschr[]= katalog.sucheProdukt(produktTyp);

  for (int i=0; i < beschr.length; i++)
   {
   Produkt p=katalog.liefereProdukt(beschr[i]);
   p.liefereProduktBeschreibung();
   p.pruefeVerfügbarkeit();
   }
  }
  catch (RemoteException e)
  { // Fehler bei Aufrufvermittlung behandeln }
 }
 ...
}
```

Im Beispiel ermittelt der Client über den Produktkatalog zunächst mit dem Aufruf `katalog.sucheProdukt(produktTyp)` ein Array von Produktbeschreibungen eines bestimmten Produkttyps. Für jede der Produktbeschreibungen wird anschließend mittels `katalog.liefereProdukt(beschr[i])` auf die Produktdaten zugegriffen. Der Aufruf `liefereProdukt()` gibt als Ergebnis wiederum eine Objektreferenz auf eine Instanz von Produkt zurück. Auf die-

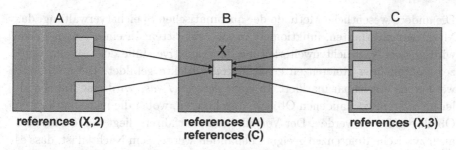

references (X,2)   references (A)   references (X,3)
                      references (C)

Abbildung 3.7. Speicherverwaltung durch Referenzzähler

ser können dann entsprechende entfernte Methoden aufgerufen werden, etwa
`p.pruefeVerfügbarkeit()` und `p.liefereProduktBeschreibung()` zum Zugriff auf eine Beschreibung des jeweiligen Produkts und um dessen Verfügbarkeit zu prüfen.

3.2.5 Automatische Speicherverwaltung

Java umfasst ferner auch eine automatische Speicherverwaltung, die bei Java
RMI auch auf Verteilte Systeme ausgedehnt wird. Ziel ist es, Objekte, die
nicht mehr über Referenzen erreichbar und somit offensichtlich obsolet geworden sind, automatisch zu löschen und so den Speicher zu bereinigen. Man
unterscheidet dabei zwei wesentliche Methoden: die Referenzzählung und das
Markierungsverfahren. Bei Java RMI wird die Methode der Referenzzählung
verwendet; ein Beispiel ist in Abbildung 3.7 dargestellt. Ein Objekt zählt
bei Erzeugung und Vernichtung von Referenzen auf sich selbst stets mit, wie
häufig es referenziert wird. Wenn die Anzahl der Referenzen auf ein Objekt
gleich null wird, so kann es automatisch gelöscht werden.

Bestimmte Wurzelobjekte (z. B. für die Benutzerinteraktion über eine grafische Schnittstelle) erhalten dabei künstlich eine permanente Referenz, so
dass sie als Anker dienen können und nicht gelöscht werden. Zur Optimierung werden bei Java RMI allerdings nicht exakt durch jedes Objekt alle
darauf gerichteten Referenzen gezählt, sondern nur festgehalten, von welchem
Rechner (bzw. welcher virtuellen Maschine) aus Referenzen existieren.

Auf dem jeweiligen Rechner wird dann jeweils lokal die exakte Buchführung
realisiert. Somit sind nicht ständig Verwaltungsnachrichten notwendig, sondern nur dann, wenn völlig neue Referenzen auf einem Rechner angelegt bzw.
dort endgültig gelöscht werden. Ein Nachteil der Referenzzählung ist es, dass
durch die Basisalgorithmen zyklische Referenzen in der Regel nicht erkannt
werden und somit erhalten bleiben, selbst wenn sie nicht mehr von Wurzelobjekten aus erreichbar sind.

Die andere wesentliche Methode der automatischen Speicherverwaltung, das Markierungsverfahren, funktioniert in zwei Schritten: In einer *ersten Phase* wird mittels Nachrichtenweiterleitung die transitive Hülle der von den Wurzelobjekten über Referenzen erreichbaren Objekte gebildet. Diese Objekte werden als erreichbar markiert. In einer *zweiten Phase* wird eine Tabelle aller im System vorhandenen Objekte durchlaufen, wobei die nicht markierten Objekte gelöscht werden. Der Vorteil dieses Verfahrens liegt u.a. darin, dass auch zyklische Referenzen geeignet behandelt werden, ein Nachteil ist, dass es aufgrund der mehrphasigen Vorgehensweise nur schwer im laufenden Betrieb realisierbar ist.

Im Vergleich zum RPC wird mit Java RMI ein nochmals höherer Transparenzgrad erreicht; so sind auch Referenzparameter möglich, und die Initialisierung und Bereitstellung der gewünschten verteilten Kommunikationsfunktionalität vereinfacht sich durch Vererbungsmechanismen deutlich. Die Nutzung der Registry-Schnittstelle bringt allerdings noch einige Einschränkungen mit sich; so muss der Client immer genau wissen, bei welchem Server er das gewünschte Objekt sucht. Mit einem globalen Verzeichnisdienst (siehe Kapitel 6) wird hier eine deutliche Verallgemeinerung ermöglicht. Auch höhere Dienste im Sinne von Transaktionen und Sicherheit fehlen in den bisherigen Beispielen noch. Diese werden in den Kapiteln 4 und 5 detailliert diskutiert. Darüber hinaus ist es in einigen Anwendungsszenarien sinnvoll, nicht nur statisch platzierte Objekte zu betrachten, sondern deren dynamische Migration zur Laufzeit zu unterstützen. Dieser Ansatz wird im folgenden Abschnitt näher erläutert.

3.3 Asynchronous JavaScript und XML

Auch Web-Anwendungen bauen auf dem Prinzip des RPC auf. Das dafür verwendete HTTP-Protokoll (*Hypertext Transfer Protocol*) setzt auf die Internetprotokolle TCP/IP auf und definiert ein synchrones Interaktionsschema nach dem Request/Response-Prinzip. Web-Inhalte werden durch die Client-Anwendung, den Browser, per *HTTP-Request* angefordert und durch den Server in der Antwortnachricht *HTTP-Response* ausgeliefert. Entsprechend dem synchronen Aufrufprinzip findet mit dem HTTP-Request auch eine Kontrollflussübergabe vom Client zum Server statt. Damit bleibt der Client blockiert, bis der Server mit dem HTTP-Response den Kontrollfluss zurück gibt. Auch wenn der Browser in der Regel durch die Verwendung von Threads nach dem Absetzen eines HTTP-Requests weitere Nutzerinteraktionen zulässt, werden nachfolgende Nutzeraktionen bis zum Eintreffen des Response blockiert, etwa wenn eine neue Seite angefordert wurde.

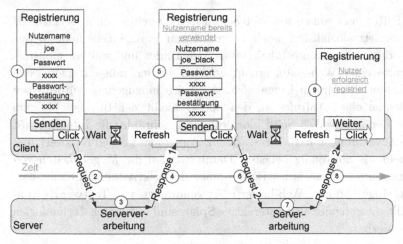

Abbildung 3.8. Kommunikationsablauf in traditionellen Web-Anwendungen

Der Ablauf wird in Abbildung 3.8 am Beispiel der Anmeldung eines Kunden bei der Online-Handelsplattform verdeutlicht. Nach der Eingabe der URL der Online-Handelsplattform wird im ersten Schritt der dargestellte Nutzerdialog zur Registrierung eines Neukunden als HTTP-Response gesendet. Der Nutzer kann dann seine gewünschten Anmeldedaten eingeben. Dies erfolgt auf Client-Seite über ein im Browser dargestelltes Formular (Schritt 1). Mit dem Betätigen des Interaktionselementes „Senden" werden die eingegebenen Daten mit einem HTTP-Request zum Server versendet (Schritt 2). Dieser prüft die Anmeldedaten anhand einer Nutzerdatenbank (Schritt 3) und erzeugt als Antwort einen neuen Dialog, der mit der HTTP-Response-Nachricht an den Client gesendet wird (Schritt 4). Je nach Resultat der Prüfung akzeptiert der Server die Anmeldedaten und bestätigt dem Nutzer die Registrierung. Im Beispiel wird ein Fehlerfall dargestellt. Der Nutzer schlug einen bereits verwendeten Nutzernamen vor. Dies wird durch den resultierenden Dialog mitgeteilt, der den Nutzer auch zur Eingabe eines anderen Nutzernamen auffordert (Schritt 5). Nachdem ein alternativer Nutzername eingegeben und ein weiterer HTTP-Request mit den neuen Formulardaten an den Server versendet wurde (Schritt 6), prüft der Server die Anmeldedaten erneut (Schritt 7). Diese können nun akzeptiert werden und der Server bestätigt im HTTP-Response dem Nutzer die erfolgreiche Registrierung (Schritt 8 und 9).
Dieser Mechanismus des traditionellen Webs wird auch als *„click, wait and refresh"* bezeichnet. Durch diesen entsteht ein hoher Grad der Kopplung zwischen Nutzerinteraktionen und der Serververarbeitung. Nach jeder Nutzeraktion muss zur weiteren Verarbeitung ein HTTP-Request an der Server gesendet werden, der zunächst die Verarbeitungsschritte durchführt und dann

per HTTP-Response antwortet. Web Seiten werden bei jedem Verarbeitungs-schritt komplett aktualisiert, auch wenn sich nur wenige Teile ändern. Das bedeutet, dass der gesamte Inhalt, also auch Bilder und weitere multime-diale Inhalte einer Web-Seite, erneut geladen werden müssen, auch wenn nur ein Fehlertext für ein Eingabefeld der Seite hinzugefügt wurde. Nach dem Absetzen eines Aufrufes an den Server bleibt der Browser bis zum Eintreffen der neuen Web Seite blockiert. Dies schränkt die Interaktivität von Web-Anwendungen natürlich stark ein. Außerdem werden Netzwerk und Server mehr als notwendig belastet. Damit werden die Möglichkeiten von Web-Anwendungen hinsichtlich Performance, Interaktivität und Skalierbar-keit start eingeschränkt. Web-basierte Anwendungen wie Textverarbeitun-gen, Grafikeditoren oder auch interaktive Spiele sind mit diesen Technologien kaum realisierbar.

❯ 3.3.1 Grundkonzept

Eine Lösung für die genannten Probleme stellt *AJAX* dar. AJAX ist die Kurzform für *Asynchronous JavaScript und XML* und bezeichnet eine Samm-lung von Konzepten und Technologien, die in der Summe wesentlich flexiblere Interaktionen in Web-Anwendungen ermöglichen. Insbesondere sollen die mit AJAX umgesetzten Web-Anwendungen hinsichtlich Benutzung und Aussehen mit Desktop-Anwendungen vergleichbar sein.

Wesentlicher Ansatz von AJAX ist die Bereitstellung einer Laufzeitkompo-nente, der *AJAX-Engine*, auf der Seite des Clients. Diese ist zum einen für die Darstellung der Benutzerschnittstelle im Browser, zum anderen für die Kom-munikation mit dem Server zuständig. Dazu stellt die AJAX-Engine Verar-beitungslogik auf der Basis von JavaScript bereit, durch die die Verarbeitung der Nutzerinteraktionen auf Client-Seite erfolgt. Für jede Nutzerinteraktion im Browser wird dann ein Aufruf an die AJAX-Engine abgesetzt. Diese führt dann die notwendigen Schritte zur Verarbeitung der Nutzerinteraktion lokal durch. So können etwa die Validierung von Eingabedaten oder auch Aktuali-sierungen von Seiteninhalten auf Client-Seite erfolgen. Nur wenn Serverseiti-ge Anwendungslogik, Daten und Inhalte bzw. auch weiterer JavaScript-Code benötigt wird, muss ein Aufruf in Form eines HTTP-Requests an den Ser-ver abgesetzt werden. Damit werden Nutzerinteraktionen und Zugriffe auf den Server voneinander entkoppelt. Die Aktualisierung der Benutzerober-fläche kann erfolgen, ohne dass diese für die Zeit des Zugriffs auf den Server blockiert wird.

❯ 3.3.2 AJAX Technologien

Technologisch basiert die AJAX-Engine auf einem Interpreter und Biblio-theken für JavaScript sowie der Anwendungslogik, die als JavaScript-Code in die Web-Seite eingebettet wird. Die Web-Seiten selbst werden dann in HTML bzw. XHTML sowie gegebenenfalls *Cascading Style Sheets* (*CSS*) beschrieben. Im Browser wird diese Beschreibung dann in eine Repräsentation entsprechend des *Document Object Models* (DOM) [HHW+04] überführt. DOM definiert eine Schnittstelle zum Zugriff und zur Manipulation von Dokumenten auf der Basis von HTML und XML. DOM repräsentiert Dokumente in Form einer Menge von Knoten in einer Baumstruktur.

Die Darstellungsfunktionen des Browsers greifen dann auf die DOM-Repräsentation der Web-Seiten zu und stellen diese dar. Der JavaScript-Code operiert ebenfalls auf dem DOM. Durch Manipulation einzelner Knoten oder Teilbäume des DOM können Elemente oder Teile von Web-Seiten verändert, hinzugefügt oder gelöscht werden.

Der Zugriff auf den Server erfolgt bei Bedarf durch Aufrufe im JavaScript-Code. Zur Kommunikation mit dem Server wird *XMLHTTPRequest* [vK10] eingesetzt. XMLHTTPRequest definiert eine Programmierschnittstelle, über die im JavaScript-Code HTTP-Aufrufe an den Server abgesetzt werden können. Die mit dem Aufruf und der zugehörigen Antwort übertragenen Daten werden dabei in Textform dargestellt. Damit ist insbesondere auch die Übertragung von XML-Inhalten möglich.

Der veränderte Ablauf für das Beispiel aus Abbildung 3.8 wird in Abbildung 3.9 gezeigt. Auf Client-seite wird nun in Reaktion auf Nutzerinteraktionen zunächst der Code der AJAX-Engine aufgerufen. Die Verarbeitung kann damit viel feingranularer für jede Eingabe und nicht erst nach dem Ausfüllen und Senden des kompletten Formulars erfolgen. Direkt nach der Eingabe des Nutzernamens wird dessen Prüfung bei der AJAX-Engine angestoßen (Schritt 1). Die sendet einen HTTP-Request zum Server (Schritt 2). Der Server prüft dann, ob der Nutzername bereits verwendet wird (Schritt 3). In der Zwischenzeit kann der Nutzer das Passwort eingeben. Dieses wird zur Prüfung an die AJAX-Engine weitergegeben (Schritt 4). Die Prüfung der Länge des Passworts kann direkt durch den Java-Script-Code erfolgen (Schritt 5), eine Kommunikation mit dem Server ist nicht notwendig. Als Resultat der erfolgreichen Prüfung des Passwortes wird durch die Manipulation der entsprechenden Knoten im DOM das Prüfergebnis über die Benutzerschnittstelle angezeigt (Schritt 6). Der Benutzer wiederholt im zweiten Feld die Passworteingabe. Dieses wird dann zum Abgleich mit dem ersten eingegebenen Passwort an die AJAX-Engine übergeben, die lokal die beiden Passworteingaben auf Gleichheit prüft (Schritt 7).

Parallel dazu trifft der HTTP-Response vom Server mit dem Ergebnis der Prüfung des Nutzernamens ein (Schritt 8). Da der Nutzername bereits verwendet wird, erfolgt die Manipulation des DOM zur Anzeige der Fehlernachricht (Schritt 9). Zudem schließt die AJAX-Engine den Vergleich der

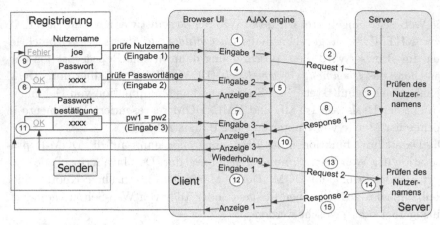

Abbildung 3.9. Kommunikationsablauf in AJAX-basierten Anwendungen

Passwörter positiv ab und fügt eine entsprechende Meldung zur Benutzerschnittstelle hinzu (Schritt 10 und 11). Nach dem Erscheinen der Fehlermeldung zum eingegebenen Benutzernamen wält der Nutzer einen anderen
Namen. Dieser wird dann zuächst wieder an die AJAX-Engine übergeben
(Schritt 12) und dann zur erneuten Prüfung an den Server gesendet (Schritt
13). Die Prüfung ist nun erfolgreich, ein entsprechendes Ergebnis wird im
HTTP-Response zurückgegeben (Schritt 15). Über die AJAX-Engine wird
dann die Benutzerschnittstelle entsprechend aktualisiert. Die Eingaben des
Nutzers zur Registrierung sind damit komplett. Der Nutzer kann durch Betätigen des Senden-Knopfes die Registrierung beim Server anstoßen. Über
die AJAX-Engine wird ein entsprechender HTTP-Request an den Server gesendet. Als Resultat wird die erfolgreiche Registrierung über die Benutzerschnittstelle bestätigt.

Wie das Beispiel verdeutlicht, werden bei Verwendung von AJAX die Nut-
zereingaben wesentlich feingranularer verarbeitet. Die Verarbeitung und insbesondere die Kommunikation mit dem Server erfolgt dabei im Hintergrund
über die AJAX-Engine, ohne dass weitere Interaktionen mit dem Nutzer
blockiert werden. Die Kommunikation mit dem Server erfolgt aber weiterhin
über HTTP und damit mit einem synchronen Kommunikationsmechanismus,
die Abhängigkeit zwischen HTTP-Request und HTTP-Response bleibt bestehen. AJAX wird deshalb auch als *nicht-blockierend* bezeichnet. Insgesamt
lassen sich mit AJAX also wesentlich interaktivere und leistungsfähigere Anwendungen realisieren. Beispiele sind etwa die Textverarbeitung Google Docs
oder Web-basierte E-Mail-Clients.

3.4 Web Services

Java RMI und auch andere ähnliche Mechanismen, etwa verteilte C++-Erweiterungen, sind grundsätzlich abhängig von einer speziellen Programmiersprache bzw. Realisierungsplattform, in die sie eingebettet sind. Dies hat den Vorteil einer engen Integration mit Sprach- und Plattformkonzepten und damit einer effizienteren Implementierung der Kommunikationsmechanismen und den Einsatz optimierter Kommunikationsprotokolle. Diese Lösungen stoßen aber an Grenzen, wenn eine offenere Kommunikation in stark heterogenen verteilten Systemumgebungen, unabhängig von Programmiersprachen und Plattformen, gefordert ist. Ein typischer Anwendungsfall hierfür ist die Kopplung von Geschäftsprozessen über Unternehmensgrenzen hinweg. In unserem Beispiel betrifft dies etwa unseren Onlinehändler und verschiedene Zulieferer. Diese greifen etwa zum Zwecke der Bestellung von Waren und zur Bezahlungsabwicklung gegenseitig auf Dienste zu, die in den einzelnen Unternehmen realisiert und verwaltet werden.

Die Festlegung auf eine bestimmte Programmiersprache oder Systemumgebung wäre hier deutlich zu restriktiv, da dies mit weitreichenden Investitions- und Realisierungsentscheidungen verbunden ist, die autonom und aus der Perspektive des jeweiligen Unternehmens getroffen werden. Darüber hinaus müssen organisatorische und technische Barrieren überwunden werden, wie etwa die Firewalls der Unternehmen oder die übergreifende Festlegung gemeinsamer Sicherheitsrichtlinien.

3.4.1 Grundkonzept

An dieser Stelle setzt das Konzept der *Web Services* an. Diese können, wie in Kapitel 2 beschrieben, als eine mögliche Realisierungsform für die Kommunikation in dienstorientierten Architekturen gesehen werden. Es handelt sich dabei um eine herstellerübergreifende Initiative zur losen Kopplung Web-basierter Dienste im Internet und auch im Intranet mittels standardisierter Kommunikationsprotokolle. Die Standardisierung von Basistechnologien wie der Web Services Description Language (WSDL) obliegt dem World Wide Web Consortium (W3C). Weitergehende Standards, etwa für den Verzeichnisdienst Universal Description, Discovery and Integration (UDDI) oder die Sicherheit in Web Service Systemen (Web Service Security), werden von der *Organization for the Advancement of Structured Information Standards (OASIS)* verwaltet.

Wie in Abbildung 3.10 dargestellt, handelt es sich dabei technisch um drei Bestandteile: Das objektorientierte Kommunikationsprotokoll *SOAP* ermöglicht die Kommunikation zwischen heterogenen Diensten unter interner Nutzung des *Hypertext Transfer Protocol (HTTP)* und mit Kodierung der Parameter in der *eXtensible Markup Language (XML)*. Die Schnittstellen der Dienste

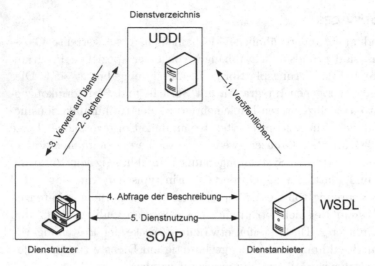

Abbildung 3.10. Grundlegender Aufbau einer Infrastruktur für Web Services

werden mit der Beschreibungsnotation *Web Services Description Language (WSDL)* spezifiziert, und der Bindevorgang wird global über den Verzeichnisdienst *Universal Description, Discovery and Integration (UDDI)* realisiert.

3.4.2 Web Services Description Language

Die *Web Service Description Language (WSDL)* dient der Beschreibung der Schnittstellen von Diensten, die die Basis für entfernte Aufrufe darstellen. Ebenso wie in RPC-basierten Systemen mit Hilfe einer IDL wird die Schnittstelle mit WSDL auf abstrakte Weise und unabhängig von der Implementierung beim Dienstanbieter beschrieben.

Dies erfolgt in WSDL in zwei Teilen. In einem *abstrakten Teil* werden die verwendeten Interaktionsmuster, die ausgetauschten Nachrichten und die dafür notwendigen Datentypen unabhängig von Kommunikationsmechanismen und Transportprotokollen definiert. Ergebnis der Definition sind Schnittstellen, die verschiedene abstrakte Operationen enthalten. In einem *konkreten Teil* werden diese Operationen dann an konkrete Transportmechanismen und Nachrichtenformate gebunden.

Beispiel 3.5 zeigt die grundlegende Struktur einer WSDL-Schnittstellenbeschreibung auf der Basis des Produktkatalogs unserer Onlinehandelsplattform. Innerhalb des Wurzelelementes `description` wird der abstrakte Teil der Schnittstelle durch die Elemente `types` und `interface` definiert. Unter `types` werden ähnlich der IDL-Spezifikation in Beispiel 3.1 zunächst die für die Kommunikation relevanten Datentypen definiert.

Beispiel 3.5 Struktur einer WSDL-Schnittstellendefinition

```xml
<?xml version="1.0" encoding="UTF-8"?>
<description xmlns="http://www.w3.org/2006/01/wsdl"
 xmlns:tns="http://tu-dresden.de/rn/Produktkatalog/"
 targetNamespace="http://tu-dresden.de/rn/Produktkatalog/">
<types>
...
</types>

<interface name="Produktkatalog">
 <operation name="liefereProdukt"
     pattern="http://www.w3.org/2006/01/wsdl/in-out">
  <input element="tns:Produktbeschreibung"/>
  <output element="tns:Produkt"/>
 </operation>
 <operation name="sucheProdukt"
     pattern="http://www.w3.org/2006/01/wsdl/in-out">
  <input element="tns:ProduktTyp"/>
  <output element="tns:PArray"/>
 </operation>
</interface>

<binding xmlns:wsoap="http://www.w3.org/2006/01/wsdl/soap"
     name="ProduktkatalogSOAP"
     interface="tns:Produktkatalog"
     type="http://www.w3.org/2006/01/wsdl/soap"
     wsoap:version="1.1"
     wsoap:protocol="http://www.w3.org/2006/01/soap11/bindings/HTTP">
 <operation ref="tns:liefereProdukt"
     wsoap:soapAction="http://tu-dresden.de/rn/Produktkatalog/liefereProdukt"/>
 <operation ref="tns:sucheProdukt"
     wsoap:soapAction="http://tu-dresden.de/rn/Produktkatalog/sucheProdukt"/>
</binding>

<service name="Produktkatalog" interface="tns:Produktkatalog">
 <endpoint name="ProduktkatalogSOAP" binding="tns:ProduktkatalogSOAP"
     address="http://localhost:8080/axis/Produktverwaltung"/>
</service>
...
</description>
```

Beispiel 3.6 enthält die für die Festlegung der Schnittstelle des Produktkatalogs benötigten Datentypen. Dies sind Datenstrukturen für Produktbeschreibungen und zur Repräsentation von Produktdaten. Außerdem wird ein
komplexer Typ definiert, der die Repräsentation einer Liste von Produktbeschreibungen mit einer maximalen Länge von 10 Elementen ermöglicht.

Beispiel 3.6 Typdefinitionen einer WSDL-Schnittstellendefinition

```
<types>
 <xsd:schema xmlns:soap="http://schemas.xmlsoap.org/wsdl/soap/"
      xmlns:wsdl="http://schemas.xmlsoap.org/wsdl/"
      xmlns:xsd="http://www.w3.org/2001/XMLSchema"
      targetNamespace="http://tu-dresden.de/rn/Produktkatalog/">
 <xsd:element name="Produkt" type="tns:Produkt"/>
 <xsd:element name="Produktbeschreibung" type="tns:Produktbeschreibung"/>
 <xsd:complexType name="Produkt">
   <xsd:sequence>
     <xsd:element name="Produktbeschreibung" type="tns:Produktbeschreibung"/>
     <xsd:element name="header" type="xsd:string"/>
     <xsd:element name="data" type="xsd:string"/>
   </xsd:sequence>
 </xsd:complexType>
 <xsd:complexType name="Produktbeschreibung">
   <xsd:sequence>
     <xsd:element name="produktName" type="xsd:string"/>
     <xsd:element name="produktTyp" type="xsd:string"/>
     <xsd:element name="produktBeschreibung" type="xsd:string"/>
     <xsd:element name="size" type="xsd:long"/>
   </xsd:sequence>
 </xsd:complexType>
 <xsd:element name="PArray" type="tns:ProduktbeschreibungArray"/>
 <xsd:element name="produktTyp" type="xsd:string"/>
 <xsd:complexType name="ProduktbeschreibungArray">
   <xsd:sequence>
     <xsd:element name="Produktbeschreibung"
     type="tns:Produktbeschreibung" maxOccurs="10"/>
   </xsd:sequence>
 </xsd:complexType>
 </xsd:schema>
</types>
```

Die Schnittstelle selbst wird im Element `interface` mit dem Namen „Produktkatalog" definiert und enthält in unserem Beispiel die beiden abstrakten Operationen „`liefereProdukt`" und „`sucheProdukt`" zur Recherche nach Produkten. Für jede der Operationen werden ein Interaktionsmuster, im Beispiel ist dies `in-out`, sowie entsprechende Ein- und Ausgabedaten festgelegt. Ihre Definition bezieht sich auf die in `types` beschriebenen Datentypen.

Im konkreten Teil der Schnittstellendefinition werden die abstrakten Operationen an ein konkretes Kommunikationsprotokoll, in unserem Falle SOAP, sowie an einen konkreten Rechner und Port gebunden. Mit der für die Definition des Kommunikationsendpunktes im Element `service` angegebenen URL wird auch die Verwendung des HTTP-Protokolls für den Transport der SOAP-Nachrichten festgelegt. Dabei wird jede Schnittstelle an einen Kommunikationsendpunkt gebunden.

Die Syntax und Struktur der Schnittstellendefinition entsprechen der WSDL-Spezifikation in Version 2.0, zur Definition der Datentypen wird XML Schema verwendet.

▶ 3.4.3 SOAP

SOAP ist ein Protokoll zum Austausch von Nachrichten und Dokumenten auf der Basis einer XML-basierten Kodierung. Es legt die einheitliche Kodierung der Aufrufe und ihrer Parameter zur Übertragungszeit fest. Neben den vordefinierten Kodierregeln, die für die Mehrzahl der Anwendungen ausreichen, können erweiterte Kodierregeln für spezielle Datentypen beispielsweise von Herstellern von Software-Werkzeugen festgelegt werden. Für SOAP wurde dabei kein Interaktionsschema fest vorgegeben, etwa Request/Response, sondern es können beliebige Dokumente und damit auch Dienstaufrufe und Aufrufresultate ausgetauscht werden. Dabei können verschiedene Interaktionsschemen festgelegt werden.

Weiterhin ist SOAP nicht an ein bestimmtes Transportprotokoll gebunden, sondern kann in beliebige Protokolle eingebettet werden. Damit entsteht die Möglichkeit der Einbettung von SOAP in HTTP, die auch häufig genutzt wird. Durch die Verwendung von HTTP ist auch eine Kommunikation über Firewalls hinweg möglich, auch wenn diese nur Web-basierte HTTP-Kommunikation zulassen (Port 80), was etwa für RMI nicht gilt. Natürlich muss dann trotzdem eine zusätzliche Sicherheitsüberprüfung bei der Annahme und Ausführung von Aufrufen erfolgen, etwa durch den Einsatz von Filtern auf Applikationsebene, wie dies in Kapitel 5 im Zusammenhang mit Firewall-Konzepten beschrieben wird.

Der grundsätzliche Aufbau einer SOAP-Nachricht wird in Abbildung 3.11 dargestellt. Demnach besteht eine SOAP-Nachricht ähnlich einem Brief aus einem Umschlag (*SOAP Envelope*) mit einem optionalen Kopfteil (*SOAP*

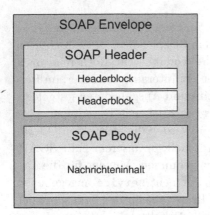

Abbildung 3.11. Aufbau von SOAP-Nachrichten

Header) und dem Teil für die eigentlichen Nachrichteninhalte (*SOAP Body*). In dem Umschlag werden damit zum einen die Nutzdaten, zum anderen Meta-Informationen zur Beschreibung der Nutzdaten sowie allgemein zum aktuellen Nachrichtenaustausch zusammengefasst. Damit sind alle für die Kommunikation und Verarbeitung der Nachrichten notwendigen Informationen im Umschlag enthalten und dieser kann vollständig als Nutzdaten eines weiteren Protokolls, etwa HTTP, oder als Inhalt einer E-Mail-Nachricht, übertragen werden.

Der Inhalt des Kopfteils ist dabei anwendungsabhängig und damit auch nicht Gegenstand der SOAP-Spezifikation. Der Kopfteil gliedert sich dabei, wie in Abbildung 3.11 gezeigt, in verschiedene Headerblöcke, die eine logische Gruppierung der Meta-Informationen darstellen. Jede dieser Gruppen ist dabei für einen so genannten Zwischenknoten (*Intermediary*) bestimmt, der sich auf dem Pfad der Vermittlung der SOAP-Nachricht vom Sender zum endgültigen Empfänger der Nachricht befindet. Die Meta-Informationen können von den Zwischenknoten gelesen, hinzugefügt, gelöscht oder weitergeleitet werden. Auf dieser Basis können Zwischenknoten dann Mehrwertdienste für SOAP-Nachrichten realisieren. Headerblöcke können beispielsweise Informationen über die übergeordnete Transaktion, zu der die aktuelle Nachricht zugeordnet wurde, zur Authentisierung, Autorisierung und Verschlüsselung, zur aktuellen Sitzung, zur Kodierung der Nutzdaten oder zur weiteren Vermittlung der Nachricht zum endgültigen Empfänger enthalten. Im Body-Teil werden die eigentlichen Nutzdaten übermittelt, die für den endgültigen Empfänger der Nachricht bestimmt sind. Außerdem umfasst die SOAP-Spezifikation Regeln zur Kodierung benutzerdefinierter Datentypen, die Abbildung des Envelopes auf verschiedene Transportprotokolle sowie die Repräsentation von Interaktionen in SOAP als RPC.

Der Nachteil von SOAP in Verbindung mit XML ist die recht datenintensive, vergleichsweise ineffiziente Kodierung der Parameter, ähnlich wie bei der Übertragung von HTML-Seiten. Dies gilt insbesondere für binäre Daten, die in eine Base64-Kodierung überführt werden müssen, um diese in XML-Dokumente integrieren zu können. Damit erhöht sich das ursprüngliche Datenvolumen um etwa ein Drittel. Insgesamt wird durch die XML-Kodierung nicht nur eine höhere Netzwerkbandbreite erforderlich, die Kodierung und Dekodierung benötigt auch im Vergleich mit anderen RPC-Protokollen mehr Rechenzeit.

Auch eine automatische Speicherverwaltung von kommunizierenden Objekten sowie die Verwendung von Referenzparametern wie etwa bei Java RMI wird aufgrund der üblichen Heterogenität der beteiligten Systeme nicht unterstützt. Aus diesen Gründen sind SOAP bzw. das Web-Services-Konzept auch nicht unbedingt universell zu empfehlen, sondern stärker für die lose Kopplung grob granularer Anwendungsteile über Plattform- und Unternehmensgrenzen hinweg geeignet, wobei die Interoperabilität im Vordergrund steht.

❯ 3.4.4 Universal Description, Discovery and Integration

UDDI ist ein weltweiter Verzeichnisdienst für Web Services, der über eine Web-Service-Schnittstelle sowie eine global bekannte URI (www.uddi.org) angesprochen werden kann. Ziel von UDDI ist ein globaler Verzeichnisdienst, in dem beliebige Unternehmen ihre Dienste registrieren und Anwendungen flexibel Dienste suchen können. Damit soll eine wesentliche Voraussetzung geschaffen werden, um eine dynamische Dienstsuche und -bindung zu ermöglichen. So könnte beispielweise in unserer Handelsplattform ein ausgefallener Dienst zur Bezahlungsabwicklung durch einen alternativen Dienst mit gleicher Schnittstelle und Funktionalität dynamisch ersetzt werden, um den Ausfall transparent für den Benutzer zu kompensieren.

Die Architektur von UDDI ähnelt dabei der des in Kapitel 6 beschriebenen Domain Name Systems (DNS), die Daten sind logisch zentralisiert, werden aber physisch verteilt verwaltet. Intern ist UDDI wiederum stark nach Bereichen, Branchen, Wissensgebieten etc. aufgegliedert. Interessierte Unternehmen können dort ihre Dienste registrieren und damit global anbieten. Selbstverständlich sind auch hierbei wiederum Sicherheits- sowie ggf. auch Abrechnungsfragen zu beachten.

Die verwalteten Informationen werden dabei ähnlich den verschiedenen Typen von Telefonbüchern in *White Pages*, *Yellow Pages* und *Green Pages* gegliedert. White Pages enthalten Informationen über Unternehmen, die ihre Dienste über UDDI anbieten. Auf dieser Basis können dem Dienstnutzer bekannte Unternehmen gesucht werden, um diese Informationen etwa bei

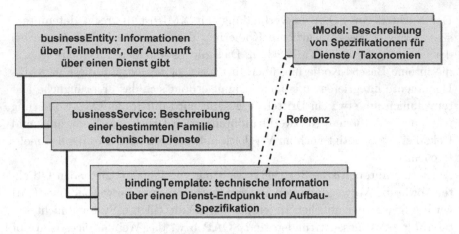

Abbildung 3.12. Hierarchie der Datenstrukturen in UDDI

der Entscheidung zur Dienstauswahl einbeziehen zu können. Yellow Pages ermöglichen eine Dienstsuche gegliedert nach Branchen, etwa wenn die anbietenden Unternehmen selbst nicht bekannt sind. Green Pages enthalten konkrete Dienstbeschreibungen, auf deren Basis die Suche nach bestimmten Diensten anhand detaillierter Informationen möglich ist. Während Green Pages für eine Suche durch Menschen konzipiert wurde, etwa über eine Webbasierte Benutzerschnittstelle, bietet die *Service Type Registration* detaillierte Dienstinformationen in maschinenlesbarer Form an, die automatisiert durchsucht werden können.

Den bereitgestellten Informationen liegt ein durch das UDDI-XML-Schema festgelegtes Datenmodell zugrunde, das verschiedene Datenstrukturen definiert (siehe Abbildung 3.12). In der Datenstruktur businessEntity werden dabei Informationen über Unternehmen bzw. Organisationen modelliert. Jedes businessEntity kann dann verschiedene businessServices enthalten, die abstrakte Dienstgruppen repräsentieren. Damit können beispielsweise verschiedene Zugangsmöglichkeiten für einen Dienst oder mehrere Dienste zu einem Dienstangebot zusammengefasst werden. In den Datenstrukturen bindingTemplate und tModel sind dann die technischen Informationen zum Dienst enthalten. Ein businessService kann dabei mehrere bindingTemplates enthalten, die wiederum ein oder mehrere tModel referenzieren. Ein bindingTemplate enthält konkrete Informationen für die Benutzung des Dienstes, etwa die URL, über die der Web Service erreicht werden kann. Ein tModel enthält die weitere technische Beschreibung des Dienstes, darunter auch einen Verweis auf die WSDL-Beschreibung des Dienstes und weitere Informationen über verwendete Standards und die Implementierung des

Dienstes. Diese Informationen können für einen technischen Vergleich von Diensten und eine detaillierte Dienstsuche herangezogen werden.

▶ 3.4.5 Bindevorgang und Dienstaufruf

UDDI stellt, ähnlich wie ein Verzeichnisdienst in RPC- und RMI-basierten Systemen, das Bindeglied zwischen Diensterbringer und Dienstnutzer dar. Web Services können in UDDI Verweise, konkret URIs, auf ihre WSDL-Definition hinterlegen. Dienstnutzer können dann wie oben beschrieben nach Unternehmen, Dienstkategorien bzw. konkreten Diensten suchen und damit die URI auf die entsprechende WSDL-Beschreibung ermitteln. Die WSDL-Beschreibung selbst kann über den durch die URI referenzierten Web-Server per HTTP-Request angefordert werden. Auf deren Basis wird dann zur Laufzeit der entsprechende Stub-Code für den Dienstzugriff beim Dienstnutzer erzeugt. Über den Stub können dann Operationen des Dienstes aufgerufen werden. Der Dienstaufruf wird dabei durch den Stub in Form eines SOAP-Aufrufs kodiert und dann üblicherweise eingebettet in HTTP an den Web Server mit der in der WSDL-Beschreibung gebundenen URL und Port gesendet. Dieser dekodiert die SOAP-Nachricht und vermittelt den Aufruf an die Serviceimplementierung, die etwa auf der Basis eines Application Servers durch EJB-Komponenten realisiert werden kann.

Der Bindungsprozess von Web Services geht damit über den von RPC- und RMI-basierten Systemen hinaus. In diesen erfolgt die Generierung und das Linken von Code für den Dienstzugriff beim Dienstnutzer bereits zur Entwicklungszeit. Damit ist mit Web Services eine flexiblere Bindung an Dienste möglich, da die Schnittstellenbeschreibung erst zur Laufzeit bekannt sein muss. Der Bindevorgang in Web-Service-Systemen ist in Abbildung 3.13 dargestellt.

Neben der beschriebenen dynamischen Erzeugung des Codes für den Dienstzugriff können Dienstaufrufe zur Laufzeit auch direkt erzeugt werden, indem die entsprechenden SOAP-Nachrichten auf der Basis der WSDL-Schnittstellenbeschreibung direkt generiert werden. Damit kann flexibel auf Schnittstellenänderungen reagiert werden, es entsteht jedoch auch ein höherer Aufwand, etwa für die Kodierung der Parameter in XML. Eine Erzeugung des Codes zur Compilezeit ist ebenfalls möglich, etwa wenn mobile Endgeräte auf Web Services zugreifen sollen. Die notwendigen Ressourcen zur Verarbeitung der WSDL-Beschreibung zur Laufzeit stehen hier in der Regel nicht zur Verfügung.

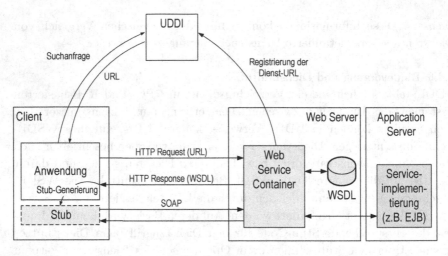

Abbildung 3.13. Bindevorgang in Web-Service-Systemen

3.5 Message Oriented Middleware

Bereits bei der Diskussion des Remote Procedure Call und der objektorientierten Mechanismen wurde deutlich, dass asynchrone Kommunikationsmöglichkeiten durchaus Vorteile, etwa hinsichtlich Parallelisierbarkeit und Entkopplung der Kommunikationspartner, bieten können. In der Regel handelt es sich dabei jedoch nur um Erweiterungen der standardmäßig synchronen Techniken.

Mit *Message Oriented Middleware (MOM)* stehen als Alternative aber auch generell asynchrone Kommunikationsplattformen zur Verfügung, die synchrone Interaktionen allenfalls als Sonderfall vorsehen. Diesen Lösungen liegt das Prinzip des Nachrichtenaustauschs (*Message Passing*) zugrunde. Eine wesentliche Motivation für den Einsatz solcher Techniken ist die Entkopplung von Sender und Empfänger. Nachrichten (*Messages*) werden indirekt zunächst an einen Zwischenspeicher (*Message Queue*) geschickt und dann – in der Regel zeitversetzt – durch eine separate Operation vom Empfänger ausgelesen. Die Kommunikation erfolgt damit *asynchron*, da der Empfang der Nachricht von deren Versendung zeitlich entkoppelt wird. Damit besteht, anders als beim RPC, insbesondere nicht mehr die Anforderung, dass Sender und Empfänger gleichzeitig aktiv sind.

Aufgrund der zeitlichen Entkopplung der Kommunikationspartner eignet sich dieses Modell etwa besonders gut für Mobile Computing, wo häufig einer der beiden Partner aus technischen Gründen oder aus Kostengründen zeitweise vom Netzwerk abgekoppelt ist. Auch für die Übertragung von Massendaten ist Message Oriented Middleware gut geeignet. Auf asynchrone Weise las-

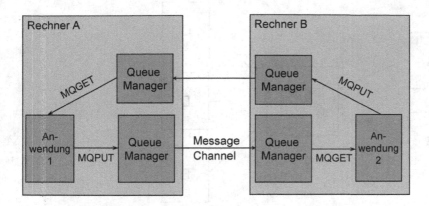

Abbildung 3.14. Message Oriented Middleware

sen sich große Datenmengen rasch und effizient vom Sender zum Empfänger
bzw. zu einem Zwischenpuffer übertragen, ohne ständig auf Übertragungsbe-
stätigungen wie im synchronen Fall warten zu müssen. Allerdings kann eine
eventuelle Fehlerbehandlung dann erst verzögert in Verbindung mit späteren,
separaten Quittungen erfolgen. Einen weiteren Anwendungsfall stellt die Sta-
pelverarbeitung dar. Dabei können Verarbeitungsaufgaben in einen Zwischenspeicher eingestellt und asynchron von Servern verarbeitet werden. In unserem Beispiel könnten etwa alle Bestellungen durch den Vorverarbeitungsserver in dieser Weise aufbereitet und über eine Message Queue an den Server
zur Bearbeitung von Bestellvorgängen gesendet werden.
Die Vermittlungskomponente stellt neben der Weiterleitung von Nachrichten eine weitere wichtige Eigenschaft nachrichtenorientierter Systeme sicher.
Durch die *persistente Zwischenspeicherung* von Nachrichten wird deren zuverlässige Zustellung erreicht. Nachrichten überdauern dadurch Systemausfälle von Sendern und Empfängern und insbesondere auch der Vermittlungskomponente. Eine Nachricht wird erst aus dem persistenten Speicher gelöscht,
wenn eine sichere Auslieferung beim Empfänger erfolgt ist.
Durch die Einführung einer Vermittlungskomponente zur Zwischenspeicherung erfolgt die Nachrichtenzustellung außerdem *indirekt*. Damit werden Sender und Empfänger auch logisch entkoppelt. Diese müssen ihren Kommunikationspartner nicht mehr direkt adressieren, sondern können Nachrichten an die Vermittlungskomponente senden, die dann die weitere Zustellung
übernimmt. Kann eine Zustellung anhand von Nachrichtenmerkmalen erfolgen, beispielsweise dem Nachrichtentyp, kann die Vermittlungskomponente
Nachrichten entsprechend dieser Merkmale vermitteln, ohne dass der Sender
die Empfänger der Nachrichten im Einzelnen kennt.

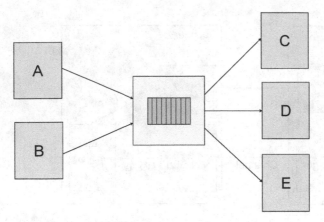

Abbildung 3.15. M:N Messaging

Dazu werden in der Regel Nachrichtenkanäle (*Message Channels*) erzeugt, die bestimmte Nachrichtentypen vermitteln. Empfänger registrieren sich dann bei den entsprechenden Nachrichtenkanälen. Dieses Vorgehen entspricht dem *Publish-Subscribe-Modell*. In diesem Modell werden die Rollen Erzeuger, Vermittler und Verbraucher unterschieden. Verbraucher abonnieren Nachrichten, indem sie sich bei einem Vermittler registrieren, der die für den Verbraucher interessanten Nachrichten anbietet. Das Registrieren entspricht einem Abonnieren der Nachrichten beim Vermittler. Erzeuger produzieren neue Nachrichten und senden diese an den Vermittler. Der Vermittler leitet eintreffende Nachrichten unter Anwendung verschiedener Strategien an die Verbraucher weiter. Beispielsweise kann eine Nachricht an alle registrierten Verbraucher weitergereicht werden, was einem *Broadcast* entspricht. Ebenso kann für jede Nachricht ein passender Verbraucher ausgewählt werden, z. B. um eine Lastverteilung zwischen mehreren Verbrauchern zu ermöglichen. Jede Nachricht wird dabei genau einmal ausgeliefert.

3.5.1 MQ Series

In Abbildung 3.14 wird das Prinzip der Message Oriented Middleware am Beispiel von IBM MQ Series, einer stark verbreiteten Lösung, verdeutlicht. Die Anwendungen auf Sender- und Empfängerseite, etwa der Vorverarbeitungsserver und der Server zur Vorarbeitung von Bestellungen, kommunizieren über einen Nachrichtenkanal (*Message Channel*), der durch die lokalen *Message Queues* auf Sender- und Empfängerseite gebildet wird. Dazu greifen sie auf ihre jeweils lokale Message Queue zu, an die sie Nachrichten mit der Operation MQPUT zum Versand übergeben bzw. aus denen sie empfangene Nachrichten mit MQGET auslesen können. Die Message Queues werden durch spezielle Prozesse, die *Queue Manager*, verwaltet. Sie initiieren die Weiterleitung von Nachrichten an Message Queues auf Empfängerseite gemäß der vom Systemadministrator oder von der Anwendung vordefinierten Message Channels. Optionale Bestätigungen zu empfangenen Nachrichten können über Nachrichtenkanäle in der umgekehrten Richtung versandt werden, wobei als Alternative auch bidirektionale Queues konfiguriert werden können. Trotzdem sind direkte synchrone Bestätigungen in der Praxis eher ein Sonderfall.

Wie in Abbildung 3.15 gezeigt, ermöglicht Message Oriented Middleware insbesondere auch den flexiblen Aufbau von M:N-Kommunikationsszenarien. Beispielsweise kann eine Queue auf einem separaten, zuverlässigen Queueing-Serverrechner eingerichtet werden, an den verschiedene Clients asynchron Nachrichten versenden. Die Queue kann dann zeitversetzt durch mehrere Server ausgelesen werden, wobei es keine feste Client-Server-Zuordnung geben muss. Vielmehr könnte ein Server etwa immer dann mit MQGET nach Nachrichten und somit nach potenziellen Verarbeitungsaufträgen nachfragen, wenn er gerade unbeschäftigt ist. Dadurch kann unter anderem ein einfacher, impliziter Lastausgleich erreicht werden. Als Erweiterung hiervon unterstützen viele Messaging-Lösungen auch detaillierte Auslieferungsstrategien. So lassen sich Nachrichten mit Prioritäten versehen und dementsprechend in unterschiedlich priorisierte Queues einordnen. Dabei ist die Filterung von Nachrichten nach Typ und Inhalt möglich, und alternativ kann auch eine 1:N-Multicast-Auslieferung an mehrere Server gleichzeitig erfolgen, etwa um eine wichtige Produktaktualisierung mitzuteilen.

❯ 3.5.2 Java Messaging Service

Vom Grundsatz her ist die Message Oriented Middleware eher dem prozessorientierten Client/Server-Modell zuzuordnen und bietet daher nicht das gleiche Abstraktionsniveau wie objektorientierte Konzepte. Einfache Untermengen der Messaging-Funktionalität fanden jedoch mittlerweile auch Eingang in standardisierte objektorientierte Schnittstellen. Als Beispiel sei etwa der *Java Messaging Service (JMS)* genannt.

Die Beispiele 3.7 und 3.8 zeigen Programmfragmente für einen Sender und einen Empfänger in Anlehnung an unsere Anwendung. Der Sender in Beispiel 3.7 repräsentiert dabei die Komponente zur Vorverarbeitung von Bestellungen. Bestellungen werden von dieser in eine Objektnachricht transformiert und über den Nachrichtenkanal `bestellungQueue` durch den Methodenaufruf `sender.send(bestellung)` versendet.

Beispiel 3.7 Sender(„Supplier")

```
...
Context initialContext = new InitialContext();
QueueConnectionFactory factory = (QueueConnectionFactory)
    initialContext.lookup( „ConnectionFactory" );
QueueConnection connection = factory.createQueueConnection();
QueueSession session =
    connection.createQueueSession( false, Session.AUTO_ACKNOWLEDGE );
...
Queue bestellungQueue = (Queue) initialContext.lookup("Bestellung");
QueueSender = session.createSender(bestellungQueue);
ObjectMessage bestellung = session.createObjectMessage(...);
sender.send(bestellung);
```

Der Empfänger in Beispiel 3.8 repräsentiert einen Server zur Bearbeitung von Bestellungen. Dieser erzeugt eine lokale Instanz eines Objektes zum Zugriff auf den Nachrichtenkanal mit `session.createReceiver(bestellung-Queue)` und kann danach mittels `receiver.receive()` Bestellungen empfangen. Optional kann dieser über den Nachrichtenkanal auch eine Bestätigung für empfangene Bestellungen mittels `bestellung.acknowledge()` versenden.

Beispiel 3.8 Empfänger(„Consumer")

```
...
Queue bestellungQueue = (Queue) initialContext.lookup("Bestellung");
QueueReceiver receiver = session.createReceiver(bestellungQueue);
ObjectMessage bestellung = (ObjectMessage) receiver.receive();
...
bestellung.acknowledge();                    // optionale Bestätigung an Sender
```

❯ 3.5.3 Fazit

Bei Message Oriented Middleware erfolgen asynchrone Übertragungsvorgänge zwischen Queues, wobei Nachrichten und Queues als Objekte in die Programmierumgebung eingebettet sind. Die Nachrichteninhalte können bei Bedarf auch durch XML und damit in ähnlicher Weise wie bei Web Services beschrieben werden. JMS wird auch als eine einfache Programmierschnittstelle zu MQ Series unterstützt, wobei diese Message Oriented Middleware ihre Vielfalt und ihr Funktionalitätsspektrum aber eigentlich erst bei Nutzung proprietärer Schnittstellen wirklich ausspielt. Die geringere Standardisierungstiefe wird gleichzeitig aber auch oft als Nachteil von Message Oriented Middleware angesehen.

Insgesamt kann man feststellen, dass das synchrone Kommunikationsmodell, wie es durch den Remote Procedure Call und die Remote Method Invocation angeboten wird, einfacher und kompakter zu handhaben ist und für Anwendungen mit ausgeprägtem Request-Response-Charakter in der Regel das Mittel der Wahl darstellt. Message Oriented Middleware ist dagegen für eine Kommunikation mit zeitlich voneinander entkoppelten Partnern geeignet, wie es bei Mobile Computing oder auch bei Batch- und Massendatentransfer oft erforderlich ist.

3.6 Mobiler Code und Mobile Objekte

Die bisherigen Betrachtungen zur Kommunikation konzentrierten sich auf Konzepte, die zwischen fest platzierten Systemkomponenten (Client- und Serverprozesse bzw. Objekte) Nachrichten austauschen, um eine entfernte Kommunikation zwischen diesen Systembestandteilen zu realisieren.

Mobile Codesysteme erweitern traditionelle Konzepte Verteilter Systeme vor allem durch die Möglichkeit, die Platzierung von Verarbeitungslogik, d.h. Programmcode, zur Laufzeit zu ändern. Die dynamische Änderung der Platzierung von Code wird auch als *Migration* bezeichnet. Ausführungsorte werden dafür im System explizit repräsentiert, wodurch die traditionell angestrebte Ortstransparenz aufgelöst und die Steuerbarkeit von Migrationen durch den Programmierer bzw. die Programmkomponente selbst ermöglicht wird. Dadurch wird es möglich, Anwendungsteile dynamisch zu installieren bzw. zu platzieren und damit Verteilte Systeme noch flexibler zu konfigurieren.

Die Migration von Code kann dabei aus verschiedenen Gründen sinnvoll sein. Beispielsweise könnte die Clientkomponente einer verteilten Anwendung dynamisch instantiiert werden, um eine einfache Installation aus Sicht des Benutzers bzw. deren Aktualität zu sichern. Dies wird in heutigen Systemen unter anderem in Form von *Java Applets* ermöglicht. Auf Serverseite könnten Betriebssystemprozesse, Komponenten oder Objekte zum Lastausgleich zwischen Serverrechnern migrieren. Ebenso ist eine Migration von Code zu speziellen Ressourcen oder zu dem zu verarbeitenden Datenbestand denkbar, um auf Daten lokal zuzugreifen. Ist die Größe des Codes im Vergleich zu den zu verarbeitenden Daten sowie dem Verarbeitungsergebnis wesentlich geringer, kann durch die Migration die Belastung des Netzwerks verringert werden. Ähnliches gilt für zwei Kommunikationspartner, die eine große Anzahl von Nachrichten austauschen. Durch die Migration des Codes eines der Partner zum Rechner des anderen Partners wird eine hohe Anzahl von Nachrichten

zur entfernten Kommunikation durch eine Nachricht zur Migration mit anschließender lokaler Kommunikation ersetzt.

❯ 3.6.1 Mobiler Code

Mobile Codesysteme stellen eine spezielle Ausprägung von Middleware-Plattformen dar, die um eine Unterstützung für mobilen Code erweitert wurden.
Eine solche Plattform besteht nach [FPV98] aus *Ausführungsumgebungen*
auf den einzelnen Rechnern. Innerhalb einer Ausführungsumgebung befinden sich *Ausführungseinheiten* und Ressourcen (z. B. eine Datei innerhalb eines Dateisystems). Jede der Ausführungsumgebungen besitzt eine eindeutige
Identität, über die auf den Rechner sowie die dort befindlichen Ressourcen
explizit zugegriffen werden kann. Die Ausführungsumgebung repräsentiert
einen oder mehrere *logische Orte*, auf einem Rechner können sich innerhalb
einer Ausführungsplattform also auch mehrere logische Orte befinden, zwischen denen Ausführungseinheiten migrieren können.

Die existierenden Umsetzungen mobiler Codesysteme unterscheiden sich anhand der Granularität der bewegbaren Ausführungseinheiten und des Grades
der Transparenz der Migration für den Programmierer. Für mobile Codesysteme können nach [FPV98] die folgenden Entwurfsparadigmen unterschieden werden:

1. *Remote evaluation*: Entsprechend dieses Paradigmas wird Code entfernt
   auf dem Server ausgeführt. Der Client übergibt das auszuführende Co-
   defragment sowie gegebenenfalls Initialisierungsparameter an den Server
   (*code shipping*). Auf diesem befinden sich die notwendigen Daten und Ressourcen zur Ausführung des Codes. Diese Form der Codemobilität könnte
   in unserem Anwendungsbeispiel von Clients genutzt werden, um Code auf
   dem Server zu installieren und damit komplexe Produktrecherchen einschließlich einer Verfügbarkeitsprüfung durchzuführen.

2. *Code on demand*: Nach diesem Paradigma wird Programmcode durch den
   Client beim Server angefordert und auf dem Client ausgeführt. Die notwendigen Daten und Ressourcen zur Ausführung des Codes befinden sich
   in diesem Fall auf dem Client. In unserem Beispielszenario könnte der
   Anwendungsteil des Clients in Form eines Applets bereit gestellt und auf
   Anfrage durch den Client auf dessen Rechner dynamisch installiert werden.

3. *Dynamische Migration*: In diesem Paradigma befinden sich der auszuführende Code sowie die notwendigen Daten auf dem Client, einige der
   benötigten Ressourcen und gegebenenfalls weitere Daten befinden sich
   jedoch auf einem anderen Rechner innerhalb des Netzwerkes. Zur Ausführung migriert der Code gemeinsam mit zugehörigen Daten und dem
   Ausführungszustand zu dem Rechner mit den Ressourcen. Anders als bei

den zuvor beschriebenen Mechanismen wird also nicht nur Code, sondern eine aktive Verarbeitungskomponente zwischen Rechnern übertragen. Diese Form der Codemobilität könnte in unserer Anwendung genutzt werden, um eine vergleichende Produktrecherche bei verschiedenen Anbietern durchzuführen, wobei ein mobiler Anwendungsteil nacheinander verschiedene Anbieterrechner besucht, komplexe Rechercheanfragen lokal absetzt und die temporären Ergebnisse der Vergleichsoperationen zum jeweils nächsten Anbieter mitführt.

Eine Ausführungseinheit repräsentiert einen sequenziellen Kontrollfluss (z. B. einen einfachen Prozess oder Thread). Sie besteht aus Programmcode (Code Segment) sowie Zustandsinformationen zusammengesetzt aus einem Datenbereich (Data Space) und einem Abarbeitungszustand (Execution State). Der Datenbereich setzt sich aus einer Menge von Referenzen auf Ressourcen zusammen. Der Abarbeitungszustand enthält den Befehlszähler (Instruction Pointer), private Daten und den Aufrufstapel (Call Stack) der Ausführungseinheit. Diese Komponenten können in mobilen Codesystemen zwischen Ausführungseinheiten bewegt werden.
Entsprechend der übertragenen Bestandteile können zwei Arten von Mobilität unterschieden werden. *„Starke" Mobilität* ist die Fähigkeit, Code, Datenbereich und Abarbeitungszustand einer Ausführungseinheit zu übertragen. Bei *„schwacher" Mobilität* hingegen werden nur Code und Datenbereich sowie gegebenenfalls Informationen zur Initialisierung einer Ausführungseinheit übertragen. Schwache Mobilität erlaubt nicht die Übertragung des Abarbeitungszustandes.

3.6.2 Mobile Objekte
Objektorientierte Plattformen wurden in der Vergangenheit häufig als Realisierungsgrundlage für mobilen Code verwendet. Wesentliche Konzepte für mobile Objekte sollen deshalb nachfolgend detaillierter betrachtet werden. Dabei spielen die entfernte Kommunikation zwischen mobilen Objekten und damit verbunden Lokalisierung und Aufrufabwicklung, die Parameterübergabe per Migration und Realisierungskonzepte zur Objektmigration eine wesentliche Rolle.

Entfernte Kommunikation zwischen mobilen Objekten
Um eine entfernte Kommunikation mit bzw. zwischen mobilen Objekten zu ermöglichen, sind zwei Aspekte von wesentlicher Bedeutung: die *Objektlokalisierung* und die *Aufrufabwicklung*. Für beide Aspekte kann das in Abschnitt 3.2.2 beschriebene Konzept der Stellvertreterobjekte erweitert werden, um mobile Objekte zu unterstützen.

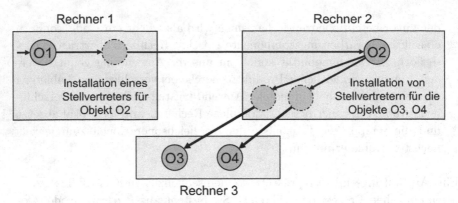

Abbildung 3.16. Stellvertreterinstallation bei einer Migration

Die Objektlokalisierung für fixe Objekte kann mit Hilfe des Stellvertreterobjektes einfach gelöst werden. Das entfernte Objekt ist über eine feste Rechneradresse erreichbar, die vom Stellvertreterobjekt verwaltet wird. Nachrichten an das entfernte Objekt werden unter Verwendung einer logischen Objektkennung an diese Rechneradresse gesendet und durch die Hashtabelle an die entsprechende Objektinstanz vermittelt.

Zur Unterstützung mobiler Objekte muss dieser Mechanismus erweitert werden. Dies betrifft zum einen die *Installation von Stellvertretern*, die im Zusammenhang mit der Migration von Objekten erfolgen muss, und zum anderen die *Lokalisierung*, da der Stellvertreter nach der Migration eines Objektes nicht mehr notwendigerweise die korrekte Rechneradresse enthält.

Stellvertreterinstallation: Migriert ein Objekt O von einem Ursprungs- zu einem Zielrechner, muss auf dem Ursprungsrechner ein Stellvertreterobjekt installiert werden, wenn O von anderen Objekten auf diesem Rechner lokal referenziert wurde. Darüber hinaus müssen für alle von O referenzierten Objekte auf dem Zielrechner Stellvertreterobjekte installiert werden, wenn sich diese nicht auf dem Zielrechner befinden. Nicht mehr benötigte Stellvertreterobjekte auf dem Ursprungsrechner können dagegen gelöscht werden. Ebenso kann ein möglicherweise vorhandenes Stellvertreterobjekt für O auf dem Zielrechner gelöscht werden.

Die erweiterten Regeln für die Stellvertreterinstallation werden in Abbildung 3.16 verdeutlicht. Vor der Migration von O2 befinden sich die Objekte O1 und O2 auf Rechner 1. O1 besitzt eine lokale Referenz auf O2. O2 referenziert die beiden entfernten Objekte O3 und O4 auf Rechner 3. Migriert nun O2 von Rechner 1 auf Rechner 2 ergibt sich nach der Aktualisierung der Stellvertreter das in Abbildung 3.16 dargestellte Bild. O1 referenziert O2 nun über ein Stellvertreterobjekt. Die Stellvertreterobjekte für O3 und O4

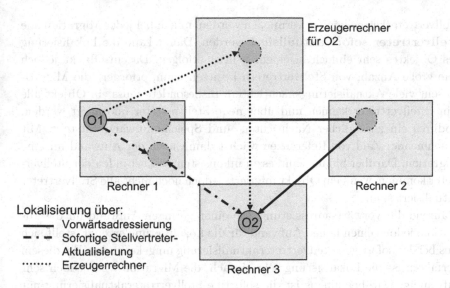

Abbildung 3.17. Lokalisierungsverfahren

auf Rechner 1 können gelöscht werden, da beide Objekte nun von keinem Objekt auf Rechner 1 mehr referenziert werden. Dafür müssen entsprechende Stellvertreter für O3 und O4 auf Rechner 2 installiert werden, da O2 diese entfernt referenziert.

Objektlokalisierung: Migriert O2 nun nochmals, beispielsweise auf Rechner 3, wird eine weitere Installation von Stellvertretern notwendig. Die Stellvertreter für O3 und O4 auf Rechner 2 können gelöscht werden, da O2 nun lokal mit diesen Objekten kommunizieren kann. Für die Referenz von O1 auf O2 stellt sich jetzt aber die Frage, ob die Adressinformationen des Stellvertreters auf Rechner 1 aktualisiert werden oder ob auf Rechner R2 ein weiterer Stellvertreter installiert wird, wodurch eine Kette von Stellvertreterobjekten entstehen würde. Die erste der beiden genannten Möglichkeiten entspricht dem Verfahren der *sofortigen Stellvertreteraktualisierung*, die zweite Möglichkeit dem Verfahren der *Vorwärtsadressierung*.

Die Lokalisierung nach dem Konzept der **Vorwärtsadressierung** umfasst dabei unter Umständen mehrere Zwischenrechner, was mit einem hohen Kommunikationsaufwand für die Lokalisierung und einer hohen Fehleranfälligkeit verbunden sein kann. Wird die Verweiskette beispielsweise durch den Ausfall eines Rechners unterbrochen, kann das Objekt nicht mehr lokalisiert werden. Der Aufwand während der Migration ist dagegen gering, da nur ein neuer Stellvertreter in die Kette eingefügt werden muss, die weiteren Stellvertreter bleiben unverändert.

Stellvertreterketten können vermieden werden, indem bei jeder Migration alle **Stellvertreter sofort aktualisiert** werden. Damit kann die Lokalisierung des Objektes sehr einfach in einem Schritt erfolgen. Da ein Objekt jedoch eine große Anzahl von Stellvertretern besitzen kann, erfordert die Migration sehr viele Aktualisierungsnachrichten. Insbesondere muss ein Objekt alle seine Stellvertreter kennen und über neue Stellvertreter informiert werden, wodurch ein zusätzlicher Nachrichten- und Speicheraufwand entsteht. Mit zunehmender Zahl von Referenzen wächst damit auch der Aufwand für eine Migration. Darüber hinaus kann es zu inkonsistenten Zuständen der Stellvertreter kommen, wenn ein Objekt migriert, jedoch noch nicht alle Stellvertreter aktualisiert sind.

Während die Vorwärtsadressierung also einen geringen Aufwand für die Migration, jedoch einen hohen Aufwand für die Lokalisierung erzeugt, stellt sich dies bei der sofortigen Stellvertreteraktualisierung umgekehrt dar. Bei diesem Verfahren ist die Lokalisierung sehr einfach, die Migration wird jedoch sehr aufwändig. Darüber hinaus ist die sofortige Stellvertreteraktualisierung nur für eine geringe Anzahl von Referenzen auf migrierende Objekte praktikabel und weist damit Probleme bei der Skalierbarkeit auf.

Eine dritte Möglichkeit stellt der Einsatz einer **zentralen Instanz** zur Verwaltung der Adressinformationen aller mobilen Objekte im System dar. Über einen Indirektionsschritt könnte damit jedes Objekt lokalisiert werden. Eine Referenz auf dem Rechner des referenzierenden Objektes müsste dazu an einen Stellvertreter auf dem zentralen Rechner verweisen, der wiederum die aktuelle Rechneradresse des Objektes enthält. Während einer Migration müsste jedes Objekt nur den Stellvertreter auf dem zentralen Rechner aktualisieren, der Aufwand zur Verwaltung und Aktualisierung aller Stellvertreter eines Objektes würde entfallen. Die Lokalisierung über einen Zwischenschritt gestaltet sich ebenfalls einfach. Der Hauptnachteil dieses Ansatzes ist die zentrale Instanz, da bei deren Ausfall kein Objekt des Systems mehr lokalisiert werden könnte.

In einer Abwandlung ist das Konzept jedoch durchaus praktikabel. Statt des zentralen Rechners wird auf dem **Erzeugerrechner** des jeweiligen Objektes der Stellvertreter zur Verwaltung der aktuellen Adressinformationen installiert. Alle weiteren Stellvertreter verweisen dann entsprechend auf diesen Stellvertreter. Damit werden die Stellvertreter wieder auf verschiedene Rechner im System verteilt und der Hauptnachteil der zentralen Verwaltung behoben. Nachteil dieses Verfahrens ist die langfristige Abhängigkeit der Objekte von ihrem Erzeugerrechner. Fällt dieser aus oder wird aus dem System entfernt (was beispielsweise für mobile Rechner häufig zutrifft), sind die auf diesem Rechner erzeugten Objekte nicht mehr lokalisierbar.

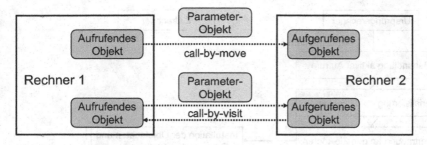

Abbildung 3.18. Parameterübergabe per Migration

Die vorgestellten Verfahren werden in Abbildung 3.17 vergleichend dargestellt. Insgesamt hat sich die Vorwärtsadressierung trotz der genannten Nachteile als am besten geeignet erwiesen. Diese kann insbesondere mit dem Verfahren zur Lokalisierung über den Erzeugerrechner kombiniert werden.

⊘ Parameterübergabe per Migration

Durch die Migrationsfähigkeit von Objekten ergeben sich auch erweiterte
Möglichkeiten zur Parameterübergabe bei Methodenaufrufen. Während RPC-
Systeme nur eine Übergabe von Wertparametern ermöglichen, können bei objektorientierten Systemen auch Referenzparameter übergeben werden. Damit
können Daten entweder lokal als Kopie oder entfernt als Referenz verarbeitet
werden.
Durch die Migration von Objekten können Daten nun auch lokal verarbeitet
werden, ohne dass diese kopiert werden müssen. Dies ist insbesondere sinnvoll, wenn auf per Referenz übergebenen Objekten eine Folge von Aufrufen
abgewickelt werden soll. Dazu stellen viele Systeme die Mechanismen *call-by-
move* und *call-by-visit* zur Verfügung. Durch diese kann eine Migration von
Objekten integriert mit Methodenaufrufen angestoßen werden.
Wird ein Objekt mittels **call-by-move** übergeben, migriert es als Eingabeparameter zum Rechner des aufgerufenen Objektes und verbleibt auch nach
Ende der Aufrufbearbeitung auf diesem. Dies ist im oberen Teil der Abbildung 3.18 dargestellt.
Call-by-visit arbeitet wie call-by-move, in dieser Weise übergebene Objekte
migrieren jedoch zweimal und befinden sich nach der Abarbeitung des Methodenaufrufs wieder auf dem ursprünglichen Rechner. Diese Form der Parameterübergabe ist damit nur für gemischte Ein-/Ausgabeparameter sinnvoll.
Der Ablauf der Parameterübergabe mittels call-by-visit wird im unteren Teil
von Abbildung 3.18 verdeutlicht.

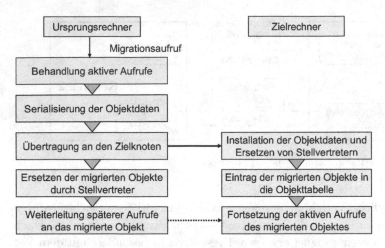

Abbildung 3.19. Ablauf einer Objektmigration

> ## Realisierung der Objektmigration

In den vorangehenden Betrachtungen wurde vorausgesetzt, dass eine Migration von Objekten vom System unterstützt wird. Im folgenden Abschnitt soll detaillierter auf den Ablauf einer Migration und die Bestandteile von Objekten eingegangen werden, die von der Migration betroffen sind.

Abbildung 3.19 stellt den grundsätzlichen Ablauf der Migration eines Objektes dar. Entsprechend der in Abschnitt 3.6.1 vorgestellten Varianten mobilen Codes wird hier die dynamische Migration von Objekten betrachtet. Im Gegensatz zu *Remote execution* und *Code on demand* werden im Folgenden somit aktive Objekte betrachtet, auf denen zum Zeitpunkt der Migration in einem oder mehreren Kontrollflüssen Methoden abgearbeitet werden können. Die Migration eines Objektes kann auf verschiedene Arten angefordert werden. So kann durch andere Objekte oder die Ausführungsplattform eine vom Objekt angebotene `move()` Methode aufgerufen werden. Dies kann durch einen lokalen, durchaus aber auch durch einen entfernten Methodenaufruf erfolgen. Ebenso kann das Objekt als Parameter eines entfernten Methodenaufrufes per *call-by-move* oder *call-by-visit* übergeben werden, wodurch ebenfalls eine Migration angefordert wird. Eine dritte Möglickkeit für ein Objekt mit eigenem Kontrollfluss stellt die Initiierung der Migration durch das Objekt selbst dar. Dieses kann damit unter Berücksichtigung des aktuellen Abarbeitungszustandes proaktiv und autonom migrieren.

Behandlung aktiver Aufrufe: Nach der Anforderung der Migration müssen alle auf dem Objekt aktiven Kontrollflüsse synchronisiert werden. Wie in Abschnitt 3.6.1 für mobilen Code allgemein beschrieben, kann entsprechend der

Behandlung von Aufrufen zwischen *starker* und *schwacher* Mobilität unterschieden werden.

Unterstützt die Ausführungsplattform nur *schwache Mobilität*, kann die Migration des Objektes erst erfolgen, wenn alle aktiven Aufrufe abgearbeitet wurden und das Objekt einen Zustand erreicht hat, der auch nach der Migration auf dem Zielrechner wieder hergestellt werden kann. Dieser Zustand muss unabhängig vom Ausführungszustand des Objektes auf dem Ursprungsrechner sein. Damit wird vermieden, dass der Ausführungszustand des Objektes erfasst und auf dem Zielrechner wieder hergestellt werden muss. Gründe dafür sind die Komplexität und Fehleranfälligkeit, die mit der Migration des Ausführungszustandes verbunden sind, die Heterogenität von Ausführungsplattformen, die eine Wiederherstellung des Ausführungszustandes auf dem Zielrechner verhindert, oder Restriktionen der Ausführungsplattform, die einen Zugriff auf den Ausführungszustand von Objekten nicht zulassen. Letzteres ist beispielsweise in Java-basierten Systemen der Fall, Plattformen für mobilen Code auf Basis von Java ermöglichen somit nur schwache Mobilität. Soll starke Mobilität unterstützt werden, sind Erweiterungen der Java Virtual Machine (JVM) notwendig.

Um einen migrationsfähigen Zustand des Objektes zu erreichen, müssen nach der Anforderung der Migration also zunächst alle aktiven Methodenaufrufe abgearbeitet werden. Dies kann durch den Einsatz von *Semaphoren* erreicht werden. Rekursive Semaphore unterstützen einen wechselseitigen Ausschluss von Methodenaufrufen und Migrationsanforderungen und ermöglichen insbesondere auch rekursive Methodenaufrufe auf Objekten. Wurden alle aktiven Methodenaufrufe abgearbeitet, kann die Migration ausgeführt werden. Aufrufe, die nach der Migrationsanforderung eintreffen, werden blockkiert oder mit einer entsprechenden Meldung abgewiesen.

Wird durch die Ausführungsumgebung *starke Mobilität* unterstützt, müssen nach der Migrationsanforderung alle aktiven Kontrollflüsse unterbrochen und deren Zustand, d. h. Aufrufstapel, Befehlszähler und private Daten, vom System ermittelt werden. Diese bilden dann mit dem Objektcode und den Daten die zu migrierende Einheit.

Serialisierung der Objektdaten: Nachdem das Objekt sich in einem migrationsfähigen Zustand befindet, müssen alle für die Migration vorgesehenen Daten sequenzialisiert werden, um über das Netzwerk übertragen werden zu können. Dies entspricht im Wesentlichen dem Marshalling bzw. Unmarshalling von Aufrufparametern und Ergebnissen bei RPC bzw. entfernten Methodenaufrufen. Eine erweiterte Behandlung erfordern Objektreferenzen, für die auch die vollständigen Stellvertreterinformationen übertragen werden müssen. Diese müssen, wie in Abschnitt 3.6.2 beschrieben, auf dem Zielrechner installiert werden.

Übertragung zum Zielrechner: Die Übertragung der serialisierten Objektdaten kann durch einen entfernten Methodenaufruf oder beliebige andere Kommunikationsmechanismen erfolgen. Abhängig von der Ziellokation, die für die Migration festgelegt wurde, muss der Zielrechner evtl. zunächst durch eine Lokalisierung ermittelt werden. Dies ist z. B. der Fall, wenn das Ziel relativ zu einem Objekt oder einer Ressource definiert wurde.

Behandlung am Zielrechner: Nach dem Empfang und dem Unmarshalling der Objektdaten auf dem Zielrechner muss das migrierte Objekt sowie dessen Daten und, abhängig von der Art der Migration, auch der Ausführungszustand des Objektes wieder hergestellt werden. Für alle relativ zum Zielrechner entfernten Objekte müssen zunächst Stellvertreter installiert werden, für nach der Migration lokale Objekte können die Stellvertreter gelöscht werden. Die nun lokalen Objekte werden außerdem in der Objekttabelle des Zielrechners registriert und sind damit für entfernte Aufrufe erreichbar. War die Migration und Installation des Objektes auf dem Zielrechner erfolgreich, wird eine Erfolgsmeldung an den Ursprungsrechner gesendet, andernfalls eine Fehlermeldung.

Abschluss der Migration am Ursprungsrechner: Nach Erhalt einer positiven Meldung zur Migration kann das Objekt am Ursprungsrechner durch einen Stellvertreter ersetzt werden, wenn es dort noch referenziert wird. Außerdem wird es aus der Objekttabelle gelöscht. Aufrufe, die nach der Migrationsanforderung für das Objekt eintrafen, waren bis zum erfolgreichen Abschluss der Migration blockiert und können nun über den Stellvertreter an das migrierte Objekt weitervermittelt werden. Die Synchronisationsmechanismen müssen also bis zum vollständigen Abschluss der Migration aktiv bleiben.

3.7 Strombasierte Kommunikation

Die bisher betrachteten Kommunikationstechnologien für Verteilte Systeme dienten dem Austausch von Nachrichten zwischen verteilten Kommunikationspartnern mit dem Ziel, Dienste zu nutzen bzw. Informationen in vollständigen und abgeschlossenen Einheiten auszutauschen. Die ausgetauschten Daten sind in der Regel *zeitunabhängig*, da die Informationen einzelner Nachrichten im Hinblick auf ihre Darstellung keinen zeitlichen Bezug aufweisen. Dies trifft auch auf Medien wie Text oder Grafiken zu, die deshalb auch als *diskrete* Medien bezeichnet werden. Für verteilte multimediale Anwendungen ist es zusätzlich wichtig, dass *kontinuierliche Abfolgen* von Datensätzen über einen längeren Zeitraum, wie sie etwa durch Video- und Audiokommunikation entstehen, gezielt unterstützt werden. Die Information ist in diesem Fall nicht nur in den einzelnen Werten, sondern auch in der zeitlichen Abfolge dieser

Werte (z. B. Bilder oder Töne) enthalten. Diese Medien werden deshalb auch als *zeitabhängige* Medien bezeichnet.

Diskrete wie auch kontinuierliche Medien werden dabei in der Regel in Form von Paketen ausgetauscht, die in ihrer zeitlichen Folge einen *Datenstrom* darstellen. Hauptanforderung für die strombasierte Kommunikation ist es nun, dass die einzelnen Elemente eines solchen *Datenstroms* – etwa Video- und Audio-Daten, die eine Bild- oder Sprachsequenz repräsentieren – zum richtigen Zeitpunkt übertragen und empfangen werden. Entsprechend der enthaltenen Daten besitzen Datenströme dabei unterschiedliche Anforderungen. So können diskrete Medien *asynchron* übertragen werden, d. h., es existiert kein zeitlicher Zusammenhang zwischen Sender und Empfänger. Die einzelnen Pakete des Datenstroms sollen den Empfänger so schnell wie möglich erreichen. Für zeitabhängige Medien muss die Übertragung dagegen *synchron* erfolgen, wobei eine maximale Verweilzeit für jedes der Pakete eingehalten werden muss. In diesem Fall besteht also eine zeitliche Beziehung zwischen Sender und Empfänger. Pakete müssen in einer bestimmten Zeit beim Empfänger eintreffen, dürfen aber auch früher ankommen und müssten dann beim Empfänger zwischengespeichert werden. Eine Übertragung wird als *isochron* bezeichnet, wenn neben der oberen auch eine untere zeitliche Schranke gilt, d. h., für jedes Paket muss dann eine maximale und eine minimale Verweilzeit eingehalten werden. Damit wird die Schwankung der Verweilzeit, die zwischen den einzelnen Paketen besteht, der so genannte *Jitter*, begrenzt. Andernfalls handelt es sich um eine *anisochrone* Übertragung.

Werden mehrere Medien kombiniert übertragen (etwa Video, Audio und in bestimmten Abständen eingeblendete Bilder), so spricht man von *komplexen Strömen*, die auch die interne Synchronisation ihrer einzelnen Medien untereinander erfordern. Damit sind für die einzelnen Teile des komplexen Stroms auch höhere Anforderungen verbunden, da etwa die Bilder nun nicht mehr asynchron übertragen werden können, sondern ebenfalls eine obere zeitliche Schranke einhalten müssen, um mit den anderen Teilströmen synchronisiert dargestellt zu werden.

3.7.1 Anwendungsklassen und Anforderungen

Dabei erfordert beispielsweise eine Videoübertragung mit einer Bildrate von 20 Bildern pro Sekunde, dass alle 50 ms ein Bild beim Empfänger vorliegt und dargestellt wird. Der Durchsatz und der Jitter sollten dafür idealerweise konstant sein. Typische Durchsatzwerte liegen bei Multimedia-Anwendungen je nach Medienqualität und Kompressionsverfahren bei einigen hundert kbit/s bis zu einigen Mbit/s. Die Begrenzung des Jitter ist insbesondere für Audioströme von Bedeutung. Typische Jitter-Werte sollten hier weniger als ca. 20 ms betragen, für Videoströme liegen diese Werte etwas höher.

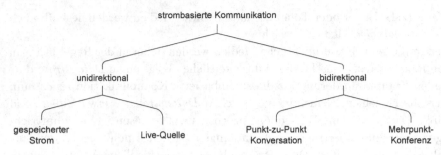

Abbildung 3.20. Klassen strombasierter Kommunikation

Die genannten Anforderungen sind wesentlich für die Qualität der Übertragung von Strömen. Nach [Ste99] entspricht ein Gesamtsystem seinen Anforderungen mit einer gewissen Güte, der *Dienstgüte*. Zur Sicherstellung einer bestimmten Dienstgüte für die Übertragung von Streams müssen die notwendigen Ressourcen (u. a. Speicherplatz, Bandbreite und Verarbeitungsleistung) über die gesamte Verbindungsdauer zur Verfügung stehen. Für unterschiedliche Anwendungsfälle bestehen dabei unterschiedliche Anforderungen an das System, um eine bestimmte Dienstgüte zu erreichen.

In unserer Anwendung könnten beispielsweise Videosequenzen für einzelne Produkte bereitgestellt werden, die dem potenziellen Käufer einen detaillierten Eindruck von dessen Eigenschaften und Aussehen vermitteln. Darüber hinaus könnte ein Kunde auch eine Videokonferenz mit einem Berater des anbietenden Unternehmens aufbauen, um sich interaktiv über angebotene Produkte zu informieren.

Die genannten Anwendungsbeispiele stellen verschiedene Klassen der strombasierten Kommunikation dar. Eine grundlegende Klassifikation kann gemäß Abbildung 3.20 vorgenommen werden. Die *unidirektionale Übertragung* von Strömen wird auch unter dem Begriff *Multimedia-Streaming* zusammengefasst. Hierbei wird ein Strom von einem Server zu einem bzw. mehreren Clients übertragen. Anwendungen sind etwa Video-on-Demand oder in Web-Seiten eingebettete Audio- und Videoströme. Ströme werden dabei nur in einer Richtung übertragen, es besteht insbesondere keine Interaktionsbeziehung mit dem Sender und dem Empfänger des Stroms. Damit ist eine Verzögerung der Pakete, beispielsweise durch eine Zwischenspeicherung möglich, wodurch insbesondere hohe Jitterwerte ausgeglichen werden können. Im einfachsten Fall können *gespeicherte Ströme* übertragen werden. Etwas höhere Anforderungen entstehen, wenn eine *Live-Quelle* verwendet wird. Hier ist eine Verzögerung von Paketen ebenfalls möglich, sollte jedoch begrenzt werden, um die Aktualität der Audio- und Videodaten zu sichern.

Ein wesentliches Merkmal für *bidirektionale Systeme* ist die Interaktionsbeziehung zwischen Sender und Empfänger des Stromes. Sowohl Sender als auch
Empfänger sind nun Endsysteme, zwischen denen Ströme ausgetauscht werden, die in einem zeitlichen Zusammenhang stehen. Jedes der Endsysteme
agiert damit sowohl als Sender als auch als Empfänger. Dabei kann zwischen
Punkt-zu-Punkt-Konversation mit zwei Teilnehmern und *Mehrpunktkonfe-
renzen* mit mehr als zwei Teilnehmern unterschieden werden. Diese Klassen
strombasierter Kommunikation werden häufig unter dem Begriff *Conferen-
cing* zusammengefasst, zum Teil wird aber auch genauer unterschieden, wobei
nur Verbindungen mit mehr als zwei Teilnehmern als Konferenzen betrachtet
und von Punkt-zu-Punkt-Verbindungen abgegrenzt werden.

Bidirektionale Systeme stellen nun weit höhere Anforderungen hinsichtlich
Verzögerung und Jitter als unidirektionale Systeme. Eine Zwischenspeicherung von Paketen ist nur sehr begrenzt möglich, da sich zu große Verzögerung-
en sehr schnell auf die Qualität der Kommunikation, insbesondere auf Sprachkommunikation auswirken. Werden Video- und Audioströme verwendet, müssen diese auch untereinander sehr genau synchronisiert werden, um insbesondere Lippensynchronität zu gewährleisten.

❯ 3.7.2 Verbindungssteuerung

Unabhängig von der Klasse der Kommunikation werden Ströme nach einem
generellen Ablauf übertragen, der in drei Phasen gegliedert werden kann.
In der *ersten Phase* wird eine Verbindung zwischen den Kommunikationspartnern aufgebaut. Neben dem Austausch von Verbindungsinformationen,
etwa IP-Adressen und Portnummern, findet in dieser Phase auch eine Aushandlung von Qualitätsparametern für die Übertragung statt. Dies betrifft
beispielsweise die Bildauflösung und die Bildwiederholrate für Videoströme
und die Samplerate und -auflösung von Audiodaten sowie verwendete Codecs
und Datenformate.

Wurden entsprechende Verbindungsparameter ausgehandelt, die benötigten
Ressourcen reserviert und eine Verbindung aufgebaut, können die Datenströme übertragen werden. In dieser *zweiten Phase* der Verbindungssteue-
rung könnte nun auf Änderungen im System reagiert werden. Zum einen
kann dies die Kommunikationsbeziehungen betreffen, etwa wenn ein weiterer Teilnehmer in eine Konferenz integriert oder in einem unidirektionalen
System zu einem anderen Server gewechselt werden soll. Zum anderen kann
dadurch die ausgehandelte Qualität betroffen sein, etwa wenn die verfügbare
Datenrate aufgrund einer gestiegenen Last im Netzwerk nicht mehr ausreicht,
um die erforderliche Datenmenge für die ausgehandelte Bildwiederholrate zu
übertragen. Auf diese Änderungen kann beispielsweise mit einer Neuaushand-
lung von Verbindungsparametern reagiert werden.

In einer *dritten Phase* werden dann bestehende Kommunikationsverbindungen abgebaut, die Übertragung von Datenströmen wird damit beendet und belegte Ressourcen werden freigegeben.

❯ 3.7.3 Strombasierte Kommunikation auf Basis von Internetprotokollen

Der Austausch multimedialer Ströme basiert auf einer Kombination von Protokollen und Funktionen in Verbindung mit einer entsprechenden Architektur. Dabei existiert keine Universallösung, vielmehr sind mehrere Ansätze verfügbar, die je nach Einsatzgebiet unterschiedliche Stärken und Schwächen aufweisen. Dementsprechend konnten sich auch unterschiedliche Standards etablieren. So werden von der *ITU (International Telecomunication Union)* vor allem Architekturen und Funktionen festgelegt, die Protokolle sind dann in gewissen Grenzen austauschbar. Demgegenüber definiert die *IETF (Internet Engineering Task Force)* zunächst Protokolle, die dann in verschiedenen Architekturen eingesetzt werden können. Aufgrund dieser Unabhängigkeit von einer bestimmten Architektur sowie bestimmten Anwendungen besitzen die Protokolle der IETF ein hohes Potenzial für die Konvergenz von Diensten im Internet. Verbunden mit der wachsenden Bedeutung Internet-basierter Lösungen, vor allem von Voice-over-IP, werden insbesondere *SIP (Session Initiation Protocol)* als Signalisierungsprotokoll und *RTP (Real-time Transport Protocol)* zur Echtzeitübertragung von Medienströmen vermehrt eingesetzt.

SIP dient dabei zum Aufbau, zur Steuerung und zum Abbau von Verbindungen zwischen zwei oder mehr Partnern und wird damit in allen drei Phasen der strombasierten Kommunikation verwendet. SIP ist ein Peer-to-Peer-Protokoll. Jede SIP-Komponente enthält einen so genannten *User Agent*, der sich in einen Client-Teil *(User Agent Client, UAC)* und einen Server-Teil *(User Agent Server, UAS)* gliedert. Damit bietet jede SIP-Komponente gemäß dem Peer-to-Peer-Ansatz sowohl Client- als auch Serverfunktionalität (vgl. Kapitel 2), so dass Kommunikationspartner im einfachsten Fall direkt, d. h. ohne eine zentrale Einheit, miteinander kommunizieren können.

Darüber hinaus können SIP-Peers erweiterte Funktionen anbieten. So dient ein *SIP-Proxy* zur Weiterleitung von SIP-Nachrichten zwischen kommunizierenden Einheiten. *Redirect-Server* dienen der Ermittlung der aktuellen Adresse von Kommunikationspartnern, beispielsweise im Falle einer Rufumleitung. *Location-Server* können logische Adressen auf konkrete IP-Adressen von SIP-Einheiten abbilden und unterstützen dabei auch die Mobilität von SIP-Geräten. Dazu werden in SIP logische Adressen verwendet, die in ihrem Aufbau E-Mail-Adressen ähneln und die Form *sip:user@domain* besitzen. Es können aber auch öffentliche Telefonnummern und IP-Adressen kodiert werden, etwa durch *sip:user@ip-adresse* bzw. *sip:telefonnummer@host*.

SIP-Nachrichten ähneln in ihrem Aufbau den Nachrichten des HTTP-Protokolls. Sie werden textbasiert kodiert und enthalten einen Nachrichtenkopf (Header) und einen Nachrichtenkörper (Body). Der Nachrichtenkopf enthält dabei den Nachrichtentyp sowie weitere Verbindungsparameter. Grundsätzlich wird dabei in die Nachrichtentypen „request" und „response" unterschieden. Es existieren verschiedene Request-Typen, die auch als SIP-Methoden bezeichnet werden. Grundlegende Methoden zum Auf- und Abbau von Verbindungen sind INVITE zum Versenden eines Verbindungswunsches, ACK zur initiatorseitigen Bestätigung einer SIP-Verbindung, CANCEL zum Ablehnen eines Verbindungswunsches und BYE zum Beenden einer Verbindung. SIP-Responses werden in Form von Statuscodes dargestellt, etwa 100 für Trying, 180 für Ringing oder 200 für OK (siehe auch Abbildung 3.21). In den Nachrichtenkörper können beliebige Informationen eingebettet werden. Häufig wird hier *SDP (Session Description Protocol)* verwendet, das die Beschreibung der Parameter für die Übertragung von Medienströmen ermöglicht, etwa die zu übertragenden Medientypen, die dazu verwendeten Transportprotokolle sowie Informationen über die entsprechenden Adressen, Portnummern und Kodierungsverfahren.

Wurde mit SIP eine Verbindung zwischen zwei oder mehr Kommunikationspartnern aufgebaut, können in der Nutzungsphase multimediale Ströme ausgetauscht werden. Der Transport erfolgt nun aber nicht mit SIP, sondern mit einem speziell dafür entworfenen Protokoll. Dazu wird im Internet in der Regel RTP eingesetzt. RTP überträgt Ströme in Form von Paketen und realisiert dabei die Synchronisation zwischen Sender und Empfänger. Der RTP-Header enthält eine Kennzeichnung der übertragenen Nutzdaten sowie Zeitstempel und Sequenznummer. Durch letztere können beim Empfänger auch Umordnungen der Paketfolge behandelt werden, wie diese durch die Vermittlung der Pakete über verschiedene Pfade jederzeit auftreten können. Darüber hinaus können durch diese Informationen auch die unterschiedlichen Laufzeiten der Nachrichten, d. h. der Jitter, ausgeglichen werden. Die Pakete werden dabei entsprechend der Sequenznummern beim Empfänger in einem Pufferspeicher in die ursprüngliche Ordnung gebracht und unterschiedlich lange verzögert, um die Schwankungen der Laufzeit zu kompensieren. Bei zu langen Laufzeiten kann der Empfänger auch einzelne Pakete verwerfen und statt dessen etwa das vorhergehende Paket wiederholt anzeigen bzw. fehlende Werte interpolieren. RTP kann mit *RTCP (Real-Time Control Protocol)* kombiniert werden. RTCP sendet periodisch Steuerinformationen zum Sender einer RTP-Verbindung, die Daten über die aktuelle Qualität der Verbindung enthalten. Der Sender kann daraufhin die Übertragung optimieren, etwa indem er Parameter des Codecs oder die Bildwiederholrate eines Videostromes anpasst, um die Senderate zu verringern.

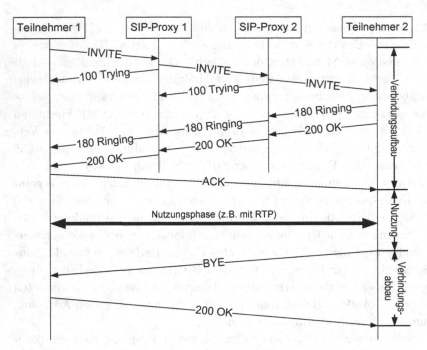

Abbildung 3.21. Strombasierte Kommunikation auf Basis von SIP und RTP

RTP und RTCP bieten jedoch keine Unterstützung einer bestimmten Verbindungsqualität. Die Protokolle basieren auf der Standardvermittlung im Internet, die alle Pakete gleich behandelt und diese nach dem Best-Effort-Prinzip entsprechend den jeweiligen Bedingungen möglichst schnell weiterleitet. Garantien für eine bestimmte Laufzeit für Pakete können dabei nicht gegeben werden. Eine Unterstützung von Dienstgütemerkmalen für die Übertragung von Paketen multimedialer Datenströme wird durch *DiffServ (Differentiated Services)* bzw. *IntServ (Integrated Services)* möglich. DiffServ führt dabei verschiedene Verkehrsklassen ein, in die Pakete eingeordnet und dann entsprechend der Klasse bevorzugt von den Vermittlungsstellen behandelt werden können. IntServ unterstützt dagegen auf der Basis von *RSVP (Resource Reservation Protocol)* die Reservierung von Ressourcen für einzelne Verbindungen. Verbunden mit einer Zugangskontrolle können somit die notwendigen Ressourcen für eine Verbindung durchgängig bereitgestellt und damit Garantien für eine bestimmte Dienstgüte gegeben werden. Die genannten Lösungen erfordern aber eine Erweiterung der Vermittlungsstationen und haben sich bisher nicht im gesamten Internet etabliert.

Abbildung 3.21 stellt die prinzipielle Verwendung von SIP und RTP zur strombasierten Kommunikation im Internet dar. Zunächst wird in einem

Drei-Wege-Handshake-Verfahren eine Verbindung zwischen den beiden Teilnehmern aufgebaut. Dazu sendet Teilnehmer 1 mit einem INVITE-Request
einen Verbindungswunsch an Teilnehmer 2. Dieser wird zunächst über die
SIP-Proxies abgewickelt, die die logischen SIP-Adressen auflösen und die SIP-
Nachrichten zu den Empfängern weiterleiten. Teilnehmer 2 zeigt das Klin-
geln des Endgerätes mit 180 Ringing an und zeigt die Annahme der Verbindung mit dem SIP-Response 200 OK an. Nach dem Austausch des INVITE-
Requests und der zugehörigen SIP-Responses sind beiden Teilnehmern die
physischen Adressen bekannt und die Kommunikation kann direkt erfolgen.
Teilnehmer 1 bestätigt dann die Verbindung mit einem ACK-Request, dem
in der Regel keine SIP-Response folgt. In der Nutzungsphase wird dann per
RTP die Übertragung durchgeführt. Dabei tauschen Sender und Empfänger
über RTCP so genannte Reports aus, die Informationen über die Sitzung und
die Qualität beim Empfänger enthalten, etwa Paketlaufzeiten und Informationen zu Datenverlusten). Der Sender kann dadurch sein Verhalten an die
aktuellen Gegebenheiten anpassen. Der Verbindungsabbau wird im Beispiel
durch eine BYE-Request von Teilnehmer 2 beendet.

3.8 Zusammenfassung   3.8

Dieses Kapitel stellte die wesentlichen Kommunikationsmechanismen Verteilter Systeme mit ihren prinzipiellen Eigenschaften vor. Dabei können prinzipiell drei Klassen von Mechanismen unterschieden werden. Dies sind RPC-
basierte Mechanismen, die das Prinzip lokaler Prozeduraufrufe auf die entfernte Kommunikation übertragen. Der Mechanismus liegt mit Erweiterungen
auch entfernten Methodenaufrufen und der Kommunikation zwischen Web
Services zugrunde. In der ursprünglichen Form sind RPCs synchron, da der
Client nach dem Senden eines RPC-Aufrufs blockiert wird bis dieser abgearbeitet wurde und eine Antwort vorliegt. Es werden also in der Regel zwischen
Client und Server bidirektional Daten ausgetauscht.
Eine zweite Klasse bildet die nachrichtenbasierte Kommunikation. Hier werden über Nachrichtenkanäle Nachrichten oder Ereignisse vermittelt, wobei
Sender und Empfänger der Nachrichten zeitlich entkoppelt arbeiten können,
d. h. die Mechanismen arbeiten asynchron. Die Vermittlung erfolgt darüber
hinaus nur in der Richtung vom Sender zum Empfänger, die Kommunikationsbeziehung ist also unidirektional.
Beide Mechanismen dienen dem entfernten Austausch von Nachrichten. Beim
RPC erfolgt dies nach dem Request/Response-Prinzip, bei nachrichtenorientierten Mechanismen nach dem Publish/Subscribe-Prinzip. Im Vergleich
dazu werden bei strombasierten Mechanismen periodische Datenströme aus-

getauscht. Dies erfolgt synchron und je nach Anwendung unidirektional oder bidirektional.

Die Betrachtungen in diesem Kapitel haben verdeutlicht, dass großer Wert auf ein hohes Abstraktionsniveau der Kommunikation sowie die Unterstützung heterogener Systeme gelegt wird, wie es mit RPC-basierten Mechanismen erreicht wird. Durch die Verwendung einer Interface Definition Language (IDL) können die Konzepte in verschiedene Programmiersprachen integriert werden. Web Services mit SOAP als Kommunikationsprotokoll ermöglichen darüber hinaus auch die Kommunikation über Plattformgrenzen hinweg.

Die nachrichtenbasierte Kommunikation unterstützt die weitgehende Entkopplung von Sender und Empfänger durch die Abstraktion von Nachrichtenkanälen, fordert jedoch ein eigenes Programmiermodell, das sich insbesondere von dem Modell der prozeduralen Programmierung unterscheidet. Die Interoperabilität heterogener Systeme wird teilweise durch Standards wie den Java Message Service (JMS) unterstützt, erweiterte Funktionen werden in den einzelnen Lösungen jedoch proprietär umgesetzt.

Speziell für die Übertragung zeitabhängiger Medien ist schließlich die strombasierte Kommunikation wichtig. Diese Mechanismen bieten jedoch spezielle Schnittstellen und erfordern ein eigenes Programmiermodell. Interoperabilität wird durch weitreichende Standards für Protokolle wie SIP und RTP sowie für Codecs gut unterstützt.

Die drei Klassen von Mechanismen besitzen also sehr unterschiedliche Eigenschaften. Sie stellen damit keine Alternativen dar, zwischen denen beliebig gewechselt werden kann, sondern besitzen ihre Stärken in verschiedenen Anwendungsfeldern. Dies zeigt sich auch in der Eignung für den Transport großer Datenmengen. Nachrichten- und strombasierte Mechanismen unterstützen dies sehr gut, währen RPC-basierte Mechanismen aufgrund der synchronen Kommunikation sowie der Datenübergabe durch Parameter in ihrer Grundform eher ungeeignet sind und entsprechend erweitert werden müssen. Tabelle 3.2 zeigt abschließend einen Vergleich der vorgestellten Mechanismen als Zusammenfassung dieser Diskussion.

Auf der Basis dieser grundlegenden Kommunikationsmechanismen können nun einfache verteilte Systeme realisiert werden, deren Anwendungskomponenten auf unterschiedlichen Rechnern platziert werden und Nachrichten bzw. Datenströme austauschen. Diese Funktionalität reicht für die Realisierung komplexer Verteilter Systeme natürlich in der Regel nicht aus. Für unsere Referenzanwendung bleibt weiterhin ungeklärt, wie etwa einzelne Nachrichten in Beziehung gesetzt werden können, um auch bei parallelen bzw. konkurrierenden Zugriffen auf die Lagerverwaltung sowie bei Ausfall einzelner Rechner innerhalb solcher komplexen Bearbeitungsvorgänge eine konsistente

Tabelle 3.2. Vergleichende Darstellung der Kommunikationsmechanismen

	RPC-basierte Kommunikation	Nachrichtenbasierte Kommunikation	Strombasierte Kommunikation
zeitliche Kopplung von Sender und Empfänger	synchron, durch Erweiterungen auch asynchron	asynchron	synchron
Kommunikationsrichtung	bidirektional	unidirektional	uni- und bidirektional
transportierte Daten	Nachrichten nach dem Request/Response-Prinzip	Nachrichten nach dem Publish/Subscribe-Prinzip	periodische Datenströme
Abstraktionsniveau	hoch, Aufruf in Programmiersprache eingebettet	mittel, separates Programmiermodell	niedrig, spezielle Programmierschnittstellen
Interoperabilität	hoch, mit IDL unabhängig von Programmiersprachen, Web Services auch plattformunabhängig	ansatzweise, durch Standards wie JMS unterstützt, erweiterte Funktionen aber proprietär	hoch, durch Standards für Protokolle wie SIP und RTP sowie für Codecs
Transport von Massendaten	durch Erweiterungen bedingt unterstützt	gut unterstützt	speziell als isochroner Strom

Datenbasis erhalten werden kann. Dies wird in Kapitel 4 im Rahmen der Konzepte für verteilte Transaktionen diskutiert.

Ebenfalls ungeklärt bleibt, welche Funktionen unserer Online-Handelsplattform von Kunden und welche nur von bestimmten Mitarbeitern aufgerufen werden dürfen. Damit verbunden sind Fragen nach der Prüfung der Identität von Kommunikationspartnern, der Zugriffberechtigung auf Anwendungsfunktionen, etwa die Lagerverwaltung oder den Warenkorb eines Kunden, sowie der Schutz von Nachrichteninhalten vor unberechtigten Zugriffen. Diese Fragen werden in Kapitel 5 im Rahmen von Mechanismen für Sicherheit und Schutz Verteilter Systeme betrachtet.

Ebenso spielen Mechanismen zum Auffinden von Kommunikationspartnern bzw. Ressourcen in Verteilten Systemen eine wichtige Rolle. Dies klang bei der Diskussion RPC-basierter Mechanismen beim Bindevorgang bereits an und wird in Kapitel 6 weiter vertieft.

3.9 Übungsaufgaben

1. Wie lautet die Definition eines RPC nach Nelson? Grenzen Sie den RPC auf der Basis dieser Definition ab von:
   a. einem lokalem Prozeduraufruf,
   b. der Kommunikation via E-Mail,
   c. dem Nachrichtenaustausch in einem Shared-Memory Multiprozessor-system.

2. Erläutern Sie den Zusammenhang zwischen RPC-Schnittstellenbeschreibung und Stub-Komponenten!

3. Nennen Sie die wesentlichen Vorteile entfernter Methodenaufrufe gegenüber entfernten Prozeduraufrufen!

4. Nennen Sie die wesentlichen Vorteile von Web Services im Vergleich mit RPC-Systemen und verteilten objektorientierten Systemen!

5. Mobile Objekte ermöglichen eine Migration von Objekten zur Laufzeit.
   a. Nennen Sie mindestens zwei Gründe für die Migration von Objekten zur Laufzeit!
   b. Welche Typen der Migration können unterschieden werden und welche Bestandteile werden bei diesen in die Migration einbezogen?
   c. Vergleichen Sie Vorwärtsadressierung und sofortige Stellvertreterak-tualisierung hinsichtlich des Aufwands während der Migration sowie während der Aufrufweiterleitung!

6. Welche Arten der Parameterübergabe können in entfernten Prozeduraufrufen sowie entfernten Methodenaufrufen ohne bzw. mit Unterstützung mobiler Objekte verwendet werden?

7. In einer Laufzeitplattform werden mobile Objekte unterstützt. Welche Form der Parameterübergabe schlagen Sie für die folgenden Problemstellungen vor (call-by-reference / call-by-move / call-by-visit)?:
   a. Ein Produktkatalog wird von verschiedenen Rechnern parallel bearbeitet und soll dabei einen konsistenten Zustand behalten.
   b. Auf einem Objekt mit umfangreichen Daten über ein Produkt soll eine Folge von Operationen ausgeführt werden.
   c. Ein Formulardokument soll von mehreren Bearbeitern an unterschiedlichen Orten in einer Folge bearbeitet werden.

d. Konstruktionsdaten eines Automobils sollen von einem Server automatisch formatiert und anschließend vom Bearbeiter weiter editiert
werden.

e. Einem Client soll die Adresse eines entfernten Datenbanksystems übergeben werden.

8. Erläutern Sie das Prinzip der Nachrichtenvermittlung über einen Nachrichtenkanal!

9. Welche Vor- und Nachteile entstehen aus der Verwendung von nachrichtenbasierten Systemen im Vergleich zu RPC-Systemen?

10. Sollen für die folgenden Probleme synchrone RPC-Aufrufe oder asynchrone Nachrichten eingesetzt werden?
a. Das Buchen eines Fluges über ein Online-System.
b. Die Übertragung des aktuellen Kurses einer Aktie.
c. Die Berechnung des Rabattes während der Bearbeitung einer Bestellung.
d. Die Übermittlung von Banktransaktionen durch mehrere alternative
Clients an einen Verarbeitungsserver.

11. Welche Phasen können bei einer strombasierten Kommunikation unterschieden werden und wozu dienen diese?

12. Ein Medienserver stellt ein Video in Form separater Audio- und Videodaten bereit, in das an bestimmten Zeitpunkten Bilder integriert wurden,
die getrennt von den anderen Datenströmen vorliegen. Welche Probleme
können bei der Übertragung dieser Daten zum Client entstehen und wie
kann ein korrektes Abspielen auf dem Client gesichert werden?

Kapitel 4
Transaktionen

A. Schill, T. Springer, *Verteilte Systeme*,
DOI 10.1007/978-3-642-25796-4_4, © Springer-Verlag Berlin Heidelberg 2012

4

4 Transaktionen

In der bisherigen Darstellung Verteilter Systeme lag der Hauptfokus bei der Kommunikation. Zusätzlich spielt aber auch die persistente, konsistente und zuverlässige Datenverwaltung in vielen verteilten Anwendungen eine wichtige Rolle, wie bereits auch bei der Diskussion mehrstufiger Architekturkonzepte am Beispiel der Datenebene deutlich wurde. Schlüsselkonzept hierfür ist der aus dem Datenbankbereich bekannte Begriff der Transaktion. Dieses Kapitel führt zunächst in die wichtigsten Grundlagen ein und diskutiert dann die Realisierung einfacher entfernter Datenbankzugriffe in Verbindung mit Datenbanktransaktionen am Beispiel einschlägiger Java-Programmierschnittstellen. Darauf aufbauend werden die Basiskonzepte auf verteilte Transaktionen erweitert und die dafür erforderlichen Protokollmechanismen vorgestellt. Die Diskussion typischer Realisierungen mittels Transaktionsmonitoren unter Berücksichtigung der Host-Anbindung vermittelt den notwendigen Bezug zu praktischen Umsetzungen.

4.1 Grundkonzepte

Wesentliche Zielsetzung von Transaktionskonzepten ist die zuverlässige Bearbeitung persistenter Daten, und dies insbesondere auch dann, wenn Systemausfälle oder Ausfälle des Kommunikationssystems zu berücksichtigen sind – wie dies in der Praxis fast immer der Fall ist. Typische Beispiele für den Einsatz von Transaktionen sind etwa Anwendungen im Bereich der Buchhaltung und des Banken- und Versicherungswesens, Flugbuchungssysteme und andere Reservierungssysteme oder allgemein schreibende Zugriffe auf persistente Daten unter Wahrung von Konsistenzeigenschaften. In unserer Beispielanwendung sind Transaktionen etwa zur Verwaltung der Kundendaten und zur Abwicklung von Bestellvorgängen, insbesondere durch die Integration von Online-Bezahlvorgängen, erforderlich.

Im Sinne der beim RPC behandelten Fehlersemantikklassen wird dadurch anstelle der einfacheren, oft aber nicht ausreichenden at-most-once-Semantik eine exactly-once-Semantik angestrebt. Dabei bieten Transaktionskonzepte auch wirksame Mechanismen zur Beherrschung des Mehrbenutzerzugriffs auf persistente Daten, wo ansonsten Zugriffskonflikte rasch zu Inkonsistenzen der verarbeiteten Daten führen könnten.

Das Konzept der Transaktion selbst ist im Bereich der Datenbanken schon lange vor der Entwicklung Verteilter Systeme entstanden und wurde dann an die Belange verteilter Umgebungen angepasst. Transaktionen kapseln Operationen zur Bearbeitung persistenter Daten und realisieren die so genannten ACID-Eigenschaften: Die *Atomizität (atomicity)* gewährleistet, dass eine Transaktion auf persistenten Daten entweder vollständig ausgeführt wird oder (im Fehlerfall) keine Auswirkungen hinterlässt, nachdem sie entsprechend zurückgesetzt wurde. Die Eigenschaft der *Konsistenz (consistency)* sichert zu, dass eine Transaktion die bearbeiteten Daten stets von einem konsistenten Zustand in einen neuen konsistenten Zustand überführt. Das jeweilige Konsistenzkriterium ist dabei von der Anwendung abhängig. Die Eigenschaft der *Isolation (isolation)* stellt sicher, dass verschiedene nebenläufige Transaktionen keine Überlappung während ihrer Ausführung erfahren, also insbesondere keine Konflikte beim Zugriff auf gemeinsame Datenbestände entstehen. Außerdem dürfen durch das Zurücksetzen einer Transaktion keine anderen Transaktionen beeinflusst werden. Parallele Transaktionen laufen damit logisch in einer Folge ab. Die Eigenschaft der *Dauerhaftigkeit (durability)* schließlich legt fest, dass die durch Transaktionen vorgenommenen Datenmodifikationen mögliche Systemausfälle überleben.

Um diese Eigenschaften zu erreichen, sind Sicherungspunkte zur persistenten und konsistenten Speicherung der bearbeiteten Daten vor Beginn einer Transaktion und wiederum mit dem Ende einer Transaktion zu erstellen. Außerdem sind Sperrverfahren beim gemeinsamen Datenzugriff mehrerer Prozesse bzw. Threads erforderlich, um insbesondere die Isolation zu gewährleisten. Zur Wiederherstellung des Ausgangszustands im Fehlerfall müssen darüber hinaus alle Aktionen innerhalb einer Transaktion mitprotokolliert werden, um ein späteres Rücksetzen der Transaktion zu ermöglichen. Wie später noch deutlich wird, sind diese Konzepte geeignet zu erweitern, wenn mehrere verteilte Rechner an einer dann wiederum verteilten Transaktion in einem Verteilten System beteiligt sind.

4.2 Entfernter Datenbankzugriff

Im einfachsten Fall ist es in Verteilten Systemen ausreichend, die traditionellen Konzepte der Datenbanktransaktionen auf Basis einer Programmierschnittstelle für den entfernten Datenbankzugriff zu nutzen. Dabei ist die Verarbeitung innerhalb des Verteilten Systems, etwa während der Kommunikation mittels Remote Procedure Call oder Remote Method Invocation zunächst nicht transaktional und somit allenfalls durch eine *at-most-once-Kommunikationssemantik* gekennzeichnet. Lediglich die Bearbeitung persistenter Daten der Datenebene einer mehrstufigen Architektur wird durch Transaktionen innerhalb der genutzten Datenbank geschützt, wie dies in Abbildung 4.1 dargestellt ist. Dabei zeigt der obere Teil der Abbildung eine zweistufige Anwendung, die über den entsprechenden Datenbanktreiber direkt auf das Datenbankmanagementsystem (DBMS) zugreift. Die Anwen-

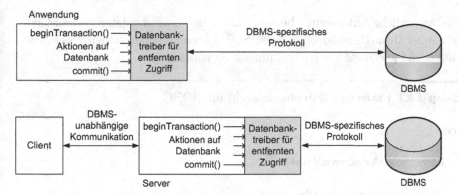

Abbildung 4.1. Entfernter Datenbankzugriff mit zwei- und dreistufiger Anwendungsarchitektur

dung markiert in diesem Fall auch Anfang und Ende der Transaktion und setzt die Aufrufe an die Datenbank ab.

Die Anwendung im unteren Teil der Abbildung besitzt dagegen eine dreistufige Architektur. Der Client der Anwendung ruft entfernte Prozeduren oder Methoden des Servers auf. Dieser wiederum greift zur Datenverarbeitung entfernt auf eine Datenbank zu. In dieser Variante ist der Client somit vollkommen von Datenbankzugriffen getrennt. Welche Datenbank verwendet wird, welcher Treiber dazu notwendig ist und welche SQL-Anweisungen abgesetzt werden müssen, bleibt für den Client völlig transparent. Insbesondere kann damit auch das Datenbanksystem ausgetauscht werden, ohne dass der Client geändert werden muss. Dies ist in der zweistufigen Variante nicht der Fall.

Somit wird also aus Sicht des Verteilten Systems keinerlei neues Konzept eingeführt, sondern es wird lediglich eine Schnittstelle etabliert, um auf bekannte Transaktionskonzepte im Hintergrund zuzugreifen. Hauptvorteil dabei ist die Einfachheit der Realisierung. Hauptnachteil ist, dass lediglich die datenbankinternen Operationen mit den Transaktionseigenschaften ausgestattet sind, nicht aber die eigentliche Verarbeitung innerhalb des Verteilten Systems.

Ein typisches Beispiel für eine entsprechende Programmierschnittstelle für den entfernten Datenbankzugriff ist die *Java Database Connectivity (JDBC)*. Sie entstand als Erweiterung des Industriestandards *Open Database Connectivity (ODBC)*, der den entfernten Datenbankzugriff für C/C++-Programme ermöglicht. Grundidee bei JDBC ist es, Datenbankoperationen in der Sprache *SQL (Sequential Query Language)* von Java-Programmen aus zu initiieren, in Form eines entfernten Aufrufs an die Datenbank zu versenden, dort durch Transaktionskonzepte geschützt auszuführen und schließlich die Resultate, also etwa Anfrageergebnisse, an das Java-Programm zurückzusenden.

Die wesentliche Anforderung besteht darin, die Parameterdaten geeignet zwischen der Java-Umgebung und den SQL-Datenbankoperationen zu transferieren und geeignete Datenabbildungen zu realisieren.

Beispiel 4.1 Entfernter Datenbankzugriff mit JDBC

```
try
    {
    Lager.con.setAutoCommit(false);

    // Aktualisierung des Lagerbestandes
    pstmt = Lager.con.prepareStatement("UPDATE Lager SET Anzahl=Anzahl-?
            WHERE ProduktNr = ?");
    pstmt.setInt(1, anzahlBestellt);
    pstmt.setInt(2, produktNummer);
    int updated = pstmt.executeUpdate();
    pstmt.close();

    // Hinzufügen des Produktes zu Versandliste mit Stückzahl = anzahlBestellt
    ...

    // Produktverfügbarkeit prüfen
    pstmt = Lager.con.prepareStatement("SELECT Anzahl
        FROM Lager WHERE ProductID = ?");
    pstmt.setInt(1, produktNummer);
    resultSet = pstmt.executeQuery();
    if(resultSet.first())
        {
        int anzahl = resultSet.getInt("Anzahl");

    // Produkte verfügbar
        if (anzahl >= 0) Lager.con.commit();
        }
    Lager.con.rollback();
    ...
    }
catch (SQLException se)
    {
    Lager.con.rollback();
    }
}
```

Beispiel 4.1 zeigt ein zugehöriges Programmbeispiel in Anlehnung an unsere Anwendung, das eine Folge von JDBC-Aufrufen eines Clients (oder eines zwischengeschalteten Servers) auf einer entfernten Datenbank realisiert. Zunächst wird die Datenbank für den entfernten Zugriff geöffnet und eine explizit zu terminierende Transaktion initiiert. Letzteres erfolgt mit `Lager.con.setAutoCommit(false)`. Damit wird das automatische Abschließen einer Transaktion nach jeder Datenbankoperation abgeschaltet, und die nachfolgenden Operationen auf der Datenbank werden im Kontext einer Transaktion ausgeführt, die explizit mittels commit oder rollback beendet werden muss. Innerhalb der Transaktion werden nun Operationen zur Bearbeitung einer Bestellung ausgeführt. Durch die erste Operation wird mittels `UPDATE` die Produkttabelle der Lagerverwaltung aktualisiert. Anschließend wird das Produkt mit der entsprechenden Stückzahl zur Versandliste hinzugefügt, wobei auf eine weitere Tabelle mit dem Namen `Versandlisten` in der Datenbank zugegriffen werden muss. In der dritten Operation wird per `SELECT` die Verfügbarkeit des Produktes nach Abzug der bestellten Stückzahl geprüft. Ist das Produkt verfügbar, ist also die im Lager verfügbare Stückzahl nach dem Abzug der in der Bestellung angeforderten Stückzahl größer Null, dann kann die Transaktion mit `Lager.con.commit()` beendet werden. Tritt während der Operationen ein Fehler auf oder ist das Produkt nicht in genügend hoher Stückzahl verfügbar, müssen alle in der Transaktion ausgeführten Operationen durch den Aufruf von `Lager.con.rollback()` rückgängig gemacht werden, insbesondere auch die Aktualisierung der Stückzahl, wenn diese zum Zeitpunkt des Rollbacks bereits ausgeführt war.

Die Umsetzung der Datenzugriffe erfolgt durch SQL-Anweisungen, wobei die Parameterübergabe auf sehr einfache, aufgrund der begrenzten Typsicherheit softwaretechnisch eher kritische Weise durch Nummerierung der Parameter eines SQL-Statements realisiert wird. Ein weiteres Problem stellt die Abbildung mengenorientierter Anfrageergebnisse der Datenbank auf Datenstrukturen der Programmiersprache dar; hierzu werden meist Iteratoren eingesetzt, die den ursprünglichen Mengencharakter von SQL-Operationen aber nur unzureichend nachbilden.

Insgesamt stellt JDBC somit eine einfache Möglichkeit dar, persistente Daten transaktionsgeschützt aus einer verteilten Anwendung heraus zu bearbeiten. Dabei ist die Schnittstelle aber recht rudimentär gestaltet, was die softwaretechnische Anpassung zwischen Java und SQL betrifft. Ferner sind die initiierten Transaktionen rein auf die Datenbank im Hintergrund beschränkt und ermöglichen somit kein Rücksetzen nach Fehlerfällen in anderen Teilen des Verteilten Systems. Am Beispiel eines Geldautomaten wird diese Einschränkung rasch deutlich: Ein konsistentes Rücksetzen einer Transaktion auf beiden Seiten, d. h. innerhalb des Datenbankservers eines Bankrechenzentrums einerseits und auch innerhalb des Geldausgabegeräts andererseits, wäre allein mit JDBC nicht möglich, da dieser Mechanismus keine Abstimmung zwischen verschiedenen verteilten Transaktionsteilnehmern ermöglicht. Dies wäre aber beim Beispiel des Geldautomaten notwendig, da unterschiedlichste Fehlerfälle einzeln oder auch in Kombination auftreten können: Beispielsweise könnte der vom Datenbankserver verwaltete Überziehungskredit des Kunden nicht ausreichen, der Datenbankserver ausfallen, das Kommunikationssystem gestört sein, der Geldautomat nicht über genügend Bargeld verfügen oder eventuell auch ein mechanisches Problem aufweisen. In allen diesen Fällen müsste ein mehrseitiges konsistentes Rücksetzen realisiert werden. Ähnliches wäre auch in unserem Anwendungsbeispiel der Fall, wenn etwa Änderungen auf mehreren Datenbankservern gemeinsam in konsistenter Form durchzuführen sind, beispielsweise für die Lagerverwaltung und die Aktualisierung der Kundendaten bei der Realisierung eines Bestellvorgangs. Somit sind also verteilte Transaktionen erforderlich, die insbesondere eine Abstimmung mehrerer verteilter Teilnehmer umfassen.

4.3 Verteilte Transaktionen

Verteilte Transaktionen, zum Teil auch als *globale Transaktionen* bezeichnet, erstrecken sich grundsätzlich über mehrere beteiligte Rechner, die – ebenso wie das Kommunikationssystem – unabhängig voneinander ausfallen können bzw. auf denen unabhängig voneinander auch verschiedene andere anwendungsseitige Fehlerfälle auftreten können. Durch die Verteilung sind nun in der Regel auch mehrere verteilte, unabhängige Datenbanksysteme bzw. Ressourcen für die dauerhafte Speicherung von Verarbeitungsergebnissen an einer Transaktion beteiligt. Diese können jeweils *lokale Transaktionen* ausführen, übergreifende Transaktionen erfordern jedoch zusätzliche Koordination sowie eine Erweiterung von lokalen Algorithmen auf den verteilten Fall. Abbildung 4.2 zeigt ein Beispiel aus unserer Anwendung. Hier wird ähnlich wie bereits im Beispiel 4.1 zum entfernten Datenbankzugriff für die Abwicklung von Bestellungen eine Versandliste erstellt, wobei Produkte aus dem Lager entnommen und zur Versandliste hinzugefügt werden. Damit verbunden wird die Verfügbarkeit der Produkte im Lager geprüft. Für die nun in verteilten Ressourcen verwalteten Datenbestände muss ebenfalls der Übergang zwischen konsistenten Zuständen gesichert werden, wobei entweder alle Operationen atomar, konsistent, isoliert und dauerhaft durchgeführt und abgeschlossen werden müssen oder aber – im Fehlerfall – keinerlei Auswirkung hinterlassen dürfen. Für das Beispiel bedeutet dies, dass die Aktualisierung des Lagers und der Versandliste nur entweder gemeinsam oder gar nicht erfolgen darf. Das Kriterium der Konsistenz ist damit, dass die Stückzahl der

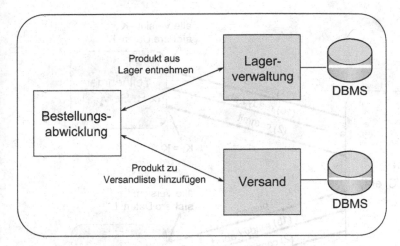

Abbildung 4.2. Verteiltes Transaktionsszenario

Produkte in der Versandliste summiert mit denen im Lager konstant sein muss. Darüber hinaus darf die Änderung der Stückzahl im Lager für andere Operationen außerhalb der Transaktion nicht sichtbar werden, bis auch die Versandliste aktualisiert, die Verfügbarkeit des Produktes geprüft und die Transaktion erfolgreich abgeschlossen wurde. Dazu müssen die Änderungen sowohl der Lagertabelle als auch der Versandliste während des Transaktions-abschlusses dauerhaft gespeichert werden. Ziel verteilter Transaktionen ist es also, für solche komplexeren Szenarien im verteilten Fall die oben eingeführten ACID-Eigenschaften sicherzustellen.

Dazu ist es erforderlich, dass eine verteilte Koordination zwischen den beteiligten Instanzen erfolgt. Diese wird von einem *Koordinator* gesteuert, der sich mit allen anderen *Teilnehmern* an der Transaktion abstimmt. Nur wenn alle Teilnehmer sowie der Koordinator selbst die gewünschten Änderungen an den von ihnen bearbeiteten persistenten Daten erfolgreich durchführen können, werden die Ergebnisse der Transaktion überall endgültig festgeschrieben, ansonsten – also wenn auch nur bei einem der Beteiligten ein Fehler auftritt – muss die Transaktion zurückgesetzt werden. Somit ist also eine Art Abstimmungsverfahren zwischen dem Koordinator und den Teilnehmern notwendig, wobei ein einstimmig positives Abstimmungsergebnis für das erfolgreiche Beenden einer Transaktion erforderlich ist. Dies ist nur in zwei Phasen möglich, da zunächst in einer ersten Phase die Abstimmung mittels Befragung der Teilnehmer durchzuführen ist und dann in einer zweiten Phase das Abstimmungsergebnis zu publizieren und durch Festschreiben der Ergebnisse im positiven Fall bzw. durch Zurücksetzen auf den ursprünglichen konsistenten Zustand umzusetzen ist.

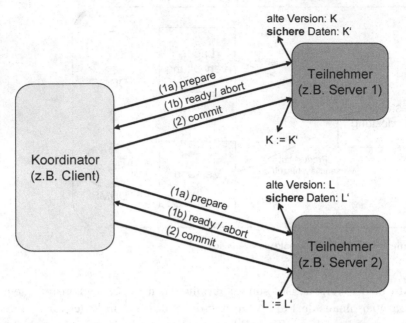

Abbildung 4.3. Zwei-Phasen-Commit-Protokoll

❯ 4.3.1 Zwei-Phasen-Commit-Protokoll

Dies führt zum bekannten *Zwei-Phasen-Commit-Protokoll* verteilter Transaktionen, wie es in Abbildung 4.3 dargestellt ist. Zunächst wird davon ausgegangen, dass vor Durchführung einer neuen Transaktion alle beteiligten Partner ihre relevanten Daten persistent gesichert haben, um bei Bedarf auf einen entsprechenden konsistenten Zustand zurücksetzen zu können. Nun wird die Transaktion gestartet und alle innerhalb der Anwendung angeforderten Operationen durchgeführt, allerdings zunächst nur auf temporären Kopien der bearbeiteten Daten. Dies kann Remote Procedure Calls bzw. Remote Method Invocations sowie beliebige lokale Operationen der einzelnen Teilnehmer umfassen. Die Verarbeitung ist dabei – anders als bei JDBC – nicht mehr auf den Aufruf von SQL-Anweisungen beschränkt, sondern kann beliebige Operationen auf persistenten Daten umfassen, also etwa auch Aufrufe transaktionaler Dateisysteme, anderer existierender Transaktionsmonitore, objektorientierter Datenbanken, persistenter Softwarekomponenten und vieles mehr.

Erst wenn alle temporären Änderungen abgeschlossen sind, leitet der Koordinator der verteilten Transaktion – beispielsweise der Client, aber möglicherweise auch ein zwischengeschalteter Server – das eigentliche Zwei-Phasen-Commit-Protokoll ein. In der ersten Phase werden zunächst *Prepare*-Nachrichten an alle Teilnehmer gesendet. Diese schreiben daraufhin ihre Änderungen in Form einer persistenten Kopie der Daten fest, halten aber ebenso noch ihre persistente Originalversion der bearbeiteten Daten im Speicher. Somit können die Teilnehmer also – selbst nach möglichen Systemabstürzen und anschließendem Wiederanlauf – entweder auf die bisherige Version der Daten zugreifen oder aber die neue Version der Daten nutzen. Wenn das persistente Festschreiben der Daten in der neuen Version gelingt, so meldet der jeweilige Teilnehmer ein *Ready* an den Koordinator. Wenn dagegen das persistente Festschreiben nicht möglich ist oder bereits zuvor ein anwendungsseitiger Fehler auftrat, so wird ein *Abort* gemeldet. Eventuelle Kommunikationsfehler, die zum Ablauf eines Timeout beim Koordinator ohne Erhalt einer *Ready*-Nachricht führen, werden dabei wie ein *Abort* gewertet. Wenn der Koordinator nun von allen Teilnehmern ein *Ready* erhält, so schickt er allen eine *Commit*-Nachricht und fordert sie damit auf, nun endgültig die alte Version der Daten durch die neue zu ersetzen. Dies ist in jedem Fall möglich, da ja jeder Teilnehmer die neue Version bereits persistent gespeichert hat. Schließlich senden die Teilnehmer noch eine Bestätigung an den Koordinator, nach deren Erhalt die Transaktion endgültig abgeschlossen wird. Falls dagegen nur ein Teilnehmer *Abort* meldet oder der Koordinator selbst – etwa aufgrund lokaler Fehlersituationen – auf *Abort* entscheidet, so versendet der Koordinator an alle Teilnehmer ein Abort, und diese verwerfen die neue Version der Daten, setzen also auf die alte Version zurück.

Dieses Protokoll sichert insbesondere die Eigenschaft der Atomizität und der Dauerhaftigkeit zu: Entweder alle Beteiligten führen eine Transaktion erfolgreich unter persistenter Änderung der Daten durch, oder sie wird bei allen zurückgesetzt. Durch das Hinzuziehen von Sperrverfahren und geeigneten Konsistenzkriterien werden auch die weiteren ACID-Eigenschaften sichergestellt.

Eine Besonderheit ist allerdings zu berücksichtigen: Stürzt ein Teilnehmer nach dem persistenten Speichern der Daten und dem Versand der *Ready*-Nachricht ab, so entscheidet der Koordinator – sofern auch alle anderen Teilnehmer zustimmen – dennoch auf *Commit*; schließlich hat er von allen Teilnehmern ein *Ready* erhalten. Er versendet also an alle Teilnehmer eine *Commit*-Nachricht, die auch entsprechend umgesetzt wird. Die anderen Teilnehmer verwerfen damit ihre alte Version der Daten, geben gesetzte Sperren frei und können damit die Transaktion normalerweise auch nicht mehr zurücksetzen. Somit ist es erforderlich, dass auch der abgestürzte Teilnehmer die Transaktion schließlich erfolgreich abschließt. Dazu prüft er nach einem späteren Wiederanlauf anhand einer Protokolldatei, an welchen Transaktionen er beteiligt war, und befragt den Koordinator oder auch einen der Teilnehmer nach dem Ergebnis der jeweiligen Transaktion. Dieses setzt er schließlich um, d. h., im positiven Fall schreibt er die Daten fest. Damit wird die gewünschte Semantik erreicht, wobei allerdings die anderen Teilnehmer bzw. das System insgesamt eventuell blockiert werden, bis der abgestürzte Teilnehmer wieder angelaufen ist, etwa aufgrund gesetzter Sperren. Dieses Problem kann durch das *Drei-Phasen-Commit-Protokoll* etwas abgemildert werden, eine flexiblere Lösung bietet hier aber eine optimistische Herangehensweise.

❯ 4.3.2 Optimistisches Zwei-Phasen-Commit-Protokoll

Entsprechend der oben geschilderten Fehlersituation, aber auch generell durch das Auftreten von Kommunikationsfehlern bzw. Rechnerausfällen, können während der Ausführung des Zwei-Phasen-Commit-Protokolls unbestimmte Verzögerungen bis zum endgültigen Abschluss der Transaktion entstehen. Gesetzte Sperren werden dabei von den Teilnehmern gehalten, bis die Transaktion abgeschlossen wurde. Dies kann zur unnötigen Blockierung von Datenzugriffen führen.

Durch die Anwendung eines optimistischen Ansatzes können Teilnehmer bereits nach der ersten Phase des Zwei-Phasen-Commit-Protokolls ihre Sperren wieder freigeben, d. h., nachdem diese eine Ready- bzw. Abort-Nachricht an den Koordinator gesendet haben. Damit können andere Transaktionen die veränderten Daten lesen und diese auch verändern. Es wird also von einem erfolgreichen Abschluss der Transaktion ausgegangen.

Muss die Transaktion jedoch abgebrochen werden, müssen zur Durchsetzung der ACID-Eigenschaften entsprechende Maßnahmen durchgeführt werden. Um ein kaskadiertes Zurücksetzen aller betroffenen Transaktionen zu vermeiden, werden so genannte *Kompensationstransaktionen* durchgeführt, die alle während der abgebrochenen Transaktion durchgeführten Änderungen durch entsprechende Umkehroperationen zurücksetzen. Durch dieses Vorgehen kann eine semantische Atomizität garantiert werden. Damit werden Daten früher für andere Transaktionen verfügbar, und im Falle eines erfolgreichen Transaktionsabschlusses entsteht kein höherer Aufwand. Der Abbruch von Transaktionen muss aber gesondert behandelt werden.

❯ 4.3.3 Nebenläufigkeitskontrolle

Die Koordination des Transaktionsabschlusses zwischen mehreren verteilten Ressourcen sichert die Atomizität der Operationen innerhalb der Transaktion und das konsistente und dauerhafte Festschreiben der Ergebnisse. Darüber hinaus muss auch für verteilte Transaktionen sichergestellt werden, dass alle Operationen innerhalb einer Transaktion eine konsistente Sicht auf die verarbeiteten Daten erhalten und dass Zwischenergebnisse nicht vor dem Transaktionsabschluss für andere Transaktionen sichtbar werden. Diese Isolation von Transaktionen wird durch Verfahren zur Nebenläufigkeitskontrolle erreicht.

Grundlegend können dafür optimistische und pessimistische Synchronisationsverfahren unterschieden werden. *Pessimistische Verfahren* vermeiden Konflikte durch das Setzen von Sperren für bestimmte Datenzugriffe, wodurch Daten exklusiv für eine Transaktion reserviert werden. Dagegen erlauben *optimistische Verfahren* nebenläufigen Transaktionen den ungehinderten Zugriff auf alle Daten, ermöglichen aber das Erkennen von Konflikten. Bei beiden Verfahren werden im Fall eines nicht vermeidbaren bzw. erkannten Konfliktes eine oder mehrere Transaktionen abgebrochen.

Pessimistische Nebenläufigkeitskontrolle

Sperrverfahren können verwendet werden, um Konflikte beim Zugriff auf Daten innerhalb nebenläufiger Transaktionen zu vermeiden. Sie stellen damit einen pessimistischen Ansatz dar, der von häufigen Konflikten und einem hohen Aufwand für das Zurücksetzen von Transaktionen ausgeht.

Grundsätzlich wird dabei für jede Operation innerhalb einer Transaktion, die auf Daten zugreifen möchte, vor der Ausführung der Operation eine Sperre für diese Daten angefordert. Die Sperre verhindert, dass weitere Operationen auf diese Daten zugreifen können. Nach dem Ausführen der Operation kann die Sperre wieder freigegeben werden. Um sicherzustellen, dass die Operationen nebenläufiger Transaktionen in einer serialisierten Folge ausgeführt werden, müssen Sperren nach einem bestimmten Algorithmus erteilt und freigegeben werden. Ein solcher Algorithmus ist der der *Zwei-Phasen-Sperre* (2PL - 2 Phase Locking). Dieser legt drei Regeln zur Erteilung und Freigabe von Sperren für eine Transaktion T fest, die auf ein Datenobjekt D_x zugreifen möchte:

1. Für jedes Datenobjekt D_x, auf das T zugreifen möchte, wird vor dem Zugriff eine Sperre angefordert. Wurde bereits durch eine andere Transaktion eine Sperre für D_x angefordert, wird T blockiert.
2. Die Sperre für D_x wird erst nach dem Zugriff auf D_x freigegeben.
3. Die Transaktion T fordert keine weiteren Sperren mehr an, sobald T eine der angeforderten Sperren freigegeben hat.

Arbeitet jede Transaktion nach diesem Algorithmus, wird sichergestellt, dass die Reihenfolge der ausgeführten Operationen der einer serialisierten Ausführung der Transaktionen entspricht.

Durch das Setzen von Sperren wird ein exklusiver Zugriff einer Transaktion auf von ihr verarbeitete Datenobjekte erreicht. Dadurch wird die Nebenläufigkeit natürlich eingeschränkt, da alle weiteren Transaktionen bis zur Freigabe der Sperre blockiert werden müssen, bevor sie auf diese Datenobjekte zugreifen können. Es ist also sinnvoll, die Sperrzeit für Datenobjekte zu minimieren. Dem steht entgegen, dass zum einen bei einer möglichst späten

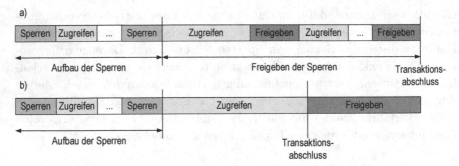

Abbildung 4.4. Zwei Verfahren zur pessimistischen Nebenläufigkeitskontrolle

und getrennten Anforderung von Sperren Datenobjekte bereits durch andere Transaktionen gesperrt wurden. Besitzen Transaktionen wechselseitig benötigte Sperren, kann dies zu zyklischen Verklemmungen führen.

Zum anderen können nach einer frühzeitigen Freigabe einer Sperre weitere Transaktionen auf diesen Datenobjekten arbeiten. Wird nun entschieden, eine Transaktion abzubrechen, ist es möglich, dass weitere Transaktionen auf den bereits durchgeführten Änderungen weitergearbeitet haben. Diese müssen dann ebenfalls abgebrochen werden, was auch als *kaskadierte Abbrüche* bezeichnet wird.

Um zyklische Verklemmungen zu vermeiden, kann eine Transaktion bereits *beim Beginn* alle notwendigen Sperren anfordern. Verläuft dies erfolgreich, kann die Transaktion garantiert ohne Blockierung abgearbeitet werden. Die Nebenläufigkeit wird dadurch jedoch stark eingeschränkt. Außerdem müssen nicht alle genutzten Datenobjekte und damit alle benötigten Sperren bereits zu Beginn der Transaktion bekannt sein. Dem steht eine Anforderung der Sperren *sukzessive* erst unmittelbar vor dem Zugriff auf die Daten gegenüber. Dies ermöglicht eine höhere Nebenläufigkeit von Transaktionen, birgt aber auch die Gefahr zyklischer Verklemmungen.

Kaskadierten Abbrüchen kann durch eine Freigabe aller erteilten Sperren erst beim Abschluss der Transaktion entgegengewirkt werden. Dieses Vorgehen wird auch als *strenges Zwei-Phasen-Sperren* bezeichnet. Damit verringert sich jedoch ebenfalls der Grad der Nebenläufigkeit. Alternativ können Sperren dirckt nach dem letzten Zugriff auf das gesperrte Datenobjekt freigegeben werden, was dem Verfahren des *einfachen Zwei-Phasen-Sperrens* entspricht. Beide Verfahren werden in Abbildung 4.4 dargestellt.

Die Varianten des Zwei-Phasen-Sperrens gelten zunächst für lokale Transaktionen. Eine Realisierung des Algorithmus für verteilte Transaktionen kann auf verschiedene Arten erfolgen. Durch eine *zentrale Sperrenverwaltung* werden alle Sperren von einer zentralen Instanz erteilt bzw. freigegeben, die aber

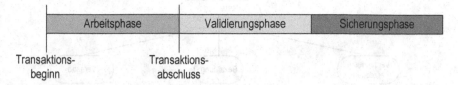

Abbildung 4.5. Die drei Phasen optimistischer Verfahren zur Nebenläufigkeitskontrolle

schnell zu einem Engpass führt und von deren Ausfall das gesamte System betroffen ist. Eine verteilte Verwaltung von Sperren ist damit sinnvoller. Dabei verwaltet jedes Datenbanksystem die Sperren auf lokale Datenobjekte. Transaktionen erzeugen dafür bei jedem verteilten Datenbanksystem eine Subtransaktion, die lokal Sperren anfordert bzw. freigibt. Typischerweise erfolgt die Anforderung der Sperren dann sukzessive, wodurch die Gefahr zyklischer Verklemmungen besteht. Deshalb muss bei der Verwendung des verteilten Ansatzes auch eine Behandlung von Verklemmungen realisiert werden.

⊙ Optimistische Nebenläufigkeitskontrolle

Im Gegensatz zu pessimistischen Verfahren gehen optimistische Verfahren zur Nebenläufigkeitskontrolle davon aus, dass Konflikte relativ selten auftreten und das Wiederholen einer Transaktion weit weniger aufwändig ist, als die Blockierung von Transaktionen durch Sperren und die Analyse von Verklemmungen.

Bei optimistischen Verfahren durchlaufen alle Transaktionen bei erfolgreicher Ausführung drei Phasen: eine Arbeitsphase, eine Validierungsphase und eine Sicherungsphase (siehe Abbildung 4.5). Die Arbeitsphase wird durch den Beginn der Transaktion eingeleitet und endet entweder mit Commit oder Abort. Die Validierungs- und die Sicherungsphase werden also während des Transaktionsabschlusses ausgeführt.

Während der *Arbeitsphase* werden alle Operationen zum Lesen und Manipulieren von Datenobjekten innerhalb der Transaktion ausgeführt. Die Zugriffe erfolgen nun ohne das Setzen von Sperren. Die während der Transaktion gelesenen Datenobjekte definieren das so genannte *Read-Set* der Transaktion. Die von Änderungen, Löschen oder Hinzufügen betroffenen Datenobjekte werden als *Write-Set* der Transaktion bezeichnet.

In der *Validierungsphase* einer Transaktion wird geprüft, ob das Read-Set der Transaktion inkonsistente Daten enthält. Dies ist dann der Fall, wenn andere Transaktionen während der Lesephase der betrachteten Transaktion in die Schreibphase eingetreten sind und dabei Datenobjekte aus dem Read-Set der betrachteten Transaktion verändert haben. Wenn dies der Fall ist, wird die Transaktion abgebrochen und die Änderungen aus der Arbeitsphase werden

Abbildung 4.6. Geschachtelte verteilte Transaktionen

verworfen. Durch dieses Vorgehen können im Gegensatz zu Sperrverfahren keine Verklemmungen entstehen. Es müssen damit auch keine Mechanismen zur Behandlung von Verklemmungen bereitgestellt werden.

Nach einem konfliktfreien Abschluss der Validierungsphase werden die Änderungen der Datenobjekte des Write-Sets in der *Sicherungsphase* in die Datenbank übertragen. Für den verteilten Fall muss der Eintritt in die Schreibphase durch einen Koordinator auf der Basis des Zwei-Phasen-Commit-Protokolls gesteuert werden.

4.3.4 Geschachtelte verteilte Transaktionen

In komplexen Szenarien kann es sinnvoll sein, verteilte Transaktionen zusätzlich auch hierarchisch zu gestalten, also zu schachteln. Eine übergreifende äußere Transaktion bildet dabei wie in den bisherigen Betrachtungen den Rahmen und ist jederzeit bei einem gravierenden Fehlerfall auch global rücksetzbar. In bestimmten Situationen, gerade bei länger andauernden komplexen Operationen, wäre diese Rücksetz-Granularität aber vergleichsweise sehr groß; es würden also viele teilweise erfolgreiche Änderungen im Falle eines Zurücksetzens wieder verloren gehen. Daher ist es bisweilen sinnvoll, eine solche übergreifende Transaktion in Teiltransaktionen aufzugliedern, die jeweils separat zurückgesetzt werden können. Ein Beispiel in Anlehnung an unsere Anwendung ist in Abbildung 4.6 gezeigt.

Dabei sind nun die Teiltransaktionen eines Bestellvorgangs separat bearbeitbar und rücksetzbar. Dies hat zwei wesentliche Vorteile: (1) In einfacheren Fehlerfällen muss häufig nur eine Teiltransaktion wiederholt werden, ohne die Zwischenergebnisse anderer Teiltransaktionen zu verlieren und neu berechnen zu müssen. (2) Die einzelnen Teiltransaktionen können teilweise parallelisiert werden, indem sie durch separate Threads ausgeführt werden. Dadurch kann die Bearbeitungsdauer insgesamt reduziert werden.

Den Rahmen der Transaktion in Abbildung 4.6 bildet der Bestellvorgang, innerhalb dessen eine Versandliste erstellt, sowie Bezahlung und Versand abgewickelt werden. Während der Erzeugung der Versandliste wird nun in untergeordneten Transaktionen die Verfügbarkeit der Produkte geprüft. Ist dies erfolgreich, wird die jeweils bestellte Stückzahl von dem entsprechenden Eintrag in der Lagertabelle subtrahiert. Außerdem wird das Produkt in der gleichen Stückzahl zur Versandliste hinzugefügt. Schlägt eine der untergeordneten Transaktionen fehl, können zunächst Alternativen gesucht werden. Beispielsweise könnte die Versandliste geteilt werden, wenn bestimmte Produkte nicht verfügbar sind.

Nach dem Erstellen der Versandliste wird die Bezahlung abgewickelt. Dazu werden die Preise für die auf der aktuellen Versandliste verbliebenen Produkte kalkuliert und mit anfallenden Versandkosten und Steuern zu einem Endbetrag summiert. Darüber hinaus müssen die vom Kunden angegebenen Bezahlinformationen, etwa Informationen zur Kreditkarte, geprüft werden. Schlägt eine dieser untergeordneten Transaktionen fehl, sind die Ergebnisse der Transaktion zur Erstellung der Versandliste davon zunächst nicht betroffen. Auf fehlerhafte Kreditkarteninformationen kann beispielsweise mit der Aufforderung zur Eingabe einer Bankverbindung reagiert werden. Erst wenn die Transaktion zur Bezahlung insgesamt fehlschlägt und damit eine Abwicklung der Bestellung nicht mehr möglich ist, müssen auch die Aktionen zur Erstellung der Versandliste rückgängig gemacht werden. Dies wird durch ein Rollback der Wurzeltransaktion „Bestellungsausführung" erreicht. Ebenso wird der gesamte Vorgang zur Bestellungsabwicklung erst endgültig festgeschrieben, wenn die Wurzeltransaktion erfolgreich abgeschlossen wird.

Um diese Eigenschaften zu ermöglichen, muss jede Teiltransaktion ihren eigenen Transaktionskontext führen, d. h., sie muss selbst Buch darüber führen, welche persistenten Daten bzw. Objekte sie modifiziert hat, um dann im Fehlerfall auch atomar zurücksetzen zu können. Gleichzeitig muss es zu jedem Zeitpunkt möglich sein, auch die übergreifende Transaktion zurückzusetzen. Dazu müssen insbesondere alle von dieser Transaktion gesetzten Sperren auf bearbeiteten Daten bis zu deren vollständigem Ende, d. h. also auch bis nach dem Ende aller Teiltransaktionen, gehalten werden. Nur so kann vermieden werden, dass andere, neuere Transaktionen auf die geänderten Daten zugreifen und eventuell sogar kaskadierend zurückgesetzt werden müssten, falls diese Daten nach dem Rücksetzen der übergreifenden Transaktion als ungültig erklärt werden. Aus praktischen Gründen ist es außerdem notwendig, dass die Teiltransaktionen die bereits gesetzten Sperren der übergreifenden Transaktion mit übernehmen, also auf deren bearbeitete Daten zugreifen können; dabei ist aber selbstverständlich auch eine geeignete Zugriffssynchronisation von Teiltransaktionen untereinander notwendig.

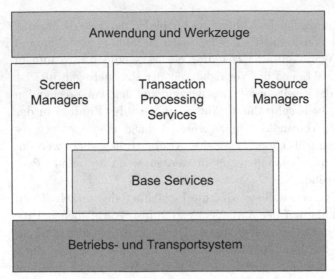

Abbildung 4.7. Architektur eines Transaktionsmonitors am Beispiel von Encina

Geschachtelte verteilte Transaktionen werden durch zahlreiche Systeme implementiert, insbesondere durch einige der nachfolgend vorgestellten Transaktionsmonitore.

4.4 Transaktionsmonitore

Verteilte Transaktionen werden in der Praxis häufig durch Transaktionsmonitore realisiert. Dabei handelt es sich um Softwarepakete, die insbesondere das verteilte Zwei-Phasen-Commit-Protokoll realisieren, in der Regel aber auch dedizierte Treibersoftware zur Anbindung unterschiedlicher Datenbanken (so genannte Resource Managers) sowie zugehörige Administrationswerkzeuge anbieten. Ein Beispiel ist anhand des Systems Encina, ein Produkt der IBM, in Abbildung 4.7 dargestellt. Grundsätzlich vergleichbare Produkte sind beispielsweise Tuxedo von BEA Systems sowie der Microsoft Transaction Server (MTS). Die Kommunikation der beteiligten Instanzen wird dabei durch Remote Method Invocation bzw. Web Services realisiert.

4.4.1 Realisierte Mechanismen

Innerhalb einer verteilten Transaktion können verschiedenste Operationen aufgerufen werden, die bei Bedarf jederzeit rücksetzbar sind. Dies können Operationen auf einer Datenbank sein, aber ebenso transaktionale entfernte Methodenaufrufe, lokale Modifikationen transaktionaler Objekte, Aufrufe anderer Transaktionsmonitore oder auch geschachtelte verteilte Transaktionen.

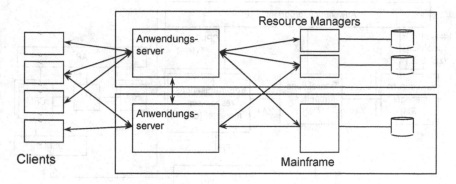

Abbildung 4.8. Einsatzszenario eines Transaktionsmonitors

Im Vergleich zu einer einfachen JDBC-Anwendung wird also deutlich mehr Flexibilität angeboten.

Transaktionsmonitore umfassen in der Regel auch eingebaute Mechanismen zur Parallelisierung entfernter transaktionaler Aufrufe mittels Thread-Mechanismen, wie es grundsätzlich bereits beim Remote Procedure Call behandelt wurde. Außerdem wird meist ein Lastausgleichsverfahren in integrierter Form mit angeboten, das die Verteilung von Transaktionen an verschiedene replizierte Server unter Berücksichtigung der aktuellen Belastung implementiert, wie es auch Abbildung 4.8 zeigt. Typischerweise werden dabei Standardstrategien wie die Allokation von Aufträgen gemäß der aktuellen Auftragswarteschlange eines Servers oder seiner aktuellen Lastkennzahl angeboten, teilweise werden aber auch fortgeschrittene Mechanismen mit Interpolation der zukünftig zu erwartenden Auftragssituation realisiert.

4.4.2 Systemmodell

Die Zusammenarbeit von Transaktionsmonitoren, Anwendungen sowie verschiedenen verteilten Datenbanksystemen wird maßgeblich durch das *DTP-Modell (Distributed Transaction Processing) der Open Group* standardisiert. Dieses definiert eine Softwarearchitektur zur Realisierung verteilter Transaktionssysteme, in die mehrere Anwendungen, verteilte Ressourcen sowie Transaktionsmonitore einbezogen werden können. Die Softwarearchitektur umfasst dabei fünf wesentliche Komponenten sowie die Schnittstellen für die Interaktionen zwischen diesen (siehe Abbildung 4.9). Die folgenden Komponenten wurden definiert:

– **Ressourcenmanager (RM)** repräsentieren die Ressourcen, auf denen innerhalb von verteilten Transaktionen Operationen ausgeführt werden können und die damit am Transaktionsabschluss beteiligt werden müssen.

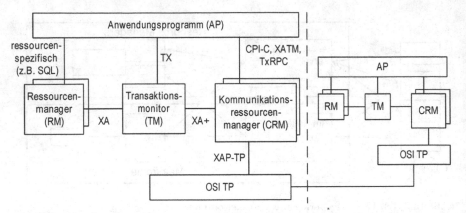

Abbildung 4.9.   Systemmodell zur Integration von Transaktionsmonitoren als Transaktionsmanager für verteilte Anwendungen

Ressourcen können Datenbanken, aber auch andere Systeme wie Druckserver sein. Ressourcenmanager führen lokale Transaktionen auf der von ihnen verwalteten Ressource aus und koordinieren den Abschluss verteilten Transaktionen für diese Ressource.

— **Anwendungsprogramme (AP)** enthalten die Anwendungsfunktionalität, insbesondere Operationen auf verschiedenen Ressourcen, die im Kontext verteilter Transaktionen ausgeführt werden sollen. Anwendungsprogramme definieren Beginn und Ende von Transaktionen und entscheiden in der Regel über den Abschluss der Transaktion mit Commit bzw. Rollback.

— **Transaktionsmanager (TM)** dienen der Verwaltung verteilter Transaktionen, überwachen deren Abarbeitung und koordinieren den Transaktionsabschluss mit mehreren Ressourcenmanagern auf der Basis des Zwei-Phasen-Commit-Protokolls. Dies umfasst sowohl einen erfolgreichen Transaktionsabschluss mit Commit als auch alle notwendigen Aktionen für ein Zurücksetzen von Transaktionen im Fehlerfall. Ein Transaktionsmanager und alle von diesem verwalteten Anwendungsprogramme und Ressourcenmanager bilden eine *Verwaltungsdomäne*. Innerhalb dieser koordiniert der Transaktionmanager Ablauf und Abschluss verteiter Transaktionen.

— **Kommunikationsressourcenmanager (CRM)** repräsentieren Dienste zur Kommunikation von Komponenten zwischen verschiedenen Verwaltungsdomänen von Transaktionsmonitoren. Kommunikationsressourcenmanager vermitteln zum einen Aufrufe und zugehörige Aufrufdaten zwischen Anwendungskomponenten zum Ausführen von Operationen innerhalb gemeinsamer verteilter Transaktionen und zum anderen aufrufe zur Koordination verteilter Transaktionen. Sie können als ein lokaler Repräsentant aller Komponenten entfernter Verwaltungsdomänen betrachtet werden. Die Kommunikation zwischen CRMs erfolgt dabei über ein spezifisches *Netzwerkprotokoll OSI-TP*.

Ziel der Standardisierung war die Portierbarkeit und Austauschbarkeit von Komponenten sowie deren Interoperabilität in gemeinsamen verteilten Transaktionen. Dies wird durch eine Reihe von Schnittstellenspezifikationen zwischen den einzelnen Komponenten erreicht. Die *TX-Schnittstelle* definiert eine einheitliche Schnittstelle zur Steuerung von Transaktionen und wird heute von allen wichtigen Transaktionsmonitoren unterstützt. Über die TX-Schnittstelle können Anwenndungsprogramme verteilte Transaktionen beginnen und beenden sowie deren Eigenschaften festlegen. Die Schnittstelle zwischen Transaktionsmonitor und Ressourcenmanager wird im DTP-Modell durch die *XA-Schnittstelle* festgelegt. Diese Schnittstelle ist bidirektional, der Ressourcenmanager bietet Funktionen zum zur Abwicklung des Zwei-Phasen-Commit-Protokolls, der Transaktionsmanager enthält Funktionen zur dynamischen Registrierung von Ressourcenmanagern. Heute unterstützen alle gängigen Datenbanksysteme und Transaktionsmonitore die XA-Schnittstelle, wodurch Ressourcen leicht austauschbar werden.
Die Schnittstelle zwischen Anwendungsprogrammen und Ressourcenmanagern wird nicht im Rahmen des DTP-Modells spezifiziert, da diese Schnittstelle von der verwendeten Ressource abhängt. Zum Zugriff auf Datenbanksysteme wird in der Regel jedoch SQL verwendet, wodurch auch auf dieser Ebene Interoperabilität und Austauschbarkeit ermöglicht wird. Weitere Schnittstellen definieren die Zusammenarbeit von Anwendungsprogrammen und Kommunikationseressourcenmanagern sowie die Kommunikation zwischen CRMs unterschiedlicher Verwaltungsdomänen. Abbildung 4.9 zeigt die Komponenten sowie die zwischen diesen festgelegten Schnittstellen im Zusammenhang.

4.4.3 Legacy-Integration
Eine weitere Aufgabe von Transaktionsmonitoren in der Praxis ist die Anbindung älterer existierender Transaktionssysteme, der so genannten *Legacy-Software*. So besteht eine wichtige Anforderung in vielen Rechenzentren darin, etwa langjährig existierende *IBM CICS* Transaktionsmonitore im Hintergrundbereich auf Host-Systemen an moderne Unix-, Linux- oder Windows-Serverumgebungen der mittleren Ebene anzubinden. Legacy-Systeme stellen noch immer erhebliche Investitionen dar, die auf diese Weise gesichert werden können. Gleichzeitig ist mit deren Integration die Nutzung modernster Technologien, etwa im Java- und Web-Umfeld, auf neuen Server- und

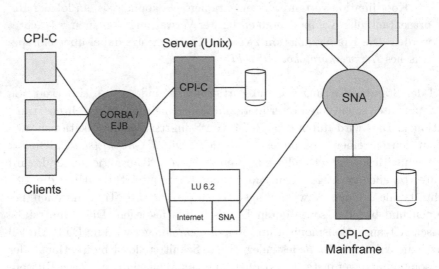

Abbildung 4.10. Host-Transaktionsanbindung

Client-Plattformen möglich. Damit werden die Hauptvorteile traditioneller Host-Systeme, also insbesondere die hohe Zuverlässigkeit und Verfügbarkeit im Backend-Bereich weiter gewährleistet. Abbildung 4.10 zeigt ein Beispiel der entsprechenden Host-Transaktionsanbindung auf Basis von *Encina*.

Die bisherige Transaktionsumgebung in der IBM-Mainframe-Welt bleibt dabei erhalten und kann weiterhin traditionelle Kommunikationsprotokolle wie *SNA (Systems Network Architecture)*, zunehmend aber auch *TCP/IP* nutzen. Die Koordination verteilter Transaktionen erfolgt nun aber von der mittleren Ebene oder eventuell sogar von der Client-Ebene aus. Somit wird durch den Transaktionsmonitor unter Bereitstellung einer geeigneten Gateway-Funktionalität ein übergeifendes Zwei-Phasen-Commit-Protokoll realisiert, das eine atomare Transaktionsverarbeitung zwischen der Client-Ebene bzw. der mittleren Server-Ebene einerseits und der Host-Ebene andererseits gewährleistet. Für die Transaktionsverwaltung im Host-Bereich erscheint der vorgeschaltete Transaktionsmonitor aufgrund einer geeigneten Emulation wie ein weiterer Transaktionsteilnehmer. Änderungen an der Host-Software sind dabei nicht erforderlich. Neben der notwendigen Formatumsetzung etwa zwischen TCP/IP und SNA LU6.2, dem SNA-Transportprotokoll, wird dabei auch eine Anpassung des jeweiligen Zwei-Phasen-Commit-Protokolls an die andere Umgebung vorgenommen. Dabei sind zahlreiche komplexe Details wie etwa die Anpassung der Sperrverwaltung, die Vorbereitung eventueller

Tabelle 4.1. Von EJB 3.0 unterstützte Transaktionsattribute

Attribut	Beschreibung
NOT_SUPPORTED	Ausführung von Methoden der Bean innerhalb von Transaktionen wird nicht unterstützt (ggf. temporäre Suspendierung einer Transaktion)
SUPPORTS	Nutzung der Bean innerhalb und ohne Transaktionskontext möglich
REQUIRED	Transaktion obligatorisch; ggf. implizites Starten einer neuen Transaktion (falls noch keine Transaktion aktiv)
REQUIRES_NEW	Transaktion obligatorisch, wird stets neu gestartet bei Methodenaufruf der Bean (ggf. temporäre Suspendierung einer vorhandenen Transaktion)
MANDATORY	Transaktion obligatorisch, muss bereits zuvor existieren (ansonsten Ausnahmemeldung)
NEVER	Bean darf nicht innerhalb von Transaktionen verwendet werden (ansonsten Ausnahmemeldung)

Rücksetzvorgänge oder auch die Abstimmung von Sicherheitsmechanismen zu lösen.

4.4.4 Komponentenbasierte Transaktionssteuerung

Moderne komponentenbasierte Architekturen ermöglichen wie in Kapitel 2 beschrieben die Trennung von verteilungsspezifischen Aspekten von der eigentlichen Verarbeitung. Dies betrifft insbesondere auch die Steuerung verteilter Transaktionen. Dazu werden von modernen Transaktionsmonitoren meist Attribute angeboten, mit denen die Transaktionsverarbeitung von Komponenten festgelegt werden kann. Tabelle 4.1 zeigt die wichtigsten Attribute dieser Art, wie sie etwa bei den *Enterprise JavaBeans (EJB) 3.0* festgelegt sind. Dabei wird einer Softwarekomponente nur noch von außen, d. h. etwa durch den Systemadministrator zur Initialisierungszeit (Deployment Time) mitgeteilt, wie sie Transaktionen realisieren soll. Somit wird vermieden, dass der Implementierungscode, also die eigentliche Anwendungsfunktionalität, von solchen Eigenschaften und Einstellungen durchzogen wird; es wird also eine klare Trennung von Anwendungsfunktionalität einerseits und Middleware- bzw. verteilungsspezifischen Aspekten andererseits erreicht. Trotzdem sind natürlich zum Entwurfszeitpunkt auch Zusammenhänge der Transaktionseigenschaften unterschiedlicher Komponenten zu berücksichtigen. Beispielsweise wäre es nicht gerade sinnvoll, das Attribut *REQUIRED* einer übergreifenden Komponente mit dem Attribut *NOT_SUPPORTED* einer davon aufgerufenen Komponente zu kombinieren. Weitere ähnlich problematische Konstellationen sind leicht ersichtlich. Auch ist die Verarbeitungs- und Sperrgranularität zu berücksichtigen; Komponenten können naturgemäß immer nur als Ganzes mit Transaktionseigenschaften und damit implizit mit Sperrmechanismen etc. versehen werden; eine sehr feingranulare Vorgehensweise würde dagegen wiederum eine Abkehr vom Gedanken der komponentenbasierten Software erfordern.

4.5 Zusammenfassung

Das Kapitel machte deutlich, dass verteilte Transaktionen ein integraler Bestandteil Verteilter Systeme und immer dann erforderlich sind, wenn konsistente und zuverlässige Änderungen auf persistenten verteilten Datenbeständen zu realisieren sind. Einfache Mechanismen wie etwa JDBC erlauben dabei nur eine entfernte Nutzung lokaler Datenbanktransaktionen und sind damit in der Regel auf eine Datenbank beschränkt. Wirklich verteilte Transaktionen mit gegebenenfalls auch verteilten Rücksetzvorgängen erfordern dagegen eine Synchronisation durch das Zwei-Phasen-Commit-Protokoll bzw. dessen Erweiterungen. Die Einbettung in Transaktionsmonitore ermöglicht dabei wiederum eine komfortable Realisierung unter Einbindung verschiedenster Ressourcen-Manager, eine Anbindung existierender Host-Transaktionssysteme sowie gegebenenfalls die Nutzung fortgeschrittener komponentenbasierter Steuermechanismen. Insgesamt stellen verteilte Transaktionen zweifellos einen Kernbestandteil vieler Verteilter Systeme dar.

4.6 Übungsaufgaben

1. Nennen Sie die grundlegenden Eigenschaften einer Transaktion! Müssen diese Eigenschaften auch in vollem Umfang für verteilte Transaktionen gelten?

2. Welche entscheidenden Einschränkungen gelten für JDBC im Vergleich zu einem voll ausgebauten Transaktionsmonitor?

3. Zum Abschluss verteilter Transaktionen wird das Zwei-Phasen-Commit-Protokoll eingesetzt.
   a. Stellen Sie die zeitlichen Abläufe einer fehlerfreien Kommunikation in einem Ablaufdiagramm dar!
   b. Wie wird auf den Ausfall eines Teilnehmers reagiert, wenn dieser bereits erfolgreich eine „Ready"-Nachricht versendet hat?

4. Erläutern Sie, warum auf der Basis verteilter Transaktionen eine exactly-once RPC-Semantik erzielt werden kann!

5. Welche Vor- und Nachteile besitzen optimistische gegenüber pessimistischen Sperrverfahren?

6. Warum müssen die Sperren abgeschlossener Teiltransaktionen bis zum Abschluss der Gesamttransaktion gehalten werden?

7. Welche Vorteile besitzen geschachtelte verteilte Transaktionen gegenüber einfachen Transaktionen?

Kapitel 5

Sicherheit und Schutz

5

A. Schill, T. Springer, *Verteilte Systeme*,
DOI 10.1007/978-3-642-25796-4_5, © Springer-Verlag Berlin Heidelberg 2012

5   **Sicherheit und Schutz**

5 Sicherheit und Schutz

Verteilte Systeme bieten aufgrund ihres dezentralen und offenen Charakters sowie der Kommunikation über Netzwerke zahlreiche Angriffsziele. Für Anwendungen etwa aus den Bereichen Banking, Versicherungen und E-Commerce spielen Sicherheit sowie der Datenschutz in Verteilten Systemen deshalb eine wesentliche Rolle.

Bereits bei der Konzeption und Realisierung Verteilter Systeme sind daher entsprechende Risiken und mögliche Angriffspunkte zu identifizieren, geeignete Gegenmaßnahmen auszuwählen und zu implementieren. Dabei ist eine enge Verzahnung mit der Gesamtarchitektur sowie insbesondere mit den Kommunikationsmechanismen und gegebenenfalls mit den Transaktionsdiensten sowie weiteren verteilten Systemdiensten wichtig. Insbesondere müssen im gesamten System durchgängig Maßnahmen getroffen werden, da bereits eine Lücke ausreichen kann, um alle weiteren Schutzmechanismen zu umgehen bzw. außer Kraft zu setzen.

Das vorliegende Kapitel gibt einen Überblick über die wichtigsten Anforderungen im Bereich von Sicherheit und Datenschutz Verteilter Systeme, stellt dann einschlägige Sicherheitsmechanismen in Form von Kryptoverfahren und darauf aufbauenden Protokollen für die Authentisierung und Autorisierung von Teilnehmern vor und vertieft diese durch zugehörige Systembeispiele.

5.1 Anforderungen

Die Offenheit Verteilter Systeme, deren dezentrale Struktur sowie die damit verbundene entfernte Kommunikation zwischen Anwendungskomponenten bieten zahlreiche Ziele für Angriffe. Aus den verschiedenen Angriffsszenarien können Schutzziele abgeleitet werden, die Anforderungen für Sicherheitsmechanismen in Verteilten Systemen darstellen.

5.1.1 Angriffsszenarien

Diese können in die Kategorien Verhindern, Erlangen, Modifizieren und Fälschen eingeteilt werden. Entsprechend der Bestandteile Verteilter Systeme können davon Daten, Dienste und die zur Kommunikation ausgetauschten Nachrichten betroffen sein, wobei Daten und Nachrichten Informationen enthalten, die vom Verteilten System verwaltet bzw. über Netzwerke übertragen werden.

Verhindern: Dienste können durch Verweigerungsangriffe (Denial of Service), beispielsweise durch eine Überflutung mit Anfragen, unbenutzbar gemacht werden. Ebenso können gespeicherte Daten zerstört werden, ohne deren Inhalt zu erlangen, um eine Verwendung dieser Daten zu verhindern. In ähnlicher

Weise kann durch eine Unterbrechung der Kommunikation ein Informations-austausch verhindert werden. Diese Angriffe richten sich gegen die Verfüg-barkeit von Daten, Kommunikation und Diensten im System.

Erlangen: Durch Lauschangriffe kann die Kommunikation zweier Parteien durch Dritte abgehört werden, die sich damit unberechtigt Zugriff auf die ausgetauschten Informationen verschaffen. Durch illegales Kopieren können sich Angreifer Zugang zu Daten beschaffen. Darüber hinaus können Angreifer auch, beispielsweise durch das Vorgeben einer falschen Identität, unberechtigt Zugriff auf Dienste erlangen. Diese Angriffsform beeinträchtigt insbesondere die Vertraulichkeit von Informationen sowie den Zugriffschutz von Ressour-cen.

Modifizieren: Die Modifikation beschreibt unerlaubte Änderungen von Da-ten, Kommunikationsnachrichten oder Diensten und zielt damit auf deren Integrität. Abgehörte Informationen können von Angreifern zusätzlich auch verändert werden. Beispielsweise kann die Summe einer Banktransaktion zum Vorteil des Angreifers verändert werden. Ähnliches gilt für gespeicherte Da-ten. Eine Modifikation von Diensten kann unter anderem auch mit dem Ziel erfolgen, sich unberechtigten Zugang zum System zu verschaffen oder uner-laubt eine Aufzeichnung aller Aktivitäten im System zu ermöglichen.

Fälschen: Durch Fälschung sollen zusätzliche, vorher nicht vorhandene Da-ten, Nachrichten oder Dienste in das System eingebracht werden. Beispiels-weise können durch Kopieren und wiederholtes Senden unverschlüsselter oder auch verschlüsselter Nachrichten Dienste unberechtigt genutzt werden (Re-play-Attacke). Durch das Hinzufügen von Einträgen in eine Passwortdatei kann sich ein Angreifer unberechtigt Zugang zum System verschaffen.

❯ 5.1.2 Schutzziele

Aus den geschilderten Angriffsszenarien lassen sich Anforderungen an einen geeigneten Sicherheitsdienst ableiten, die in Form von Schutzzielen zusam-mengefasst werden können. Für diese sind dann geeignete *Sicherheitsmecha-nismen* zur Umsetzung bereitzustellen. Wesentliche *Schutzziele* für Verteilte Systeme sind die *Vertraulichkeit*, d. h., unberechtigte Teilnehmer dürfen kei-ne Kenntnis über Informationen und Kommunikationsinhalte im Verteilten System erhalten, die *Integrität*, d. h., übertragene Informationen dürfen nicht unberechtigt verändert bzw. eventuelle Änderungen müssen zumindest zu-verlässig erkannt und kompensiert werden, sowie die *Verfügbarkeit*, d. h. die Nutzbarkeit von Diensten, Informationen und Kommunikationsverbindungen zu dem Zeitpunkt, an dem diese benötigt werden.

Wichtige Schutzziele umfassen darüber hinaus auch die *Authentizität*, d. h., die Überprüfbarkeit der Echtheit einer Nachricht bzw. der Identität eines Nachrichtenabsenders oder Dienstnutzers in Verbindung mit *Zugriffsschutz*, also der Verhinderung von unberechtigten Zugriffen auf Ressourcen sowie die *Zurechenbarkeit* (Interaktionen im Verteilten System können stets zuverlässig einer bestimmten Instanz bzw. Person zugeordnet werden).

Der *Authentizität* steht das Ziel der *Anonymität* gegenüber, die Benutzern auch ohne Preisgabe ihrer Identität die Kommunikation und Durchführung verteilter Verarbeitungsvorgänge ermöglichen soll. *Pseudonyme* bieten hier einen Ansatzpunkt, um die Verkettbarkeit von Handlungen, d. h. Zurechenbarkeit, zu ermöglichen, ohne die Identität des Benutzers preisgeben zu müssen.

Ganz offensichtlich hängen die konkreten Schutzziele stark von der jeweiligen verteilten Anwendung ab. In unserem Beispiel ist für die Durchführung einer Bestellung deren Integrität und Zurechenbarkeit sicherzustellen. Auch der Zugriffsschutz auf beteiligte Server ist zu gewährleisten, um etwa unberechtigte Zugriffe auf Kundendaten oder die Lagerverwaltung auszuschließen. Die Vertraulichkeit ist dagegen zumindest in einfachen Anwendungen mit wenig sensitiven Produkten und geringen Beträgen eher nur ein sekundäres Ziel. Anonymität wäre aus Sicht des Kunden sicherlich wünschenswert, steht aber in Konflikt mit dem Wunsch der anbietenden Firma nach Zurechenbarkeit von Bestellvorgängen zu Kunden.

Dadurch wird deutlich, dass Schutzziele stets differenziert zu betrachten und teilweise auch unterschiedliche Interessen der einzelnen Beteiligten zu berücksichtigen sind. Dies führt zur übergreifenden Zielsetzung der mehrseitigen Sicherheit, wobei versucht wird, die Schutzziele der einzelnen Teilnehmer aufeinander abzustimmen, etwa durch eine vorausgehende Aushandlungsphase.

Die konkrete Umsetzung der Schutzziele erfolgt durch Sicherheitsmechanismen, die insbesondere die Verschlüsselung mit Hilfe von Kryptoverfahren sowie darauf aufsetzend auch die Authentisierung und Autorisierung von Teilnehmern ermöglichen.

5.2 Verschlüsselung

Nachrichten zur Kommunikation zwischen verteilten Kommunikationspartnern, also auch über Intranetgrenzen hinaus über das Internet, werden - ohne den Einsatz von Schutzmechanismen - im Klartext übertragen. Um Informationen vor unberechtigtem Zugriff zu schützen, d. h. die Vertraulichkeit der Kommunikation zu gewährleisten, müssen Nachrichten vor der Übertragung über ein unsicheres Netz verschlüsselt und beim Empfänger wieder entschlüsselt werden. Die Ver- und Entschlüsselung erfolgt unter Verwendung kryptographischer Algorithmen, die anhand verschiedener Schlüssel parametrisiert werden. Der oder die dafür notwendigen Schlüssel müssen zuvor bei

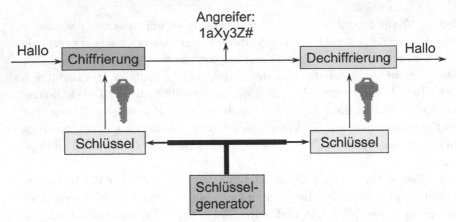

Abbildung 5.1. Symmetrisches Kryptoverfahren

Sender und Empfänger vorliegen. Um nur berechtigten Partnern Zugriff auf Nachrichteninhalte zu gewähren, dürfen nur diese einen Schlüssel zum Entschlüsseln der Nachrichteninhalte erhalten. Neben der Ver- und Entschlüsselung muss deshalb auch das Problem der Schlüsselverteilung über unsichere Kommunikationskanäle gelöst werden.

Entsprechend der für die Ver- und Entschlüsselung verwendeten Schlüssel werden zwei grundlegende Verfahrensklassen unterschieden. *Symmetrische Verfahren* verwenden denselben Schlüssel für die Ver- und Entschlüsselung, wogegen bei *asymmetrischen Verfahren* dafür zwei unterschiedliche Schlüssel eingesetzt werden, die aber zusammen ein eindeutiges Schlüsselpaar ergeben. Beide Verfahrensklassen werden nachfolgend im Detail erläutert.

Aufbauend auf der Verschlüsselung kann durch den Einsatz verschlüsselter und somit kryptografisch geschützter Prüfinformationen auch die Integrität von Nachrichteninhalten gesichert werden, da mit Hilfe dieser unberechtigte Modifikationen von Nachrichteninhalten erkennbar werden.

❯ 5.2.1 Symmetrische Kryptoverfahren

Bei symmetrischen Kryptoverfahren wird für die Chiffrierung und Dechiffrierung der gleiche Schlüssel verwendet. Sender und Empfänger einer verschlüsselten Nachricht verfügen also über den gleichen geheimen Schlüssel, der zuvor in geeigneter Form vereinbart bzw. zwischen den Kommunikationspartnern ausgetauscht werden muss. Dazu wird zunächst ein Schlüssel durch einen Schlüsselgenerator erzeugt, der dann beiden Partnern über einen sicheren Kommunikationskanal zugestellt wird. Der entsprechende Ablauf ist in Abbildung 5.1 dargestellt.

Hauptvorteil symmetrischer Kryptoverfahren ist ihre im Vergleich zu den nachfolgend beschriebenen asymmetrischen Kryptoverfahren wesentlich hö-

here Effizienz; damit eignen sie sich auch für die Verschlüsselung größerer
Datenmengen. Ihr Nachteil ist dagegen, dass die Schlüssel sicher verteilt werden müssen und dass erweiterte Anforderungen wie etwa die Durchführung
digitaler Unterschriften mit symmetrischen Verfahren nicht zuverlässig realisiert werden können. Letzteres resultiert aus der gemeinsamen Nutzung eines
Schlüssels durch mehrere Kommunikationspartner, weswegen eine eindeutige Zuordnung einer verschlüsselten Nachricht zu genau einem Partner nicht
möglich ist.

Verschlüsselungsalgorithmen werden auch als Chiffre bezeichnet und können
nach zwei grundlegenden Verfahren unterschieden werden: Stromchiffre und
Blockchiffre. *Stromchiffre* ver- bzw. entschlüsseln einen Datenstrom bit- bzw.
zeichenweise und arbeiten dabei symmetrisch, weitgehend verzögerungsfrei
und kontinuierlich. *Blockchiffre* arbeiten dagegen auf Datenblöcken fester
Größe (z.B. 64 oder 128 Bit).

Typische Verschlüsselungsalgorithmen sind etwa *Rivest's Cipher 4 und 5
(RC4, RC5)* und der *Data Encryption Standard (DES)* mit seinen Erweiterungen wie etwa *Triple DES (3 DES)*, der *International Data Encryption Al-
gorithm (IDEA)* sowie der aktuelle *Advanced Encryption Standard (AES)*, der
sich durch besondere Effizienz und ein hohes Maß an Sicherheit auszeichnet.
DES, 3DES, RC5 und IDEA sind Blockchiffren, RC4 ist eine Stromchiffre.

5.2.2 Asymmetrische Kryptoverfahren

Das Problem der Schlüsselverteilung kann bei asymmetrischen Kryptoverfahren wesentlich einfacher gelöst werden. Bei diesen Verfahren werden für
die Chiffrierung und Dechiffrierung unterschiedliche Schlüssel verwendet, die
zusammen ein eindeutiges Schlüsselpaar ergeben. Da der Algorithmus zur
Schlüsselgenerierung auf einer aufwändigen Berechnungsvorschrift (z.B. auf
Basis einer Primzahlzerlegung) beruht, ist bei entsprechender Schlüssellänge
die Umkehrfunktion in relevanter Zeit praktisch nicht berechenbar. Die Schlüsselgenerierung selbst ist damit zwar einfach, aus einem Schlüssel des Schlüs-
selpaares ist aber der zugehörige zweite Schlüssel nicht ableitbar. Damit
kann der Schlüssel zur Chiffrierung über beliebige Kommunikationskanäle frei
veröffentlicht werden und wird deshalb als *öffentlicher Schlüssel* bezeichnet.
Jeder, der über diesen öffentlichen Schlüssel verfügt, kann Nachrichten damit
verschlüsseln. Wird der zweite Schlüssel geheim gehalten, ist sichergestellt,
dass nur der Besitzer dieses *privaten Schlüssels* die Nachricht dechiffrieren
kann. Wie in Abbildung 5.2 dargestellt, verfügen Sender und Empfänger also
über unterschiedliche Schlüssel.

Hauptvorteil dieser Verfahren ist die einfache Schlüsselverteilung; der öffentliche Schlüssel kann einfach vom Empfänger generiert und über beliebige,
nicht notwendigerweise sichere Kanäle an den Sender verschickt werden. Als

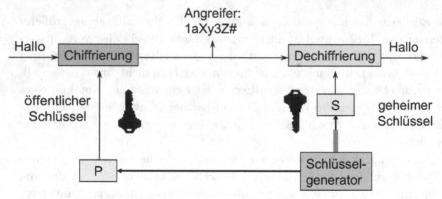

Abbildung 5.2. Asymmetrisches Kryptoverfahren

Alternative könnte er etwa auch über einen Verzeichnisdienst publiziert werden. Der wesentliche Nachteil asymmetrischer Kryptoverfahren ist ihre vergleichsweise geringe Effizienz. Typische Vertreter der asymmetrischen Verfahren sind der RSA-Algorithmus, benannt nach seinen ursprünglichen Entwicklern Rivest, Shamir und Adleman und *Elliptic Curve Cryptography (ECC)*. Das ECC Verfahren kommt dabei bei vergleichbarer Sicherheit mit geringeren Schlüssellängen als RSA- und DH-Verfahren aus.

Ein möglicher Angriff auf asymmetrische Kryptoverfahren könnte allerdings doch bei der Schlüsselverteilung ansetzen: Ein Angreifer könnte einen öffentlichen Schlüssel unter einem falschen Namen verteilen. Gutgläubige Teilnehmer würden diesen Schlüssel dann eventuell verwenden, um vertrauliche Informationen an den vermeintlichen, ihnen namentlich bekannten Kommunikationspartner zu versenden. Diese können dann jedoch nicht vom beabsichtigten Empfänger, sondern dem Angreifer entschlüsselt und gelesen werden. Dem wird wiederum durch Zertifizierungsinstanzen oder Trust Centers Abhilfe geschaffen.

Diese zertifizieren die Zugehörigkeit eines öffentlichen Schlüssels zu einem Benutzer durch eine digitale Unterschrift unter dem Tupel <Öffentlicher Schlüssel, Benutzername>. Meist wird noch eine Gültigkeitsdauer bzw. ein Zeitstempel hinzugefügt. Dabei muss die Zertifizierungsinstanz selbst wiederum vertrauenswürdig sein bzw. durch eine andere, übergeordnete Zertifizierungsinstanz als vertrauenswürdig ausgewiesen sein. Aktuelle Web-Browser verwalten bereits häufig Zertifikate für die öffentlichen Schüssel wichtiger Web-Sites, etwa um E-Commerce-Anwendungen abzusichern. Sofern dabei die Web-Browser-Implementierung vor Modifikationen bzw. gefälschten Software-Versionen geschützt wird, kann auf diese Weise ein relativ hohes Maß an Sicherheit gewährleistet werden.

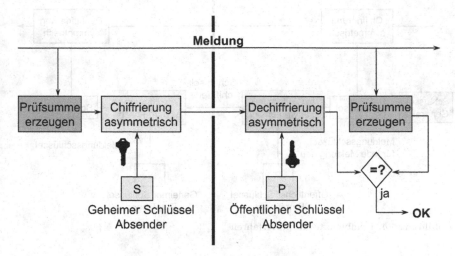

Abbildung 5.3. Erzeugen und Prüfen einer digitalen Unterschrift

5.2.3 Digitale Signaturen

Bei asymmetrischen Kryptoverfahren kann das Vorgehen auch umgekehrt werden, um nämlich digitale Unterschriften zu realisieren, wie dies in Abbildung 5.3 gezeigt wird. Dazu ermittelt der Sender einer zu signierenden Nachricht eine Prüfinformation, typischerweise durch Anwendung eines kryptographisch sicheren Hash-Verfahrens; ein so genanntes *Message Digest*. Dieses wird dann unter Nutzung seines privaten Schlüssels chiffriert und zusammen mit der Nachricht übertragen. Der Empfänger kann die Signatur mit dem zertifizierten öffentlichen Schlüssel des Senders prüfen und zum Vergleich auch aus dem Nachrichteninhalt unter Anwendung des Hash-Verfahrens generieren. Stimmen beide Ergebnisse überein, so ist zum einen sichergestellt, dass die Unterschrift vom Besitzer des privaten Schlüssels geleistet wurde, zum anderen wird die Zugehörigkeit der Unterschrift zur empfangenen Nachricht durch die Übereinstimmung der Prüfsumme bestätigt.

5.2.4 Kombinierte Verfahren

Um die Vorteile asymmetrischer und symmetrischer Verfahren miteinander verbinden zu können, wurden kombinierte Verfahren entwickelt. Wie in Abbildung 5.4 dargestellt, erfolgt dabei die Verteilung eines geheimen Schlüssels mit Hilfe eines asymmetrischen Verfahrens und damit in besonders sicherer und gleichzeitig einfacher Weise. Der dadurch an beide Kommunikationspartner verteilte geheime Schlüssel wird dann für die symmetrische Ver- und Entschlüsselung der eigentlichen Nutzdaten während der Übertragung verwendet, was wiederum eine hohe Effizienz gewährleistet.

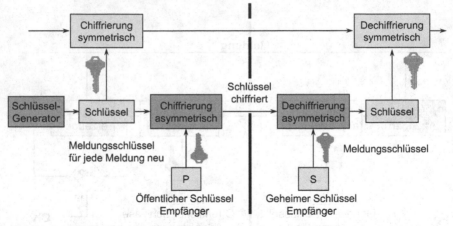

Abbildung 5.4. Kombinierte Kryptoverfahren

Solche kombinierten Techniken sind in der Praxis stark verbreitet und finden sich etwa bei *Pretty Good Privacy (PGP)* und auch bei *Secure Socket Layer (SSL)* bzw. *Transport Layer Security (TLS)* im Internet wieder.

5.3 Authentisierung

Durch die Authentisierung wird zugesichert, dass die Identität von Kommunikationspartnern korrekt ist, d. h. dass es sich wirklich um die Kommunikationspartner handelt, für die sich diese jeweils ausgeben. Dazu präsentiert jeder Nutzer dem System ein Merkmal, anhand dessen seine Identität geprüft werden kann. Als Grundlage können sowohl symmetrische als auch asymmetrische Kryptoverfahren dienen; beide Möglichkeiten werden nachfolgend dargestellt.

❯ 5.3.1 Authentisierung mittels symmetrischer Kryptoverfahren

Abbilung 5.5 zeigt den Ablauf einer Authentisierung mittels symmetrischer Kryptoverfahren auf der Basis des Needham-Schroeder-Authentisierungsprotokolls. Die bekannteste Realisierung hiervon ist das System Kerberos, das in verschiedenen Varianten auch der Authentisierung in Unix-, Linux- und Windows-Betriebssystemen sowie in verschiedenen Application Servern zugrunde liegt. Dabei ist grundsätzlich eine zentrale Instanz erforderlich, die als *Schlüsselvergabestelle* agiert.

Jeder Benutzer erhält zunächst entsprechend der zuvor beschriebenen symmetrischen Kryptoverfahren einen geheimen Schlüssel, der zusätzlich auch der Schlüsselvergabestelle bekannt ist. Dieser muss also vertraut werden, d. h., der Server selbst muss in einem besonders gesicherten Bereich angesiedelt wer-

Abbildung 5.5. Authentisierung mittels symmetrischer Kryptoverfahren

den. Im Beispiel wurde der geheime Schlüssel S1 dem Client und der geheime Schlüssel S2 dem Server zugeordnet. Außerdem ist der Server dem Client bereits bekannt; etwa durch die Auflösung eines logischen Namens über einen Namensdienst.

Wenn sich ein Benutzer nun authentisieren möchte, um anschließend beispielsweise mit der entsprechenden Berechtigung auf weitere Server zuzugreifen, so sendet er zunächst eine Authentisierungsanforderung an die Schlüsselvergabestelle. In der Anforderung sind die systemweit eindeutigen Identifikatoren K des Clients und S des Servers enthalten.

Zur Authentisierung des Clients generiert die Schlüsselvergabestelle nun eine Zufallszahl Z und sendet diese an den Client. Dieser ist nun aufgefordert, die Zufallszahl Z nach einem bekannten, gemeinsam vereinbarten Algorithmus zu modifizieren und anschließend verschlüsselt an die Schlüsselvergabestelle zurückzusenden. In Abbildung 5.5 sendet der Client als Antwort eine Nachricht S1{Z'}, die die modifizierte Zufallszahl Z' verschlüsselt mit dem Schlüssel S1 des Clients enthält.

Die Schlüsselvergabestelle kann nun überprüfen, ob der Client in der Lage war, die Zufallszahl korrekt zu verschlüsseln und somit im Besitz des Client-Schlüssels S1 und damit also authentisch ist. In gleicher Weise wird mit Servern als Kommunikationspartnern innerhalb der Anwendung verfahren.

In Verbindung mit der Authentisierung kann zusätzlich auch die Verteilung des Konversationsschlüssels erfolgen. Dies ist in Abbildung 5.5 ebenfalls dargestellt. Die Schlüsselvergabestelle generiert in Reaktion auf die Schlüsselanforderung des Clients einen symmetrischen Konversationsschlüssel KS, der beiden Kommunikationspartnern sicher zur Verfügung gestellt werden muss. Dies wird erreicht, indem dieser Schlüssel nun von der Schlüsselvergabestelle mit dem privaten Schlüssel des Clients S1 verschlüsselt und diesem zugestellt wird. In der gleichen verschlüsselten Nachricht befindet sich zusätzlich der Konversationsschlüssel KS in einer mit dem geheimen Schlüssel S2 des Servers verschlüsselten Form S2{KS}. Der Client kann die Nachricht dechiffrieren und erhält somit den Konversationsschlüssel KS im Klartext sowie den für den Server verschlüsselten Konversationsschlüssel S2{KS}. Danach kann er seine erste RPC-Anfrage an den Server senden, die mit KS verschlüsselt wird. Mit dieser Nachricht wird dem Server also auch der Konversationsschlüssel in der Form S2{KS} zugesendet. Nach entsprechender Dechiffrierung mit seinem geheimen Schlüssel S2 verfügt nun auch der Server über den Konversationsschlüssel, so dass dieser die RPC-Anfrage dechiffrieren und verarbeiten kann. Die Antwort auf die RPC-Anfrage wird unter Verwendung von KS ebenfalls verschlüsselt an den Client übermittelt.

Alternativ hätte die Schlüsselvergabestelle den Konversationsschlüssel jeweils auch direkt an jeden der beiden Partner übertragen können; ein Nachteil wäre dabei aber die mangelnde Synchronisation: Da die Nachrichtenlaufzeiten in einem Verteilten System stark schwanken können, kann es vorkommen, dass der Client den Schlüssel bereits erhalten hat und diesen verwendet, um chiffrierte Nachrichten an den Server zu versenden, während sich die Schlüsselübertragung an den Server verzögert. In dieser Situation könnte der Server die Nachricht des Clients nicht entschlüsseln und müsste diese unnötigerweise verwerfen bzw. mit einer Fehlermeldung beantworten, wodurch eine evtl. auch mehrfache Wiederholung des Vorgangs nötig würde. Durch die skizzierte Vorgehensweise zur Schlüsselvergabe kann sichergestellt werden, dass der Server beim Eintreffen einer verschlüsselten Nachricht auch im Besitz des entsprechenden Konversationsschlüssels ist.

Mögliche Angriffe sind nun das Ausspionieren und Modifizieren von Nachrichteninhalten, das Wiederholen aufgezeichneter Nachrichten (Replay-Attacke) sowie das Aufdecken der geheimen Schlüssel durch statistische Analyse verschlüsselter Nachrichten.

Einen Schutz gegen das Ausspionieren, d. h. zur Sicherung der Vertraulichkeit, bietet bereits das Verschlüsseln der Nachrichten; auf dieser Basis können außerdem Modifikationen der Nachrichten erkannt werden. Zur Verhinderung von Replay-Attacken müssen jedoch zusätzliche Vorkehrungen getroffen werden, sonst könnte ein Angreifer beispielsweise eine Buchungsaktion auf einem Bankkonto abfangen, kopieren und wiederholt versenden. Der Server erhält dann eine mit KS korrekt verschlüsselte RPC-Anfrage und führt diese erneut aus. Um dies zu verhindern, müssen Vorkehrungen zur Duplikaterkennung getroffen werden, indem alle Interaktionen zusätzlich mit einem eindeutigen Merkmal, z.B. durch Zeitstempel bzw. Laufnummern, geschützt werden. Dies erlaubt das Erkennen duplizierter bzw. sehr viel später außerhalb der erwarteten Reihenfolge wiederholter Nachrichten. Die Zeitstempel bzw. Lauf-

nummern müssen dabei zusammen mit der Nachricht vor Veränderung durch
Angreifer geschützt werden. Dies kann durch eine volle Verschlüsselung bzw.
Digitale Signaturen erreicht werden.

Abhängig vom verwendeten kryptographischen Verfahren könnten Angreifer
auf der Basis verschlüsselter Nachrichten eine statistische Analyse durchführen. Dabei ist es eine Frage der Zeit sowie der Menge des verfügbaren
verschlüsselten Materials, bis Inhalte entschlüsselt und der geheime Schlüssel
aufgedeckt werden können. Aus diesem Grund sollten geheime Schlüssel nur
für eine begrenzte Zeit eingesetzt, und in bestimmten Intervallen erneuert
werden. Beispielsweise kann für jede Kommunikationssitzung ein neuer Konversationsschlüssel erzeugt werden. Um die Sicherheit weiter zu erhöhen, kann
auch für jede Nachricht oder sogar jedes Paket ein neuer Schlüssel angefordert werden. Damit könnten gleichzeitig auch Replay-Attacken aufgedeckt
werden. Insgesamt müssen bei diesem Ansatz jedoch Aufwand und Verarbeitungsgeschwindigkeit mit dem Grad der erreichbaren Sicherheit abgewogen
werden.

5.3.2 Authentisierung mittels asymmetrischer Kryptoverfahren

Die Authentisierung auf Basis der asymmetrischen Kryptoverfahren kann vergleichsweise einfach und ohne eine Schlüsselvergabestelle realisiert werden.
Um einen sicheren Kanal aufzubauen, sendet der Client C eine Anforderung
an den Kommunikationspartner, im Beispiel an den Server S. Diese enthält
eine Zufallszahl Z_C sowie den Identifikator des Clients C. Beide Nachrichtenteile werden mit dem öffentlichen Schlüssel S'_S des Servers verschlüsselt.
Der Server kann die Nachricht mit Hilfe seines privaten Schlüssels SS entschlüsseln. Als Antwort sendet er die Zufallszahl Z_C, eine selbst generierte
Zufallszahl Z_S sowie einen ebenfalls erzeugten Konversationsschlüssel KS an
den Client. Die gesamte Nachricht wird nun mit dem öffentlichen Schlüssel
S'_C des Clients verschlüsselt. Der Client kann die Antwort nun mit seinem privaten Schlüssel S_C entschlüsseln und erhält mit der korrekt zurückgesendeten
Zufallszahl Z_C die Bestätigung der Identität des Servers, da nur dieser den
privaten Schlüssel zur Entschlüsselung der Anfrage besitzt.

Im Gegenzug muss nun der Client anhand der Zufallszahl Z_S seine Identität
gegenüber dem Server beweisen. Dazu sendet er Z_S verschlüsselt mit dem
vom Server erhaltenen Konversationsschlüssel KS zurück an den Server, der
bei korrektem Erhalt von Z_S die Bestätigung der Identität des Clients erhält,
da wiederum nur dieser die Nachricht des Servers entschlüsseln konnte.

Alternativ könnte der Client auch die Zufallszahl im Klartext an den Server
senden, der diese dann mit Hilfe seines privaten Schlüssels digital signiert und
an den Client zurücksendet. Durch Anwendung des öffentlichen Schlüssels des

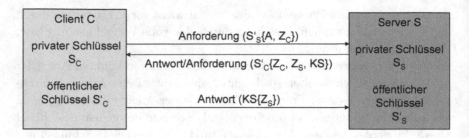

Abbildung 5.6. Authentisierung mittels asymmetrischer Kryptoverfahren

Servers kann der Client dann die digitale Unterschrift des Servers prüfen. Ist diese korrekt, ist die Authentizität des Servers bestätigt.

Die Verwendung öffentlicher Schlüssel setzt allerdings – wie bereits erörtert – die Zertifizierung der öffentlichen Schlüssel voraus, da lediglich nachgewiesen werden kann, dass der Kommunikationspartner den zum öffentlichen Schlüssel gehörenden privaten Schlüssel besitzt. Die Bestätigung der Zuordnung der Identität des Kommunikationspartners zu diesem Schlüsselpaar kann beispielsweise durch eine vertrauenswürdige Zertifizierungsstelle erbracht werden. Dies ist mit einigem organisatorischen Aufwand verbunden, das Verfahren wird aber aufgrund des einfacheren Schlüsselaustauschs häufig in der Praxis eingesetzt.

5.4 Autorisierung

Wenn ein Kommunikationspartner authentisch ist, so bedeutet dies noch nicht, dass er auf alle Dienste und Ressourcen im Verteilten System beliebig zugreifen darf. Vielmehr unterliegen diese normalerweise wirksamen Zugriffsschutzmechanismen, die eine *Autorisierung*, also eine Überprüfung von zuvor festgelegten Zugriffsrechten einzelner, vorab authentisierter Benutzer erfordert.

Grundlage der Autorisierung bildet generell eine *Zugriffsmatrix*, die die Zugriffsrechte einzelner Benutzer (in diesem Falle als *Subjekte* bezeichnet) auf Ressourcen des Verteilten Systems (in diesem Falle ganz allgemein als *Objekte* bezeichnet) spezifiziert. Der Zugriff auf Objekte erfolgt dabei über *Operationen*, die in der Regel objektspezifisch sind. Eine Zelle der Matrix enthält nun die Operationen des Objektes in der entsprechenden Zeile, für die das Subjekt der zugehörigen Spalte eine Zugriffsberechtigung hat. Ein Beispiel einer solchen Zugriffsmatrix für unsere Anwendung ist in Abbildung 5.7 dargestellt. Betrachtet werden die wesentlichen an einem Bestellvorgang beteiligten Objekte innerhalb der Server zur Vorverarbeitung von Bestellvorgängen sowie

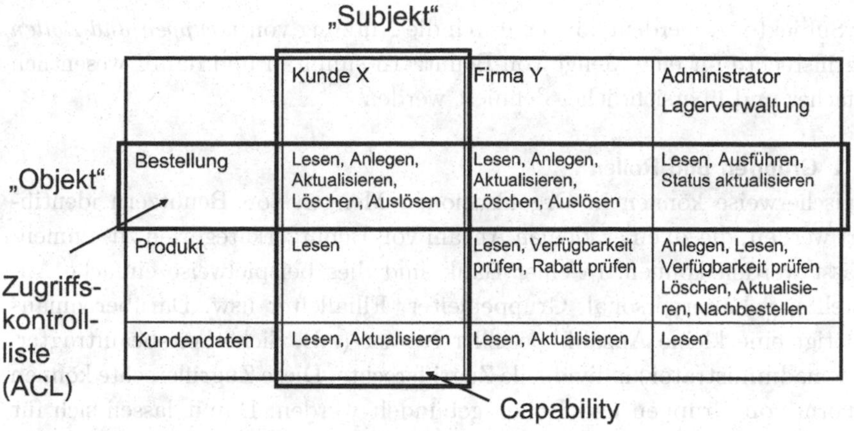

„Subjekt"

„Objekt"		Kunde X	Firma Y	Administrator Lagerverwaltung
	Bestellung	Lesen, Anlegen, Aktualisieren, Löschen, Auslösen	Lesen, Anlegen, Aktualisieren, Löschen, Auslösen	Lesen, Ausführen, Status aktualisieren
	Produkt	Lesen	Lesen, Verfügbarkeit prüfen, Rabatt prüfen	Anlegen, Lesen, Verfügbarkeit prüfen Löschen, Aktualisieren, Nachbestellen
	Kundendaten	Lesen, Aktualisieren	Lesen, Aktualisieren	Lesen

Zugriffs-
kontroll-
liste
(ACL)

Capability

Abbildung 5.7. Beispiel einer Zugriffsmatrix

zur Lagerverwaltung. Die in der Zugriffsmatrix erfassten Subjekte sind Privatkunden (Kunde X), Geschäftskunden (Firma Y) sowie der Administrator der Lagerverwaltung. Diese besitzen nun für die am Bestellvorgang beteiligten Objekte Bestellung, Produkt und Kundendaten unterschiedliche Zugriffsrechte. Privatkunden wie auch Geschäftskunden können ihre Bestellungen lesen, neue Bestellungen anlegen und löschen, Bestellungen aktualisieren sowie Bestellungen auslösen. Der Administrator der Lagerverwaltung kann Bestellungen lesen, ausführen sowie deren Status aktualisieren. Für den Zugriff auf Produkte, beispielsweise über einen Produktkatalog, unterscheiden sich die Rechte von Privat- und Geschäftskunden. Während Privatkunden nur lesend auf Produkte zugreifen dürfen, können Geschäftskunden außerdem die Verfügbarkeit von Produkten prüfen und Rabatte berechnen. Der Administrator der Lagerverwaltung kann Produkte anlegen, lesen und aktualisieren sowie die Verfügbarkeit von Produkten prüfen und diese auch nachbestellen. Kundendaten können von Privat- und Geschäftskunden gelesen und aktualisiert, vom Administrator der Lagerverwaltung aber nur gelesen werden.

Theoretisch denkbar wäre es nun, die Zugriffsmatrix eines Verteilten Systems insgesamt zentral auf einem Server abzulegen und diesen bei jedem Zugriff bezüglich der Autorisierung des betreffenden Subjekts zu befragen. Damit würde allerdings wiederum ein zentraler Engpass und eine potentielle zentrale Fehlerquelle bei Systemausfällen geschaffen. Aus diesem Grunde – um also wie generell angestrebt Skalierbarkeit und Fehlertoleranz zu erreichen – wird die Zugriffsmatrix dezentral abgelegt. Dies kann spaltenweise, also den Objekten zugeordnet, oder zeilenweise, also den Subjekten zugeordnet, erfolgen. Im ersten Falle spricht man von *Zugriffskontrolllisten* (Access Control List, ACL) der Objekte, im anderen Falle von *Berechtigungen* (Capabilities) der Subjekte. Außerdem können durch die Nutzung von *Gruppen und Rollen* Zugriffsrechte für eine Menge von Benutzern simultan und damit wesentlich einfacher und übersichtlicher definiert werden.

❯ 5.4.1 Gruppen und Rollen

Typischerweise können in Organisationen Mengen von Benutzern identifiziert werden, die zu einer kleinen Anzahl von Benutzerkategorien zusammengefasst werden können. In einer Bank sind dies beispielweise einfache Angestellte, Schalterpersonal, Gruppenleiter, Filialleiter usw. Darüber hinaus benötigt eine kleine Anzahl spezieller Nutzer (z.B. Sicherheitsbeauftragter, Systemadministrator) individuelle Zugriffsrechte. Diese Zugriffsrechte können in Form von Gruppen und Rollen gebündelt werden. Damit lassen sich für Systeme mit großen Benutzerzahlen die Anzahl der Subjekte in der Zugriffsmatrix erheblich reduzieren.

Die Begriffe Gruppe und Rolle werden in vielen Systemen synonym verwendet, besitzen jedoch bei genauer Betrachtung unterschiedliche Bedeutungen. Während eine *Gruppe* eine Liste von Benutzern mit gleichen Zugriffsrechten darstellt, beschreibt eine *Rolle* einen Aufgabenbereich innerhalb einer Organisationsstruktur, dem eine bestimmte Menge von Zugriffsrechten fest zugewiesen ist. Der Aufgabenbereich bzw. die Rolle kann nun einem oder mehreren Benutzern für einen bestimmten Zeitraum zur Erfüllung einer bestimmten Aufgabe zugewiesen werden. Gruppen repräsentieren also eine Menge von Benutzern, die Zugriffsrechte der Gruppe werden jedoch objektabhängig vergeben. Rollen stellen dagegen sowohl eine Sammlung von Benutzern als auch eine Sammlung von Zugriffsrechten dar. Rollen bündeln damit Zugriffsrechte zu mehreren Objekten in zentraler Form, während die Zugriffsrechte für Gruppen dezentral bei den einzelnen Objekten festgelegt werden.

Bei beiden Ansätzen erfolgt die Zuordnung von Zugriffsrechten zu Benutzern indirekt. Bei der Verwendung von Gruppen werden Benutzer relativ statisch bestimmten Gruppen zugeordnet. Ändern sich die Anforderungen für den Zugriff im System, werden die Zugriffsrechte für die entsprechenden Gruppen angepasst. In rollenbasierten Systemen ist dagegen die Zuordnung von Zugriffsrechten zu Rollen statisch, die Zuweisung von Rollen zu Benutzern erfolgt dagegen dynamisch zur Laufzeit und ist in der Regel auch auf den Zeitraum begrenzt, in dem ein Benutzer eine bestimmte Rolle wahrnimmt.

Gruppen und Rollen können auch miteinander kombiniert werden. So können alle Mitglieder einer Gruppe für einen bestimmten Zeitraum eine bestimmte Rolle einnehmen (z.B. wenn alle Mitglieder einer Arbeitsgruppe Besitzer der Dokumente sind, die sie kooperativ bearbeiten). Ebenso können Inhaber bestimmter Rollen einer Gruppe zugewiesen werden. Während die Unterstützung von Gruppen bereits in großem Umfang Einzug in Standardsys-

teme gehalten hat (z.B. in Microsoft Windows 2000/XP) wird an rollenbasierten Verfahren zur Zugriffskontrolle *(Role-Based Access Control, RBAC)*
heute noch intensiv geforscht.

5.4.2 Zugriffskontrolllisten

Zugriffskontrolllisten repräsentieren Zeilen der oben beschriebenen Zugriffsmatrix und werden den Objekten zugeordnet, deren Zugriff kontrolliert werden soll. Eine *Zugriffskontrollliste (Access Control List, ACL)* definiert die
Rechte, die verschiedene Subjekte bezüglich des Zugriffs auf Operationen von
Objekten besitzen. Dabei können zwei generelle Ansätze zur Definition von
Zugriffsrechten unterschieden werden: White List und Black List. Bei Verwendung des *Black List*-Ansatzes gilt, dass alle Zugriffe erlaubt sind, die
nicht durch mindestens eine der definierten Regeln verweigert werden. Dem
gegenüber werden beim *White List*-Ansatz grundsätzlich alle Zugriffe un-
tersagt und müssen durch mindestens eine Regel explizit erlaubt werden.
Welcher der Ansätze verwendet wird, hängt unter anderem von der Anzahl
den Subjekten und Objekten sowie der gewählten Sicherheitsstrategie und
damit verbunden von der Zahl der zu definierenden Zugriffsregeln ab.
Die Subjekte können in Zugriffsregeln explizit benannt werden, etwa durch
die Benutzernamen der Personen. Zusätzlich können Zugriffsrechte auch grup-
pen- oder rollenbasiert vergeben werden, etwa anhand der Rolle des Besitzers
eines Objekts oder für Benutzergruppen, beispielsweise für Benutzer der gleichen Schutzdomäne (etwa einer Firma) oder firmenfremde Benutzer. Sie gelten damit für alle Benutzer, die Mitglied einer solchen Gruppe bzw. Inhaber
einer Rolle sind; dies wird auf Ebene der Systemadministration festgelegt.
Ein Beispiel für eine entsprechende Zugriffskontrollliste ist in Abbildung 5.8
dargestellt.
Durch die Verwendung von Gruppen oder Rollen können Widersprüche entstehen, etwa wenn ein Benutzer Mitglied zweier Gruppen ist und für eine
der Gruppen der Zugriff auf eine Operation eines Objektes erlaubt, für die
andere Gruppe für diese Operation der Zugriff aber verweigert wird. Eine
Vermeidung bzw. Auflösung von Widersprüchen in Zugriffsregeln kann durch
eine festgelegte Auswertungsreihenfolge der Regeln oder die Vergabe von einer eindeutigen Priorität für jede Regel und die anschließende Auswertung
der Regeln entsprechend der vergebenen Priorität erfolgen.
Zugriffskontrolllisten ermöglichen eine einfache, dezentrale Verwaltung von
Zugriffsrechten bei den Objekten. Damit ist es auch mit geringem Aufwand
möglich zu ermitteln, welche Subjekte welche Zugriffsrechte auf ein bestimmtes Objekt besitzen. Vergebene Rechte können damit auch leicht zurückge-
nommen werden.

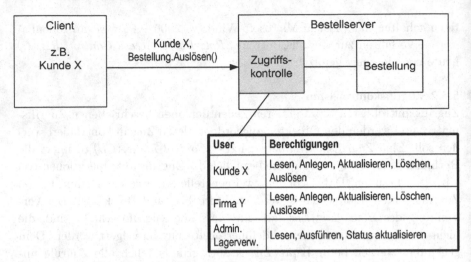

Abbildung 5.8. Beispiel von Zugriffskontrolllisten

Demgegenüber ist es aus der Sicht von Subjekten aber schwierig festzustellen, für welche Objekte welche Zugriffsrechte gewährt wurden. Darüber hinaus wird eine Überprüfung von Zugriffsrechten bei langen Listen schwieriger. Diese resultieren aus einer hohen Zahl von differenzierten Rechten, die individuell für bestimmte Subjekte festgelegt wurden. Hierdurch steigt der Aufwand für die Suche nach den jeweils anzuwendenden Rechten erheblich. Die Skalierbarkeit hinsichtlich der Zahl der Subjekte ist somit eingeschränkt. Viele Systeme begrenzen deshalb die Anzahl der Subjekte, für die differenzierte Rechte vergeben werden (z.B. die Subjekte Besitzer, Gruppe, Andere in Dateisystemen), oder verzichten auf eine Überprüfung der Rechte bei jeder Operation; etwa wenn Rechte für den Dateizugriff nur beim Öffnen der Datei geprüft werden. Letzteres hat zur Folge, dass Änderungen der Rechte nicht sofort im System wirksam werden.

In komponentenbasierten Systemen werden oft auch vereinfachte Möglichkeiten zur Definition von Zugriffskontrolllisten angeboten. Beispielsweise kann bei Enterprise Java Beans für jeden Komponententyp eine rollenbasierte Zugriffskontrollliste definiert werden, wie dies ebenfalls in der Abbildung zu sehen ist.

❯ 5.4.3 Capabilities

Eine spaltenweise Implementierung der Zugriffsmatrix führt zu den in Abbildung 5.9 dargestellten Capabilities (auch *ticket* oder *certificate* genannt), die den einzelnen Subjekten zugeordnet werden. Diese sind mit einer Eintrittskarte vergleichbar, die ein Benutzer besitzt. Dabei ist es zunächst erforderlich, dass eine Capability ähnlich wie eine solche Eintrittskarte veränderungs- und

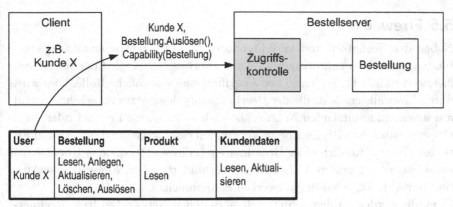

Abbildung 5.9. Beispiel für Capabilities

fälschungssicher gestaltet, d. h. von einer Vergabestelle, etwa einem Security Server, digital signiert wird. Wünscht der Benutzer (das Subjekt) nun einen Zugriff auf einen entfernten Server, so legt er die Capability als Teil des Aufrufs vor, und die zugehörige digitale Signatur wird schließlich mit seinem öffentlichen Schlüssel überprüft. Stimmen die in der Capability gewährten Rechte mit den zum Zugriff erforderlichen Rechten überein, so wird die angeforderte Operation ausgeführt, ansonsten zurückgewiesen.

Capabilities sind wesentlich flexibler einsetzbar als Zugriffskontrolllisten. Eine Capability wird wie ein Ticket während der Zugriffskontrolle vorgezeigt. Damit entfällt eine aufwändige Suche nach den zum Subjekt gehörigen Zugriffsrechten. Außerdem besteht die Möglichkeit der Delegation von Rechten, da die Capabilies in der Regel nicht an ein bestimmtes Subjekt gebunden sind. Dies ist beispielsweise sinnvoll, wenn ein Server im Namen seiner Clients auf Objekte zugreifen soll.

Ein wesentliches Problem bei Capabilities ist die nachträgliche Modifikation oder auch der nachträgliche Entzug von Zugriffsrechten. Es besteht zwar die Möglichkeit, die Gültigkeit von Capabilities zeitlich zu begrenzen, erfolgt dies jedoch nicht, ist ein nachträgliches Entziehen sehr schwierig. Da nicht davon ausgegangen werden kann, dass die Systemadministration beliebig auf die Capabilities verteilter Benutzer zugreifen kann, bleibt im Prinzip nur die Möglichkeit, betroffene Objekte umzubenennen und anschließend neue Capabilities für diese Objekte zu vergeben; aufgrund der Umbenennung verlieren die vorhandenen Capabilities automatisch ihre Gültigkeit. Dies ist jedoch mit erheblichem organisatorischen Aufwand verbunden, weshalb in der Praxis Zugriffskontrolllisten sehr viel stärker verbreitet sind.

5.5 Firewalls

Neben den Techniken und Verfahren zum Schutz von Kommunikationsverbindungen und dem autorisierten Zugriff auf Ressourcen spielt der Schutz von
Netzwerken und IT-Systemen vor Angriffen eine wesentliche Rolle. Dies wird
durch Firewalls erreicht, die der Beschränkung des Netzwerkverkehrs in und
aus einem zu schützenden Netzwerkbereich, etwa einem Intranet oder auch
einem persönlichen Rechner beim Verwenden einer so genannten Personal Firewall, dienen. Ähnlich einer Brandmauer („Firewall"), die das Übergreifen
eines Feuers auf weitere Gebäudeteile verhindert, sollen Firewalls die Aus-
breitung von Angriffen in Netzwerken eindämmen.

Firewalls werden an den Schnittstellen zwischen Netzwerken bzw. Rechner-
systemen installiert, beispielsweise auf Routern oder Hosts an der Grenze zwischen zu schützendem Netz und externem Netz. Der interne (zu schützende)
Netzwerkbereich gilt dabei als vertrauenswürdig, der externe Netzwerkbereich (meist das Internet) dagegen als nicht vertauenswürdig. Verallgemeinert
können Firewalls jedoch auch zur gegenseitigen Abgrenzung lokaler Netze genutzt werden, um dadurch individuell kontrollierbare Verwaltungsbereiche zu
etablieren.

Voraussetzung für das Funktionieren einer Firewall ist, dass der gesamte Datenverkehr zwischen den Netzsegmenten der Kontrolle und Filterung der Firewall unterliegt. Eine Firewall ist damit eine zentrale Kontrollinstanz, die
Sicherheitsdienste der Zugriffskontrolle und optional auch zur Authentifikation und zum Auditing, d. h. zur Protokollierung von Aktivitäten, ausführt
[Eck06]. Eine Firewall realisiert dabei eine Sicherheitsstrategie, die festlegt,
welche Datenpakete zwischen den Netzsegmenten weitergeleitet werden dürfen,
welche Aktionen protokolliert werden und welche Authentifikationsanforde-
rungen bestehen.

❯ 5.5.1 Typen von Filtern

Die wesentliche Aufgabe von Firewalls ist die *Filterung* von unerwünschtem
Datenverkehr zwischen dem externen und dem zu schützenden Netzwerkbereich. Entsprechend der ISO/OSI-Schicht, auf der die Filterung ansetzt,
können die Firewall-Typen Paketfilter und Applikationsfilter sowie Proxy-
Filter unterschieden werden.

Paketfilter sind auf der Netzwerk- sowie der Transportschicht angesiedelt.
Sie arbeiten in der Regel als Router und filtern Pakete anhand der in den
Paketköpfen verfügbaren Informationen über Quell- und Zieladressen, Pro-
tokolltyp, bestimmte Optionen oder über verwendete Dienste bzw. die Port-
nummer. Eine Filterregel könnte nun z. B. alle Anfragen an einen internen
Web-Server, d. h. Pakete an Port 80 einer bestimmten IP-Adresse im internen Netz, abweisen, wenn diese nicht aus dem Adressbereich des internen

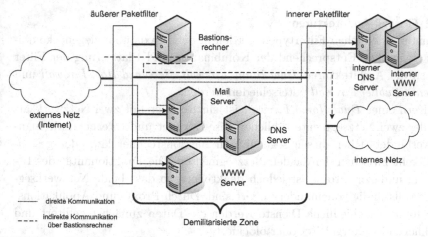

Abbildung 5.10. Firewall-Konzept

Netzes stammen. Zum Teil können auch Nutzdaten der Pakete analysiert und gefiltert werden. Ein Beispiel dafür ist ein Plausibilitätstest, bei dem die angegebene Paketgröße mit der tatsächlichen Paketgröße verglichen wird. Da durch können bestimmte Verweigerungsangriffe (Denial of Service) erkannt werden, die auf falsch konstruierten Paketen basieren.

Filter auf Applikationsebene überprüfen dagegen den Inhalt aller ein- und ausgehenden Nachrichten in anwendungsspezifischer Form. Applikationsfilter arbeiten damit auf der Anwendungschicht entsprechend des ISO/OSI-Schichtenmodells. Auf dieser Ebene könnte beispielsweise ein Spam-Filter E-Mail Nachrichten auf bestimmte Schlagworte sowie Sender und Empfänger untersuchen und als Spam klassifizierte Nachrichten markieren oder löschen. In ähnlicher Weise lassen sich Protokollinformationen und Nutzdaten weiterer Anwendungen nutzen, z.B. die Unterscheidung der FTP-Kommandos GET und PUT. Da die Applikationsfilter anwendungsspezifisch arbeiten, muss für jeden Dienst ein entsprechender Applikationsfilter installiert werden.

Proxy-Filter arbeiten ähnlich wie Applikationsfilter, ihre Aktivitäten sind jedoch der Transportschicht zuzuordnen. Sie können als besondere Variante der Applikationsfilter gesehen werden. Proxies vermitteln dabei zwischen Clients aus dem externen Netz, wenn diese Dienste von internen Servern nutzen möchten. Die Proxy-Firewall agiert dabei für die externen Clients als Server und umgekehrt für die internen Server als Client. Durch Authentifikation und Zugriffskontrolle werden nicht autorisierte Zugriffe gefiltert und nicht an einen internen Server weitergeleitet. Die Vermittlung erfolgt dabei anhand von TCP- bzw. UDP-Verbindungen auf der Transportschicht.

❯ 5.5.2 Firewall-Architekturen

Die unterschiedlichen Filtertypen werden in der Praxis überwiegend kombiniert eingesetzt. Entsprechend der Kombination und Platzierung der Filter können die Architekturen *Dual-Home Firewall*, *Screened-Host Firewall* und *Screened-Subnet Firewall* unterschieden werden.

Der Kern einer *Dual-Home Firewall* ist ein Rechner mit zwei Netzwerkkarten, der zwei Netzsegmente (üblicherweise Intranet und Internet) miteinander verbindet. Über diesen sogenannten Bastionsrechner läuft der gesamte Verkehr zwischen den beiden Netzsegmenten. Die Funktionalität des IP-Routing und Forwarding ist jedoch deaktiviert, so dass beide Netzwerksegmente vollständig voneinander isoliert sind. Durch Proxy- und Applikationsfilter für unterschiedliche Dienste werden die Daten zunächst gefiltert und anschließend weitergeleitet oder blockiert.

Die Gesamtarchitektur besteht aus einem Bastionsrechner sowie zwei Paketfiltern, die jeweils zwischen Bastionsrechner und Netzwerksegment platziert werden und nur korrekt adressierte Pakete an den Bastionsrechner weiterleiten. Diese Konfiguration stellt sicher, dass alle Pakete durch einen Filter im Bastionsrechner bearbeitet werden. Die Architektur bietet damit einen hohen Grad an Sicherheit. Da jedoch meist nur für Standarddienste Filter vorhanden sind, ist der Ansatz sehr restriktiv und erschwert die Nutzung moderner Dienste wie etwa Videokonferenzen deutlich.

Ein offenerer Ansatz wird mit *Screened-Host Firewalls* verfolgt. In dieser Architektur befindet sich der Bastionsrechner im internen Netzwerk und ist mit nur einer Netzwerkkarte ausgestattet. Ein Paketfilter überwacht den Datenverkehr zwischen dem externen Netzwerk und dem Bastionsrechner. Der gesamte Datenverkehr aus dem externen in das interne Netzwerk muss den Paketfilter durchlaufen, der die Pakete zur Filterung an den Bastionsrechner vermittelt. Datenpakete vertrauenswürdiger oder unkritischer Dienste können jedoch direkt an den Empfänger im internen Netz weitergeleitet werden; etwa um Videokonferenzen zu ermöglichen. Dieses Verfahren birgt zum Teil erhebliche Risiken und sollte nur angewendet werden, wenn für das interne Netzwerk keine hohen Sicherheitsanforderungen bestehen.

Heute in der Praxis häufig eingesetze Architekturen kombinieren die beiden zuvor beschriebenen Architekturen, um deren Vorteile miteinander zu verbinden. Die *Screened-Subnet Firewall* erweitert den Ansatz der Screened-Host Firewall um ein weiteres Netzwerksegment. Durch dieses wird das interne Netzwerk vom externen Netzwerk isoliert, der Bastionsrechner befindet sich in der so genannten demilitarisierten Zone (Demilitarized Zone, DMZ) und wird nur mit dem externen Netzwerk verbunden. Zwischen der demilitarisierten Zone sowie dem internen bzw. externen Netzwerk befindet sich je ein Paketfilter. Der Paketfilter zum externen Netz (externer Paketfilter) kann nun

Pakete an den Bastionsrechner oder direkt an Empfänger in der demilitarisierten Zone vermitteln, damit Dienste wie E-Mail, DNS oder WWW auch
aus dem externen Netz zugreifbar werden. Das interne Netzwerk bleibt durch
den internen Paketfilter geschützt, es ist nicht möglich, IP-Pakete zwischen
internem und externem Netz direkt auszutauschen (siehe Abbildung 5.10).
Firewalls können die Sicherheit von Rechnernetzen erheblich steigern und
werden heute in nahezu jeder Infrastruktur für Verteilte Systeme eingesetzt.
Der Grad des erreichbaren Schutzes hängt wesentlich von der Qualität der
definierten Sicherheitsstrategie sowie deren Umsetzung ab. Deren konsistente
und vollständige Definition erfordert detaillierte Kenntnisse des zu sichern-
den Netzwerkes, der eingesetzen Software sowie potentieller Angriffsszenarien
und ist damit nur von Fachpersonal zu leisten. Durch den Einsatz der unterschiedlichen Filtertypen wird eine abgestufte Kontrolle des Datenverkehrs
möglich. Auf der Basis der beschriebenen Architekturen können außerdem
Dienste wie Voice-over-IP oder Videokonferenzen behandelt werden.
Firewalls stellen aber keine Universallösung und keinen absoluten Schutz vor
Angriffen dar. Vielmehr können sie mit den zuvor beschriebenen Mechanismen zu einem Gesamtkonzept integriert werden, um einen umfassenden
Schutz Verteilter Systeme zu erreichen.

5.6 Anonymität

In einer Reihe von Anwendungsszenarien ist auch die Anonymität der Benutzer als Schutzziel relevant. Beispielsweise kann es bei E-Commerce-Anwendungen durchaus wünschenswert sein, ähnlich wie in einem gewöhnlichen
Kaufhaus einkaufen zu können, d. h. Waren auszuwählen und zu kaufen, ohne
sich dazu explizit ausweisen zu müssen. Ein Benutzer ist dann anonym, wenn
dessen Handlungen innerhalb einer so genannten Anonymitätsgruppe nicht
mit seiner Identität verkettbar sind.
Das Schutzziel der Anonymität kann auf der Basis eines Konzeptes von
[Cha81] durch so genannte Mixe realisiert werden, die eine anonyme Kommunikation ermöglichen (siehe auch [MP97]). Ein Mix hat die Aufgabe, die
Verkettung eingehender und ausgehender Daten zu verbergen. Das Versenden von Nachrichten erfolgt dabei über eine Kette von Mixen. Diese sammeln
eine Menge von Nachrichten, verändern deren Kodierung und versenden die
Nachrichten dann in einer anderen Reihenfolge. Durch die Verwendung einer einheitlichen Länge für alle Nachrichten ist dadurch eine Verkettbarkeit
von Nachrichten durch direkte Merkmale der Nachrichten, wie Länge, Inhalt
und Sendereihenfolge nicht mehr möglich. Zusätzlich können durch das Erzeugen von „Dummy-Nachrichten" längere Verzögerungen beim Füllen des

Nachrichtenpools verhindert und der Zeitpunkt des Sendens der eigentlichen Nachrichten verschleiert werden.

Eine unbeobachtbare Kommunikation sowie die *Senderanonymität* kann nun erreicht werden, indem Nachrichten entsprechend für die Umkodierung vorbereitet und über mehrere Mixe, möglichst von verschiedenen Betreibern, zum Empfänger versendet werden. Durch die mehrfache Umkodierung kann der Empfänger nicht mehr nachvollziehen, wer ihm ursprünglich die Nachricht gesendet hat. Zum Erreichen von *Empfängeranonymität* werden anonyme Rückadressen eingesetzt. Dabei legt der Empfänger der Nachricht die Umkodierung der Nachricht durch die Mixe fest, die dazu notwendigen Informationen werden in der anonymen Rücksendeadresse kodiert. Eine Kombination beider Verfahren ermöglicht auch eine gegenseitige Anonymität beider Kommunikationspartner.

❯ 5.6.1 Pseudonyme

Durch das beschriebene Verfahren können Kommunikationspartner also gegenseitig anonym Nachrichten austauschen. Eine Konsequenz wäre nun, dass in unserem Anwendungsbeispiel Bestellungen nicht mehr einem Besteller zugeordnet werden könnten. Die Verwendung von Pseudonymen bietet hier einen Lösungsansatz. Die Handlungen von Benutzern, deren Identität nicht bekannt ist, die aber unter einem Pseudonym agieren, können miteinander verkettet werden. Für die Beispielanwendung bedeutet dies, dass Zugriffe auf bestimmte Waren und Bestellungen einem Pseudonym zugeordnet werden könnten, wodurch auch die Erstellung eines Kundenprofils möglich wäre, ohne dass der Kunde seine Identität preisgeben müsste. Ebenso könnte eine Bestellung und eine Bezahlung einem Pseudonym zugeordnet werden können, wobei sich in der Praxis sicherlich das Problem einer anonymen Zustellung (evtl. über ein Postfach) ergibt. Bei bestimmten Handlungen oder entsprechend zahlreichen Kommunikationsvorgängen eines Teilnehmers kann dabei also eventuell dennoch auf dessen Identität geschlossen werden, so dass dieses Prinzip deutliche Einschränkungen aufweist.

5.7 Zusammenfassung

Es wurde deutlich, dass Sicherheit und Schutz von entscheidender Bedeutung für Verteilte Systeme sind, die durch ihren offenen und dezentralen Charakter zahlreiche Angriffsmöglichkeiten bieten. Durch die hier beschriebenen Schutzmechanismen können die wesentlichen Schutzziele Verteilter Systeme erreicht werden. Es wurde dargestellt, wie symmetrische, asymmetrische und kombinierte Kryptoverfahren die Erzielung von Vertraulichkeit ermöglichen. Für unsere Beispielanwendung bedeutet dies etwa, dass Bestellvorgänge und

Zahlungsinformationen nur zwischen berechtigten Teilnehmern ausgetauscht werden bzw. dass nur berechtigte Personen Kenntnis von internen Datenbeständen wie Kundendaten und Lagerbeständen erhalten.

Darauf aufbauend kann durch digitale Signaturen Integrität erreicht werden. Für die Beispielanwendung bedeutet dies, dass Bestellungen und Zahlungsinformationen ebenso wie interne Datenbestände nicht von unberechtigten Personen geändert werden können, ohne dass dies bemerkt wird. Darüber hinaus kann durch digitale Signaturen die Zurechenbarkeit von Handlungen zu Teilnehmern im System sichergestellt werden.

Die Authentifizierung, d. h. die Überprüfung der Identität von Teilnehmern, stellt dafür eine wesentliche Voraussetzung dar. Auf der Basis von Authentisierung und der darauf aufbauenden Überprüfung von Zugriffsrechten, meist unter Einsatz von Zugriffskontrolllisten, kann entschieden werden, welche der Teilnehmer Berechtigungen für welche Operationen auf Nachrichten und Diensten im System besitzen. In der Beispielanwendung lässt sich damit beispielsweise der Zugriff auf sensitive Kunden- und Bestellinformationen auf wenige dafür berechtigte Personen beschränken.

Firewalls bieten darüber hinaus ein Konzept zum Schutz von Netzwerken und IT-Systemen vor Angriffen, indem der Netzwerkverkehr zwischen verschiedenen Netzwerkbereichen auf unterschiedlichen Ebenen gefiltert wird. In unserem Beispiel könnte der Netzwerkbereich des Unternehmens, das den Serverteil unserer Verteilten Anwendung verwaltet und nach außen anbietet, durch eine Firewall geschützt werden. Kunden könnten dann über das Internet auf die Applikation zugreifen, wobei aber Kommunikationsverbindungen nur über bestimmte Ports und zu bestimmten Applikationen aufgebaut werden können.

Die weitergehende Anforderung der Anonymität kann bei Bedarf durch den Einsatz von Mixen realisiert werden. Dies wird beispielsweise relevant, wenn Teilnehmer in unserem Anwendungsszenario anonym Waren erwerben wollen. Durch den Rückgriff auf Pseudonyme können Kunde und Handelsplattform dabei interagieren, ohne ihre Identität preisgeben zu müssen.

5.8 Übungsaufgaben

1. Welche der Sicherheitsmechanismen Verschlüsselung, Authentifikation und Autorisierung können zur Lösung der folgenden Aufgabenstellungen eingesetzt werden?

   a. Es soll die vom Benutzer vorgegebene Identität geprüft werden.

   b. Es soll sichergestellt werden, dass die über einen unsicheren Kanal gesendeten Nachrichten nur von autorisierten Personen gelesen werden kann.

    c.   Ein Dienst soll nur von dazu berechtigten Benutzern verwendet werden können.

2. Nennen Sie die wesentlichen Unterschiede zwischen symmetrischer und asymmetrischer Verschlüsselung und diskutieren Sie deren Vor- und Nachteile!

3. Wie werden der öffentliche und der private Schlüssel verwendet, wenn auf der Basis eines asymmetrischen Kryptoverfahrens eine digitale Signatur erzeugt werden soll?

4. Nennen Sie die beiden wesentlichen Methoden zur Autorisierung und erläutern Sie, wo bei diesen die Zugriffsrechte verwaltet werden! Welche der Methoden sollte bevorzugt werden, wenn Rechte häufiger zurückgezogen werden sollen?

5. Welche Typen von Filtern können in Firewalls verwendet werden? Nennen Sie für jeden der Typen ein Beispiel!

Kapitel 6

Namens- und Verzeichnisdienste

6

A. Schill, T. Springer, *Verteilte Systeme*,
DOI 10.1007/978-3-642-25796-4_6, © Springer-Verlag Berlin Heidelberg 2012

6   Namens- und Verzeichnisdienste

6 Namens- und Verzeichnisdienste

Namens- und Verzeichnisdienste wurden in ihrer Grundform bereits beim Bindevorgang des Remote Procedure Call bzw. der Remote Method Invocation in Kapitel 3 angesprochen. In dieser als *Namensdienst* bezeichneten Realisierungsform *(Naming Service)* bildet der Dienst Namen auf Adressen bzw. Objektreferenzen ab, d. h., er führt eine Namensinterpretation durch. Dabei ist ein *Name* eine logische, in der Regel lokationsunabhängige Bezeichnung einer Instanz, während eine *Adresse oder Objektreferenz* eine eindeutige, physikalische und in der Regel ortsbezogene Bezeichnung darstellt. Diese indirekte Zuordnung vermeidet eine direkte Bindung von Serveradressen zu Diensten, wodurch eine flexible Zuordnung von Clients zu Diensten möglich wird. Ein Dienstnutzer kann auf diese Weise mit Hilfe des logischen Namens auf einen Dienst zugreifen, ohne dessen genaue Adresse zu kennen bzw. an eine bestimmte Instanz des Dienstes mit fester Adresse gebunden zu sein. Dies ist, wie bereits in Kapitel 2 im Zusammenhang mit Clustern beschrieben, von großer Bedeutung, wenn alternative bzw. replizierte Dienstinstanzen zu Verfügung stehen, an die Dienstnutzer im Zuge eines Lastausgleichs, zur ortsunabhängigen Dienstnutzung oder zur Kompensation des Ausfalls einer Dienstinstanz dynamisch gebunden werden soll.

Die Namensabbildung oder *Namensinterpretation* ist für die flexible Dienstbindung in einem RPC-Server also ebenso erforderlich wie für die komfortable Suche verteilter Ressourcen oder den Versand einer E-Mail an einen Teilnehmer unter der üblichen Angabe seines Domain-Namens. Der Dienstnutzer stellt dabei in der Regel eine Suchanfrage an den Namensdienst, wobei er den logischen Namen des gesuchten Dienstes angibt und eine Adresse bzw. Objektreferenz als Antwort erhält. Zuvor muss der Dienst mit diesem logischen Namen und der Adresse bzw. Objektreferenz beim Namensdienst registriert werden.

Neben dieser Grundfunktion bieten *Verzeichnisdienste (Directory Services)* zusätzlich auch die Verwaltung weiterer Attribute der benannten Instanzen sowie die Suche nach Instanzen anhand bestimmter Attribute an, was beispielsweise die Suche nach dem Vorbild der Gelben Seiten ermöglicht. Solche Broker- bzw. Tradingdienste wurden beispielsweise in CORBA-Plattformen bereitgestellt und gewinnen im Zusammenhang mit dienstorientierten Architekturen zur Unterstützung einer flexiblen Dienstsuche wieder an Bedeutung. Das vorliegende Kapitel stellt zunächst die Anforderungen an Verzeichnisdienste zusammen und diskutiert dann die wichtigsten Grundkonzepte und Realisierungstechniken, um anschließend auch einige Beispiele konkreter Namens- und Verzeichnisdienste vorzustellen.

6.1 Anforderungen

Die Anforderungen an einen Verzeichnisdienst kann man grundsätzlich gliedern in Anforderungen an die zu unterstützenden Namensstrukturen einerseits und Anforderungen hinsichtlich der Realisierungseigenschaften andererseits.

❽ 6.1.1 Anforderungen an die Namensstruktur

Im einfachsten Fall würden einfache, flach strukturierte Namen ausreichen,
um beispielsweise eine geringe Anzahl von Objekten in einem kleinen Verteilten System eindeutig zu benennen. Für größere Systeme mit entsprechenden
Skalierbarkeitsanforderungen genügt dies jedoch nicht mehr. So muss etwa in
unserem Anwendungsbeispiel zwischen unterschiedlichen Firmen mit ihren
zugehörigen Abteilungen und schließlich den dort angesiedelten Mitarbeitern, Servern, Objekten und weiteren Instanzen unterschieden werden. Die
zugewiesenen Namen müssen dabei systemweit eindeutig sein.

Für größere Systeme sind somit *mehrstufige, hierarchisch strukturierte Namen* wie etwa `Firma1/Vertrieb/Kundenserver` zu unterstützen. Oft ist auch
ein einfacher Namensdienst nicht ausreichend, da den Namen Attribute zugeordnet werden sollen. Dies ermöglicht einerseits eine erweiterte Informa-
tionsverwaltung, und andererseits kann dadurch eine attributbasierte Suche
(*Yellow-Page-Suche*) unterstützt werden. In unserer Anwendung könnte etwa nach einem Kundenserver gesucht werden, der speziell Geschäftskunden
verwaltet, was im Namensdienst eine Realisierung attributierter Namen erforderlich macht.

Oft sollen auch nicht nur einzelne Personen oder Objekte benannt, sondern
abstraktere Konzepte wie etwa Rollen und Gruppen unterstützt werden,
die dann durch spezifische Personen oder Objekte instanziiert werden. Dies
ermöglicht etwa einen flexibleren Bindevorgang, indem zum Beispiel nach der
Rolle eines Kundenberaters gesucht wird, die dann je nach Tageszeit und Wo-
chentag durch unterschiedliche Personen bzw. Dienstinstanzen wahrgenommen wird. Insgesamt sind also *rollenbasierte bzw. gruppenbasierte Namen* zu
unterstützen. Eine weitere Anforderung sind oft auch *Aliasnamen*, mit denen
Instanzen mit mehreren alternativen Namen bezeichnet werden können.

❽ 6.1.2 Anforderung an die Realisierungseigenschaften

Die Anforderungen an die Realisierungseigenschaften eines Verzeichnisdienstes sind ähnlich vielfältig. Im einfachsten Fall könnte man Namen mit Hilfe
einer Tabelle, eventuell optimiert in Form einer Hash-Tabelle, auf Adressen
abbilden. In der Praxis ist dies jedoch unzureichend, da damit eine zentrale Instanz zur Namensverwaltung geschaffen würde, die weder fehlertolerant
noch skalierbar wäre. Außerdem würde mit dem Ausfall dieser einzigen In-

stanz im gesamten System keine Namensauflösung mehr möglich sein, wodurch Ressourcen und Dienste nicht mehr nutzbar wären. Die Verfügbarkeit ist also neben der Skalierbarkeit und der Ausfallsicherheit ebenfalls eine wesentliche Anforderung an Namens- und Verzeichnisdienste.

Deshalb wird ein Verzeichnisdienst in aller Regel durch *mehrere verteilte Server* realisiert, die dezentral organisiert sind. Beispielsweise könnte jede Firma einen Verzeichnisserver zur Verwaltung ihrer Namen betreiben oder sogar innerhalb jeder Abteilung einen solchen Server ansiedeln. Die *Namensinterpretation* muss dementsprechend ebenfalls durch ein verteiltes Protokoll realisiert werden. Zusätzlich können einzelne *Verzeichnisserver repliziert* werden, um Leistungseigenschaften, Skalierbarkeit, Verfügbarkeit und Fehlertoleranz weiter zu verbessern. Dies kann ferner durch das *Caching* der Ergebnisse von Namensinterpretationen unterstützt werden, um die notwendige Zahl von Anfragen zu reduzieren.

6.2 Grundbegriffe und Namensstrukturen

Hauptanliegen eines Namensdienstes ist die Namensinterpretation durch die Abbildung von Namen auf Adressen. Dies erfolgt auf Basis eines vordefinierten *Namensraumes*, der die Menge aller zulässigen Namen eines verteilten Systems definiert. Man unterscheidet zwischen *flachen* und *hierarchischen* Namensräumen. In speziellen Fällen werden auch andere Arten von Namensräumen genutzt, etwa *routingorientierte Namensräume* zur Angabe eines speziellen Weges durch ein Rechnernetz, etwa beim *Source-Routing*.

Hierarchische Namensräume sind jedoch am gebräuchlichsten, etwa im Internet, in Firmenumgebungen oder auch in Dateisystemen. Beispiele für die genannten Varianten von Namensräumen sind in Abbildung 6.1 dargestellt.

6.2.1 Kontexte

Ein Namensraum setzt sich wiederum aus Kontexten zusammen, wobei ein Kontext für die Interpretation einer Teilkomponente eines hierarchischen Namens zuständig ist. Bei Internet-Domain-Namen wird beispielsweise der Kontext aller Firmen mit „.com" bezeichnet, während der Kontext aller Namen innerhalb unserer Beispielfirma mit „onlinehaendler.com" bezeichnet werden könnte. Der Name der Abteilung zur Kundenverwaltung („kundenverwaltung.onlinehaendler.com") würde schließlich gemäß des Kontextes der Firma weiter interpretiert.

Absolute Namen sind unabhängig von einem bestimmten Kontext und führen somit immer zum gleichen Ergebnis bei der Namensinterpretation. Dies ist etwa für vollständige Domain-Namen im Internet der Fall. *Relative Namen* beziehen sich dagegen immer auf einen bestimmten Kontext. So ist der Na-

Hierarchischer Namensraum:

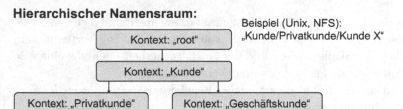

Beispiel (Unix, NFS):
„Kunde/Privatkunde/Kunde X"

Routingorientierter Namensraum:

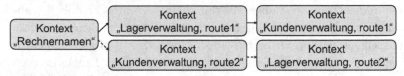

Flacher Namensraum:

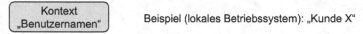

Beispiel (lokales Betriebssystem): „Kunde X"

Abbildung 6.1. Beispiele für Namensräume

me „Drucker" je nach zugehörigem Kontext, etwa der betrachteten Firma oder Abteilung, einer jeweils völlig anderen Adresse und damit einem völlig anderen Gerät zugeordnet.

❯ 6.2.2 Namensinterpretation

Die Interpretation eines hierarchischen Namens erfolgt nun schrittweise auf der Basis der zugehörigen Kontexte. Abbildung 6.2 zeigt ein entsprechendes Beispiel. In diesem wird der vollständige Benutzername „kunde_x@host_x" auf einem bestimmten Rechner zunächst unter Bezugnahme auf den Kontext aller Rechnernamen des Verteilten Systems interpretiert, um die Adresse des gesuchten Rechners „host_x" zu ermitteln. Auf diesem Rechner wird dann die Namensinterpretation der verbleibenden Namenskomponente, also hier des Benutzernamens „kunde_x" gegenüber dem Kontext aller registrierten Benutzer dieses Rechners, fortgesetzt. Der Benutzername muss also nur im Kontext von „host_x" eindeutig sein, es könnte durchaus ein weiterer Benutzer „kunde x" im Kontext von „host_y" existieren.

Die Namensinterpretation führt schließlich zum gewünschten Ergebnis, hier etwa zur Ermittlung der Benutzeridentifikation. In größeren Systemen werden oft Namen mit noch deutlich mehr Stufen verwendet, die dann gegenüber einer entsprechend größeren Zahl aufeinander aufbauender Kontexte interpretiert werden.

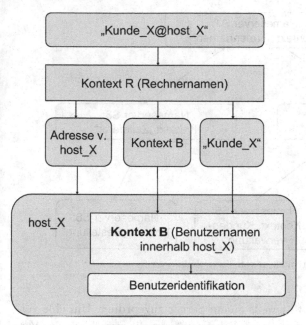

Abbildung 6.2. Namensinterpretation

6.2.3 Junctions: Kombination von Namensräumen

Darüber hinaus ist es auch möglich, mehrere Namensräume zu einem übergreifenden Namensraum zu kombinieren, indem die jeweiligen Teilbäume über so genannte *Junctions* miteinander verknüpft werden. Dabei kann jeder Teilbaum durch einen eigenen Verzeichnisdienst verwaltet werden, der dann im Rahmen der Namensinterpretation beim Übergang zu einem untergeordneten Teilbaum einen weiteren Verzeichnisdienst aufruft und diesem die weitere Namensinterpretation überlässt. Eine Junction muss also durch ein Übergabeprotokoll zwischen zugehörigen Verzeichnisservern realisiert werden. Ein Beispiel wäre etwa die Interpretation eines globalen Dateinamens zunächst durch einen Internet Domain Name Server zur Suche eines geeigneten Dateiservers mit anschließender weiterer Namensinterpretation innerhalb des Dateiservers selbst.

6.3 Realisierungstechniken

Um eine verteilte, dezentrale Realisierung von Verzeichnisdiensten zu erreichen, werden die einzelnen Kontexte eines Namensraumes meist auf verschiedene, ebenfalls hierarchisch angeordnete Verzeichnisserver (*Directory Server*) verteilt. Dabei werden ein Kontext oder auch mehrere miteinander in Zusam-

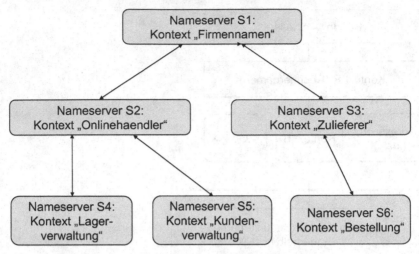

Abbildung 6.3. Realisierungsarchitektur von Verzeichnisservern

menhang stehende Kontexte jeweils einem Server zugeordnet. Um eine verteilte Namensinterpretation zu ermöglichen, müssen die verschiedenen Verzeichnisserver miteinander kommunizieren; dazu muss jeder Server jeweils den in der Hierarchie nächst höheren Server sowie die in der Hierarchie direkt unterhalb von ihm angesiedelten Server kennen. Die Server können dann verteilt interagieren, ohne dass eine aufwändige Suche und weitere interne Bindevorgänge zwischen den Servern oder gar ineffiziente Broadcast-Anfragen erforderlich wären.

❷ 6.3.1 Realisierungsarchitektur

Abbildung 6.3 zeigt das Beispiel einer entsprechenden Realisierungsarchitektur unter Zuordnung von Kontexten zu hierarchisch angeordneten Verzeichnisservern. Die Server bilden dabei eine doppelt verzeigerte Baumstruktur, um die Namensinterpretation zu realisieren. Je nach Ausgangspunkt einer Namensanfrage sind unterschiedliche Bearbeitungsschritte bei der Interpretation erforderlich. So können in unserem Beispiel etwa Namen, die sich direkt auf den Kontext der Abteilung „Lagerverwaltung" beziehen, unverzüglich durch den Namensserver S4 dieser Abteilung interpretiert werden.

Wird die Namensanfrage dagegen in einer anderen Abteilung oder gar in einer anderen Firma gestellt und somit zunächst ein Server befragt, der einen ganz anderen Kontext verwaltet, so muss die Anfrage entlang der Server-Hierarchie nach oben weitergereicht werden, bis ein Server den Namen zumindest gemäß des Kontextes der obersten Hierarchiestufe interpretieren kann. Anschließend kann die schrittweise Interpretation wie zuvor bereits dargestellt fortgesetzt werden, indem die Bearbeitung entlang der Server-Baumstruktur nach un-

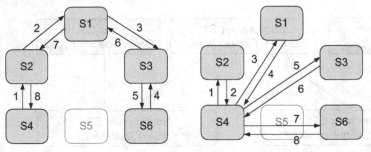

Abbildung 6.4. Chaining (links) und Referral (rechts)

ten erfolgt. In unserer Beispielanwendung könnte etwa zur Vervollständigung des Lagerbestandes ein Auftrag an die Abteilung zur Bestellungsabwicklung der Firma des Zulieferers gesendet werden. Der für den Empfang und die Verarbeitung der Bestellung zuständige Rechner hat dann einen Namen, der im Kontext des Namensservers S6 der Abteilung „Bestellung" des Zulieferers interpretiert werden müsste.

Eine Anfrage an den Namensserver S4 „`bestellung.zulieferer.com`" müsste also zunächst vollständig an die Namensserver S2 und weiter an S1 gereicht werden. Der Namensserver S1 kann nun die Anfrage im Kontext der Firmennamen interpretieren und leitet die Teilanfrage nach einem Namen in der Abteilung „Bestellung" der Firma „Zulieferer" zunächst an den Namensserver S3 weiter. Dieser ermittelt den Namensserver S6 als den für Namen der Abteilung „Bestellung" zuständigen Namensserver und leitet die Anfrage an diesen weiter. Der Namensserver S6 kann nun den Namen im Kontext der Abteilung „Bestellung" auflösen und liefert das Ergebnis, beispielsweise die IP-Adresse eines Rechners, an den Namensserver S3. Die an der Namensauflösung beteiligten Namensserver reichen nun das Ergebnis in umgekehrter Reihenfolge über die Namensserver S1 und S2 an S4 weiter, der das Ergebnis an die anfragende Instanz ausliefert. Der beschriebene Ablauf wird im linken Teil der Abbildung 6.4 dargestellt.

Dieses Vorgehen bei der Anfragebearbeitung wird auch als *Chaining* bezeichnet, da die einzelnen Server untereinander dabei eine logische Bearbeitungskette bilden. Eine Alternative dazu ist das *Referral*; dabei gibt jeder Server dem anfragenden Client die Adresse des nächsten zu befragenden Servers zurück. Der Client sendet dann eine neue Anfrage an diesen nächsten Server etc. Der Ablauf entsprechend unseres Beispiels wird im rechten Teil der Abbildung 6.5 veranschaulicht. Falls der Client eventuell bereits mehrere zu befragende Server kennt, kann er zur Antwortzeitoptimierung auch eine gleichzeitige Multicast-Anfrage als Variante des Referral stellen.

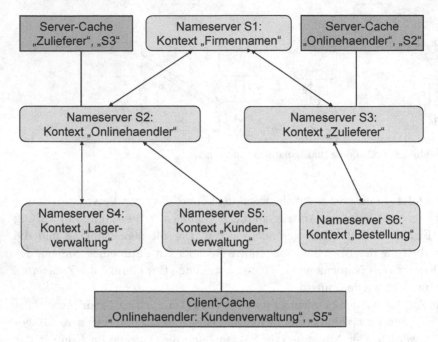

Abbildung 6.5. Caching von Anfrageergebnissen

Vorteil des Chaining-Prinzips ist es, dass Namensinterpretationen weitgehend transparent für den Client durchgeführt werden. Der Client sendet seine Anfragen an einen ihm bekannten Server und erhält von diesem auch das Ergebnis. Die weiteren Ermittlungen und Abfragen der Namensserver erfolgen durch die Namensserver selbst, der Client muss diese weder kennen noch mit diesen kommunizieren.

Das Referral hat dagegen den Vorteil, dass die verschiedenen Verzeichnisserver stärker voneinander entkoppelt arbeiten und der Client bei Bedarf mehr Einfluss auf den Ablauf der Namensinterpretation nehmen kann. Nachteilig ist dabei, dass die Komplexität der Anfragebearbeitung beim Client liegt. Beide Techniken werden in der Praxis eingesetzt, wobei das Chaining aber dominiert.

6.3.2 Optimierungsmöglichkeiten

Die Namensinterpretation wird in praktischen Realisierungen auf verschiedene Weise optimiert. Zunächst kann ein *Caching* von Anfrageergebnissen eingesetzt werden, um die Ergebnisse wiederzuverwenden, ohne erneute aufwändige Anfragen stellen zu müssen. Wie in Abbildung 6.5 dargestellt, kann das Caching dabei sowohl durch den anfragenden Client als auch durch

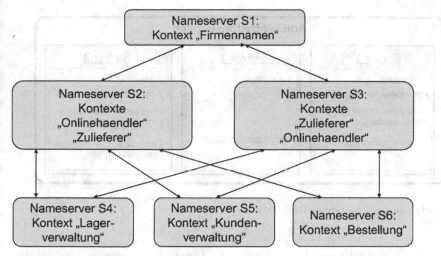

Abbildung 6.6. Replikation von Kontexten

die Verzeichnisserver selbst, insbesondere auf den unteren Ebenen des Namensraums, erfolgen. Beide Techniken werden oft kombiniert eingesetzt. Die Cache-Einträge können dabei vollständige Namen oder auch nur Teile eines Namens umfassen. Beides hat Vor- und Nachteile; ein vollständiger Name kann durch Nutzung der zugehörigen, im Cache gespeicherten Adresse sofort ohne weitere Anfragen interpretiert werden. Wenn dagegen lediglich ein Teil eines Namens zusammen mit der Adresse des weiter interpretierenden Servers im Cache gehalten wird, so passt diese Information eventuell auf mehr zukünftige Anfragen nach ähnlichen Namen, es ist also mit mehr Cache-Treffern zu rechnen. Es müssen dann jedoch weitere Anfragen zur Auflösung des Namens gestellt werden. In jedem Fall wird ein Cache-Eintrag mit einem Zeitstempel versehen, um veraltete Cache-Einträge erkennen und nach angemessener Zeit verwerfen zu können.

Eine weitere Optimierungsmöglichkeit ist die gezielte *Replikation* von Kontexten auf mehreren Verzeichnisservern, wie dies in Abbildung 6.6 am Beispiel dargestellt ist. Dadurch kann der Weg einer Namensinterpretation deutlich abgekürzt werden; im gezeigten Beispiel cachen die Namensserver S2 und S3 wechselseitig Einträge der vom jeweils anderen Namensserver verwalteten Kontexte. Damit erübrigt sich eine Anfrage an die höchste Ebene in der Serverhierarchie.

Die Replikation erhöht außerdem die Fehlertoleranz des Verzeichnisdienstes, da Namensinterpretationen, also Anfragen im Lesemodus, lediglich die Verfügbarkeit eines einzigen Replikats voraussetzen. Die Technik der Replikation wird insbesondere auf den oberen Ebenen des Namensraumes sehr intensiv eingesetzt, da dort die höchsten Anforderungen an die Verfügbarkeit gestellt

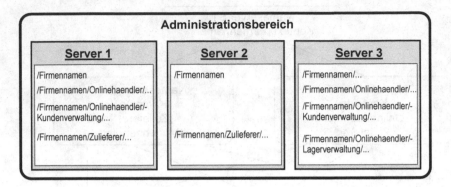

Abbildung 6.7. Feingranulare Replikation

werden. Darüber hinaus laufen hier viele Anfragen zusammen, so dass die Replikate auch zur Lastverteilung verwendet werden können.

Oft wird nicht nur mit zwei Replikaten wie in unserem Beispiel, sondern mit einer Vielzahl von Replikaten gearbeitet. Hinsichtlich der Konsistenz wird dabei von der Rahmenbedingung ausgegangen, dass Namensinterpretationen – also Lesezugriffe – sehr häufig auftreten, während Namensänderungen und -aktualisierungen – also Schreibzugriffe – eher selten sind. Dies trifft in den meisten Fällen in der Praxis auch zu. Unter dieser Voraussetzung werden temporäre Inkonsistenzen einzelner Replikate toleriert, um dafür die Aktualisierungsvorgänge zu vereinfachen. Änderungen werden zunächst auf einem vorab festgelegten Primärserver durchgeführt, der dann zeitversetzt in bestimmten Abständen (meist im Stundenbereich) die Replikate benachrichtigt und aktualisiert. Es wird also keine strikte Konsistenz, sondern lediglich die Konvergenz zu einem konsistenten Zustand innerhalb angemessener Zeit zugesichert. Daher kann es im Ausnahmefall vorkommen, dass eine Namensanfrage bei einem der Replikate zu einem veralteten Ergebnis führt; dies wird aber bewusst in Kauf genommen, um die Aktualisierungsprotokolle einfach zu halten und bei einer Aktualisierung nicht die gleichzeitige Verfügbarkeit aller Replikate voraussetzen zu müssen.

Die Replikation kann oft auch recht feingranular gesteuert werden und sich beispielsweise gezielt auf einzelne Kontexte eines Namensraumes beziehen. Abbildung 6.7 zeigt ein Beispiel, in dem der Kontext der obersten Stufe durch drei Verzeichnisserver repliziert wird, während untergeordnete Kontexte durch lediglich zwei Server repliziert verwaltet werden. Teilweise wird auch auf die Replikation verzichtet, etwa aus Aufwandsgründen. Dies wird durch den Systemadministrator über Kommandoschnittstellen oder mit Hilfe von Verwaltungswerkzeugen gesteuert. Die einzelnen Werkzeuge sind dabei allerdings meist recht produktspezifisch und proprietär, also kaum an ein-

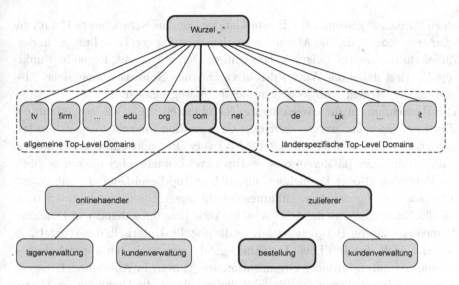

Abbildung 6.8. Hierarchische Struktur der Domainnamen des DNS

heitlichen Standards orientiert. Weitere Aufgaben der Systemadministration umfassen die Definition der Struktur des Namensraumes, die Einrichtung von Zugriffskontrolllisten für den Zugriffsschutz, die eventuelle Rekonfiguration des Namensraumes, die Installation und Überwachung von Server-Prozessen, die Einstellung von Caching-Strategien und vieles mehr.

6.4 Systembeispiele

6.4

6.4.1 Internet Domain Name System

Beim Zugriff auf Kommunikationspartner per E-Mail, beim Web-Zugriff oder allgemein beim Ressourcenzugriff im Internet werden Domain-Namen verwendet, die durch den Namensdienst des Internet, das *Domain Name System (DNS)* verwaltet werden. Dabei realisiert DNS eine Namensinterpretation zur Abbildung von Domain-Namen auf IP-Adressen, über die dann schließlich Kommunikationsvorgänge realisiert werden. Eine erweiterte Funktionalität eines umfassenden Verzeichnisdienstes, etwa einschließlich der Verwaltung attributierter Namen oder Yellow-Page-Anfragen implementiert DNS dagegen nicht und ist hierfür auch nicht entwickelt worden.

Der Namensraum des DNS ist hierarchisch in Kontexte strukturiert, die als Domains bezeichnet werden. Pfade entlang der Domains werden als *Domain-Namen* bezeichnet. Zur Notation von Domain-Namen steht der höchstwertige Kontext ganz rechts, die einzelnen Bestandteile des Namens werden durch

einen Punkt „.`` getrennt. Ein Beispiel ist der Domain-Name „`bestellung.zu-`
`lieferer.com.`", der die Abteilung zur Bearbeitung von Bestellungen in der
Zulieferfirma unseres Beispiels bezeichnet. Der auf „com" folgende Punkt
repräsentiert dabei die Wurzel des hierarchischen Namensbaums (siehe Abbildung 6.8). Dieser wird jedoch in der Regel weggelassen.

Die Bezeichnungen für die Kontexte der obersten Stufe, die so genannten
Top-Level-Domains, werden durch die Organisation *Internet Corporation for
Assigned Names and Numbers (ICANN)* verwaltet und umfassen entweder
Länderkennungen (länderspezifische Top-Level-Domains) beispielsweise „`de`"
für Deutschland oder Bezeichner allgemeiner Top-Level-Domains wie „`com`"
und „`edu`" für Firmen bzw. Bildungseinrichtungen. Die hierarchische Struktur des Namensraumes des DNS wird in Abbildung 6.8 anhand von Domain-
Namen aus unserer Beispielanwendung dargestellt. Unterhalb der Wurzel „.``
befinden sich die Top-Level-Domains, gefolgt von weiteren Bezeichnungs-
ebenen für untergeordnete Organisationsstrukturen. In Abbildung 6.8 werden unsere Beispielfirma und deren Zulieferer durch die Domänen „`online-`
`haendler`" und „`zulieferer`" als Unterdomains von „`com`" definiert. Weitere
Organisationseinheiten innerhalb der Firmen sind nun die Abteilungen zur
Kunden- und Lagerverwaltung unserer Beispielfirma, bezeichnet mit „`lager-`
`verwaltung`" bzw. „`kundenverwaltung`", sowie die Abteilungen Kundenverwaltung und Bestellung des Zulieferers, bezeichnet mit „`kundenverwaltung`"
und „`bestellung`". Der Domainname „`bestellung.zulieferer.com.`" würde nun über den mit fetten Linien hervorgehobenen Pfad repräsentiert.

Intern wird DNS durch eine Vielzahl weltweit verteilter Namensserver realisiert, die hierarchisch strukturiert sind und intensiv von Partitionierungs-
und Replikationstechniken sowie Caching Gebrauch machen, insbesondere
auf den oberen Ebenen des Namensraumes. Jeder der Namensserver verwaltet dabei eine Untermenge der Namen und zugehörigen Informationen einer
Domäne. Der Namensraum wird dazu in so genannte *Zonen* unterteilt. Eine
Zone umfasst die Namen einer bestimmten Hierarchieebene einer Domäne,
nicht jedoch die Namen von Sub-Domänen. In unserem Beispiel wären die Namen der Ebene „`onlinehaendler`" mit zugehörigem E-Mail- und Web-Server
(z. B. „`mail.onlinehaendler.com`" und „`www.onlinehaendler.com`") einer
Zone zuzuordnen, jedoch nicht die den Sub-Domänen „`lagerverwaltung`"
und „`kundenverwaltung`" untergeordneten Namen (z. B. „`mail.lagerver-`
`waltung.onlinehaendler.com`").

Namensserver können nun Daten einer oder mehrerer Zonen verwalten. Um
Namen dieser Zonen auflösen zu können, kennt jeder Namensserver weitere
Namensserver, auf die er zur Aktualisierung und Replikation von Informationen innerhalb der Zone und zur Auflösung von Namen außerhalb der Zone
zurückgreift. Jede Zone besitzt so genannte *autoritative Namensserver*, die

die aktuellen Daten der Zone enthalten. Dabei kann ein Namensserver autoritative Daten keiner, einer, aber auch mehrerer Zonen enthalten. Umgekehrt müssen für eine Zone mindestens zwei autoritative Namensserver existieren, Daten einer Zone werden also immer repliziert. Jeder Namensserver muss zu den von ihm verwalteten Zonen mindestens zwei autoritative Namensserver dieser Zonen sowie weitere autoritative Namensserver der untergeordneten Zonen kennen. Außerdem kennt jeder Namensserver mindestens einen der Zone übergeordneten Namensserver, an den er Anfragen bei Bedarf weiterleiten kann. Darüber hinaus enthält ein Namensserver Verwaltungsparameter für Caching und Replikation seiner Zone.

DNS kann grundsätzlich für Namen beliebige Attribute in so genannten *Ressourcendatensätzen* speichern. Um verschiedene Namensdatenbanken zu trennen, werden diese in Klassen eingeteilt. Domänen-Namen werden beispielsweise der Klasse IP zugeordnet. Für jede Klasse von Namensdatenbanken wurde eine feste Menge von Typen von Ressourcendatensätzen definiert, die unterschiedliche Attribute für Domänen-Namen aufnehmen können. Jeder Ressourcendatensatz gehört damit zu einer bestimmten Klasse und besitzt einen definieren Typ innerhalb dieser Klasse.

Der wichtigste Typ von Ressourcendatensätzen für die Klasse IP ist der *Datensatztyp* A. Dieser enthält zu einem gegebenen Domänen-Namen die zugehörige IP-Adresse. Im Datensatztyp NS werden die Domänen-Namen der Namensserver einer bestimmten Domäne abgelegt. Deren IP-Adressen werden in separaten Datensätzen des Typs A abgelegt. Außerdem wird für die Domäne eine Menge von E-Mail-Servern verwaltet. Deren Domänen-Namen sowie eine Priorität wird in Datensätzen des Typs MX gespeichert, für IP-Adressen werden wiederum separate Einträge verwaltet.

Zoneninformationen wie die Versionsnummer sowie Daten zu Replikation und Caching werden in Datensätzen des Typs SOA abgelegt. Diese Daten repräsentieren den Beginn der Daten einer Zone. Weitere Datensatztypen sind CNAME zur Abbildung von Aliasnamen auf Domänen-Namen, PTR, mit denen die zu IP-Adressen gehörenden Domänen-Namen gespeichert werden, um eine umgekehrte Suche zu ermöglichen, und HINFO zur Verwaltung von Informationen zu Hosts wie Maschinenarchitektur und Betriebssystem.

Jeder Ressourcendatensatz hat die Form <Domänen-Name, Lebensdauer, Klasse, Typ, Wert>. Die Lebensdauer dient dabei zur Steuerung des Abgleichs zwischen replizierten Namensservern sowie Cache-Einträgen mit autoritativen Daten. Eine Liste von Ressourcendatensätzen für den Namensserver der Domäne „onlinehaendler.com" unserer Beispielanwendung mit Bezug auf Abbildung 6.8 enthält Tabelle 6.1. Eintrag Nummer 1 markiert den Beginn einer Zone und enthält entsprechende Zoneninformationen. Die Einträge 2, 3 und 4 repräsentieren Namensserver. Die Namensserver „ns1" und

Tabelle 6.1. Ressourcendatensätze im Kontext der Beispielanwendung

Nr.	Domänen-Name	Lebens-dauer	Klasse	Typ	Wert
1		1T	IN	SOA	Zonendaten
2		1T	IN	NS	ns1
3		1T	IN	NS	ns2
4	lagerverwaltung	1T	IN	NS	ns3.lagerverwaltung
5	ns3.lagerverwaltung	1T	IN	A	141.76.40.2
6		1T	IN	MX	1, server17
7		1T	IN	MX	2, server18
8	www	1T	IN	A	141.76.40.12
9	mail1	1T	IN	CNAME	server17
10	mail2	1T	IN	CNAME	server18
11	server17	1T	IN	A	141.76.40.3
12	server18	1T	IN	A	141.76.40.4

„ns2" sind dabei autoritative Namensserver für die Zone, der Namensserver „ns3.lagerverwaltung" definiert einen Namensserver für die Sub-Domäne „lagerverwaltung". Dessen IP-Adresse kann über den Eintrag Nummer 5 aufgelöst werden. Damit können Anfragen zur Namensauflösung für diese Sub-Domäne direkt an diesen Namensserver weitergeleitet werden.

Die Einträge 6 und 7 beinhalten die Prioritäten sowie Domänen-Namen für die E-Mail-Server der Domäne. Eine Zuordnung dieser Domänen-Namen zu IP-Adressen erfolgt in den Zeilen 11 und 12. Diesen wird außerdem in den Einträgen 9 und 10 jeweils ein Aliasname zugeordnet. Eintrag 8 enthält die IP-Adresse für den Web-Server der Domäne, der entsprechend der Einträge den Domänen-Namen „www.onlinehaendler.com" trägt.

❯ 6.4.2 X.500 Directory Service

Ein Beispiel für einen voll ausgebauten, international standardisierten Verzeichnisdienst ist der *X.500 Directory Service*. Den Rahmen bildet der X.500-Standard der *International Telecommunication Union (ITU)*, auf dessen Basis verschiedenste Produkte entstanden. Die Namen werden auch in X.500 hierarchisch strukturiert, jeder Eintrag kann nun aber durch die Angabe von Attributen näher beschrieben werden. Damit ist über eine einfache Abbildung von Namen auf Adressen auch eine Suche nach Einträgen unter Angabe bestimmter Attributbelegungen möglich, wie dies etwa bei einer Recherche in den Gelben Seiten der Fall ist.

Der Verzeichnisdienst verwaltet dafür so genannte Verzeichniseinträge (*Directory Entry*). Jeder Verzeichniseintrag ist eine Instanz einer oder mehre-

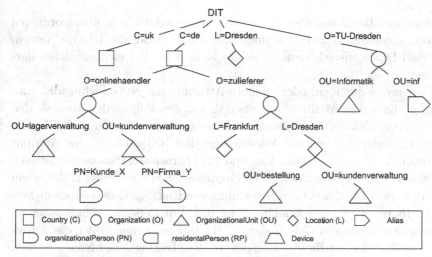

Abbildung 6.9. Beispiel eines X.500 Directory Information Tree

rer Objektklassen. Eine *Objektklasse* bestimmt, welche Attribute ein Verzeichniseintrag besitzen kann, wobei in erforderliche und optionale Attribute unterschieden werden kann. Dabei sind neben einer gegebenen Menge standardisierter Attribute auch frei definierbare, anwendungsspezifische Attribute möglich. Entsprechend der Konzepte der Objektorientierung können zwischen Objektklassen nun Attribute vererbt werden. Durch Ableitung können auch anwendungsspezifische Objektklassen definiert werden.

Die in einer X.500-Verzeichnisdatenbank generell zugelassenen Objektklassen und Attribute werden durch das Directory Schema ähnlich einem Datenbankschema beschrieben. Durch die Standards X.520 und X.521 sowie in weiteren Dokumenten (beispielsweise RFC 2256 [Wah97], der eine Zusammenfassung von Standardklassen und -attributen für die Verwendung in LDAP v3 enthält) werden Standardattribute bzw. Standardklassen festgelegt, die die Grundlage von Directory Schemen bilden können. Diese Objektklassen und Attribute sollten soweit möglich zur Beschreibung aller Verzeichniseinträge verwendet werden, um eine möglichst weitreichende Nutzbarkeit der Verzeichnisse zu ermöglichen.

Verzeichniseinträge werden im X.500 Modell durch Namen benannt, die eine eindeutige Unterscheidung der einzelnen Einträge ermöglichen und deshalb als *Distinguished Names (DN)* bezeichnet werden. Ein Distinguished Name ist ein zusammengesetzter Name, der einen Verzeichniseintrag im gesamten Verzeichnisbaum eindeutig benennt. Dieser wird durch die Aneinanderreihung der Namen der Einträge ausgehend von der Wurzel des Baumes bis hin zum entsprechenden Eintrag gebildet. Die einzelnen Bestandteile des zusammengesetzten Namens werden als *Relative Distinguished Names (RDN)* bezeichnet und benennen einen Verzeichniseintrag relativ zum übergeordneten Eintrag eindeutig. Relative Distinguished Names sind also relative Namen, während Distinguished Names absolute Namen für Verzeichniseinträge darstellen.

RDNs werden durch ein oder mehrere Attribute des zu bezeichnenden Eintrags gebildet. Die Attribute müssen dabei so gewählt werden, dass sie den Eintrag von allen weiteren Einträgen derselben Ebene des Verzeichnisbaums eindeutig unterscheiden. Für Personen ist dies beispielsweise das Attribut Common Name (CN), das den Vor- und Nachnamen von Personen, aber auch für weitere Einträge wie Geräte oder Organisationen repräsentiert. Reicht ein Attribut nicht zur eindeutigen Benennung von Einträgen aus, können mehrere Attribute miteinander kombiniert werden. Für Personen könnten weitere Informationen wie das Geburtsdatum, die Telefonnummer oder die Adresse als zusätzliche Attribute verwendet werden. Distinguished Names werden dann durch die Kombination der entsprechenden RDNs ausgehend von der Wurzel des Verzeichnisbaumes gebildet. Abbildung 6.9 stellt einen an unserer Beispielanwendung orientierten Verzeichnisbaum, einen so genannten X.500 *Directory Information Tree (DIT)*, dar. Ein Beispiel für einen DN ist etwa /C=de/O=zulieferer/L=Dresden/OU=bestellung, wobei die hier verwendeten Standardattribute folgende Bedeutung haben: C - Country, O - Organization, L - Location, OU - Organisational Unit. Diese Standardattribute stellen die entsprechenden RDNs der Einträge auf den einzelnen Ebenen des Verzeichnisbaums dar. Der DN des Kunden „Kunde_X" könnten nun beispielsweise aus den Attributen Common Name und Street zusammengesetzt werden, wenn der Kundenname nicht eindeutig ist. Der DN würde dann etwa /C=de/O=onlinehaendler/OU=kundenverwaltung/CN=Kunde_X+Street= Dürerstrasse 26 lauten.

Intern wird auch bei X.500 eine ausgeprägt dezentral-hierarchische Implementierung durch Directory Server unter zusätzlichem Einsatz von Replikationstechniken vorgenommen. Die Namensinterpretation wird wahlweise durch Chaining-, Referral- oder Multicast-Protokolle realisiert. Dabei kommunizieren die verschiedenen Verzeichnisserver auf Basis des so genannten *Directory System Protocol (DSP)*. Der Zugriff der anfragenden Clients auf einen der Directory Server erfolgt dagegen über das *Directory Access Protocol (DAP)*. Hierfür setzte sich mittlerweile eine vereinfachte Version in der Praxis sehr stark durch, das *Lightweight Directory Access Protocol (LDAP)*. Es realisiert den Directory-Zugriff auf Basis der Internet-Protokolle TCP/IP und bietet eine einfach handhabbare Anfrageschnittstelle an, die in verschiedene Programmiersprachen eingebettet wurde.

Beispiel 6.1 gibt einen Überblick über die wichtigsten LDAP-Schnittstellenoperationen. Dabei werden Operationen zum Auf- und Abbau von Sitzungen zwischen LDAP-Clients und Namensservern (`bind` und `unbind`), zur Realisierung einer attributbasierten Recherche im Verzeichnisbaum und zur Recherche der zu einem Namen gehörigen Einträge (`search`), zum Erzeugen, Entfernen und Aktualisieren von Verzeichniseinträgen (`add`, `delete` und `modify`), zum Vergleich von Einträgen mit vorgegebenen Parametern (`compare`) und zum Abbrechen laufender Anfragen (`abandon`) angeboten.

Beispiel 6.1 Operationen des LDAP-Protokolls (aus [WHK97] bzw. [Ser06])

```
LDAPMessage ::= SEQUENCE {
  messageID  MessageID,
  protocolOp  CHOICE {
    bindRequest            BindRequest,
    bindResponse           BindResponse,
    unbindRequest          UnbindRequest,
    searchRequest          SearchRequest,
    searchResEntry         SearchResultEntry,
    searchResDone          SearchResultDone,
    searchResRef           SearchResultReference,
    modifyRequest          ModifyRequest,
    modifyResponse         ModifyResponse,
    addRequest             AddRequest,
    addResponse            AddResponse,
    delRequest             DelRequest,
    delResponse            DelResponse,
    modDNRequest           ModifyDNRequest,
    modDNResponse          ModifyDNResponse,
    compareRequest         CompareRequest,
    compareResponse        CompareResponse,
    abandonRequest         AbandonRequest,
    extendedReq            ExtendedRequest,
    extendedResp           ExtendedResponse,
    ...,
    intermediateResponse   IntermediateResponse },
  controls      [0] Controls OPTIONAL }
```

LDAP wird von nahezu allen gängigen Verzeichnisdienst-Produkten unterstützt und gewährleistet die Portabilität von Verzeichnisdienst-Anwendungen in Programmiersprachen wie Java, C, C++ und andere. In der Praxis existieren zahlreiche konkrete Produkte, die insbesondere die X.500 bzw. LDAP-Schnittstellen umsetzen und teilweise hoch skalierbare Verzeichnisdienst-Implementierungen anbieten.

Als Beispiele seien etwa der *Novell Directory Service (NDS)*, der *SUN Network Information Service (NIS)* oder der *Microsoft Active Directory Service (ADS)* genannt.

❯ 6.4.3 Java Naming and Directory Interface

Speziell innerhalb von Java-Anwendungen in Verbindung mit Remote Method Invocation und der Suche von Anwendungsservern im Rahmen des Bindevorgangs wird häufig auch die Java-spezifische Verzeichnisdienst-Schnittstelle *Java Naming and Directory Interface (JNDI)* verwendet. Diese Schnittstellenspezifikation wurde unabhängig von bestimmten Verzeichnisdienstimplementierungen entworfen und definiert abstrakte Schnittstellen zum Zugriff auf verschiedene Verzeichnisdienste, die insbesondere zu zusammengesetzten Namensräumen (*Composite Namespaces*) integriert werden können. Dazu werden in JNDI zwei abstrakte Schnittstellen spezifiziert. Einerseits definiert das JNDI API Schnittstellen für den Zugriff auf Verzeichnisinformationen für Anwendungen. Andererseits ermöglicht das *JNDI SPI (Service Provider Interface)* die Integration verschiedenster Verzeichnisdienst-Implementierungen.

Beispiel 6.2 Context-Interface in JNDI (aus [SM99])

```
public interface Context {
  public Object lookup(Name name) throws NamingException;
  public void bind(Name name, Object obj) throws NamingException;
  public void rebind(Name name, Object obj) throws NamingException;
  public void unbind(Name name) throws NamingException;
  public void rename(Name old, Name new) throws NamingException;
  public NamingEnumeration listBindings(Name name) throws NamingException;
  ...
  public Context createSubcontext(Name name) throws NamingException;
  public void destroySubcontext(Name name) throws NamingException;
  ...
}
```

Beispiel 6.2 zeigt die `Context`-Schnittstelle, die Basisoperationen für einen Namenskontext enthält. Über diese Schnittstelle können Objekte anhand von Namen gesucht (`lookup`), neue Bindungen zwischen Namen und Objekten erzeugt(`bind`) und bestehende Bindungen erneuert (`rebind`) oder gelöscht werden (`unbind`).

Beispiel 6.3 Directory-Interface in JNDI (aus [SM99])

```
public interface DirContext extends Context {
  public Attributes getAttributes(Name name)
      throws NamingException;
  public Attributes getAttributes(Name name, String[] attrIds)
      throws NamingException;
  ...
  public void modifyAttributes(Name name, int modOp, Attributes attrs)
      throws NamingException;
  public void modifyAttributes(Name name, ModificationItem[] mods)
      throws NamingException;
  ...
}
```

Darüber hinaus können mit (`listBindings`) Bindungen innerhalb eines Kontextes aufgelistet und mit (`rename`) umbenannt werden. Mit Hilfe von `create-Subcontext` bzw. `destroySubcontext` werden Subkontexte erzeugt bzw. wieder gelöscht.

Namen beziehen sich in JNDI immer auf einen bestimmten Kontext, es existieren keine absoluten Namen. Anwendungen müssen deshalb vor dem Zugriff auf einen Verzeichnisdienst zunächst einen initialen Kontext (`Initial-Context`) erlangen, über den dann auf die weiteren Kontexte des Namensraums zugegriffen werden kann. Namen werden durch die Schnittstelle `Name` repräsentiert, die Operationen zur Manipulation zusammengesetzter Namen enthält. Bindings werden in einer Klasse `Binding` verwaltet. Das Package `javax.naming.directory` enthält die Schnittstellen zu Zugriff auf Verzeichnisse und deren Attribute. Die Operationen der Schnittstelle DirContext werden in Beispiel 6.3 dargestellt. Operationen auf zugehörigen Attributen werden im Interface `Attributes` gekapselt. Weitere Packages der JNDI API umfassen Funktionen zur Ereignisbehandlung sowie LDAP v3 Erweiterungen.

6.5 Zusammenfassung

Namensdienste und – in ihrer erweiterten Form – Verzeichnisdienste sind wichtig für die Suche und Vermittlung von Ressourcen in Verteilten Systemen. Eine einfache Namensinterpretation reicht dabei meist nicht aus; vielmehr werden meist verteilte, dezentrale und damit besser skalierbare und fehlertolerante Verfahren realisiert. Grundlage bildet eine in der Regel hierarchisch angeordnete Struktur von Verzeichnisservern, wobei insbesondere auch intensiv von Replikationstechniken Gebrauch gemacht wird. Mit dem Domain Name System ist ein leistungsfähiger weltweiter Namensdienst im Internet verfügbar. Der X.500 Directory Service bietet zusätzliche Möglichkeiten zur Verwaltung attributbasierter Namen mit erweiterten Anfragemöglichkeiten. Verschiedene standardisierte Programmierschnittstellen wie LDAP und JNDI ermöglichen eine portable Realisierung verteilter Verzeichnisdienst-Anwendungen.

6.6 Übungsaufgaben

1. Erläutern Sie die wesentlichen Funktionen von Namens- und Verzeichnisdiensten! Worin besteht der wesentliche Unterschied zwischen beiden Dienstvarianten?

2. Welche Anforderungen können durch die Replikation von Namensservern erfüllt werden? Welche Probleme ergeben sich daraus?

3. Zur Durchführung einer verteilten Namensinterpretation müssen verschiedene Namensserver miteinander kommunizieren. Welche Möglichkeiten gibt es für die Realisierung und welche Konsequenzen haben diese für den anfragenden Client?

4. Die beiden deutschen Firmen „Computer" und „Netzwerk" haben jeweils die Abteilungen „Entwicklung", „Vertrieb" und „Forschung".
   a. Stellen Sie einen hierarchischen Namensraum für diese beiden Firmen in einem baumförmigen Diagramm unter Verwendung des DNS-Namensschemas sowie der X.500-Namensstruktur dar.
   b. Geben Sie für DNS und X.500 jeweils ein Beispiel eines relativen Namens innerhalb der Firma „Computer" an. In welchem Kontext wird dieser Name interpretiert?
   c. Fügen sie für DNS und X.500 jeweils die englische Firma „Commercial" mit den Abteilungen „Development", „Service" und „Research" ein.
   d. Der Wurzelkontext sowie der Kontext „Deutschland" wird bei den Namensservern D1 und D2 repliziert. Alle anderen Kontexte werden beim Server D3 verwaltet. Skizzieren Sie für X.500 den Ablauf für eine Anfrage nach dem Vertrieb von „Computer" ausgehend von dem englischen Unternehmen „Commercial", das von einem weiteren Server D4 verwaltet wird.
   e. Wie kann das Verhalten für Anfragen des englischen Unternehmens ggf. verbessert werden?

Kapitel 7

Komponentenbasierte Entwicklung Verteilter Systeme

7

A. Schill, T. Springer, *Verteilte Systeme*,
DOI 10.1007/978-3-642-25796-4_7, © Springer-Verlag Berlin Heidelberg 2012

7

7 Komponentenbasierte Entwicklung Verteilter Systeme

In den vorangegangenen Kapiteln wurden die grundlegenden Mechanismen und Dienste Verteilter Systeme vorgestellt. Die Darstellung umfasste dabei vor allem die wesentlichen Funktions- und Realisierungskonzepte sowie die zur Laufzeit der Anwendung relevanten Mechanismen. Dies wird nun durch Betrachtungen des Entwicklungsprozesses verteilter Anwendungen ergänzt. In diesem müssen neben der Funktionalität der Anwendung auch deren Zusammenwirken mit der Laufzeitplattform sowie den bereits diskutierten Basisdiensten festgelegt und umgesetzt werden.

Nach einer Anforderungsanalyse, die sich sehr stark an der Denk- und Sprechweise der Anwender orientiert und von technischen Details der Umsetzung weitgehend abstrahiert, wird in einer Entwurfsphase ein Konzept des zu realisierenden Systems entwickelt. Als Standardsprache für den objektorientierten Software-Entwurf hat sich die *Unified Modeling Language (UML)* etabliert, Erweiterungen ermöglichen inzwischen aber auch die Spezifikation von komponentenbasierten Systemen. UML ermöglicht die Spezifikation verschiedener Sichten eines Anwendungsmodells sowie eine schrittweise Konkretisierung und Verfeinerung des Entwurfs.

Die Umsetzung eines verteilten Systementwurfs erfolgt in der Regel direkt in mehrschichtigen Client/Server-Architekturen, meist auf der Basis objektorientierter Konzepte. Zunehmend haben sich aber auch komponentenbasierte Plattformen etabliert, die vor allem zur Realisierung der serverseitigen Anwendungsfunktionalität eingesetzt werden, aber auch bei der Umsetzung clientseitiger Anwendungskomponenten, insbesondere zur Erstellung von Benutzerschnittstellen, verwendet werden können.

Basis zur Implementierung der serverseitigen Anwendungslogik bilden heute *Application Server*, die eine umfassende Realisierungsplattform für mehrschichtige Architekturen bereitstellen. Neben der Unterstützung eines Komponentenmodells in Form eines Laufzeitcontainers als Grundlage für die Realisierung der Anwendungsfunktionalität, werden auch umfassende Lösungen zur Unterstützung für Web-basierte Anwendungen und die Anbindung an Datenhaltungssysteme sowie zur Legacy-Integration bereitgestellt. Überwiegend steht auch eine integrierte Werkzeugumgebung zur Verfügung, die die Entwicklung verteilter Anwendungen von der Entwurfsphase über die Implementierung bis hin zur Installation der verteilten Anwendungskomponenten abdeckt.

Moderne Werkzeuge bieten heute auf der Basis von Anwendungsmodellen in UML die Möglichkeit, für verschiedene Komponentenmodelle und Programmiersprachen Code zu erzeugen und damit die Anwendungsentwicklung wesentlich zu vereinfachen. Darüber hinaus werden die so entwickelten Anwendungskomponenten in einer so genannten *Deploymentphase* in einer Laufzeitplattform installiert. Dabei können die Eigenschaften der Komponenten bezüglich der Basisdienste Verteilter Systeme spezifisch für die jeweilige Anwendung konfiguriert werden. Dies betrifft vor allem die Persistenz der Anwendungsdaten, das transaktionale Verhalten der Komponenten und Sicherheitsaspekte. Damit werden diese für Verteile Systeme wichtigen Eigenschaften getrennt von der Anwendungsfunktionalität deklarativ beschrieben, wodurch der Entwicklungsaufwand für verteilte Anwendungen sinkt. Gleichzeitig wird die Wiederverwendbarkeit der Anwendungskomponenten wesentlich erhöht.

Den Abschluss des Kapitels bilden Ansätze für Test und Debugging Verteilter Systeme. Gerade aufgrund der Verteilung und der nebenläufigen Verarbeitung durch mehrere Prozesse bzw. Threads werden dafür erweiterte Konzepte benötigt, die ebenfalls in diesem Kapitel diskutiert werden.

7.1 Komponentenbasierte Softwareentwicklung

Zur Umsetzung von Softwareentwürfen Verteilter Systeme, insbesondere der serverseitigen Anwendungslogik, setzt sich heute zunehmend der *komponentenbasierte Ansatz* gegenüber den traditionellen Client/Server-basierten und objektorientierten Modellen durch. Dies liegt vor allem in der *Vereinfachung der Entwicklung* verteilter Anwendungen und der *erhöhten Wiederverwendbarkeit* von Teilen der Anwendungslogik durch die Verwendung von Softwarekomponenten begründet.

Abbildung 7.1 zeigt dazu zunächst nochmals das Zusammenwirken der bisher vorgestellten Konzepte und Dienste für Verteilte Systeme anhand unserer Beispielanwendung. Diese lässt sich durch eine dreistufige Client/Server-Architektur realisieren. Die erste Stufe auf Clientseite enthält dabei die Benutzerschnittstelle und gegebenenfalls auch Anwendungslogik, etwa zur Validierung von Eingabedaten und zum Absetzen entfernter Aufrufe von Funktionen der serverseitigen Anwendungslogik. In der mittleren Stufe wird dann die serverseitige Anwendungslogik realisiert. Diese kann natürlich auch über mehrere Server verteilt werden, etwa wenn im Unternehmen des Onlinehändlers die Server verschiedener Abteilungen Funktionen zur Lagerverwaltung, Kundenadministration und zur Abwicklung von Bestellvorgängen anbieten. Über Unternehmensgrenzen hinweg könnte außerdem die Funktionalität zur Bestellungsabwicklung eines Zulieferers eingebunden werden. In der dritten Stufe befinden sich Datenhaltungssysteme wie Datenbanken sowie möglicherweise bestehende Altsysteme, auf die über die Anwendungslogik zugegriffen wird.

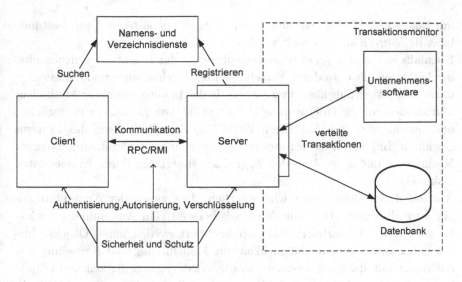

Abbildung 7.1. Gesamtsicht auf ein Verteiltes System

Die Zusammenarbeit dieser drei Stufen wird nun in der Regel über die in den vorangegangenen Kapiteln diskutierten Basisdienste für Verteilte Systeme realisiert. Die entfernte Kommunikation erfolgt je nach Anwendungsfall über einen der in Kapitel 3 diskutierten Mechanismen. Der Aufruf von Serverfunktionen wird dabei in heutigen Systemen auf der Basis entfernter Methodenaufrufe, in der Java-Welt also Java RMI bzw. SOAP für Web Services, durchgeführt. Damit verbunden ist das Auffinden von Ressourcen, insbesondere von Kommunikationspartnern, in der verteilten Systemumgebung. Dieser Bindevorgang wird durch Zugriffe auf einen Verzeichnisdienst abgewickelt. Ressourcen werden bei diesem zunächst registriert und können über entsprechende Suchfunktionen gefunden und gebunden werden. In unserem Beispiel können Clients so etwa auf eine Serverkomponente zur Realisierung eines Warenkorbs und Produktkatalogs zugreifen und Bestellungen abgeben. In der mittleren Stufe kann analog die Bindung zwischen Anwendungsteilen zur Vorverarbeitung von Bestellungen, zur Lagerverwaltung und zur Kundenadministration erfolgen.

Sollen mehrere Ressourcenzugriffe und Serveraufrufe zu Transaktionen verbunden werden, wird auch die Funktionalität von Transaktionsmanagern in die verteilte Anwendung mit einbezogen, die dann die Abarbeitung und insbesondere den Abschluss verteilter Transaktionen koordinieren. In unserer Beispielanwendung ist das etwa bei der Abarbeitung von Bestellungen notwendig, wenn Waren aus dem Lager entnommen und zu einer Versandliste hinzugefügt werden, wie dies in Kapitel 4 bereits diskutiert wurde. Damit kann eine konsistente Manipulation verteilter persistenter Datenbestände bzw. Ressourcen sichergestellt werden.

Ebenfalls von großer praktischer Bedeutung ist der Einsatz von Sicherheitsmechanismen, die etwa durch Verschlüsselungsmechanismen und digitale Signaturen die Vertraulichkeit und Integrität der Inhalte entfernter Methodenaufrufe sichern, die Überprüfung der Identität von Benutzern ermöglichen und nur autorisierten Benutzern Zugriff auf die Ressourcen des Systems gewähren. In Kapitel 5 wird dies etwa allgemein für entfernt ausgetauschte Nachrichten und speziell für den Zugriff auf Bestellungen und Kundendaten diskutiert.

Anhand dieser Gesamtsicht wird deutlich, dass neben der Anwendungslogik auch die Interaktion mit den Basisdiensten vom Anwendungsentwickler entsprechend konzipiert und implementiert werden muss. Objekte bieten dafür zwar eine gute Möglichkeit zur Modellierung und Kapselung von Sachverhalten, die Mechanismen, die die Wiederverwendbarkeit von Objekten ermöglichen, sind jedoch nur begrenzt auf die Problemstellungen Verteilter Systeme anwendbar.

Die Wiederverwendung basiert in der Regel auf Bibliotheken, Frameworks und abstrakten Programmierschnittstellen. Diese werden zwar generisch entworfen, sind aber durch eine direkte Implementierung überwiegend an eine bestimmte Plattform gebunden. Für die Basisdienste verteilter Systeme existieren zwar auch standardisierte Schnittstellen, herstellerspezifische Erweiterungen werden von den Standards jedoch meist nicht erfasst. Werden erweiterte Funktionen verwendet, resultiert daraus eine Abhängigkeit von einem bestimmten Produkt bzw. einer Plattform. Zudem werden häufig implizit bzw. aus Gründen der Optimierung Annahmen über Datenstrukturen, Schnittstellen und Systemverhalten getroffen, die Abhängigkeiten zur Folge haben. Die Wiederverwendung durch Vererbung erzeugt insbesondere bei der Verwendung von Frameworks Abhängigkeiten, die dem Programmierer zumeist nicht bekannt bzw. bewusst sind.

Daraus ergibt sich ein weiterer wichtiger Punkt. Im implementierten Objektcode werden Anwendungslogik und verteilungsspezifische Funktionen in der Regel vermischt und können nicht ohne weiteres geändert bzw. getrennt werden. Dies wird auch in den Programmierbeispielen in den vorangegangenen Kapiteln für Java deutlich, etwa im Beispiel 3.3 in Bezug auf die Registrierung eines Serverobjektes bei einem Namensdienst. Der dafür notwendige Code, im Beispiel auch der verwendete logische Name für die Registrierung, müssen vom Entwickler mit dem Code für die Anwendungslogik implementiert werden. Daraus ergibt sich bei Änderungen die Notwendigkeit zum Neukompilieren des Objektcodes. Eine Möglichkeit zur Konfiguration müsste vom Anwendungsentwickler explizit implementiert werden. Die Anweisungen zur Installation des SecurityManagers machen weiterhin deutlich, dass häufig auch plattformspezifische Aufrufe Teil des Objektcodes sein müssen, der die Wiederverwendbarkeit der Anwendungslogik stark einschränkt. Ähnliches gilt für die Nutzung weiterer Basisdienste für Transaktionen, Sicherheit und Persistenz. Auch hier werden Aufrufe als Teil der Methoden im Objectcode implementiert.

Aus den genannten Gründen sind für die Entwicklung Verteilter Systeme erweiterte Konzepte notwendig, die vor allem die Trennung von Anwendungslogik und verteilungsspezifischen Funktionen ermöglichen. Darüber hinaus ist die Möglichkeit der Konfiguration von Verteilungsspezifika, etwa der logische Name zur Registrierung von Serverfunktionalität oder das Verhalten von Methoden innerhalb von Transaktionen, wünschenswert. Im Idealfall sollte der Anwendungsprogrammierer nur noch die Anwendungslogik entwickeln müssen, wobei hier in erweitertem Umfang auch eine Wiederverwendung möglich sein sollte. Von Details der Verteilung, der Implementierung der Basisdienste und der Laufzeitplattform sollte dagegen vollständig abstrahiert werden können.

Softwarekomponenten bieten dafür entsprechende Lösungen an. Eingebettet in eine Laufzeitumgebung, einen so genannten *Container*, bieten sie eine weitgehende Unabhängigkeit von Plattformdetails. Der Container bildet hier eine weitere Abstraktionsschicht zwischen Middleware und Anwendung, die eine Konfiguration verteilungsspezifischer Funktionen aus Entwicklersicht ermöglichen. Dies kann auf der Basis entsprechender Entwicklungswerkzeuge erfolgen. Verteilungs- und plattformspezifische Details werden durch standardisierte Schnittstellen und die Generierung von Code überbrückt und können damit vor dem Entwickler weitgehend verborgen werden.

In den folgenden Abschnitten sollen diese Aspekte vertieft werden. Nach einer allgemeinen Betrachtung von Komponenten wird genauer auf die komponentenbasierte Entwicklung Verteilter Systeme eingegangen.

7.1.1 Softwarekomponenten

Das Konzept von Komponenten als Bausteine für die Softwareentwicklung hat in den letzten Jahren eine weite Verbreitung gefunden. Diese Entwicklung wird nach [KB98] vor allem durch die Notwendigkeit der Interoperabilität unabhängig voneinander entwickelter Softwaremodule und die kommerzielle Verfügbarkeit verteilter Plattformen wie Microsoft .NET bzw. Application Server auf der Basis von *Enterprise JavaBeans (EJB)* vorangetrieben. Die komponentenorientierte Softwareentwicklung verspricht eine einfache Entwicklung von Anwendungen durch das *Zusammenfügen von (standardisierten) Bausteinen*, die *Wiederverwendbarkeit dieser Bausteine* und eine *leichte Änderbarkeit von Softwaresystemen* durch die Weiterentwicklung bzw. den Austausch von Komponenten. Damit wird unter anderem der hohen Änderungsrate Rechnung getragen, der Softwaresysteme heute unterworfen sind.

Die Architektur, d. h. die Beziehungen zwischen Komponenten, rückt durch die komponentenorientierte Softwareentwicklung in das Zentrum der Betrachtungen [CD00]. Diese Sichtweise ermöglicht die Veränderbarkeit und Anpassbarkeit von Software durch das Ersetzen von Komponenten entweder durch komplett neue Implementierungen oder neue Versionen aktueller Implementierungen. Individuelle Komponenten und deren Wiederverwendbarkeit sind ebenfalls von großer Bedeutung, stellen jedoch nicht unbedingt die Hauptmotivation für diesen Ansatz dar.

Die Eigenschaften von Softwarekomponenten hängen dabei von der jeweiligen Betrachtungsweise ab. Prinzipiell können hier zwei Sichten auf Komponenten unterschieden werden. Die *Entwurfssicht* betrachtet abstrakte Komponenten als Grundlage für einen komponentenorientierten Softwareentwurf. Die *Implementierungssicht* betrachtet Komponenten dagegen als fertige, kommerziell verfügbare Softwarebausteine, die in standardisierten Komponentenframeworks eingesetzt werden können. Diese Betrachtung wird in [CD00] anhand der folgenden vier Sichten weiter differenziert:

1. *Komponentenspezifikation*: Diese Sicht definiert die „Hülle" einer Komponente unabhängig von deren Implementierung. Spezifiziert werden die von der Komponente angebotenen und benötigten Schnittstellen und deren Beziehungen untereinander. Die Schnittstellen werden getrennt von weiteren Komponentenbestandteilen spezifiziert. Diese Sicht unterstützt vor allem eine Betrachtung der Architektur unabhängig von der Implementierung einzelner Komponenten.

2. *Komponentenimplementierung*: Diese Sicht definiert die Implementierung einer Komponente entsprechend einer gegebenen Spezifikation und damit den „Inhalt" der durch die Spezifikation festgelegten „Hülle". Damit wird eine klare Trennung der Spezifikation von der Implementierung einer Komponente erreicht. Eine Spezifikation kann verschiedene Implementierungen besitzen.

3. *Installierte Komponente*: Diese Sicht beschreibt die Installation von Komponentenimplementierungen in einer Komponentenplattform. Dieser Vorgang wird auch als *Deployment* bezeichnet und meldet die Komponentenimplementierung bei der Komponentenplattform an. Die Komponentenplattformen erlauben in dieser Sicht u.a. das Hinzufügen von Informationen über die Nutzung von Plattformdiensten durch die Komponente (z. B. Transaktionsverarbeitung, Persistenz und Sicherheit).

4. *Komponentenobjekt*: Diese Sicht beschreibt eine Komponente zur Laufzeit. Komponentenobjekte repräsentieren Instanzen einer Komponente, die wie

Objekte eine Identität besitzen und Anwendungslogik sowie Zustandsinformationen einkapseln.

Durch diese Sichten erfolgt eine klare Trennung der Spezifikation einer Komponente von deren Implementierung. Wesentlich ist außerdem der Bezug zu einem Komponentenstandard. Erst durch einen konkreten Bezug zu einer Komponentenplattform wird ein Softwareartefakt, also etwa eine Sammlung von Schnittstellen und Klassen, zu einer Komponente.

Die folgende Definition einer Komponente von Szyperski [SGM02] soll für die weiteren Betrachtungen herangezogen werden:

> „A component is a unit of composition with contractually specified interfaces and explicit context dependency only. A component can be deployed independently and is subject to composition by third parties."

Die Definition betont die ausschließlich expliziten Kontextabhängigkeiten sowie die unabhängige Verwendbarkeit von Komponenten. Technisch gesehen ist eine Komponente eine Einheit zur Komposition, d. h., sie wird nur als ganzes spezifiziert, implementiert und eingesetzt. Sie besitzt außerdem vertraglich spezifizierte Schnittstellen. Verträge stellen für die komponentenorientierte Softwareentwicklung ein wichtiges Konzept dar. Sie werden zwischen mindestens zwei Parteien geschlossen und definieren sowohl die Rechte als auch die Verpflichtungen aller Parteien. In [CD00] werden zwei Typen von Verträgen beschrieben: Nutzungsverträge und Realisierungsverträge.

Nutzungsverträge beziehen sich auf Schnittstellenspezifikationen. Die beteiligten Parteien sind der Anbieter und der Nutzer einer Schnittstelle. Die Spezifikation der Schnittstelle stellt einen Vertragsentwurf dar, der Vor- und Nachbedingungen, Invarianten sowie weitere nicht-funktionale Anforderungen definiert. Der Vertrag sieht vor, dass der Nutzer der Schnittstelle sicherstellen muss, dass die Vorbedingungen erfüllt sind. Ist dies der Fall, müssen vom Anbieter die Nachbedingungen erfüllt werden, ohne gegebene Rahmenbedingungen zu verletzen (z. B. die Erfüllung bestimmter Dienstgütekriterien oder eines bestimmten Sicherheitsstandards).

Realisierungsverträge werden zwischen einer Komponentenspezifikation und möglichen Implementierungen geschlossen. Die Komponentenspezifikation definiert die angebotenen und die benutzten Schnittstellen einer Komponente sowie deren Zusammenhänge. Diese Spezifikation muss von jeder Implementierung erfüllt werden.

Explizite Kontextabhängigkeiten beschreiben neben den von der Komponente benutzten Schnittstellen auch Beziehungen zu einem Komponentenmodell und Komponentenplattformen. Das Komponentenmodell definiert die von der Komponente geforderten Schnittstellen sowie Regeln zur Komposition von

Komponenten. Eine Komponentenplattform stellt die Laufzeit- und Dienst-
umgebung für Komponenten eines Komponentenmodells zur Verfügung. Damit verbunden definiert die Komponentenplattform Regeln für das Deployment, die Installation, die Aktivierung und Abarbeitung von Komponenten.
Explizite Kontextabhängigkeiten sind damit neben den benutzten Schnittstellen auch das zugrunde liegende Komponentenmodell sowie Informationen
über die Komponentenplattform und die Implementierung der Komponente
(z. B. Implementierungssprache, Deploymentinformationen und verwendeter
Compiler).

❯ 7.1.2 Softwareentwurf und -lebenszyklus

Verteilte Anwendungen sind komplexe Systeme, die in der Regel eine lange
Lebensdauer besitzen, während der sie aber ständigen Veränderungen unterworfen sind. Die Unterstützung einer leichten Erweiterbarkeit, Wartbar-
keit und Änderbarkeit ist deshalb über den gesamten Lebenszyklus verteilter Anwendungen notwendig. Die wesentlichen strukturellen und funktionalen Aspekte eines Verteilten Systems müssen dabei bereits in der Anforderungsanalyse erfasst und in leicht verständlicher und gut veränderbarer und
wartbarer Form spezifiziert werden können. In den weiteren Entwicklungsschritten müssen diese Anforderungen dann konsistent mitgeführt und in ein
lauffähiges System umgesetzt werden können. Dabei sollte eine möglichst
gute Werkzeugunterstützung zur Verfügung stehen, um Routineaufgaben zu
automatisieren und den Entwickler insbesondere bei der Umsetzung verteilungsspezifischer Aspekte zu entlasten.

Mit den heute verfügbaren Werkzeugumgebungen können die verschiedenen Aspekte eines Verteilten Systems in mehreren Entwicklungsschritten
erfasst und umgesetzt werden. Die Modellierung des Systems erfolgt dabei
in der Regel auf unterschiedlichen Abstraktionsebenen, wie dies für Komponenten bereits im vorangegangenen Abschnitt diskutiert wurde. Werkzeuge unterstützen deshalb heute in der Regel verschiedene Entwicklungsschritte, in denen die verschiedenen Aspekte eines Verteilten Systems in unterschiedlichen Modellierungsebenen erfasst und umgesetzt werden können.
Diese ermöglichen unterschiedliche Sichten auf komponentenbasierte Systeme
und unterstützen damit eine schrittweise Verfeinerung eines zunächst fachlich
orientierten Entwurfs hin zu konkreten Komponentenmodellen, Plattform-
technologien und lauffähigen Komponenteninstanzen.

Den einzelnen Sichten auf das System können dabei verschiedene Entwicklungsschritte zugeordnet werden, wie dies in Abbildung 7.2 im Gesamtüber-
blick über den Lebenszyklus verteilter Anwendungen gezeigt wird. Nach der
Anforderungsanalyse wird in einem ersten Entwicklungsschritt zunächst auf
sehr abstrakter Ebene eine *Spezifikation* des Gesamtsystems erstellt. Die-

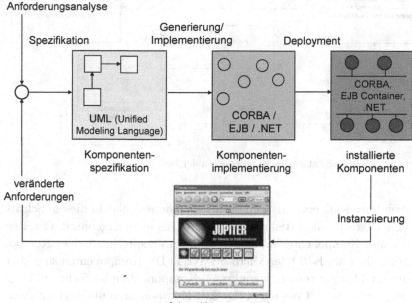

Abbildung 7.2. Entwurf als Teil des Softwarelebenszyklus

se enthält grob-granulare Komponenten und deren Interaktionsbeziehungen, wie dies in Form eines UML-Diagramms in Abbildung 7.3 für einen Teil unserer Beispielanwendung dargestellt wird. Diese Spezifikation kann dann schrittweise verfeinert werden, wobei die grob-granularen Komponenten zerlegt werden, bis atomare Komponenten entstehen. Ein Beispiel dafür enthält Abbildung 7.5. Hier wird die grob-granulare Komponente „Bestellungsmanagement" in mehrere atomare Komponenten zerlegt. Die Entwicklung erfolgt in diesem Schritt auf der Ebene der Anwendungsarchitektur, unabhängig von bestimmten Technologien und Plattformen.

Wurden atomare Komponenten identifiziert, können diese dann in einem zweiten Entwicklungsschritt an eine *Implementierung* gebunden werden. Dabei können entweder vorgefertigte Komponenten wiederverwendet werden oder es muss eine Implementierung entsprechend der Komponentenspezifikation erstellt werden. Im letzteren Fall bieten heute verfügbare Werkzeuge eine automatische *Generierung* von Codefragmenten für Komponenten an, die in der Regel auf objektorientierten Programmiersprachen aufsetzen. Diese entsprechen bereits den Anforderungen des gewählten Komponentenmodells, indem etwa Objektcode mit entsprechenden Vererbungsbeziehungen und Schnittstellendeklarationen sowie dazugehörigen Konstruktoren und Methodenrümpfen erzeugt werden. Vom Entwickler muss dann nur noch

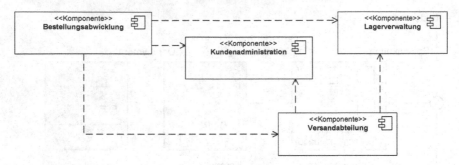

Abbildung 7.3. Grobe Sicht auf die Komponenten der Beispielanwendung

die Anwendungslogik ergänzt werden. Insbesondere erfolgt in diesem Schritt noch keine Betrachtung verteilungsspezifischer Aspekte. Ergebnis des zweiten Schrittes sind Komponentenimplementierungen entsprechend eines Komponentenmodells, etwa EJB oder Microsoft .NET. Die Komponenten sind aber weiterhin unabhängig von einer konkreten Komponentenplattform, etwa der Implementierung eines Containers für EJB-Komponenten durch einen Application Server.

Im *dritten Entwicklungsschritt* werden die nun in mindestens einer Implementierung vorliegenden Komponenten in eine konkrete Laufzeitumgebung installiert, was auch als *Deployment* bezeichnet wird. Dies erfolgt in der Regel mit einem für die Laufzeitumgebung spezifischen Werkzeug, in dem die zu installierenden Komponenten um Beschreibungen ihres verteilungsspezifischen Verhaltens erweitert werden können. Herkömmlich wird dies meist durch verschiedenste Script-Sprachen in heterogener, kaum portabler Weise beschrieben. Aktuelle Ansätze ermöglichen eine deklarative Beschreibung in Form von Attributen, in einer einheitlichen, auf XML basierenden Notation. Dies wurde in Abschnitt 4.4.4 am Beispiel von Transaktionsattributen für Methoden von EJB-Komponenten erläutert. Dabei kann für einzelne oder gesammelt für alle Methoden einer Komponente festgelegt werden, ob beim Aufruf der entsprechenden Methode ein Transaktionskontext vorhanden sein darf oder nicht bzw. ob ein neuer Transaktionskontext erzeugt werden muss. Ähnliche Möglichkeiten bestehen für Sicherheits- und Persistenzaspekte sowie die Registrierung der Komponenten bei einem Namensdienst, für die ebenfalls Attribute in einem so genannten *Deployment Descriptor* festgelegt werden können.

Das beschriebene Verhalten wird dann zur Installationszeit durch Werkzeuge auf allen beteiligten heterogenen Rechnern spezifisch für die jeweilige Laufzeitumgebung umgesetzt, etwa indem entsprechender Code generiert wird, zusätzliche Objekte oder Komponenten erzeugt oder Threads gestartet werden. Auf diese Weise kann die in den Komponenten enthaltene Anwendungslogik von den verteilungsspezifischen Aspekten getrennt werden, wodurch sich die Wiederverwendbarkeit der Komponenten erhöht und die Entwicklung vereinfacht wird. Eine erweiterte Funktionalität kann eventuell durch Werkzeuge zur Konfigurationsverwaltung geboten werden; dadurch wird eine grafische Definition und Modifikation der Gesamtkonfiguration eines Verteilten Systems in komfortabler Weise unterstützt. Hierauf wird in Abschnitt 9.2 noch näher eingegangen.

Zur Laufzeit erfolgt dann die *Instanziierung* der zuvor installierten Komponenten, die damit auch aufgerufen werden können. Dabei werden Komponenteninstanzen durch den Container erzeugt, der deren gesamten Lebenszyklus steuert. Dies bedeutet auch, dass der Container entscheidet, wann eine Komponenteninstanz erzeugt werden muss, wann diese aktiviert oder passiviert wird und wann persistente Daten mit dem Backend abgeglichen werden. Darüber hinaus stellt die Laufzeitumgebung auch Werkzeuge zur Überwachung des Gesamtsystems zur Verfügung, etwa zur Steuerung von Replikation und Clustering von Komponenten bzw. verteilten Servern, zur Verwaltung verteilter Transaktionen und zur Definition von Rollen für die Zugriffskontrolle auf Ressourcen des Systems.

Weitere typische Aufgaben sind Test und Debugging sowie Monitoring eines Verteilten Systems. Während aus dem Bereich der traditionellen Softwareentwicklung hierfür etablierte Methoden und Werkzeuge seit langem üblich sind, stellen Verteilte Systeme weitergehende Anforderungen und machen entsprechend erweiterte Techniken erforderlich. So sind insbesondere Systeme mit vielen gleichzeitig aktiven, parallelen bzw. quasi-parallelen Threads und Prozessen zu beherrschen. Dadurch entstehen indeterministische Abläufe, die nicht ohne weiteres in zusätzlichen Testläufen reproduzierbar sind, und auch das entstehende Informationsvolumen beim Softwaretest und -debugging kann ungleich größer sein als in herkömmlichen Systemen. Ferner ist ein Monitoring zur Laufzeit erforderlich, um etwa Verklemmungen und Rücksetzvorgänge bei verteilten Transaktionen zu überwachen oder um Skalierbarkeitsengpässe zu identifizieren und nachfolgend zu beheben.

Mit der Nutzung des Systems ergeben sich meist auch Änderungen der erfassten Anforderungen, etwa wenn sich Geschäftsprozesse eines Unternehmens ändern oder Kunden erweiterte Nutzungsmöglichkeiten vom System erwarten. Außerdem ist es wünschenswert, dass die Erfahrungen, die zur Entwurfs-, Implementierungs-, Installations- und Laufzeit gewonnen wurden, wieder in die Anforderungsanalyse und darauf aufbauend in verfeinerte bzw. modifizierte Softwareentwürfe zurückfließen und in den einzelnen Entwicklungsschritten umgesetzt werden. Dies betrifft sowohl Änderungen des Gesamtsystems als auch Änderungen der Implementierung oder Installation einzelner Kompo-

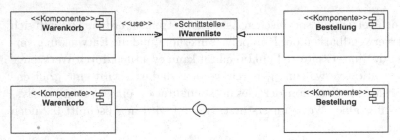

Abbildung 7.4.   Alternative Notationen für angebotene bzw. geforderte Schnittstellen in UML 2.0

nenten. Dafür ist allerdings auch zukünftig ein sehr anspruchsvolles, kreatives Vorgehen notwendig, das kaum automatisierbar ist.

❯ 7.1.3 Anwendungsmodellierung mit UML

Wie bereits im vorangegangenen Abschnitt angedeutet, spielt die *Unified Modeling Language (UML)* eine wesentliche Rolle für die Entwicklung verteilter Anwendungen. Diese Modellierungssprache basiert auf objektorientierten Konzepten, bietet zunehmend aber auch eine Unterstützung für den komponentenbasierten Softwareentwurf. Mit UML können sowohl die Gesamtstruktur einer Anwendung als auch spezielle Aspekte wie etwa Interaktionen zwischen Anwendungskomponenten und Folgen von Systemzuständen durch einheitliche, diagrammbasierte Notationen beschrieben werden.

UML bietet damit eine Unterstützung der Modellierung der Gesamtarchitektur verteilter Anwendungen als auch der Spezifikation und Implementierung einzelner Komponenten. Abbildung 7.3 zeigt einen Teil unserer Beispielanwendung in Form eines UML-Komponentendiagramms. Dieses könnte in einem ersten Entwurfsschritt mit Hilfe eines UML-Werkzeuges erstellt werden und enthält zunächst mit den wesentlichen Komponenten und deren Abhängigkeiten nur eine sehr grobe Sicht auf die Anwendung. Eine Komponente wird in der aktuellen Version 2.0 von UML als Rechteck dargestellt und mit dem Schlüsselwort <<Komponente>> sowie optional mit einem Komponentensymbol in der oberen rechten Ecke gekennzeichnet. Teil der Definition einer Komponente sind außerdem sowohl deren bereitgestellte (*provided*) als auch die von der Komponente genutzten (*required*) Schnittstellen. Diese können durch unterschiedliche Notationen dargestellt werden, wie dies in Abbildung 7.4 gezeigt wird. Der obere Teil der Abbildung enthält dabei eine ausführlichere Notation, in der die Schnittstelle detailliert spezifiziert werden kann. Die Beziehungen zwischen den Komponenten und der Schnittstelle werden durch *Usage*- und *Realization*-Relationen modelliert. In der verkürzten Notation im unteren Teil der Darstellung werden bereitgestellte

Schnittstellen durch so genannte Lollipop-Symbole und genutzte Schnittstellen durch eine halbrunde „Fassung" umgesetzt. Gemeinsam werden die beiden Teile der Schnittstellenbeschreibung auch als Ball-and-Socket-Notation bezeichnet. Damit lassen sich Interaktionsbeziehungen zwischen Komponenten über Schnittstellen definieren.

Abbildung 7.5 stellt dann die Verfeinerung der Komponente „Bestellungsmanagment" ebenfalls in einem Komponentendiagramm dar. Damit lassen sich nun hierarchische Strukturen von Komponenten modellieren. Die Komponente „Bestellungsmangement" besteht nun intern aus den Komponenten „Warenkorb", „Bestellung", „Produktkatalog" und „Auftragserstellung", die über entsprechende Schnittstellen miteinander interagieren und so insgesamt die Funktionalität der übergeordneten Komponente realisieren. Interne Schnittstellen können über die als Ports bezeichneten Interaktionspunkte auf Elemente der nächsthöheren Hierarchieebene abgebildet werden. Dies erfolgt über <<delegate>>-Konnektoren. Ports werden dabei als Quadrat notiert, <<delegate>>-Konnektoren durch Pfeile mit gestrichelter Linie notiert.

Wie in der Abbildung gezeigt, werden über den Warenkorb nun Bestellungen verwaltet, wobei zum Hinzufügen und Entfernen von Produkten zum Warenkorb auf den Produktkatalog zugegriffen wird, um auf die notwendigen Produktinformationen zuzugreifen. Beim Abschluss einer Bestellung greift der Warenkorb auf die Komponente „Auftragserstellung" zu, um einen Auftrag für die Versandabteilung vorzubereiten. Diese greift dazu wiederum auf die Bestellung zu und leitet neu erstellte Versandaufträge über die Schnittstelle „IVersand" an die Versandabteilung weiter.

Zur weiteren Konkretisierung des Entwurfes einzelner Komponenten könnten nun weitere Diagrammtypen einbezogen werden. So lassen sich etwa mit *Sequenzdiagrammen* und *Kommunikationsdiagrammen* Nachrichtenabläufe zwischen verschiedenen Komponenten modellieren. *Zustandsdiagramme* erlauben die Beschreibung interner Abläufe durch Zustände und Übergänge zwischen diesen.

Zur Bindung an ein konkretes Komponentenmodell existieren mit UML Profilen Erweiterungen von UML, die zur Festlegung von Komponenten- und Schnittstellentypen im Rahmen des jeweiligen Komponentenmodells verwendet werden können. So bietet etwa das *UML Profil für EJB* Stereotypen wie <<EJBRemoteInterface>> und <<entity>>, die zur Abbildung abstrakter Elemente auf EJB-spezifische Elemente verwendet werden können. Mit Hilfe von *Verteilungsdiagrammen* lassen sich schließlich auch Laufzeitarchitekturen darstellen, deren Komponenten auf mehreren Knoten eines Systems verteilt sind.

Um UML-Modelle möglichst gut zwischen verschiedenen Werkzeugen austauschen zu können, wurden mittlerweile auch Standards für die interne Re-

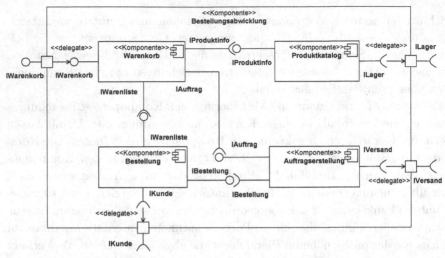

Abbildung 7.5. Detaillierte Sicht auf die Komponente „Bestellungsabwicklung"

präsentation entwickelt. Eine übergreifende Lösung ist mit dem Austauschformat *XML Metadata Interchange (XMI)* gegeben, einer einheitlichen Repräsentation von UML-basierten Modellen eines Softwareentwurfs in XML. Mit Hilfe dieser standardisierten Repräsentation können Modelle sowohl in horizontaler als auch in vertikaler Ebene zwischen verschiedenen Werkzeugumgebungen ausgetauscht werden, um eine schrittweise Verfeinerung und Konkretisierung des UML-Entwurfs zu erreichen. Dieser sollte letztlich so konkret sein, dass daraus alle wesentlichen Rahmenschnittstellen eines Verteilten Systems automatisch generiert werden können und „lediglich" die Detailimplementierung auf Ebene der Programmiersprache manuell zu realisieren ist. Auch dieser Generierungsschritt kann unter Verwendung von XMI als Repräsentationsformat für Modelle erfolgen, wie dies in Abbildung 7.6 dargestellt wird. Dabei erfolgt die Bindung an eine konkrete Komponententechnologie, für die dann entsprechender Code generiert wird. UML-basierte Werkzeuge sind etwa Rational Rose, Poseidon, Together und Omondo UML.

❯ 7.1.4 Komponentenplattformen

In den vorangegangenen Abschnitten wurde bereits beschrieben, dass Komponenten auf verschiedenen Ebenen betrachtet werden können und wie diese Sichten sich in den Lebenszyklus von Anwendungen einordnen. In einem ersten Entwicklungsschritt wird dabei eine Spezifikation erstellt, die unabhängig von Technologien die Architektur des Gesamtsystems beschreibt und dabei abstrakte Elemente als Teile der Anwendung identifiziert. Durch die Verfeinerung dieser Spezifikation werden dann grob-granulare Kompo-

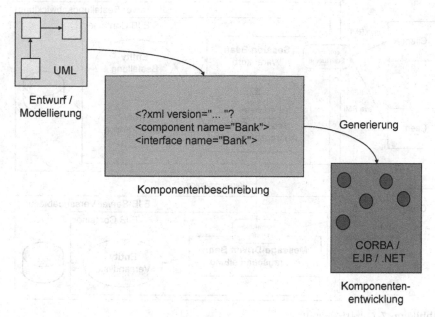

Abbildung 7.6. Schnittstellen als Austauschformat

nenten in feiner-granulare Strukturen zerlegt, bis die zu implementierenden Komponenten identifiziert werden können. Im nachfolgenden Implementierungsschritt werden dann einzelne Komponenten betrachtet, die nun für eine bestimmte Komponentenplattform umgesetzt werden sollen. Die Komponentenplattform beschreibt dabei mit einem *Komponentenmodell* die Anforderungen an Komponenten, d. h., welche Schnittstellen spezifiziert bzw. implementiert, welche Vererbungsbeziehungen erstellt und welche zusätzlichen Beschreibungselemente für die Komponenten zur Verfügung gestellt werden müssen. Die Komponentenplattform besteht in der Regel außerdem aus einer *Laufzeitplattform*, dem *Container*, innerhalb der die Komponenten installiert, instanziiert und ausgeführt werden.

Nachfolgend werden mit *Enterprise JavaBeans (EJB)* die wichtigsten Konzepte komponentenorientierter Plattformen für Verteilte Systeme vorgestellt. Außerdem wird im Überblick auf *OSGi* und *Microsoft .NET* eingegangen.

⊗ Enterprise JavaBeans

Enterprise JavaBeans (EJB) definieren ein serverseitiges Komponentenmodell, das als Teil der *Java Platform, Enterprise Edition (Java EE* auf der Basis der Programmiersprache Java entwickelt wurde. Enterprise JavaBeans wurden vorrangig für die Realisierung von komponentenbasierten Unternehmensanwendungen konzipiert und dienen der Implementierung der Anwen-

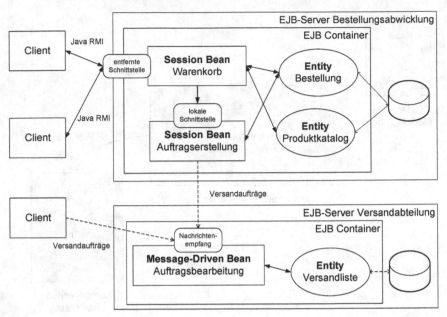

Abbildung 7.7. EJB-Container

dungslogik auf den mittleren Stufen mehrstufiger Architekturen. Mit EJB umgesetzte Anwendungen sollen insbesondere skalierbar, sicher und transaktional sein. Der Standard definiert dabei drei grundlegende Komponententypen und deren Struktur. Dies sind Session Beans, Message-Driven Beans und Entity Beans, die in Kombination verwendet werden können, um die Anwendungslogik verteilter Anwendungen zu realisieren, wie dies in Abbildung 7.7 gezeigt wird.

Session Beans bieten für Clients einen Zugangspunkt zur serverseitigen Anwendungslogik. Sie verwalten Nutzersitzungen und beinhalten Code zur Realisierung von Geschäftsprozessen. Wie in der Abbildung dargestellt, kann innerhalb unserer Handelsplattform etwa der Warenkorb durch eine Session Bean realisiert werden. Dabei sind zwei Varianten von Session Beans zu unterscheiden: zustandslose und zustandsbehaftete Session Beans.

Zustandslose Session Beans (*Stateless Session Beans*) verwalten keine Informationen über den Zustand der Sitzung. Eine solche Komponente kann deshalb bei Bedarf, etwa bei Speicherknappheit, entfernt und zu einem späteren Zeitpunkt neu instanziiert werden. So könnte etwa eine Komponente zur Produktsuche in unserer Beispielanwendung als Stateless Session Bean umgesetzt werden. Suchanfragen werden nacheinander durch Methodenaufrufe von der Komponente verarbeitet, wobei das Suchergebnis nur vom aktuellen Suchausdruck abhängt, nicht jedoch von vorherigen Suchanfragen.

Zustandsbehaftete Session Beans (*Stateful Session Beans*) enthalten Informationen über die aktuelle Sitzung. Das Ergebnis von Methodenaufrufen ist also neben den Eingabeparametern noch vom internen Zustand der Komponente abhängig (*Conversational State*). Dies trifft auf unseren Warenkorb zu. Wird etwa der Inhalt des Warenkorbs durch einen Methodenaufruf angefordert, ist dessen Ergebnis abhängig von den zuvor ausgeführten Methodenaufrufen zum Hinzufügen bzw. Entfernen von Produkten zum bzw. aus dem Warenkorb.

In unserem Beispiel können Benutzer nun über eine Clientkomponente Waren in den Korb legen und diese nach Beenden der Auswahl bestellen. Zur Repräsentation der damit verbundenen Anwendungsdaten, die dauerhaft gespeichert werden sollen, steht der Komponententyp *Entity Bean* zur Verfügung. In Abbildung 7.7 greift der Warenkorb auf die beiden Entity Beans „Produktkatalog" und „Bestellung" zu, um neue Produkte zum Warenkorb hinzuzufügen, wobei die notwendigen Produktdaten durch Zugriffe auf den Produktkatalog ermittelt werden, und um Bestellungen zu verwalten.

Generell repräsentieren Entity Beans persistente Anwendungsdaten, die etwa in einer relationalen Datenbank gespeichert werden können. Eine Entity Bean wird dabei als Tabelle umgesetzt, die Daten der zugehörigen Instanzen werden in den Zeilen dieser Tabelle gespeichert. Zur persistenten Speicherung von Daten in Entity Beans kann auf automatische Funktionen zur Abbildung der Java-Komponentenstruktur auf Tupel der Datenbankrelationen zurückgegriffen werden; dies wird als *Container Managed Persistence (CMP)* bezeichnet, da der Container die Persistenzmechanismen realisiert. Als Alternative ist aber auch eine manuelle Abbildung der Entity Beans auf die Datenbank, etwa mittels JDBC, oder auf andere persistente Speichermedien möglich. Dies wird als *Bean Managed Persistence (BMP)* bezeichnet, da die Java-Komponente selbst die Persistenzmechanismen realisiert. In der Praxis wird die Container Managed Persistence aufgrund ihrer Einfachheit meist bevorzugt, wobei dann in Einzelfällen zur Optimierung die Bean Managed Persistence hinzugezogen werden kann, etwa um komplex geschachtelte Datenstrukturen besonders effizient zu speichern.

Eine zweite Session Bean „Auftragserstellung" ermöglicht die Erstellung von Aufträgen beim Abschluss von Bestellungen über den Warenkorb. Diese erzeugt neue Aufträge für die Versandabteilung, die über einen eigenen EJB-Server eine Komponente zur Bearbeitung von Aufträgen bereitstellt. Die Komponente „Auftragsbearbeitung" ist in unserem Beispiel eine *Message-Driven Bean*, die über asynchrone Nachrichten Aufträge entgegennimmt. Message-Driven Beans sind zustandslose Komponenten, die ebenfalls der Realisierung von Geschäftsprozessen dienen. Anders als Session Beans bieten Message-Driven Beans jedoch keine Methoden an, die lokal oder entfernt aufgerufen werden können, sondern ermöglichen eine nachrichtenorientierte

Kommunikation über Nachrichtenkanäle. Nachrichten senden können dabei alle Bean-Typen sowie weitere Systembestandteile wie Clients oder angebundene Unternehmenssoftware, zum Nachrichtenempfang sind aber speziell Message-Driven Beans vorgesehen. Auf diese Weise können in unserem Beispiel die Abteilungen zur Bestellungsabwicklung und zum Versand zeitlich entkoppelt arbeiten.

Komponentenimplementierung

Die EJB-Spezifikation definiert Konventionen, die bei der Implementierung der einzelnen Bean-Typen eingehalten werden müssen. Diese legen fest, welche Klassen und Schnittstellen eine Komponente besitzt und welche Beziehungen die einzelnen Komponenten zur Laufzeitumgebung besitzen. Die von Session Beans bereitgestellten Methoden werden anderen Komponenten in Form von Schnittstellenspezifikationen bekannt gegeben.

Beispiel 7.1 Schnittstellenbeschreibung der Session Bean „Warenkorb"

```
import javax.ejb.Remote;

@Remote
public interface WarenkorbRemote {

    public boolean produktHinzufügen(Produktbeschreibung beschr, int anzahl);
    public boolean produktEntfernen(Produktbeschreibung beschr);
    public int bestellungAusloesen();
    public int corporateBestellung(CorporateID id);
    ...
}
```

Beispiel 7.1 enthält die Schnittstellenbeschreibung der Stateful Session Bean aus unserer Beispielanwendung. Dieses und die weiteren Beispiele basieren auf Version 3.0 der EJB-Spezifikation (siehe z. B. [BMH06]), in der eine Vielzahl von Vereinfachungen für die Komponentenentwicklung vorgenommen wurden. So kann eine Schnittstellenspezifikation jetzt mit einer Java-Schnittstelle erfolgen. Zur Kennzeichnung von Schnittstellen- und Beantypen werden Java-Annotationen verwendet. In Beispiel 7.1 kennzeichnet die Annotation @Remote etwa die Schnittstelle des Warenkorbs als entfernt aufrufbar. Darüber hinaus können Session Beans auch nur lokal aufrufbare Schnittstellen besitzen. Diese werden mit der Annotation @Local gekennzeichnet. Die Unterscheidung lokaler und entfernter Schnittstellen dient der Optimierung der Kommunikation zwischen Komponenten. So können die Methoden einer als lokal deklarierten Schnittstelle ausschließlich innerhalb einer virtuellen Maschine aufgerufen werden.

Die Methodenaufrufe werden nicht in entfernte Methodenaufrufe, etwa auf Basis von Java-RMI, umgesetzt, sondern in normale Java-Methodenaufrufe. Diese werden um ein Vielfaches schneller ausgeführt als entfernte Aufrufe, da hier die gesamte Verarbeitung für die Aufrufvermittlung über Stubs entfällt, die bei entfernten Methodenaufrufen auch im lokalen Fall ausgeführt wird.

Beispiel 7.2 Implementierungsklasse der Session Bean „Warenkorb"

```
import javax.ejb.Stateful;

@Stateful
public class WarenkorbBean implements WarenkorbRemote {

  //Konstruktor
  public WarenkorbBean() {...}

  public boolean produktHinzufügen(Produktbeschreibung beschr, int anzahl){...}
  public boolean produktEntfernen(Produktbeschreibung beschr){...}
  public int bestellungAusloesen(){...}
  public int corporateBestellung(CorporateID id){...}
  ...
}
```

Die zugehörige Implementierungsklasse für den Warenkorb zeigt Beispiel 7.2. Anders als in den Vorgängerversionen können Beans nun als Standard-Klassen implementiert werden. Die Implementierung weiterer Schnittstellen, über die der Container Rückrufe zur Steuerung des Lebenszyklus der Komponente absetzen kann, ist nicht mehr notwendig. Session Beans werden je nach Typ durch die Annotationen @Stateful bzw. @Stateless gekennzeichnet, mit deren Hilfe der notwendige Code für die Verwaltung der Beans dann generiert wird. Die Komponente WarenkorbBean implementiert nun die in der entfernten Schnittstelle deklarierten Methoden. In ähnlicher Weise können Entity Beans und Message-Driven Beans durch die Annotationen @Entity bzw. @MessageDriven gekennzeichnet.

Im Gegensatz zu den vorangegangenen Version sind Entity Beans ab Version 3.0 der EJB-Spezifikation ganz normale Objekte. Sie besitzen insbesondere keine Schnittstellen für entfernte Aufrufe mehr. Entity Beans können damit nur noch indirekt über lokale Session Beans oder Message-Driven Beans auf-

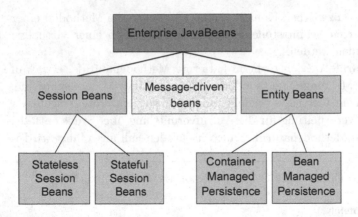

Abbildung 7.8. Arten von Enterprise Java Beans

gerufen werden. Diese übernehmen auch die Transaktionskontrolle für den Zugriff auf Anwendungsdaten über Entity Beans. Weitere Vereinfachungen ergeben sich durch die Abschaffung der Home-Schnittstelle, einer zweiten Kategorie von Schnittstellen für Beans, über die Bean-Instanzen gesucht, erzeugt und gelöscht werden konnten. Diese Schnittstelle war damit für Entity Beans von besonderer Bedeutung. Das Fehlen der Home-Schnittstelle wird durch einen so genannten „EntityManager" ausgeglichen, der Teil der Java-Persistence-Mechanismen ist, die nun die Grundlage der Umsetzung der Persistenz für EJBs bilden. Der EntityManager enthält entsprechende Methoden zur Verwaltung von Entity Beans.

Das Zusammenwirken der unterschiedlichen Bean-Typen wird wiederum in Abbildung 7.7 an unserem Beispielszenario verdeutlicht. Session Beans stellen über entfernte bzw. lokale Methodenaufrufe Funktionen der Anwendungslogik für Clients und andere Komponenten zur Verfügung. Mit Message-Driven Beans kann ebenfalls entfernt kommuniziert werden, wobei aber nun nachrichtenorientierte Mechanismen zum Einsatz kommen. Entity Beans sind nun dagegen reine Java-Klassen, die von lokalen Session Beans und Message-Driven Beans zur persistenten Datenhaltung genutzt werden können. Eine Zusammenfassung der verschiedenen Komponententypen zeigt Abbildung 7.8.

Definition von Verteilungsaspekten und Deployment

Das Java-Komponentenmodell unterstützt auch ein integriertes Deployment zum Installationszeitpunkt, durch das die Beziehungen zwischen einer Komponente und dem Container, insbesondere die Verwendung der Basisdienste für Verteilte Systeme, deklarativ in Form von Attributen festgelegt werden. Grundlage hierfür bildet ein so genannter *Deployment Descriptor*, wie er im

Beispiel 7.3 für die Session Bean „Warenkorb" dargestellt ist. Dieser definiert die jeweilige Art von Enterprise JavaBeans, die zugehörigen Schnittstellen per Referenz auf Definitionsdateien, die zugehörigen Klassenimplementierungen sowie einen *Assembly Descriptor* mit einschlägigen Attributeinstellungen für die Transaktionsverwaltung, die Zustandsverwaltung und die Sicherheitseigenschaften. Damit erfolgt eine strikte Trennung der Implementierung der Anwendungslogik von der Definition der Verteilungsaspekte.

Beispiel 7.3 Deployment Descriptor der Session Bean „Warenkorb"

```
<ejb-jar>
  <display-name>Warenkorb</display-name>
  <enterprise-beans>
    <session>
      <ejb-name>WarenkorbBean</ejb-name>
      <remote>tud.onlineshop.bestellungsabwicklung.WarenkorbRemote</remote>
      <ejb-class>tud.onlineshop.bestellungsabwicklung.WarenkorbBean</ejb-class>
      <session-type>Stateless</session-type>
      <transaction-type>Container</transaction-type>
    </session>
  </enterprise-beans>
  <assembly-descriptor>
    ...
  <assembly-descriptor>
</ejb-jar>
```

Einen zur Session Bean „Warenkorb" gehörender Assembly Descriptor enthält Beispiel 7.4. In diesem wird unter Nutzung der bereits in Abschnitt 4.4.4 diskutierten Transaktionsattribute das Verhalten der Methoden des Warenkorbs innerhalb von Transaktionen festgelegt. Der Container überprüft dann zur Laufzeit diese Attributeinstellungen und initiiert automatisch die entsprechenden Aufrufe an einen Transaktionsmonitor, bei Bedarf einschließlich des nötigen Zwei-Phasen-Commit.

In ähnlicher Weise kann die Autorisierung von Benutzern beim Zugriff auf Komponenten gesteuert werden. Entsprechende Einstellungen werden im zweiten Teil des Assembly Descriptors vorgenommen. Dabei liegt ein rollenbasiertes Zugriffsmodell zugrunde. Zunächst werden die im System gültigen Rollen definiert, für die dann auf Methodenebene Zugriffsberechtigungen erteilt werden. So wird im Beispiel die Rolle `CorporateClient` definiert, für die eine Zugriffserlaubnis auf die Methode `corporateBestellung` gewährt wird. Aus diesen Definitionen kann der Container dann eine vereinfachte Version einer

Zugriffsmatrix ableiten und die erforderlichen Überprüfungen bei konkreten Zugriffswünschen durchführen.

Beispiel 7.4 Assembly Descriptor der Session Bean „Warenkorb"

```
<enterprise-beans>
... </enterprise-beans>
<assembly-descriptor>
  <container-transaction>
    <method>
      <ejb-name>WarenkorbBean</ejb-name>
      <method-name> * </method-name>
    </method>
    <trans-attribute>NotSupported</trans-attribute>
  </container-transaction>
  <container-transaction>
    <method>
      <ejb-name>WarenkorbBean</ejb-name>
      <method-name>bestellungAusloesen</method-name>
    </method>
    <trans-attribute>RequiresNew</trans-attribute>
  </container-transaction>
  ...
  <security-role>
    <role-name>CorporateClient</role-name>
  </security-role>
  <method-permission>
    <role-name>CorporateClient</role-name>
    <method>
      <ejb-name>Warenkorb</ejb-name>
      <method-name>corporateBestellung</method-name>
    </method>
  </method-permission>
  ...
<assembly-descriptor>
```

Alternativ können viele dieser Einstellungen ab Version 3.0 auch über Annotationen im Quellcode der Beans konfiguriert werden. Dieser sehr einfache Ansatz vereinfacht die Komponentenentwicklung erheblich, von entscheidendem Nachteil ist jedoch, dass Änderungen dann wieder im Quelltext vorgenommen werden müssen und damit die Flexibilität der Deployment Descriptoren verloren geht. Aus diesem Grund können sowohl Annotationen als auch

Deployment Descriptoren zur Definition von Attributeinstellungen für Beans verwendet werden.

Enterprise JavaBeans werden zusammen mit dem Deployment Descriptor (wenn definiert), ihren Schnittstellendefinitionen und ihrer Implementierung in Form so genannter JAR-Dateien (*Java Archive*) ausgeliefert. Dies ermöglicht eine einheitliche Installation durch den Container auf den unterschiedlichsten Hardware- und Betriebssystemplattformen.

Insgesamt bietet das Java-Komponentenmodell einen deutlich höheren Abstraktionsgrad als herkömmliche Ansätze der verteilten Programmierung. Mit der Trennung von Anwendungsfunktionalität und Aspekten Verteilter Systeme wird die Softwareerstellung erleichtert und die Wiederverwendbarkeit von Komponenten verbessert. Gleichzeitig führen Komponentenmodelle natürlich andererseits auch zu Nachteilen und Einschränkungen. So ist der Ressourcenbedarf hinsichtlich Hauptspeicher und Prozessor teilweise um eine Größenordnung höher als bei herkömmlichen Client/Server-Modellen; Grund hierfür ist die aufwändige Verwaltung der Komponenten innerhalb des Containers, die zur Erzielung der Abstraktion erforderlich ist. Auch kann der Systementwickler nicht so feingranular wie bei traditionellen Ansätzen in einzelne Abläufe eingreifen; beispielsweise definieren Transaktionsattribute die Transaktionseigenschaften einer Komponente als Ganzes und ermöglichen nicht etwa eigene Sperr- und Rücksetzmechanismen auf Ebene einzelner interner Aufrufe der Anwendung. Insgesamt ist also ein Kompromiss zwischen dem gewünschten Abstraktionsniveau einerseits und den dafür bereitzustellenden Ressourcen und zu tolerierenden Einschränkungen andererseits zu finden.

⊘ **OSGi**

OSGi ist eine lokale Komponentenplattform auf der Basis von Java, die von der *OSGi Alliance* spezifiziert wurde. Die Spezifikation liegt derzeit in der Version 4 vor. Ziel von OSGi ist die Schaffung einer offenen, standardisierten Plattform für die flexible Erstellung und Verwaltung von Diensten und deren Ausführungsumgebung. Wesentliche Aspekte sind dabei eine dynamische Verwaltung des Lebenszyklus von Komponenten, insbesondere ein flexibles Installieren, Suchen und Binden von Komponenten zur Laufzeit, sowie die entfernte Verwaltung von Plattformen von zentraler Stelle.

Ursprünglich waren OSGi-Plattformen für die Industrie- und Gebäudeautomatisierung sowie Telematikdienste konzipiert, die Anwendungsfelder haben sich aber schrittweise erweitert. Heute wird OSGi auch zur Anwendungsentwicklung für Desktop-Rechner, beispielsweise in der Entwicklungsumgebung Eclipse, in eingebetteten Systemen, beispielsweise in Unterhaltungselektronik von Philips, in Servern, etwa für die Gebäudeautomatisierung, sowie als Plattform für mobile Geräte verwendet. Im Telematikbereich werden OSGi-

Plattformen zur Realisierung von Fahrerassistenzsystemen, Online-Diensten und weiteren Unterhaltungsdiensten im Fahrzeug eingesetzt, so etwa bei BMW und VW. Damit entwickelt sich OSGi zu einer universellen Dienstplattform. Für unsere Online-Handelsplattform könnte etwa ein Client für Geschäftskunden mit umfangreicher Funktionalität auf der Basis von OSGi implementiert werden.

Beispiel 7.5 Schnittstelle des Bundles „Produktsuche"

```
package tud.onlineshop.Produktsuche;

public interface Produktsuche {
public Enumeration getProductsByCategory(String category);
public Enumeration getProductsByDescription(String description);
public ErweiterteProduktbeschreibung getExtendedProductInfo(String description);
...
}
```

OSGi-Bundles

Anwendungen werden in OSGi aus Komponenten, so genannten *Bundles*, zusammengesetzt. Diese exportieren ihre Funktionen in Form von Schnittstellen, die über den Service-Registry-Dienst der Plattform registriert, gesucht und gebunden werden können. Spezifikationen für öffentlich verfügbare Schnittstellen werden dabei in Form von Standard-Schnittstellen in Java realisiert, wie dies in Beispiel 7.5 für einen Dienst zur erweiterten Produktsuche im Rahmen des Clients für Geschäftskunden gezeigt wird.

Neben der Schnittstellenspezifikation und der Klasse zur Implementierung der Schnittstellen muss ein Bundle einen so genannten Activator bereitstellen, über den der Lebenszyklus der Komponente zur Laufzeit gesteuert werden kann. Dieser implementiert die Methoden start() und stop() der Schnittstelle BundleActivator, in denen die Ausführung des Bundles vorbereitet wird bzw. belegte Ressourcen wieder freigegeben werden, um das Bundle zu beenden. Den Activator für das Bundle „Produktsuche" für den erweiterten Client der Online-Handelsplattform zeigt Beispiel 7.6. Sowohl die start- als auch die stop-Methode erhalten als Parameter den BundleContext, über den u. a. auf die Service Registry zugegriffen werden kann, um die Funktionen des Bundles zu registrieren. Dies erfolgt im Beispiel mit dem Aufruf registerService(), der drei Parameter erhält. Der erste Parameter bezeichnet dabei die Schnittstelle des Dienstes, der zweite die Implementierungsklasse und der dritte optional weitere Attribute zur Beschreibung des Dienstes in Form von <Name, Wert> - Paaren. Nach der Registrierung kann der Dienst von anderen Bundles der lokalen OSGi-Plattform gesucht und verwendet werden. Die Suche nach registrierten Diensten, auf die das Bundle zugreifen möchte, kann dabei ebenfalls über den BundleContext erfolgen, etwa durch Aufruf der Methoden getServiceReference() bzw. getService(). Zur dynamischen Dienstbindung dient ein so genannter ServiceTracker, über den ein Bundle den Zustand externer Bundles beobachten kann.

Beispiel 7.6 Activator-Implementierung für das Bundle „Produktsuche"

```
package tud.onlineshop.Produktsuche;

import org.osgi.framework.BundleActivator;
import org.osgi.framework.BundleContext;
...

public class Activator implements BundleActivator {
public static BundleContext bc = null;

public void start(BundleContext bc) throws Exception {
    Activator.bc = bc;
    Produktsuche service = new ProduktsucheImpl();
    ServiceRegistration registration =
        bc.registerService(Produktsuche.class.getName(), service, new Hashtable());
    System.out.println("Service registered: Produktsuche");
}

public void stop(BundleContext bc) throws Exception {
    Activator.bc = null;
}
}
```

Die Installation von Bundles erfolgt anhand eines standardisierten Deployment-Formates. Dazu werden alle Bestandteile des Bundles in Form eines Java-Archivs zusammengefasst. Neben den bereits gezeigten Klassen und Schnittstellen enthält dieses eine so genannte Manifest-Datei zur Beschreibung des Bundles und weitere Dateien zur Realisierung der Funktionalität des Bundles (z. B. HTML-Seiten, Hilfedateien oder multimediale Daten). Die Manifest-Datei beschreibt alle wesentlichen Informationen zur Installation und Verwaltung des Bundles wie dessen Version, die erforderliche Ausführungsumgebung (z. B. die notwendige Version der Java Platform, Stan-

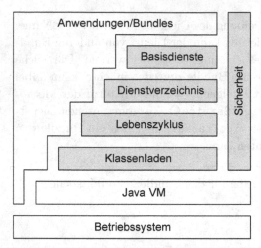

Abbildung 7.9. OSGi Architektur

dard Edition und die Implementierung der OSGi-Plattform), die Abhängigkeiten zu anderen Bundles in Form der exportierten und importierten Bundles und Java-Pakete sowie die Klasse des Bundle-Activators (etwa über den
Eintrag `Bundle-Activator: tud.onlineshop.Produktsuche.Activator`).

OSGi Laufzeitumgebung

Die Laufzeitumgebung von OSGi steuert den Lebenszyklus von Bundles und
ermöglicht insbesondere, dass Komponenten dynamisch gestartet, gestoppt,
aktualisiert und aus der Plattform entfernt werden können, ohne die Plattform selbst neu starten zu müssen. Dabei ist insbesondere auch eine anwendungsübergreifende Nutzung von Bundles möglich. Innerhalb einer Plattform und damit innerhalb einer Java VM können durch OSGi mehrere Anwendungen ausgeführt werden, die sich die vorhandenen Ressourcen teilen
und wechselseitig Bundles zur Verfügung stellen bzw. nutzen. Darüber hinaus
stellt die Laufzeitumgebung den Komponenten eine Reihe von Basisdiensten
in Form von Systemkomponenten zur Verfügung und ermöglicht die entfernte
Verwaltung der OSGi-Plattform.

Die Architektur der Laufzeitumgebung wird in Abbildung 7.9 dargestellt. Wie
bereits erwähnt, setzt OSGi auf Java auf und ist damit prinzipiell auf allen
Java-fähigen Geräten lauffähig, die ausreichend Ressourcen bereitstellen. Auf
der Java VM setzen dann die Schichten der OSGi-Plattform auf. Auf der Basis
des Java Mechanismus zum Laden von Klassen (*Class Loading*) mit Hilfe so
genannter *Class Loader* werden alle zu einem Bundle gehörenden Klassen
und Ressourcen installiert. Jedes Bundle besitzt dabei einen eigenen Class
Loader, der für das Bundle einen *Class Space* verwaltet, in dem alle Klassen

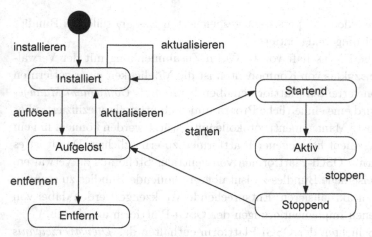

Abbildung 7.10. Bundle-Lebenszyklus

enthalten sind, auf die das Bundle zugreifen kann. Dies sind *private Klassen*, die exklusiv von dem jeweiligen Bundle genutzt werden, *exportierte Klassen*, die auch von anderen Bundles verwendet werden können, sowie *importierte Klassen*, die von anderen Bundles bereit gestellt werden.

Die darüber liegende Schicht enthält die Funktionalität zur Verwaltung des Lebenszyklus von Bundles (*Life Cycle*). Dazu muss für jedes Bundle ein Activator bereitgestellt werden, der die Schnittstelle BundleActivator implementiert. Diese enthält je eine start- und stop-Methode zur Steuerung des Lebenszyklus des Bundles. Gemäß der Darstellung in Abbildung 7.10 wird ein Bundle zunächst in einer Laufzeitumgebung installiert. Dabei wird die Manifest-Datei ausgewertet und die Verfügbarkeit aller Klassen und Ressourcen des Bundles geprüft und persistent gespeichert. Nach der Installation werden alle in der Manifest-Datei beschriebenen statischen Abhängigkeiten zu externen Bundles sowie Java-Paketen aufgelöst. Ist dies möglich, befindet sich das Bundle im Zustand „aufgelöst" und kann nun über den Bundle-Activator gestartet werden. Im Zustand „startend" wird die start-Methode des Activators ausgeführt. Ist dies erfolgreich, geht das Bundle in den Zustand „aktiv" über. Mit der Activator-Methode stop kann die Ausführung des Bundles entsprechend gestoppt werden. Das Bundle kehrt dann in den Zustand „aufgelöst" zurück. Die Registrierung von Diensten des Bundles über dessen Schnittstellen wird dabei automatisch durch die Laufzeitumgebung gelöscht. Java-Pakete des Bundles bleiben dabei weiterhin für externe Bundles nutzbar. Eine Aktualisierung des Bundles kann in den Zuständen „installiert" und „aufgelöst" erfolgen, um etwa eine neuere Version des Bundles zu installieren. Eine Deinstallation muss durch die OSGi-Plattform explizit erfolgen. Dabei werden alle persistent gespeicherten Bestandteile des Bundles aus der Laufzeitumgebung entfernt.

Eine wesentliche Eigenschaft von OSGi im Zusammenhang mit der Verwaltung des Lebenszyklus von Komponenten ist die Möglichkeit einer entfernten Verwaltung von verteilten Plattformen über das *Remote Component Management*. Dafür wird eine einheitliche Programmierschnittstelle spezifiziert, über die verschiedenste Managementprotokolle unterstützt werden können, um ein flexibles Management heterogener Plattformen zu ermöglichen. Damit ist es möglich, entfernte OSGi-Plattformen von zentraler Stelle aus zu verwalten, um beispielsweise neue Bundles zu isntallieren, laufende Bundles zu stoppen oder Bundles zu aktualisieren. Entsprechende Werkzeuge werden dabei von den verschiedenen Implementierungen der OSGi-Plattform angeboten.

Die weiteren Schichten der OSGi-Plattform enthalten das *Dienstverzeichnis* zur Verwaltung aller lokal registrierten Bundles, *Sicherheitsdienste* sowie *weitere Basisdiente* zur Implementierung von Anwendungen. Die Basisdienste umfassen dabei *Frameworkdienste* (z. B.), Systemdienste (z. B. der Dienst Package Admin zur dynamischen Verwaltung von Abhängigkeiten zwischen Bundles), *Systemdienste* (z. B. ein Log Service, der Configuration Admin zur Verwaltung von Plattformkonfigurationen und der User Admin Service zur Verwaltung von Benutzerinformationen zu deren Authentifizierung und Autorisierung), Protokolldienste (z. B. der HTTP Service, über den Bundles Servlets zur Verfügung stellen können, die dann entfernt über HTTP aufgerufen werden können) sowie weitere Dienste wie etwa ein XML Parser Service mit Basisfunktionen zur XML-Verarbeitung.

Insgesamt stellt OSGi eine imlementierungsunabhängige Plattformspezifikation dar, die auf verschiedene Weise umgesetzt werden kann. Heute sind sowohl Open Source Plattformen, wie beispielsweise *Oscar* und *Knopflerfish* als auch kommerzielle Plattformen, wie beispielsweise der *mBedded Server* von ProSyst, *aveLink* von Atinav, *RIO* von Siemens oder das *Service Management Framework* von IBM. Darüber hinaus existiert aus dem *Apache-Axis-Projekt* auch eine Implementierung einer SOAP Engine für OSGi, über das die zunächst nur lokal verfügbaren Bundles ihre Funktionen in Form von Web Services auch entfernt zugreifbar machen können. Auf diese Weise können OSGi-Plattformen auch zu einer verteilten Plattform erweitert werden. In ähnlicher Weise können auch andere Kommunikationsmechanismen, etwa auf der Basis von Sockets oder Java RMI genutzt werden. Weitere Basisdienste für Verteilte Systeme werden aber von OSGi-Plattformen nicht bereitgestellt.

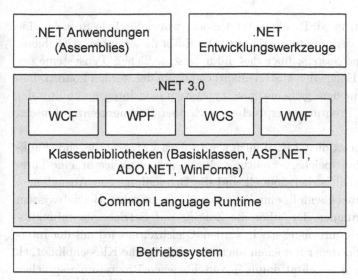

Abbildung 7.11. .NET-Architektur

⊙ Microsoft .NET

.NET ist eine Plattform für die Entwicklung verteilter Anwendungen von Microsoft. Diese basiert ähnlich wie Java EE auf Komponententechnologien, die mit verschiedenen Basisdiensten für Verteilte Systeme, etwa dem *Microsoft Transaction Service (MTS)* und dem nachrichtenorientierten Dienst *MS Message Queue*, integriert wurden. Während die meisten der enthaltenen Technologien an Microsoft-Plattformen gebunden sind, werden mit Web-Service-Technologien wie SOAP und WSDL auch offene Standards unterstützt, die eine Interoperabilität mit anderen Plattformen ermöglichen.

Kern der .NET-Plattform ist das .NET Framework, das aus zwei wesentlichen Komponenten besteht, die eine Integration verschiedener Microsoft-Technologien zu einer homogenen Plattform ermöglichen: einer Laufzeitumgebung sowie einer Sammlung von Klassenbibliotheken. Auf diesen Kernkomponenten setzt dann eine Reihe von Basisdiensten auf. Abbildung 7.11 zeigt den grundlegenden Aufbau der .NET-Plattform.

Die Laufzeitumgebung verfolgt einen ähnlichen Ansatz wie dies mit Java der Fall ist. Die so genannte *Common Language Runtime (CLR)* basiert mit der *Microsoft Intermediate Language (MSIL)* auf einer Zwischensprache, die zur Laufzeit in Maschinencode übersetzt und ausgeführt wird. Anders als bei Java Byte Code, ist diese Zwischensprache aber nicht an eine bestimmte Programmiersprache gebunden. Es können vielmehr eine Vielzahl von Programmiersprachen, etwa C#, Visual C++ und Visual Basic, aber auch Microsoft-unabhängige Programmiersprachen wie Smalltalk, COBOL,

Perl oder Phyton, in MSIL übersetzt werden, wobei für jede Sprache eine entsprechende Transformation existiert. Die Basis dieser Integration bietet das *Common Type System*, über das die unterschiedlichen Typsysteme der Sprachen auf der Ebene der MSIL einheitlich abgebildet werden können. Insbesondere wird mit dem gemeinsamen Typsystem eine Interoperabilität der unterschiedlichen Programmiersprachen, auch über Rechnergrenzen hinweg, möglich.

Darüber hinaus bietet die CLR, ähnlich wie die Java VM, grundlegende Funktionen wie etwa eine Speicherverwaltung, einen Garbage Collector, eine Threadverwaltung, ein Sicherheitsmodell und die Behandlung von Ausnahmen. Die CLR stellt dabei ebenfalls eine Zwischenschicht zwischen Betriebssystem und MSIL-Programmen dar, über die Zugriffe auf Betriebssystemfunktionen und Systemressourcen gekapselt werden. Gleichzeitig wird mit der Interoperabilität verschiedener Sprachen auch eine einheitliche Klassenbibliothek möglich, deren Funktionalität damit in verschiedenen Programmiersprachen zur Verfügung steht.

Die gemeinsame Klassenbibliothek, die *Framework Class Library (FCL)*, stellt den zweiten Grundbaustein der .NET Plattform dar. Wie der Name andeutet, handelt es sich dabei um objektorientierte Bibliotheken. Diese sind in hierarchischen Namensräumen organisiert. Die Klassenbibliothek stellt neben grundlegenden Funktionen etwa Programmierschnittstellen zur XML-Verarbeitung, zur Realisierung von Web Services und zur Umsetzung Web-basierter Anwendungen zur Verfügung. Dazu fanden viele zuvor separate Microsoft-Technologien Eingang in die Klassenbibliotheken von .NET, etwa *ASP.NET* und *ADO.NET*. Darüber hinaus werden auch die unter COM+ zusammengefassten Komponententechnologien und Dienste in .NET integriert.

.NET Komponenten

Komponenten werden in .NET in Form von *Assemblies* unterstützt, die als DLL (*Dynamic Link Library*) bzw. EXE (ausführbare Anwendung) realisiert werden können. DLL-Assemblies sind dabei wiederverwendbare Softwarebausteine, die selbst noch keine ausführbare Anwendung bilden, sondern Funktionen für andere Assemblies bereitstellen. EXE-Assemblies können ebenfalls Funktionen für andere Assemblies anbieten, stellen darüber hinaus aber ausführbare Anwendungen dar.

Ein Assembly besteht aus einer oder mehreren MSIL-Codekomponenten, die zusammen mit einer Manifest-Datei eine Softwarekomponente bilden, die als ganzes installiert und ausgeführt wird. Ähnlich wie bei Java EE und OSGi enthält die Manifest-Datei eine Beschreibung der Assembly-Komponente.

Das Deployment von Assemblies gestaltet sich als sehr einfach. Aufgrund der Selbstbeschreibung der Assemblies und insbesondere der Unabhängigkeit von der Windows-Registry können Assemblies einfach kopiert bzw. über ein Netzwerk geladen und danach aus einem beliebigen Verzeichnis gestartet werden.

.NET Basisdienste

In der .NET Plattform wurde eine Reihe von Microsoft-Technologien integriert, die gemeinsam eine Plattform für verteilte Anwendungen bilden. Wie in Abbildung 7.11 dargestellt, werden diese in vier Bereiche gegliedert.

Die *Windows Communication Foundation (WCF)* vereinigt mit .NET Remoting, Web Services, verteilten Transaktionen sowie MS Message Queue verschiedene Kommunikationstechnologien von Microsoft. *.NET Remoting* unterstützt dabei entfernte Prozeduraufrufe für die Kommunikation innerhalb der .NET Plattform. Dieser Mechanismus ist mit Java RMI vergleichbar. Über den M*icrosoft Transaction Server* werden auch verteilte Transaktionen unterstützt. Zur plattformübergreifenden Kommunikation wurden Standardtechnologien zur Realisierung von Web Services in .NET integriert. *MS Message Queue* bietet darüber hinaus die Möglichkeit der nachrichtenbasierten Kommunikation, wie dies auch über JMS und Message-Driven Beans möglich ist.

Die *Windows Presentation Foundation (WPF)* enthält Funktionen zur Erstellung von grafischen Benutzerschnittstellen für Browser-basierte und eigenständige Anwendungen. WPF unterstützt dabei die Erstellung von 2D- und 3D-Grafiken, verschiedene Bildformate sowie eine Reihe von Audio- und Videoformaten. Mit der eXtensible Application Markup Language (XAML) stellt .NET eine generische Sprache zur Beschreibung von Benutzerschnittstellen zur Verfügung, die sowohl für die Umsetzung Browser-basierter als auch auf .NET-Komponenten gestützter Benutzerschnittstellen ermöglicht.

Die Dienste der *Windows Workflow Foundation (WWF)* und der *Windows CardSpace (WCS)* unterstützen die Realisierung von Workflows bzw. die sichere Verwaltung und Speicherung personenbezogener Informationen.

Damit bietet die .NET-Plattform inzwischen, wie auch Enterprise JavaBeans und die zugehörigen Basisdienste der Java EE, eine umfangreiche Unterstützung zur Entwicklung Verteilter Systeme. Mit Transaktionen, Sicherheit und Persistenz werden die wichtigsten Basisdienste für Verteilte Systeme unterstützt. Eine Anbindung an andere Plattformen ist über Web Services ebenfalls gegeben. Darüber hinaus existiert mit *Visual Studio .NET* auch eine komplexe Entwicklungsumgebung.

7.2 Middleware und Application Server

Die Entwicklung Verteilter Systeme wird heute intensiv durch Middleware unterstützt, also durch generische Softwareplattformen, die ein Bindeglied zwischen Betriebssystem und Netzwerk einerseits und der Anwendung andererseits darstellt. Die Middleware-Plattformen bieten fast immer auch die wesentlichen Dienste für Verteilte Systeme an, also insbesondere Unterstützung für Kommunikation, Transaktionen, Sicherheit und Verzeichnisdienste. Grundsätzlich stehen drei verschiedene Kategorien von Middleware zur Verfügung: objektorientierte Middleware, nachrichtenorientierte Middleware und komponentenbasierte Middleware.

◉ 7.2.1 Objektorientierte Middleware: Java RMI und CORBA

Wichtige Vertreter dieser Gruppe sind die Java-basierten Kommunikationsmechanismen auf Basis von Java RMI (siehe Abschnitt 3.2), ggf. ergänzt um Web Services (siehe Abschnitt 3.4) sowie die *Common Object Request Broker Architecture (CORBA)*. Dabei werden grundsätzlich synchrone und ggf. auch asynchrone verteilte Kommunikationsmechanismen in Verbindung mit objektorientierten Klassenbibliotheken für die wichtigsten Dienste angeboten. Das Abstraktionsniveau für den Entwickler ist deutlich höher als etwa bei der Socket-Kommunikation, es erreicht aber nicht die Stufe, die von komponentenbasierten Ansätzen geboten wird. So wird keine konsequente Trennung von Anwendungsaspekten und Aspekten Verteilter Systeme erreicht, sondern beides durchzieht den Implementierungscode. Trotzdem kann dieser Ansatz für kleinere bis mittlere Projekte im Umfang von einigen Personenmonaten sinnvoll sein, da der Einarbeitungsaufwand und der systemseitige Ressourcenbedarf überschaubar sind.

Nachdem die Java-basierten Konzepte und die Web Services bereits erörtert wurden, soll noch kurz auf die CORBA-Plattform eingegangen werden. Dabei handelt es sich um einen objektorientierten, herstellerübergreifenden Standard der *Object Management Group (OMG)*. Die grundlegende Architektur von CORBA, auch als *Object Management Architecture (OMA)* bezeichnet, ist in Abbildung 7.12 dargestellt.

CORBA bietet als Kern ein objektorientiertes Kommunikationsprotokoll nach dem Prinzip der Remote Method Invocation, das *Internet Inter-Object Request Broker Protocol (IIOP)*. Es realisiert einen einheitlichen Aufrufmechanismus, der auch die Kommunikation zwischen heterogenen Systemen ermöglicht und – ähnlich wie die Web Services – auch eine Abbildung auf verschiedene Zielsprachen unterstützt. Typische Language Mappings existieren für C++, Java, Cobol und einige weitere Programmiersprachen. Auf Serverseite ist der *Portable Object Adapter (POA)* für die Abbildung eintreffender Aufrufe auf Objektimplementierungen zuständig. Die Typisierung von Aufrufen kann statisch zur Compile-Zeit ähnlich wie beim Remote Procedure Call oder auch dynamisch zur Laufzeit ähnlich wie bei SOAP/Web Services erfolgen; dies wird als *Dynamic Invocation Interface* bezeichnet. Die Schnittstellen

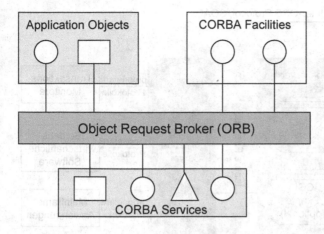

Abbildung 7.12. Grundlegende Architektur von CORBA

der beteiligten Objekte werden durch die *CORBA Interface Definition Language (IDL)* beschrieben. Auf die CORBA Services wird über eine generische Schnittstelle mittels Klassenbibliotheken zugegriffen. Die wichtigsten Services sind Transaction, Security und Naming. Zusätzlich wurde eine breite Sammlung weiterer Dienste genormt, von denen aber nur wenige konkret umgesetzt wurden. Als Beispiel sei der Trading Service genannt, der eine dynamische Vermittlung von Servern zu Clients auf Basis ihrer aktuellen Eigenschaften wie etwa Last oder Kosten ermöglicht. Typische CORBA-Implementierungen sind etwa die Open Source Lösungen *MICO* und *OmniOrb* und die Produkte von Anbietern wie *IONA (Orbix)*, *Borland (VisiBroker)*, *BEA Systems (Teil von WebLogic)* und *IBM (Teil von WebSphere)*. Insgesamt sank der prozentuale Marktanteil der CORBA-Lösungen gerade im Vergleich zu den komfortableren komponentenbasierten Ansätzen in den letzten Jahren jedoch deutlich.

❥ 7.2.2 Message Oriented Middleware (MOM)

Als weitere Kategorie von Middleware sind die nachrichtenorientierten Ansätze zu nennen, die in Kapitel 3 bereits am Beispiel von IBM MQ Series und dem Java Message Service (JMS) vorgestellt wurden. Ähnliche Lösungen bieten etwa das Produkt *MessageQ von BEA Systems* oder die Produktpalette der Firma *TIBCO* sowie zahlreiche andere Hersteller. Das Abstraktionsniveau für den Entwickler ist in etwa vergleichbar mit den objektorientierten Ansätzen. Dabei wird aber meist nur eine Nachrichtenaustausch-Semantik ohne integrierte entfernte Methodenaufrufe angeboten. Die Standardisierung ist bei weitem nicht so stark fortgeschritten wie etwa bei den Java-basierten

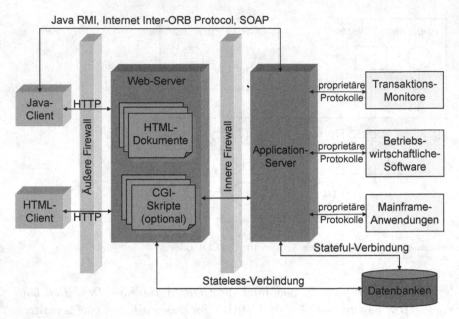

Abbildung 7.13. Architektur eines Application Servers

objektorientierten Middleware-Ansätzen; die meisten Produkt-Features sind
also stark proprietärer Art, und die Interoperabilität zwischen unterschiedlichen MOM-Lösungen ist recht eingeschränkt. Durch ihre inhärent asynchronen Techniken eignen sich die Lösungen aber vor allem für die lose Kopplung
in Verteilten Systemen, etwa beim Batch-Datentransfer oder beim Mobile
Computing.

7.2.3 Komponentenbasierte Middleware
Die komponentenbasierten Ansätze werden generell durch so genannte Application Server implementiert. Die wichtigsten beiden Kategorien sind die EJB-
basierten Application Server und die komponentenbasierte .NET-Plattform
mit ihren .NET-Komponenten. Die Grundkonzepte ähneln sich dabei sehr
stark, wie dies bereits in Abschnitt 7.1.4 deutlich wurde. Zusätzlich werden die besprochenen verteilten Systemdienste angeboten. Wichtig ist auch
die durchgängige Unterstützung des Software-Lebenszyklus durch integrierte
Werkzeuge, insbesondere was die Entwurfs- und Implementierungsphase, die
Installationsphase und die Lautzeit betrifft. Die grundlegende Architektur
eines Application Servers ist in Abbildung 7.13 dargestellt.
Die Architektur ist in der in Kapitel 2 beschriebenen mehrstufigen Form gegliedert. Der Client greift mittels standardisierter Protokolle wie Java RMI
bei Java-basierten Application Servern oder alternativ über SOAP/Web Ser-

vices bei allen anderen Ansätzen einschließlich Microsoft .NET auf den Application Server zu. Als Einstiegspunkt dient dabei meist ein Web-Server, um einen komfortablen initialen Zugriff über einen Web-Browser mittels HTTP zu ermöglichen. Die Serverseite wird meist durch Firewalls geschützt, wobei die äußere Firewall in der Regel nur eine Überprüfung von Zugriffsrechten auf Basis von IP-Adressen und TCP-Ports durchführt, um eine grobe Ausfilterung unzulässiger Zugriffe zu ermöglichen. Die innere Firewall realisiert dagegen die in Kapitel 5 vorgestellten Konzepte der Authentisierung und Autorisierung auf Benutzerebene und ist meist direkter Bestandteil des Application Servers.

Der Application Server selbst dient zur Realisierung der Anwendungsfunktionalität auf Server-Seite und ermöglicht dabei auch den Zugriff auf Datenbanken im Hintergrund. Wichtige Eigenschaften typischer Application Server sind die Unterstützung mindestens eines Komponentenmodells, d. h. in der Regel EJB oder .NET, die Realisierung verteilter Transaktionsprotokolle einschließlich der Anbindung der wesentlichen am Markt verfügbaren Datenbanken wie etwa *IBM DB2*, *Oracle 10i* oder *Sybase*, die Bereitstellung von Sicherheitsmechanismen und die Integration von Entwicklungsumgebungen. Außerdem wird häufig die automatische Replikation auf der mittleren Ebene der Application Server selbst in Verbindung mit integrierten Lastausgleichstechniken angeboten. Dabei werden einfache zyklische Zuteilungsverfahren ebenso angeboten wie komplexere Techniken auf Basis aktueller Lastmessungen. Durch die Replikation, aber auch durch den massiven Einsatz von Threads, durch ausgereifte Implementierungen von Transaktionsmonitoren, durch verschiedene Optimierungen, etwa unter Nutzung von Caching, Replikation und Clustering, erreichen Application Server oft auch ein hohes Maß an Skalierbarkeit; typische Größenordnungen liegen bei der Bedienung mehrerer tausend Clients durch mehrere Dutzend replizierte Server.

Eine weitere Eigenschaft vieler Application Server ist die Bereitstellung von Schnittstellen und Werkzeugen zur *Enterprise Application Integration (EAI)*, also zur Anbindung vorhandener Server-Anwendungen im Hintergrund. Beispiele sind Gateway-Produkte auf Basis von Transaktionsmonitoren, um existierende Transaktionsanwendungen, etwa auf IBM CICS-Transaktionsumgebungen, anzukoppeln (siehe Kapitel 4). Andere EAI-Lösungen unterstützen die Anbindung von Anwendungen des *Customer Relationship Management (CRM)*, des *Supply Chain Management (SCM)* und des *Enterprise Resource Planning (ERP)*; als typisches Beispiel seien etwa Gateways zur Anbindung von SAP R/3 an Application Server genannt. Die EAI-Kopplung erfolgt im einfachsten Falle über eine Anpassung der Datenformate beider Seiten (Datenintegration) oder auch über eine direkte Aufrufanpassung (schnittstellenbasierte Integration). In komplexen Szenarien kann auch eine Workflow-basierte Integration unter Nutzung eines Workflow-Management-Systems erfolgen.

Wesentliche Vertreter EJB-basierter Application Server sind die Produkte *IBM WebSphere* und *BEA WebLogic Server* sowie *Borland AppServer* und *IONA Orbix*. Neben diesen allgemeinen Lösungen haben auch einige Datenbankhersteller ihre Datenbankprodukte um Funktionen von Application Servern erweitert. Beispiele sind der *Oracle Application Server* oder der *EASer-ver* von *Sybase*. Darüber hinaus existieren auch eine Reihe von OpenSource-Lösungen wie etwa *JBoss, Appache Geronimo* und *JOnAS*, die sich durchaus durch ansprechende Qualitätseigenschaften auszeichnen.

Als spezielle alternative Lösung ist schließlich *Microsoft .NET* zu nennen. Dieser Ansatz bietet ein ähnliches Komponentenmodell, das aber nicht kompatibel zu EJB ist. Die zugehörigen verteilten Systemdienste sind recht vielfältig und sind im Vergleich zu den meisten EJB-basierten Lösungen noch stärker miteinander verzahnt. Allerdings ist .NET sehr stark auf die Windows-Betriebssystemplattform ausgerichtet. So ist es zwar möglich, mit Hilfe von Web Services Aufrufe an andere Plattformen abzusetzen und auf diese Weise eine lose Kopplung heterogener Systeme zu ermöglichen, .NET-Komponenten selbst sind jedoch bisher nicht bzw. nur unter großen Einschränkungen auf andere Plattformen portierbar.

▶ 7.2.4 Gesamteinordnung der Middleware-Ansätze

Verständlicherweise kann ein Vergleich der einzelnen Ansätze aufgrund der doch eher verschiedenen Konzepte und Zielstellungen nur eine grobe, tendenzielle Orientierung geben, da viele Details von den einzelnen Produkten abhängen und sich das Gebiet insgesamt auch weiterhin stark in Entwicklung befindet.

Grundsätzlich ist das Abstraktionsniveau hinsichtlich der Softwareentwicklung bei den komponentenbasierten Ansätzen deutlich höher als bei den anderen Konzepten. Dies geht allerdings auch mit einem erhöhten Ressourcenbedarf und Einarbeitungsaufwand einher. Hinsichtlich der Unterstützung stark heterogener Betriebssystemplattformen, also z. B. Windows, Unix, Linux und OS/390, sind EJB-basierte Application Server oder – mit Einschränkung – auch CORBA-basierte Ansätze aufgrund ihrer Standardisierung besonders geeignet. Nachrichtenorientierte Lösungen sind in diesem Falle nur dann zu empfehlen, wenn der jeweilige Hersteller alle geforderten Plattformen aus einer Hand abdecken kann; hier unterscheiden sich die Produkte teilweise deutlich untereinander. Mit Microsoft .NET geht man dagegen eine starke Bindung an Windows als das Referenzbetriebssystem ein; andere Plattformen werden nicht oder nur mit starken Einschränkungen unterstützt. Im Hinblick auf die Unterstützung unterschiedlicher Programmiersprachen der

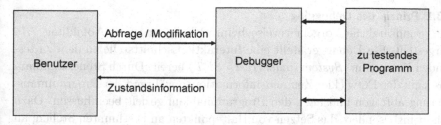

Abbildung 7.14. Prinzip des Debugging

einzelnen Teilnehmer ist der Web-Service-Ansatz, eventuell gekoppelt mit EJB-basierten Application Servern besonders flexibel. Eine denkbare Alternative für kleinere Systeme kann dabei CORBA darstellen. Auch Microsoft .NET unterstützt heterogene Programmiersprachen, wobei allerdings als Hauptimplementierungssprache C#, eine Microsoft-spezifische Sprache, empfohlen wird. Hinsichtlich der unterstützten verteilten Systemdienste bieten alle Plattformen grundsätzlich die wesentlichen Lösungen an, wobei die fortgeschrittenen Produkte im Bereich der EJB-basierten Application Server, die .NET-Plattform sowie die CORBA-Produkte dabei eine besonders weitreichende Unterstützung bieten. Gerade bei Microsoft .NET sind die einzelnen Dienste sehr gut miteinander verzahnt. In Bezug auf hoch skalierbare Transaktionsdienste sind dagegen die EJB-basierten Lösungen großer Hersteller wie IBM und BEA Systems weit fortgeschritten.

Insgesamt ist festzuhalten, dass ein Detailvergleich von Middleware- und Application-Server-Konzepten und -Produkten sich stets sehr stark an der jeweiligen Anwendung sowie den Anforderungen des Projektes orientieren muss und dabei möglichst auch eigene Leistungsuntersuchungen in Form von Benchmark-Tests umfassen sollte. Die hier dargestellte Gesamteinordnung kann allenfalls eine erste Orientierung für solche Auswahlverfahren geben.

7.3 Test und Debugging   7.3

Der Test von Software und die anschließende Fehlerbehebung (*Debugging*) sind während der Entwicklung von Software grundsätzlich von großer Bedeutung. Dadurch kann zwar nicht die Korrektheit der Implementierung nachgewiesen werden, wie es mit einer formalen Verifikation möglich wäre, aber es kann doch der fehlerfreie Betrieb in Standardsituationen sichergestellt werden. Während Test und Debugging für den lokalen Fall bei nicht verteilten Anwendungen seit langem durch symbolische Debugger auf Ebene der Programmiersprache unterstützt werden, stellt dies für Verteilte Systeme weiterhin erhebliche Herausforderungen dar.

❯ 7.3.1 Prinzip des Debugging

Die grundsätzliche Vorgehensweise beim Debugging ist in Abbildung 7.14 dargestellt. Ein Debugger stellt eine Interaktionsschnittstelle zu dem zu testenden Programm (*System under Test - SUT*) bereit. Durch Steuerkommandos kann der Entwickler Zustandsinformationen während der Programmausführung abfragen und auch den Programmablauf gezielt beeinflussen. Dazu gehört insbesondere das Setzen von Haltepunkten an bestimmten Stellen, an denen etwa Fehler vermutet werden, z. B. bei ausgewählten Methodenaufrufen. Das Vorgehen bei der Interaktion zwischen Entwickler und Debugger sollte dabei stets problemorientiert sein und somit auf symbolischer Ebene mit der in der verwendeten Programmiersprache üblichen Syntax und Semantik erfolgen. So wäre beispielsweise die Ausgabe der Zustandsinformation einer Java-Komponente zur Verarbeitung von Bestellungen in Form einzelner Kundenauftragsobjekte zu realisieren und nicht in Form von Registerinhalten oder anderen, auf Assemblerebene angesiedelten Strukturen.

❯ 7.3.2 Test und Debugging Verteilter Systeme

Die wesentlichen Prinzipien des Debugging können auch auf Verteilte Systeme übertragen werden. Im Vergleich zu lokalen Systemen kommt nun aber noch die Anforderung hinzu, dass der Debugger speziell auf der *Ebene des Nachrichtenaustauschs* Eingriffsmöglichkeiten bieten muss. Die Operationen sollten dabei ebenfalls auf der symbolischen Ebene arbeiten, also dem Entwickler das Inspizieren, Einfügen, Entfernen und Verändern von Nachrichten bzw. Prozedur- oder Methodenaufrufen mit den entsprechenden Parametern und Rückgabewerten ermöglichen. Beispiel 7.7 zeigt entsprechende Möglichkeiten zur Manipulation von entfernt ausgetauschten Nachrichten sowie zum Setzen von Haltepunkten mit Hilfe eines Debuggers.

Darüber hinaus handelt es sich bei Verteilten Systemen um ausgeprägt parallele oder quasi-parallele, also nebenläufige Ausführungsvorgänge, die durch zahlreiche Prozesse bzw. Threads realisiert werden. Aufgrund einer sich ständig ändernden Netzwerkauslastung sind auch die Auslieferungsreihenfolge sowie die Laufzeit von Nachrichten für die entfernte Kommunikation in der Regel nicht vorhersagbar. Daraus resultiert ein inhärenter *Indeterminismus der Verarbeitungsvorgänge* eines Verteilten Systems. Eine wiederholte Ausführung eines Programms kann also selbst bei gleichen Eingaben zu unterschiedlichen Ergebnissen führen, so dass Programmabläufe in der Regel nicht reproduzierbar sind. Als Beispiel sei hier etwa die Verarbeitung paralleler Bestellungen zweier unterschiedlicher Benutzer in unserer Referenzanwendung genannt. Falls nur noch ein Artikel der gewünschten Ware verfügbar ist, hängt es vom Zeitverhalten der Nachrichtenübertragung der jeweiligen Bestellung ab, wel-

cher Nutzer die Ware noch erhält und welchem eine Fehlmeldung zugestellt
wird.

Beispiel 7.7 Debugger-Interaktionen in Verteilten Systemen

Manipulation von Nachrichten
insert <m> in <port>
read <m> from <port>
extract <m> from <port>
forward <m> to <port>

Setzen von Haltepunkten
set break <port> <mtype> [send | receive]
set break <port1> ... <portn>

Verbunden mit der Verteilung von Anwendungskomponenten und deren nebenläufige Abarbeitung ist eine Vervielfältigung der Zustände, die eine Verteilte Anwendung annehmen kann. Die einzelnen Zustände werden außerdem
durch eine große Informationsmenge charakterisiert, im Vergleich zu lokalen Anwendungen gehören zu einem Zustand sowohl Informationen zu allen
verteilten Programmabläufen als auch deren Kommunikationsverbindungen
sowie die Anzahl und Inhalte der ausgetauschten Nachrichten. Diese Informationen müssen beim Debugging zugänglich sein, die damit entstehende *Informationsflut* muss aber durch entsprechende Mechanismen für den Anwender
handhabbar werden. Eine Auswahl von Informationen durch den Benutzer sowie geeignete Darstellungsformen und unterschiedliche Abstraktionsniveaus
sind dafür Lösungsansätze.

Mit dieser Problematik einher geht auch das *Fehlen eines globalen Zustands*
eines Verteilten Systems zu einem gegebenen Zeitpunkt. Jeder Versuch, den
Zustand aller Prozesse gleichzeitig zu erfassen, wäre wieder mit indeterminis-
tischen Verzögerungen der erforderlichen Anfragenachrichten verbunden.
Aus dem gleichen Grunde besitzen die verschiedenen verteilten Prozesse auch
keine gemeinsame, strikt synchronisierte Uhr. Selbst mit modernen Techniken divergieren die einzelnen Uhren der beteiligten Rechner über längere
Zeiträume und lassen sich durch Synchronisationsnachrichten nur mit einem
erhöhten Kommunikationsaufwand abgleichen, wobei Abweichungen im Bereich von Millisekunden weiterhin bestehen bleiben.

Zusätzliche Einflüsse auf das Ablaufverhalten entstehen durch den Debugger
selbst. Dieser führt aufgrund seines eigenen Ressourcenbedarfs im Sinne von
Prozessor- und Speicherkapazität sowie der Kommunikation mit entfernten

Komponenten der zu testenden Anwendung zwangsweise zu Verzögerungen der Prozessausführung des zugehörigen „System under Test". Diese Interferenz zwischen Debugger und System muss daher durch Reservierung von Ressourcen oder eventuelle Hardwareunterstützung begrenzt werden, kann aber kaum vollständig ausgeschlossen werden.

Aus den genannten Gründen gestaltet sich das Debuggen verteilter Anwendungen im Vergleich mit lokalen Anwendungen in der Regel aufwändiger und erfordert zusätzliche Mechanismen. Nachfolgend sollen einige grundlegende Verfahren vorgestellt werden.

❯ 7.3.3 Lamport-Verfahren

Die Synchronisation der Uhren verteilter Rechner ist mit einem erhöhten Kommunikationsaufwand verbunden und kann nur bis zu einem bestimmten Grad an Genauigkeit erreicht werden. Auf unterschiedliche Nachrichtenlaufzeiten kann ebenfalls nur begrenzt Einfluss genommen werden. Da also der Indeterminismus insgesamt nicht völlig beseitigt werden kann, wird versucht, ihn zumindest beherrschbar zu machen. Vielfach ist es ausreichend, eine logische Ordnung der im System auftretenden Ereignisse aufzustellen und auf dieser Basis die auftretenden Abläufe reproduzierbar und somit wiederholten Tests und der Fehlerbehebung zugänglich zu machen.

Ein wichtiger Ansatz hierfür ist das *Lamport-Verfahren*. Die Idee besteht konkret darin, eine Halbordnung („→") aufzustellen: Alle Ereignisse, die direkt oder indirekt in kausalem Zusammenhang miteinander stehen, werden geordnet. Für unabhängige Ereignisse kann in der Regel aber keine Aussage getroffen werden. Konkret gilt: Wenn die Ereignisse a und b im gleichen lokalen Prozess zeitlich nacheinander auftreten, was sich auch in Verteilten Systemen leicht überprüfen lässt, so gilt a→b. Wenn ferner a das Sendeereignis einer Nachricht repräsentiert und b das Empfangsereignis derselben Nachricht, so gilt ebenfalls a→b, da a und b in entsprechendem kausalem Zusammenhang stehen. Außerdem gilt die Transitivität, d. h. a→b und b→c impliziert a→c. Damit können nun alle für den Ablauf Verteilter Systeme wesentlichen Ereignisse genauer beschrieben und eingeordnet werden.

Zusätzlich ist nun ein Algorithmus erforderlich, um die zur Laufzeit auftretenden Ereignisse geeignet zu nummerieren und aufzuzeichnen, um dann daraus die gewünschte Halbordnung abzuleiten. Dazu wird jedem Prozess (bzw. Thread) ein lokaler Zähler zugeordnet, der initial Null ist. Beim Auftreten eines lokalen Ereignisses oder eines Sendeereignisses wird dieser Zähler um eins inkrementiert und der resultierende Wert dem Ereignis zugewiesen. In jeder Nachricht wird der lokale Ereigniswert des Senders mit übertragen. Beim Auftreten eines Empfangsereignisses wird der lokale Ereigniszähler des Empfängers mit dem mit der Nachricht übermittelten Ereigniswert des Sen-

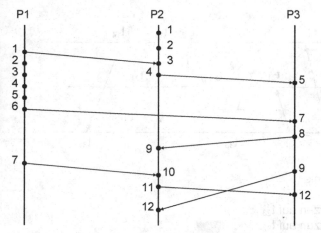

Abbildung 7.15. Beispiel für das Lamport-Verfahren

ders verglichen. Das Maximum der beiden Werte, um eins inkrementiert, wird schließlich dem Empfangsereignis als Wert zugewiesen. Auf diese Weise wird garantiert, dass für die Ereigniswerte E aller in Kausalzusammenhang stehenden Ereignisse a und b mit a→b gilt: $E(a) < E(b)$. Ein Beispiel für die Anwendung des Lamport-Verfahrens ist in Abbildung 7.15 dargestellt.
Durch dieses Verfahren kann nun jeder Prozess für sich eine lokale Ordnung aller Ereignisse herstellen. Prozessübergreifend ist es jedoch möglich, dass zwei Ereignisse dem gleichen Zeitpunkt zugeordnet werden, in Abbildung 7.15 werden etwa dem Zeitpunkt 12 in Prozess P2 und P3 zwei unterschiedliche Empfangsereignisse zugeordnet. Um Ereignisse nun aber auch global vergleichen zu können, wird einem Ereignis zusätzlich die Prozesskennung des zugehörigen Prozesses hinzugefügt, die global natürlich eindeutig sein muss. Die beiden Ereignisse zum Zeitpunkt 12 sind dann durch die Notation 12.P2 und 12.P3 eindeutig unterscheidbar.

7.3.4 Reexecution und Replay
Auf Basis des Lamport-Verfahrens kann nun beispielsweise die wiederholte Ausführung eines Programms zu Testzwecken deterministisch gestaltet werden. In einer ersten Ausführungsphase, die völlig beliebig ablaufen kann, werden zunächst alle relevanten Ereignisse gemäß dem Lamport-Verfahren aufgezeichnet. Bei der wiederholten Ausführung wird nun bei jedem Ereignis geprüft, ob es – ausgehend von der Nummerierung der Ereignisse im ursprünglichen Programmablauf – eigentlich schon auftreten dürfte. Ist dies nicht der Fall, d. h., wird erst ein Ereignis mit einer anderen Nummer erwartet, so werden das Ereignis und die damit im Zusammenhang stehenden Aufrufe bzw. empfangenen Nachrichten so lange gepuffert, bis diese an der

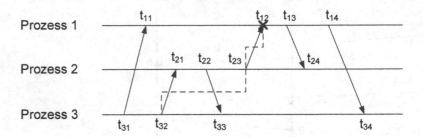

t_{12}: Haltepunktereignis

Prozess 2: Rücksetzen auf t_{23}
Prozess 3: Rücksetzen auf t_{32}

Abbildung 7.16. Konsistente Haltepunkte

Reihe sind. Dies wird als *Reexecution* bezeichnet. Dabei ist es erforderlich, dass jeder beteiligte Prozess alle gemäß dem Lamport-Verfahren relevanten Ereignisse zuvor mit ihren Ereigniswerten aufgezeichnet hat.

Eine Variante hiervon ist das *Replay* eines Prozesses. Ziel dabei ist es, einen bestimmten Prozess wiederholt auszuführen, ohne dabei alle weiteren verteilten Prozesse mit abzuarbeiten. Dies kann etwa in technischen Systemen mit umfangreicher Geräteperipherie starke Vereinfachungen bei gezielten Tests einzelner Prozesse ermöglichen. Dazu wird ähnlich wie bei Reexecution vorgegangen. Zusätzlich müssen nun aber auch alle Inhalte der im ersten Lauf von dem zu testenden Prozess empfangenen Nachrichten mit aufgezeichnet worden sein. Auf diese Weise können dem Prozess bei der wiederholten Ausführung diese Nachrichten quasi in der bisherigen Reihenfolge zugestellt werden, ohne dass die ursprünglichen Sender-Prozesse aktiviert werden müssten.

❯ 7.3.5 Haltepunkte

Natürlich ist es auch wichtig, ein System verteilter Prozesse bei wiederholten Ausführungen zu Testzwecken gezielt an der Stelle anzuhalten, an der Fehler vermutet werden. Anschließend können die einzelnen Prozesse dann systematisch etwa in Form der Ausführung einzelner Instruktionen (Einzelschrittmodus) weiter untersucht werden. Für den verteilten Fall muss dazu ein *globaler Haltepunkt* definiert werden, der das Gesamtsystem, d.h. alle verteilten Prozesse, in einem konsistenten Zustand anhält. Ein globaler Haltepunkt besteht also aus einer Verknüpfung von lokalen Haltepunkten.

Als Minimalbedingung für einen konsistenten Zustand muss für alle Nachrichten folgendes gelten: Wenn das Empfangsereignis einer Nachricht Bestandteil des Haltepunktes ist, so muss auch das Sendeereignis im Haltepunkt enthalten sein. Es darf also keine *Phantomnachrichten* geben, die zwar empfangen, aber aus Sicht des Haltepunkts nicht abgesendet wurden. Abbildung 7.16 zeigt Beispiele für mögliche konsistente Haltepunkte eines Prozesssystems.

7.3.6 Beherrschung der Informationsflut

Eine weitere Problematik, die durch den verteilten Charakter des zu testenden Systems entsteht, ist die Informationsflut. So entstehen für jeden einzelnen Prozess aufgrund der entfernten Kommunikation und Koordination deutlich mehr Informationen als in einem rein lokalen System. Darüber hinaus sind an einer verteilten Anwendung in der Regel auch mehr Prozesse beteiligt. Daher sind wirksame Mechanismen der Informationsfilterung und -visualisierung notwendig.

Typische Filtermöglichkeiten bestehen darin, nur ausgewählte Ereignisse darzustellen, die etwa auf einen bestimmten Prozess bezogen sind oder einen bestimmten Nachrichtentyp umfassen, sich auf reine verteilte Interaktionsereignisse, d. h. das Senden und Empfangen von Nachrichten, zu konzentrieren und andere lokale Ereignisse zunächst außer Acht zu lassen oder sich bei der Darstellung und Aufzeichnung auf ganz bestimmte Zeitintervalle zu beschränken, die für die Fehlersuche besonders relevant sind. Weitere Unterstützung kann durch grafische Werkzeuge realisiert werden. Typische Ansätze sind etwa die Darstellung interagierender Prozessgruppen durch Weg-Zeit-Diagramme oder auch die grafische Animation gesendeter bzw. empfangener Nachrichten einschließlich der Darstellung ausgewählter Inhalte.

7.4 Zusammenfassung

Für die Entwicklung Verteilter Systeme sind integrierte Werkzeuge zur durchgängigen Unterstützung des gesamten Software-Lebenszyklus sehr wichtig. Aufbauend auf der Phase der Anforderungsanalyse sind vor allem der Softwareentwurf, die Implementierung, die Installation sowie Test und Debugging zur Laufzeit gezielt zu unterstützen. Dazu bieten vor allem Application Server eine umfassende Werkzeugunterstützung, als deren Basis sich UML etabliert hat. Auf der Architekturseite bieten dabei komponentenbasierte Ansätze ein besonders hohes Abstraktionsniveau, während für einfachere Anwendungen auch herkömmliche objektorientierte bzw. nachrichtenorientierte Lösungen in Frage kommen.

Die vorgestellten weiterführenden Softwareentwicklungskonzepte sollen eine weitere Vereinfachung sowie eine höhere Effizienz der Entwicklung Verteilter Systeme ermöglichen. Hier bieten insbesondere die Ansätze zur Architekturbeschreibung und Konfigurationsprogrammierung eine höhere Flexibilität bei der Änderbarkeit von Systemen und eine erhöhte Wiederverwendbarkeit der Einzelkomponenten. Der Ansatz der Model Driven Architecture strebt eine höhere Integration der einzelnen Entwicklungsschritte mit einer durchgängigen Modellunterstützung an. Aspekte unterstützen schließlich eine Trennung von sich überschneidenden Problembereichen von der Anwendungslogik, was für Verteilte Systeme für Aspekte wie Transaktionssteuerung, Sicherheit und Persistenz von besonderer Bedeutung. Insgesamt lässt sich bei den heute verfügbaren Werkzeugumgebungen, gestützt auf UML und weitere Standards zur Metamodellierung und zum Modellaustausch, eine hohe Integration feststellen. Erweiterte Konzepte haben teilweise bereits Einzug gehalten. Die Entwicklung hin zu dienstorientierten Architekturen stützt sich auf diese technologischen Konzepte, verspricht aber durch eine loose Kopplung und insbesondere den hohen Grad an Interoperabilität eine weitere Integration von Verteilten Softwaresystemen, wobei eine flexible Kopplung von Bausteinen auf der Basis heterogener Plattformen möglich wird.

Beim Debugging Verteilter Systeme treten ganz spezielle Probleme wie etwa Indeterminismus und Informationsflut auf, die deutlich erweiterte Lösungen erfordern. Insgesamt ist eine enge Verzahnung von Sprachkonzepten, Architekturprinzipien und Werkzeugen in diesem Bereichen von entscheidender Bedeutung.

7.5 Übungsaufgaben

1. Welche Bedeutung haben die Eigenschaften von Komponenten nach der Definition von Szyperski [SGM02] für die Entwicklung verteilter Anwendungen? Gehen Sie dabei auf die einzelnen Punkte der Definition ein!

2. Die Entwicklung Verteilter Systeme basierend auf Komponenten erfolgt in mehreren Entwicklungsschritten. Erläutern Sie den Zweck, die notwendigen Entwicklungsschritte sowie die verwendbaren Werkzeuge und resultierenden Artefakte für die vier Sichten auf Komponenten nach [CD00].

3. Enterprise JavaBeans definieren ein serverseitiges Komponentenmodell für Java.
   a. Nennen Sie die Typen von Komponenten in Enterprise JavaBeans und erläutern Sie deren Zweck.
   b. Erläutern Sie den Unterschied zwischen local- und remote-Schnittstellen in EJB?
   c. Nennen Sie Zweck und Inhalt eines Deployment Descriptors in EJB?

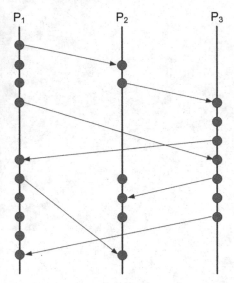

Abbildung 7.17. Ablaufdiagramm der Kommunikation verteilter Prozesse.

4. Welche Basisdienste werden typischerweise von Application Servern bereitgestellt?

5. Das Debugging Verteilter Systeme erfordert erweiterte Verfahren. Erläutern Sie die Probleme „Fehlen eines globalen Zustands", „Indeterminismus" und „Interferenz"! Nennen Sie einen Lösungsvorschlag für jedes Problem!

6. In Abbildung 7.17 werden in einem Ablaufdiagramm drei verteilte Prozesse dargestellt, die miteinander kommunizieren. Die lokalen Ereignisse sowie die Ereignisse durch den Nachrichtenaustausch zwischen den Prozessen werden durch gefüllte Kreise dargestellt. Ordnen Sie allen Ereignissen im Diagramm gemäß dem Lamport-Verfahren eine entsprechende Nummerierung zu.

7. Abbildung 7.16 stellt drei kommunizierende verteilte Prozesse mit nummerierten Ereignissen dar.
   a. Nennen Sie für die Ereignisse in Abbildung 7.16 je zwei geordnete und zwei ungeordnete Ereignispaare.
   b. Geben Sie einen globalen Haltepunkt für den Fall an, dass Prozess 3 zum Zeitpunkt t_{34} angehalten werden soll.

Kapitel 8

Dienstbasierte Architekturen und Technologien

8

A. Schill, T. Springer, *Verteilte Systeme*,
DOI 10.1007/978-3-642-25796-4_8, © Springer-Verlag Berlin Heidelberg 2012

8

8 Dienstbasierte Architekturen und Technologien

Wie im vorherigen Kapitel diskutiert, stellen Komponenten einen weitreichenden Ansatz zur Umsetzung Verteilter Systeme dar. Eine umfassende Entwicklungsmethodik und Werkzeugunterstützung steht für den gesamten Lebenszyklus komponentenbasierter verteilter Anwendungen zur Verfügung. Diese werden werkzeuggestützt aus verschiedenen Komponenten zusammengesetzt, die als atomare Einheiten jeweils einen Teil der Anwendungslogik kapseln. Die klare Trennung der Anwendungslogik von verteilungsspezifischen Funktionen, verbunden mit klaren Schnittstellendefinitionen, ermöglichen dabei eine hohe Wiederverwendbarkeit der Komponenten.

Gleichzeitig wird die Umsetzung der Verteilungsfunktionen, etwa von Transaktionssteuerung oder Sicherheitsmechanismen, stark vereinfacht. Diese müssen nun nicht mehr vom Anwendungsentwickler implementiert werden, sondern können deklarativ festgelegt werden. Mit EJB, .NET und OSGi stehen etablierte Komponentenmodelle und eine Vielzahl an Produkten zur Verfügung, die entsprechende Komponentenplattformen beinhalten. Warum sind also weitere Konzepte auf der Basis dienstorientierter Architekturen und Technologien notwendig?

Betrachten wir dazu die Realisierung einer verteilten Anwendung auf einem Application Server. Die Umsetzung der Anwendungslogik basiert dann auf dem bereits vorgestellten EJB-Komponentenmodell. Auch wenn die Komponenten zunächst plattformunabhängig spezifiziert werden können, muss also zur weiteren Realisierung der Komponenten die Auswahl eines konkreten Komponentenmodells sowie einer Komponentenplattform erfolgen. Einige Komponentenmodelle sind auch an eine bestimmte Programmiersprache gebunden, so etwa EJB an Java. Der gewählte Application Server stellt eine homogene Werkzeugumgebung zur Verfügung, mit der die entwickelten Komponenten auf einfache Weise implementiert und in der Laufzeitumgebung installiert werden.

Der Betrieb des Application Servers und der Systeme zur Datenhaltung erfolgt in der Regel im Intranet eines Unternehmens. Innerhalb dieser relativ abgeschlossenen und homogenen Umgebung ist die komponentenbasierte Umsetzung verteilter Anwendungen eine sehr gute Lösung. Wird eine Komponentenplattform durchgängig für die Realisierung verwendet, sichert dies eine hohe Interoperabilität sowie eine flexible Austauschbarkeit von Komponenten.

Sollen nun aber Komponenten auf verschiedenen Komponentenplattformen miteinander gekoppelt werden, ergeben sich Probleme. Generell lassen sich Application Server verschiedener Hersteller über standardisierte Schnittstellen und Kommunikationsprotokolle miteinander integrieren. Grenzen setzen aber die in der Mehrzahl der Produkte vorhandenen proprietären Erweiterungen, die etwa eine Portierung von EJB-Komponenten auf andere Application Server erschweren. Sollen Komponenten verschiedener Komponentenmodelle miteinander gekoppelt werden, müssen in der Regel verschiedene Aufrufprotokolle sowie heterogene Datenrepräsentationen und Programmiersprachen sowie Inkompatibilitäten verteilungsspezifischer Funktionen, etwa der Transaktionsverarbeitung überbrückt werden. Das Deployment und die Administration der Anwendung wird ebenfalls erschwert, da nun keine homogene Werkzeugumgebung bereitsteht, sondern die verschiedenen Werkzeuge der einzelnen Komponentenplattformen verwendet werden müssen.

Sind die Komponenten über mehrere Abteilungen eines Unternehmens oder verschiedene Unternehmen verteilt, wie dies im Szenario der elektronischen Handelsplattform beispielsweise mit dem externen Bezahldienst vorgesehen ist, müssen weitere Integrationsprobleme, wie das Blockieren externer Aufrufe durch Firewalls, nicht offengelegte Schnittstellen sowie die Abstimmung von Sicherheitsrichtlinien, Rollenmodellen und Zugriffsrechten in verschiedenen Sicherheitsdomänen gelöst werden.

Ein weiterer Aspekt ist die enge Kopplung der Komponenten auf Implementierungsebene, die eine flexible Anpassung der Interaktionsbeziehungen zwischen Komponenten verhindert. Aufrufbeziehungen zwischen Komponenten werden zwar auf abstrakter Ebene explizit modelliert, in der Implementierung werden diese aber im Komponentencode fest verankert, wie dies auch bei EJB der Fall ist. Eine Änderung der Aufrufbeziehungen zieht damit auch Änderungen im Code nach sich. Dies betrifft insbesondere die Logik zur Steuerung von Geschäftsprozessen, die zum großen Teil in der Anwendungslogik und den Aufrufbeziehungen der Komponenten umgesetzt wird. Eine Änderung von Geschäftsprozessen, unternehmensintern oder unternehmensübergreifend, ist damit aufwändig.

Zusammenfassend bietet die komponentenbasierte Entwicklung also einen sehr guten Ansatz, solange die Stufen der Anwendungslogik und der Datenhaltung verteilter Anwendungen in einer relativ abgeschlossenen und homogenen Umgebung ablaufen, etwa auf einem Application Server im Intranet eines Unternehmens. Für weitergehende Anforderungen, wie der Integration heterogener IT-Umgebungen oder der unternehmensübergreifenden Abwicklung von Geschäftsprozessen werden jedoch erweiterte Konzepte notwendig. Diese Konzepte bieten *dienstorientierte Architekturen* und Technologien. Aufsetzend auf bestehenden objektorientierten und komponentenbasierten Lösungen decken Prinzipien und Technologien auf der Basis von Softwarediensten eben die genannten Anforderungen ab. Im vorliegenden Kapitel wird ein Überblick über die Konzepte und Realisierungstechnologien dienstorientierter

Architekturen gegeben. Ausgehend von dem Paradigma, das im Englischen mit dem Begriff *Service-oriented Architecture (SOA)* bezeichnet wird, sollen die wesentlichen Prinzipien und Technologien zur Umsetzung einer SOA beschrieben werden. Der Schwerpunkt liegt dabei auf den genannten Aspekten der Umsetzung von Geschäftsprozessen, verbunden mit einer Betrachtung der verteilungsspezifischen Aspekte von Dienstsuche, Transaktionen und Sicherheit. Den Abschluss bildet die Diskussion von Technologien zur Umsetzung dienstorientierter Architekturen.

8.1 Schritte zur Realisierung dienstorientierter Geschäftsprozesse

Nachdem in Kapitel 2.4 bereits die grundlegenden Konzepte des Paradigmas dienstorientierter Architekturen vorgestellt wurden, soll nun eine vertiefende Betrachtung der Umsetzung von Geschäftsprozessen auf der Basis von Diensten erfolgen. Insbesondere im Kontext unternehmensübergreifender Prozesse haben dienstorientierte Konzepte entscheidende Vorteile gegenüber objektorientierten bzw. komponentenbasierten Lösungen.

8.1.1 Grundlegende Konzepte

Im Referenzmodell der Organization for the Advancement of Structured Information Standards (OASIS) findet sich die folgende Definition eines Dienstes [MLM+06]:

> „A service is a mechanism to enable access to one or more capabilities, where the access is provided using a prescribed interface and is exercised consistent with constraints and policies as specified by the service description."

Dienste ermöglichen nach dieser Definition also den Zugriff auf Leistungen im abstrakten Sinne. Leistungen können dabei implementierte Anwendungsfunktionen, im weiteren Sinne aber auch reale Dienstleistungen wie der Transport von Gütern sein, die über einen Dienst im Internet angeboten werden. Die Dienstleistung wird dabei explizit beschrieben. Wie bei Komponenten ist die funktionale Schnittstelle Teil der Dienstbeschreibung. Über die rein technischen Merkmale hinaus können nun aber auch semantische Informationen zur Dienstleistung und zum Dienstanbieter sowie Anforderungen und Richtlinien zur Dienstnutzung enthalten sein. Dies sind beispielsweise Festlegungen zu Nutzungsbedingungen, Sicherheitsrichtlinien, Qualitätsparameter oder Nutzungskosten. Entsprechend der Definition muss die Ausführung der Dienstleistung konsistent zu diesen Anforderungen und Richtlinien erfolgen.

Die genannten Informationen werden dabei in der Regel als formale Dienstbeschreibung hinterlegt. Zur Beschreibung der technischen Schnittstelle kann etwa WSDL verwendet werden. Weitere Meta-Informationen über Dienstanbieter und Qualitätsmerkmale lassen sich beispielsweise in den Datenstrukturen tModel und businessEntity eines UDDI-Verzeichnisses hinterlegen, wie dies in Abschnitt 3.4.4 schon beschrieben wurde. Weitere Sprachen wie die Web Service Modeling Language (WSML) [ST08] oder die Semantic Markup for Web Services (OWL-S) [MBH+04] ermöglichen darüber hinaus auch die semantische Dienstbeschreibung und die Beschreibung von Qualitätsmerkmalen.

Diese formale Beschreibung ist eine wesentliche Voraussetzung der *Sichtbarkeit* von Diensten. Nur wenn ein angebotener Dienst auch für potentielle Dienstnutzer auffindbar und dessen Dienstleistung verständlich und nachvollziehbar beschrieben wurde, kann der Dienst auch genutzt werden. Die Sichtbarkeit ist deshalb entsprechend des SOA-Referenzmodells neben *Interaktion* und *Wirkung* eines der drei grundlegenden Konzepte dienstbasierter Architekturen [MLM+06].

Das Konzept der *Interaktion* beschreibt den Aspekt des Zugriffs auf einen Dienst. Dem Dienstnutzer muss es möglich sein, die angebotene Dienstleistung auch in Anspruch zu nehmen. Im Rahmen dienstorientierter Architekturen erfolgt die Dienstnutzung durch den Austausch von Nachrichten zwischen Dienstnutzer und Dienstanbieter. Mit der Dienstnutzung soll natürlich auch eine *Wirkung* erzielt werden. Diese manifestiert sich als Folge der Ausführung von Aktionen in einer Zustandsänderung bei den Interagierenden.

Dienste kapseln also ebenso wie Komponenten einen gewissen Teil der Anwendungslogik, der über eine formal definierte Schnittstelle nutzbar ist. Durch Komposition von Diensten können komplexe Anwendungen erzeugt werden. Auf Basis der Konzepte dienstorientierter Architekturen sind Dienstkompositionen nun aber wesentlich loser gekoppelt als typischerweise Komponenten. Die erweiterte und formale Dienstbeschreibung ermöglicht das Veröffentlichen, Suchen und Nutzen von Diensten insbesondere auch über Unternehmensgrenzen hinweg.

Die Interaktionen stützen sich dann auf standardisierte Protokolle und Nachrichtenformate. Die Interaktionen erfolgen dabei ausschließlich auf der Ebene von Dienstbeschreibungen. Die zur Dienstimplementierung verwendeten Technologien können damit flexibel gewählt bzw. auch ausgetauscht werden. Dies sichert eine hohe Interoperabilität zwischen verschiedenen Dienstanbietern und -nutzern. So können mittels WSDL beschriebene Dienste, die per SOAP über HTTP kommunizieren, durch unterschiedlichste Technologien implementiert werden, wie dies in Abbildung 8.1 gezeigt wird. Solange die Dienstbeschreibung unverändert bleibt, kann die Implementierung beliebig geändert bzw. ausgetauscht werden. Darüber hinaus ist auch ein Neubin-

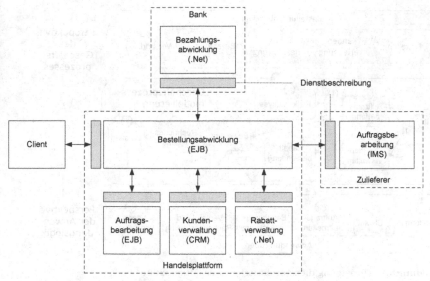

Abbildung 8.1.   Technologieunabhängigkeit und Interoperabilität durch dienstorientierte Lösungen

den innerhalb einer Dienstkomposition möglich. Im Beispiel unserer Handelsplattform könnten die Dienste zur Bestellabwicklung mit EJB realisiert werden, während die Bezahlinformationen der Bank mittels .Net implementiert werden. Bieten verschiedene Dienstleister Bezahldienste mit gleicher bzw. kompatibler Dienstschnittstelle an, könnten diese Dienstleister flexibel ausgetauscht werden.

8.1.2 Vorgehensweise

Die genannten Eigenschaften dienstorientierter Architekturen bilden die Grundlage für die Umsetzung flexibler und unternehmensübergreifender Geschäftsprozesse. Ein *Geschäftsprozess* ist dabei nach Alonso et. al [ACKM04]:

> „... a collection of activities performed by human users or software applications that together constitute the different steps to be completed to achieve a particular business objective."

Diese logische Sicht auf Abläufe in Unternehmen beschreibt einen Geschäftsprozess als eine Menge von Aktivitäten. Diese können durch Software oder auch durch Menschen ausgeführt werden. Insgesamt dienen alle Aktivitäten der Erfüllung einer bestimmten Zielsetzung im Unternehmen, etwa dem Abwickeln eines Bestellvorganges.

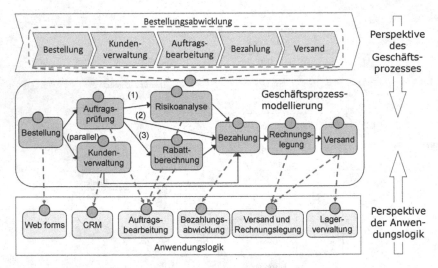

Abbildung 8.2. Umsetzung dienstorientierter Geschäftsprozesse

Dem gegenüber beschreibt der Begriff *Workflow* die formale und ausführbare Spezifikation eines Geschäftsprozesses [ACKM04]:

> „The terms workflow, workflow process, or sometimes simply process refer to a formal, executable description of a business process."

Abbildung 8.2 stellt dies im Zusammenhang dar. Auf der obersten Ebene wird der Vorgang der Bestellungsabwicklung in unserer Handelsplattform als Folge von Aktivitäten aus logischer, eher abstrakter Sicht dargestellt. Initiiert wird der Bestellvorgang mit der Auswahl und Bestellung von Produkten durch den Kunden über verschiedene Interaktionen mit der Benutzerschnittstelle der Handelsplattform, etwa dem Durchsuchen des Produktkataloges, der Auswahl von Produkten und deren Ablage im Warenkorb und letztlich dem Auslösen des Bestellvorganges. In der Handelsplattform werden nun die Schritte der Kundenverwaltung, verbunden mit der Ermittlung des aktuellen Kundenstatus oder einer Rabattberechnung, die Bearbeitung der Bestellung mit Prüfung der Verfügbarkeit der Produkte sowie Angabe von Lieferadresse und Bezahlmethode, die Abwicklung von Bezahlung und Rechnungserstellung und schließlich das Versenden der Produkte aus dem Lager ausgeführt.

Zur Umsetzung dieses Geschäftsprozesses in einen ausführbaren Workflow müssen die einzelnen Schritte bzw. Aktivitäten nun formalisiert und verfeinert und letztlich auf Dienste abgebildet werden, die die entsprechende Anwendungslogik beinhalten. Abhängig von den einzelnen Aktivitäten führen die anzubindenden Dienste dann etwa den Zugriff auf ein Customer-Relationship-Management-System (CRM), die Anwendungslogik zur Bearbeitung von Bestellungen, die Bezahlungsabwicklung im Verbund mit einer Bank, die Lagerverwaltung sowie das Versenden der Produkte aus. Diese Aktivitäten können, wie schon erwähnt, automatisiert erfolgen. Wird die Unterstützung durch einen Menschen benötigt, sind entsprechende Interaktionen über Benutzerschnittstellen einzubinden, die natürlich ebenfalls als Dienst bereitgestellt werden müssen.

Die mittlere Ebene der Abbildung 8.2 zeigt nun den formal spezifizierten Workflow. Dieser entsteht durch die Dekomposition eines Geschäftsprozesses in Sub-Prozesse und konkrete Aktivitäten. Die einzelnen Prozessschritte werden dabei konkretisiert und verfeinert. Im Beispielprozess wurde etwa zunächst nur abstrakt die Bezahlungsabwicklung benannt. Diese setzt sich aber aus mehreren Aktivitäten wie der Auswahl der Zahlungsmethode, dem Prüfen der Konten- oder Kreditkartendaten und der Banktransaktion zum Geldtransfer zusammen. Aufgrund der damit entstehenden Verfeinerungsebenen ist die Möglichkeit der hierarchischen Modellierung eine wesentliche Anforderung an Modellierungssprachen für Workflows.

Die resultierende Workflow-Beschreibung enthält dann ein formalisiertes, abstraktes Modell des Geschäftsprozesses. Die enthaltenen Aktivitäten müssen nun noch auf konkrete Dienstaufrufe innerhalb der Dienstinfrastruktur der am Geschäftsprozess beteiligten Unternehmen abgebildet werden. Der Abbildungsprozess beinhaltet dabei die Auswahl vorhandener Dienste und gegebenenfalls deren Anpassung an die Anforderungen des Geschäftsprozesses. Darüber hinaus müssen teilweise auch neue Dienste erstellt werden, wenn benötigte Anwendungslogik noch nicht bereitsteht. Die resultierende Anbindung an konkrete Dienstaufrufe wird in der unteren Ebene der Abbildung 8.2 dargestellt.

8.2 Modellierung von Geschäftsprozessen

Der erste Schritt zur automatisierten Abarbeitung von Geschäftsprozessen ist also deren formale Spezifikation als Workflow-Modell. Zur Repräsentation von Workflow-Modellen existiert eine Reihe von Modellierungssprachen. Genannt seien etwa die Aktivitätsdiagramme der Unified Modeling Language (UML), Yet Another Workflow Language (YAWL) und Business Process Model and Notation (BPMN).

Im Folgenden werden zunächst Petri-Netze als grundlegender mathematischer Formalismus für die Modellierung von Geschäftsprozessen diskutiert. Anschließend wird dann BPMN an einem Beispiel erläutert.

8.2.1 Petri-Netze

Petri-Netze sind ein auf dem mathematischen Modell gerichteter Graphen basierender Formalismus, der 1962 durch den Mathematiker Carl Adam Petri eingeführt wurde (siehe etwa [Bau97]). Diese können insbesondere die dynamischen Eigenschaften von Abläufen erfassen. Petri-Netze existieren heute in einer Vielzahl von Varianten.

Modellierung der Struktur von Geschäftsprozessen mit Petri-Netzen

Grundlegende Elemente eines Petri-Netzes sind *Stellen* und *Transitionen*, die die Knoten des Graphen darstellen. Aktivitäten von Geschäftsprozessen werden dabei durch Transitionen modelliert. Stellen repräsentieren Zustände bzw. Verarbeitungsergebnisse von Aktivitäten, etwa Zwischenablagen, Datenpuffer oder Dokumente.

Stellen und Transitionen werden durch *gerichtete Kanten* miteinander verbunden. Die so entstehenden Pfade innerhalb eines Petri-Netzes stellen Folgen von Aktivitäten dar, die gemeinsam einen Geschäftsprozess bilden. Die Struktur eines vollständigen Petri-Netzes umfasst eine Menge von Stellen, Transitionen und Kanten. Je eine Stelle stellt dabei den Start- bzw. Endzustand des Geschäftsprozesses dar. Kanten verbinden die Stellen und Transitionen zu einem vollständigen Petri-Netz, wobei eine Kante entweder eine Verbindung von einer Stelle zu einer Transition oder von einer Transition zu einer Stelle herstellt. Von einer Stelle bzw. einer Transition können dabei auch mehrere Kanten ausgehen. Dies ermöglicht die Modellierung bedingter bzw. paralleler Verzweigungen.

Abbildung 8.3 stellt den bereits beschriebenen Beispielprozess eines Bestellvorganges als Petri-Netz dar. Ausgehend von einer Stelle als Startzustand wird als erste Transition die Bestellung durch den Kunden ausgelöst. Von dieser Transition verlaufen nun zwei gerichtete Kanten zu nachfolgenden Stellen. Dadurch wird die *parallele Ausführung* der Aktivitäten auf den folgenden Teilpfaden modelliert.

Im unteren Teilpfad werden die Daten des Kunden geprüft bzw. aktualisiert. Für einen Neukunden müsste etwa ein Kundendatensatz angelegt werden. Parallel dazu kann die Prüfung des Auftrags erfolgen. Diese kann beispielsweise die Verfügbarkeit der Produkte, den Umfang und Gesamtbetrag des Auftrags oder den Status des Kunden umfassen. Abhängig vom Ergebnis der Prüfung werden nun weitere Schritte ausgeführt. Eine *bedingte Ausführung* wird durch mehrere abgehende Kanten von einer Stelle modelliert, wie dies im Beispiel mit der auf die Auftragsprüfung folgenden Stelle umgesetzt wird. Ausgehend vom Prüfungsresultat soll nun eine Risikoanalyse durchgeführt werden, wenn die Bestellsumme einen bestimmten Grenzwert überschreitet. In dieser könnte etwa das Bezahlverhalten des Bestellers in der Vergangenheit

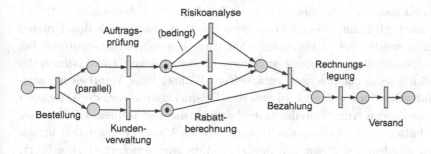

Abbildung 8.3. Repräsentation eines Geschäftsprozesses als Petri-Netz

analysiert werden. Im Ergebnis könnte so die Bestellung eines Neukunden mit hohem Bestellwert als riskant eingestuft werden, worauf diesem dann nur bestimmte Bezahlmöglichkeiten angeboten werden. Einem bekannten Kunden könnten dagegen Rabatte eingeräumt werden. Der mittlere Pfad modelliert das Standardvorgehen. In diesem Fall wird keine weitere Aktivität nötig. Aufgrund der genannten Anforderungen an ein vollständiges Petri-Netz muss sich aber auch hier eine Transition zwischen den Stellen befinden, die in unserem Beispiel aber keine Operationen beinhaltet.

Die parallelen Teilpfade werden dann über die Transition für die Aktivität *Bezahlung* wieder zusammengeführt. Diese wird erst ausgeführt, wenn die Aktivitäten beider Teilpfade beendet sind und alle Ergebnisse vorliegen. Nach der *Bezahlung* schließen sich noch die Aktivitäten für die *Rechnungslegung* und den *Versand* an, die sequentiell ausgeführt werden.

Modellierung des Verhaltens von Geschäftsprozessen

Zur Modellierung des Ablaufes eines Geschäftsprozesses dienen in Petri-Netzen veränderliche Markierungen. Ein bestimmter Zustand eines Petri-Netzes wird dabei durch *Marken* beschrieben, die innerhalb von Stellen platziert werden. Zustandsänderungen erfolgen durch das „Schalten" von Transitionen. Grundsätzlich gilt entsprechend der *Schaltregeln* eines Petri-Netzes, dass eine Transition nur schalten kann, wenn in allen Stellen, von denen eine gerichtete Kante zu der entsprechenden Transition führt, auch die geforderte Anzahl an Marken vorliegt. Wie viele Marken nun eine Stelle aufnehmen kann und wie viele Marken vorliegen müssen, damit eine Transition schalten kann, wird durch die *Kapazität* der Stellen bzw. die *Wichtung* von Kanten festgelegt.

Während des Schaltens werden die Marken aus den Stellen entnommen. Dies repräsentiert die Verarbeitung von Nachrichten, Dokumenten oder Ähnlichem in der durch die Transition modellierten Aktivität. Die Marken symbolisieren damit also Vorbedingungen, die erfüllt sein müssen, damit eine Aktivität ausgeführt wird. Im Beispiel muss etwa die Bestellung durch den Kunden ausgelöst werden und in Form einer Nachricht bzw. eines Dienstaufrufes bei der *Auftragsprüfung* und der *Kundenverwaltung* vorliegen. Diese können die Bestellung dann entsprechend verarbeiten. Während der Verarbeitung werden dann Zustände geändert. In unserem Beispiel könnte etwa der Datensatz des bestellenden Kunden in der Datenbank aktualisiert werden. Im Ergebnis des Schaltens werden durch die Transition neue Marken erzeugt und in den Stellen abgelegt, zu denen von der Transition eine gerichtete Kante führt. Diese stellen die Nachbedingungen der ausgeführten Aktivität dar. Gleichzeitig sind diese auch Teil der Vorbedingungen der direkt nachfolgenden Aktivitäten. Dies bedeutet auch, dass die Anzahl der Marken im Petri-Netz variieren kann.

Im Beispiel beginnt der Geschäftsprozess mit einer Marke in der Startstelle. Damit sind alle Voraussetzungen zum Schalten der ersten Transition *Bestellung* erfüllt. Diese besitzt nun mehrere abgehende Kanten, es folgt also eine parallele Verzweigung. In diesem Fall werden nun zwei Marken erzeugt, entsprechend der Zahl der abgehenden Kanten. Nach Ausführung der Transition *Bestellung* liegt also in den beiden direkt folgenden Stellen jeweils eine Marke. Damit können nun die Transitionen *Auftragsprüfung* und *Kundenverwaltung* unabhängig und damit parallel schalten. Durch deren Ausführung wird jeweils eine Marke für die nachfolgende Stelle erzeugt. Damit erreicht das Petri-Netz den in Abbildung 8.3 dargestellten Zustand.

Betrachten wir nun die Transition *Bezahlung*, so liegt in der unteren Stelle bereits eine Marke vor. Da aber in der zweiten Stelle im oberen Teilpfad noch keine Marke vorliegt, kann die Transition noch nicht schalten. An diesem Punkt werden durch die Transition die parallelen Teilpfade wieder zusammengeführt, wobei auch eine Synchronisation erfolgt. Erst, wenn alle Marken vorliegen, also die Aktivitäten aller parallelen Teilpfade vollständig ausgeführt wurden, sind die Vorbedingungen für die Transition *Bezahlung* erfüllt und diese kann schalten.

Im oberen Pfad muss nun also zunächst die Auswertung der Bedingungen für die Ausführung einer der folgenden Transitionen durchgeführt werden. Zur Modellierung der Bedingungen können etwa Prädikate verwendet werden, wie diese beispielsweise durch *Prädikat-Transitions-Netze* als Erweiterung von Petri-Netzen bereitgestellt werden. Formal kann nur eine der drei Transitionen die verfügbare Marke entnehmen und schalten. Entsprechend der Bedingungen wird also eine der Transitionen für die Ausführung ausgewählt. Danach sind die Vorbedingungen für das Schalten der Transition *Bezahlung* erfüllt. Diese erzeugt eine Marke und ermöglicht damit die sequentielle Ausführung zunächst der Transition *Rechnungslegung* und in der Folge der Transition *Versand.*

Petri-Netze erlauben damit eine formale Beschreibung von Workflow-Strukturen mit sequentieller, paralleler und bedingter Ausführung von Aktivitäten, einschließlich der Vor- und Nachbedingungen für deren Ausführung. Die dynamischen Aspekte der Ausführung werden dabei mit Hilfe von Marken und Schaltregeln umgesetzt. Darüber hinaus erlauben Petri-Netze auch die Analyse der modellierten Workflows, beispielsweise hinsichtlich Lebendigkeit, Zyklen und Verklemmungen.

8.2.2 Business Process Model and Notation (BPMN)

Petri-Netze bieten also einen entsprechenden Formalismus zur Spezifikation von Geschäftsprozessen. Die Darstellung ist aber sehr abstrakt und beschränkt sich auf die strukturellen und dynamischen Aspekte von Workflows. Verantwortlichkeiten für die Ausführung der Aktivitäten oder auch Datenspeicher oder Nachrichtentypen werden dagegen in der Regel nicht beschrieben. Da die Modellierung von Geschäftsprozessen häufig von Domänenexperten mit begrenztem technischen Hintergrund ausgeführt wird, werden diese in der Praxis üblicherweise nicht direkt als Petri-Netz sondern mit Hilfe einer Modellierungssprache mit grafischer Repräsentation und entsprechender Werkzeugunterstützung modelliert.

Mögliche Sprachen sind etwa Aktivitätsdiagramme aus UML oder auch Yet Another Workflow Language (YAWL). UML-Aktivitätsdiagramme wurden allerdings nicht für die Modellierung von Workflows entwickelt und decken damit einige Aspekte komplexer Workflows nicht ab. YAWL basiert dagegen auf erweiterten Petri-Netzen und eignet sich damit uneingeschränkt zur Modellierung von Workflows. Darüber hinaus bietet YAWL ein umfangreiches Software-Framework mit Modellierungswerkzeugen und einer Umgebung zur Ausführung von Workflows. Aufgrund der hohen Komplexität ist es aber für die genannte Benutzergruppe der Domänenexperten nur bedingt geeignet.

In der Praxis werden häufig Lösungen auf der Basis der Business Process Model and Notation (BPMN) eingesetzt. Die Modellierungsprache soll deshalb nachfolgend vorgestellt werden.

BPMN [Spe11] basiert ebenfalls auf Petri-Netzen, bietet aber eine intuitive grafische Notation, die auf Flussdiagrammen beruht und eine einfache Modellierung auch komplexer Geschäftsprozesse ermöglichen soll. Darüber hinaus lassen sich BPMN-Diagramme in ausführbare BPEL-Diagramme überführen, wie dies im Folgenden noch gezeigt wird. Damit lassen sich die wirtschaftliche und die technische Sicht auf Geschäftsprozesse systematisch ineinander überführen.

⊙ **Geschäftsprozessmodellierung mit BPMN**

Die wesentlichen Elemente von BPMN zur Modellierung von Geschäftsprozessen werden wieder am Beispiel des Vorganges der Bestellungsabwicklung in Abbildung 8.4 gezeigt. Aktivitäten werden in Form von Rechtecken mit gerundeten Ecken dargestellt, wie dies etwa für die Aktivitäten *Bestellung*, *Auftragsprüfung* und *Kundenverwaltung* der Fall ist. Neben einfachen Aktivitäten können auch Teilprozesse modelliert werden. Dies erfolgt durch das Hinzufügen eines Quadrates mit einem Plus-Symbol an der unteren Kante einer Aktivität. Im Beispiel repräsentieren damit die Aktivitäten Bezahlungsausführung, Bezahlungsabwicklung und Rechnungslegung Teilprozesse. Für jeden der Teilprozesse könnten nun separate BPMN-Diagramme die internen Abläufe modellieren. Auf diese Weise können Geschäftsprozesse in BPMN hierarchisch modelliert werden.

Verzweigungen werden als *Gateway* bezeichnet und durch Rhomben dargestellt. Ein *paralleles Gateway* wird dabei durch ein „Plus" im Rhombus, ein *exklusives Gateway* (eine bedingte Verzweigung) durch einen leeren Rhombus bzw. ein „Kreuz" im Rhombus gekennzeichnet.

Die Verknüpfung der Elemente erfolgt durch Verbinder, die durch Pfeile dargestellt werden. Ein durchgezogener Pfeil repräsentiert dabei einen *Sequenzfluss*, d. h. die Abfolge von Aktivitäten. Der Austausch von Nachrichten wird durch einen Pfeil mit gestrichelter Linie sowie nicht-gefülltem Pfeil am vorderen und nicht-gefülltem Kreis am hinteren Ende dargestellt.

Ein weiteres Grundelement von BPMN sind Ereignisse. Diese werden durch Kreise mit unterschiedlichen Symbolen dargestellt. Das Startereignis des Beispielprozesses in Abbildung 8.4 ist etwa eine eintreffende Nachricht, symbolisiert durch den Brief im Kreis. Der modellierte Geschäftsprozess wird also durch das Eintreffen einer Nachricht gestartet. Die Beendigung der Abarbeitung eines Prozesses wird durch ein End-Ereignis modelliert, das durch einen Kreis mit „fetter" Linie gekennzeichnet wird.

Zur Zuordnung von Verantwortlichkeiten für die Ausführung der einzelnen Aktivitäten zu Organisationseinheiten stellt BPNM sogenannte *Pools* und *Lanes* bereit. Einzelne Organisationseinheiten bzw. auch Rollen oder Systeme werden durch Lanes gekennzeichnet, die durch Rechtecke dargestellt werden. Im Beispiel sind dies etwa die Abteilungen für die *Auftragsbearbeitung*, die *Kundenverwaltung* und die *Rechnungslegung*. Eine Gruppierung von Lanes kann in einem Pool erfolgen. Die Lanes *Auftragsbearbeitung*, *Kundenverwaltung* und *Rechnungslegung* werden im Beispiel etwa dem Pool *Handelsplattform* zugeordnet.

Im Verantwortungsbereich der Bank, repräsentiert durch eine einzelne Lane, wird nun ein separater Prozess mit Start- und End-Ereignis ausgeführt, der über Nachrichten mit dem Prozess zur *Bestellungsabwicklung* kommuniziert.

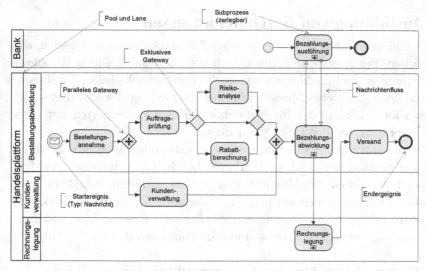

Abbildung 8.4. Geschäftsprozessmodellierung mit BPMN

Details der Bezahlungsausführung könnten nun, wie bereits angedeutet, in einem weiteren BPMN-Diagramm modelliert werden.

Darüber hinaus beinhaltet BPMN weitere Elemente, etwa zur Spezifikation von Nachrichten, Datenspeichern, Annotationen oder auch Transaktionen und Mechanismen zur Fehlerbehandlung.

Insgesamt bietet BPNM damit eine intuitive grafische Notation zur Modellierung von Workflows. Die Beschreibung des Geschäftsprozesses bleibt dabei abstrakt und klar getrennt von technologischen Details. Dies ermöglicht einerseits die Nutzung von BPMN durch Anwender ohne detailliertes technisches Wissen, macht andererseits aber auch eine weitere Umsetzung der Beschreibung in ein ausführbares Modell notwendig. Die Übersetzung in BPEL-Beschreibungen kann dabei gestützt durch Werkzeuge erfolgen.

BPMN wurde bisher nur auf der Ebene der grafischen Elemente spezifiziert. Werkzeuge mussten deshalb bisher zur internen Repräsentation von BPMN-Diagrammen auf proprietäre Formate ausweichen bzw. setzten die Spezifikationen direkt in BPEL um. Erst mit der Version 2.0 von BPMN, die im Januar 2011 von der *Object Management Group (OMG)* verabschiedet wurde, ist nun auch eine XML-Schema-Definition zur Repräsentation von BPMN-Modellen enthalten. Damit wird ein einfacherer Austausch von BPMN-Diagrammen zwischen verschiedenen Werkzeugen möglich. Die Spezifikation von BPMN der Version 2.0 enthält darüber hinaus auch Erweiterungen zur Beschreibung einer Ausführungssemantik der BPMN-Elemente. Damit werden BPMN-Diagramme auf Basis einer entsprechenden Plattform auch direkt ausführbar.

8.3 Ausführung von Geschäftsprozessen

BPMN und andere Modellierungssprachen für Geschäftsprozesse dienen, wie beschrieben, der Spezifikation von Workflows. Die resultierenden Workflow-Beschreibungen sind unabhängig von konkreten Technologien und insbesondere von einer konkreten Infrastruktur zur Ausführung des Workflows. Die Spezifikation erfolgt in der Regel durch einen Domänenexperten mit wirtschaftlicher Sicht auf den Geschäftsprozess.

Für die Ausführung von Geschäftsprozessen muss diese abstrakte Beschreibung nun zu einer technisch ausführbaren Beschreibung verfeinert werden. Insbesondere müssen die Aktivitäten an konkrete Dienste innerhalb einer IT-Infrastruktur gebunden werden. Zur Umsetzung ausführbarer Workflows wird heute in der Praxis überwiegend die *Business Process Execution Language (BPEL)* verwendet. Diese soll nun im Folgenden diskutiert werden.

❯ 8.3.1 Business Process Execution Language (BPEL)

Die *Business Process Execution Language (BPEL)* [AAA+07] ist ein von der OASIS verabschiedeter Standard einer Spezifikationssprache für ausführbare Workflows auf der Basis von Web Service Technologien. Dabei ist BPEL aus den beiden Workflow-Sprachen Web Service Flow Language (WSFL) und Web Services for Business Process Design (XLANG) hervorgegangen.

Der Standard legt die Sprachsyntax fest, die in Form eines XML-Schemas definiert wurde. Eine standardisierte graphische Notation ist dagegen nicht verfügbar. Nicht zuletzt aus diesem Grund findet man in vielen Werkzeugen eine Kombination aus BPMN für die graphische und BPEL für die interne Repräsentation.

Diese Kombination wird zusätzlich durch die zwei Ebenen unterstützt, auf denen Workflows mit BPEL beschreibbar sind. Zum einen können Workflows in BPEL als *abstrakte Prozesse*, zum anderen als *ausführbare Prozesse* spezifiziert werden. Ein abstrakter Prozess definiert den Ablauf des Workflows als Choreographie von Diensten. Dabei wird der Nachrichtenaustausch zwischen allen beteiligten Diensten jedoch ohne technische Details zur Bindung an konkrete Dienstanbieter und Dienstinstanzen festgelegt. Damit ist ein abstrakter Prozess also nicht ausführbar, beschreibt aber die Schnittstellen der einzubindenden Dienste und den Nachrichtenaustausch zwischen diesen.

Ein ausführbarer Prozess wird dann durch das Binden an Dienstinstanzen bei konkreten Dienstanbietern definiert. Die Struktur des resultierenden ausführbaren BPEL-Prozesses entspricht nun einer Orchestrierung von Diensten. Die Prozessausführung wird dementsprechend durch eine zentrale Ausführungsplattform, die *BPEL engine*, gesteuert.

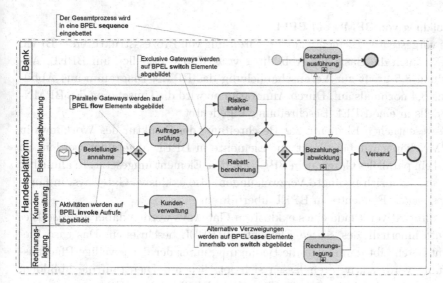

Abbildung 8.5. Umsetzung von BPMN-Diagrammen in BPEL

⟫ Elemente zur Workflow-Beschreibung mit BPEL

Zentrale Elemente der Strukturbeschreibung für BPEL sind wiederum Aktivitäten. Diese werden in primitive bzw. *atomare Aktivitäten* und *strukturierte Aktivitäten* gegliedert. Zu den atomaren Aktivitäten gehört etwa das Absetzen eines Aufrufs an einen Web Service (*invoke*), das Bereitstellen einer Web Service Operation zum Empfangen eines Aufrufs (*receive*) und das Beantworten eines Aufrufs mittels einer Nachricht (*reply*). Darüber hinaus sind Aktivitäten zum Warten über eine bestimmte Zeitspanne (*wait*), dem Erzeugen einer Fehlernachricht (*throw*), dem Beenden einer Workflow-Instanz (*terminate*) und dem Ausführen einer leeren Operation (*empty*) definiert. Atomare Aktivitäten repräsentieren also grundlegende Funktionen zur Abarbeitung eines Workflows mittels Web Services.

Strukturierte Aktivitäten bilden dagegen die Grundlage zur Umsetzung der Prozesssteuerung mit BPEL. So beschreibt die Aktivität *sequence* die Abarbeitung von Aktivitäten in einer sequentiellen Folge. Die Aktivität *flow* definiert eine parallele Verzweigung, die Aktivität *switch* in Verbindung mit *case* bedingte Verzweigungen, wie dies bereits in Abschnitt 8.3.1 kurz diskutiert wurde. Weitere strukturierte Aktivitäten ermöglichen die Definition von Zyklen (*while*) und die Auswahl eines Pfades aus mehreren Alternativen beim Eintreffen eines Ereignisses (*pick*).

⊗ **Abbildung von BPMN auf BPEL**

Die vorgestellten Elemente zur Beschreibung von Prozessstrukturen in BPEL bilden auch die Basis zur Abbildung von BPMN-Modellen auf BPEL. Abbildung 8.5 greift zur Veranschaulichung das BPMN-Diagramm aus Abbildung 8.4 nochmals auf. Durch Annotationen wird die Umsetzung des BPMN-Modells in eine BPEL-Beschreibung angedeutet.

Die wesentlichen Elemente zur Beschreibung der Struktur des Workflows in BPMN können dabei direkt auf Elemente in BPEL abgebildet werden. So wird ein paralleles Gateway in BPEL als *flow* Element umgesetzt. In ähnlicher Weise lassen sich bedingte Verzweigungen, also exklusive Gateways, in Form eines *switch* Elementes in BPEL überführen.

Die alternativen Pfade eines exklusiven Gateways werden dabei als *case* Elemente innerhalb des *switch* Elements in BPEL beschrieben. Das case Element beschreibt dann auch die Bedingung, unter der der jeweilige Pfad ausgeführt wird. Aktivitäten lassen sich letztlich auf Dienstaufrufe abbilden, repräsentiert durch das *invoke* Element in BPEL.

⊗ **Verknüpfung von Aktivitäten mit Web Services**

Die Verbindung zwischen Aktivitäten in einem BPEL-Prozess und konkreten Web Services wird nun über „*Partnerverweise*" hergestellt. Diesen liegt die Sichtweise zugrunde, dass Dienste von einem BPEL-Prozess aufgerufen werden und dafür entsprechende Operationen über eine Schnittstelle bereitstellen müssen. Umgekehrt kann ein Dienst eine Operation des BPEL-Prozesses aufrufen, um diesem eine Nachricht zu senden. Ein BPEL-Prozess tritt also gegenüber den aufzurufenden Diensten ebenfalls als Dienst mit einer Web-Service-Schnittstelle auf.

Partnerverweise stellen nun eine Beziehung zwischen Aufrufendem und Aufgerufenem her. Dies erfolgt über die Definition von *PartnerLinks* innerhalb der BPEL-Prozessspezifikation. Die Definition erhält einen eindeutigen Namen, der während des Aufrufs eines Dienstes mittels *invoke* bzw. *reply* durch den BPEL-Prozess oder bei der Spezifikation einer zu empfangenden Nachricht im BPEL-Prozess mittels *receive* referenziert wird. Neben dem eindeutigen Namen für den Partnerverweis beinhaltet die Definition auch weitere eindeutige Bezeichner für den Typ des Partnerverweises sowie die Rollen der Interaktionspartner.

Beispiel 8.1 zeigt die Definition eines Partnerverweises innerhalb des BPEL-Prozesses zur `Bestellungsabwicklung`. In diesem wurde ein Partnerverweis für den Aufruf eines Dienstes zur `Bezahlungsausführung` durch einen externen Dienstleister definiert. Der Typ des Partnerverweises wird dabei mit `BezahlungsausführungLT` bezeichnet. Außerdem werden zwei abstrakte Rollen definiert, die den Aufrufenden und den Aufgerufenen festlegen. Dies erfolgt mittels der Definitionen für myRole und partnerRole aus Sicht des BPEL-Prozesses. Die Rollen innerhalb der Konversation lauten Bezahlungsnutzer für den BPEL-Prozess und Bezahlungsdienstleister für den externen Bezahldienst. Innerhalb des BPEL-Prozesses erfolgt dann der eigentliche Dienstaufruf. Im Beispiel wird vom BPEL-Prozess mittels invoke die Operation bezahlen des Partnerverweises Bezahlungsausführung aufgerufen.

Beispiel 8.1 Definition eines Partnerverweises in einem BPEL-Prozess

```
<process name = „Bestellungsabwicklung">
    ...
    <partnerLinks>
        <partnerLink name="Bezahlungsausführung"
            partnerLinkType="BezahlungsausführungLT"
            myRole="Bezahlungsnutzer"
            partnerRole="Bezahlungsdienstleister"/>
    </partnerLinks>
    ...
    <sequence>
        ...
        <invoke partnerLink="Bezahlungsausführung"
            operation="bezahlen" inputVariable="Kreditkartendaten" />
        ...
    <sequence>
</process>
```

Der Typ des Partnerverweises (*partnerLinkType*) ist eine Referenz auf die Definition dieses Partnerverweistypen, die als Teil der WSDL-Schnittstellenbeschreibung des externen Dienstes integriert wird. Die entsprechende Beschreibung innerhalb der WSDL für den externen Bezahldienst wird in Beispiel 8.2 dargestellt. Der hier definierte Typname BezahlungsausführungLT muss mit dem in BPEL verwendeten Typnamen übereinstimmen. Der verwendete Rollenname Bezahlungsdienstleister korrespondiert mit dem Rollenbezeichner für den externen Dienst.

Die Abbildung auf eine Operation der Dienstschnittstelle geschieht dann über eine Referenz auf einen Porttypen (*portType*). Im Beispiel wird auf den Porttypen BezahlungsausführungPT verwiesen.

Innerhalb der Festlegung der Porttypen werden dann Operationen der Dienstschnittstelle definiert, auf die sich wiederum die Aufrufe innerhalb der Partnerlink-Angabe in BPEL beziehen. Im Beispiel wird die Operation bezahlen für den Porttypen festgelegt, die ja innerhalb des `invoke`-Aufrufs in BPEL bereits verwendet wurde.

Beispiel 8.2 Definition   eines   Partnerverweises   in   WSDL

```
...
  <portType name="BezahlungsausführungPT">
      <operation name="bezahlen">
      <input message="Bezahlinformationen"/>
      </operation>
  </portType>
...
  <partnerLinkType name="BezahlungsausführungLT">
      <role name="Bezahlungsdienstleister"
      portType="BezahlungsausführungPT"/>
  </partnerLinkType>
...
```

Der Zusammenhang zwischen den Definitionen in BPEL und WSDL wird in Abbildung 8.6 nochmals am Beispiel des Prozesses zur Bestellungsabwicklung verdeutlicht. Der BPEL-Prozess beginnt mit dem Warten auf eine eingehende Nachricht (*receive*). Diese wird etwa von einem Kunden erzeugt, wenn dieser eine Bestellung auslöst. Trifft eine Bestellungsnachricht ein, wird über *reply* mit einer Bestätigungsnachricht geantwortet. Im weiteren Verlauf wird dann über den Partnerverweis auch der externe Bezahldienst per *invoke* aufgerufen, wie dies oben schon beschrieben wurde. Das Ergebnis des Aufrufs wird per *receive* durch den BPEL-Prozess entgegengenommen. In gleicher Weise wird dann auch das Erstellen einer Rechnung über einen externen Web Service angefordert.

Innerhalb des BPEL-Prozesses können nun noch weitere Elemente zur Steuerung der Abläufe spezifiziert werden. Mit Hilfe von *Variablen* können etwa prozessinterne Werte festgehalten und weitergegeben werden. So genannte *correlationSets* beschreiben den Zusammenhang mehrerer Nachrichten, die innerhalb einer Konversation zwischen unterschiedlichen Diensten ausgetauscht werden. Weiterhin können Mechanismen zur Behandlung von Ereignissen (*eventHandler*) und Fehlern (*faultHandler*) sowie zur Kompensation von Operationen, die innerhalb von langlaufenden Transaktionen durchgeführt und aufgrund von Fehlern wieder rückgängig gemacht werden müssen (*compensationHandler*), definiert werden.

BPEL-Prozesse können nun in einer BPEL engine ausgeführt werden. Die BPEL-Spezifikation des Prozesses wird in dieser Laufzeitumgebung interpre-

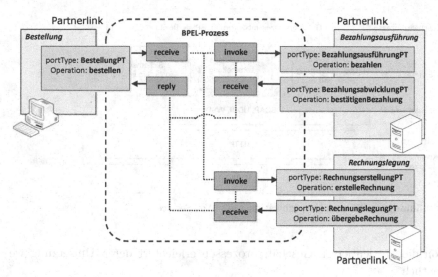

Abbildung 8.6. Umsetzung von Geschäftsprozessen mit BPEL

tiert. Dabei werden die Aktivitäten wie beschrieben in Dienstaufrufe oder Operationen zum Nachrichtenempfang bzw. zur Prozesssteuerung umgesetzt. Beispiele für BPEL engines sind etwa der IBM WebSphere Process Choreographer und Microsoft BizTalk Server als kommerzielle Produkte sowie die Apache Orchestration Director Engine und jBPM als Open-Source Lösungen. Meist bieten die Hersteller ihre Laufzeitumgebung in Kombination mit einem Spezifikationswerkzeug für BPEL-Prozesse an. Genannt seien etwa der IBM WebSphere Integration Developer und der Microsoft BizTalk Orchestration Designer. Darüber hinaus stehen auch frei verfügbare Spezifikationswerkzeuge zur Verfügung, etwa integriert in Entwicklungsumgebungen wie Eclise und NetBeans.

8.3.2 Fazit

Wie in den letzten Abschnitten beschrieben, wird die Umsetzung von Geschäftsprozessen auf Basis von Diensten bzw. Web-Service-Technologien durch entsprechende Standards unterstützt, die in der Praxis auch eine weitreichende Verbreitung gefunden haben.

Dennoch sind für die Realisierung von Geschäftsprozessen eine Reihe von Schritten notwendig, um die anfangs meist sehr abstrakte Sicht auf Prozesse in eine technische Sicht auf den Prozess als formale und ausführbare Spezifikation einerseits und entsprechende Dienste innerhalb der IT-Infrastruktur aller beteiligten Unternehmen andererseits abzubilden. Die Verfügbarkeit von Werkzeugen und Laufzeitumgebungen für die Modellierung und Ausführung

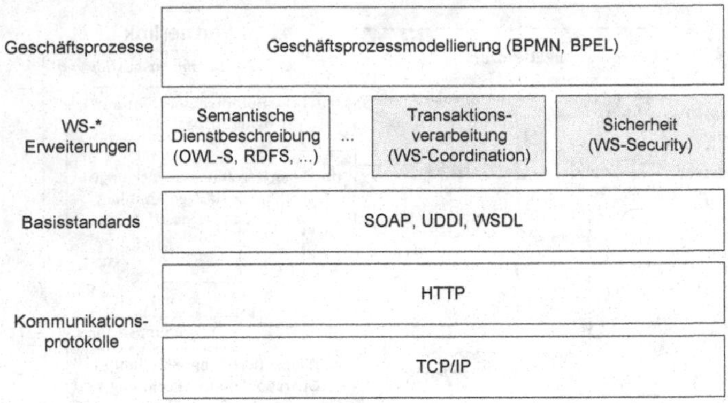

Geschäftsprozesse	Geschäftsprozessmodellierung (BPMN, BPEL)			
WS-* Erweiterungen	Semantische Dienstbeschreibung (OWL-S, RDFS, ...)	...	Transaktions- verarbeitung (WS-Coordination)	Sicherheit (WS-Security)
Basisstandards	SOAP, UDDI, WSDL			
Kommunikations- protokolle	HTTP			
	TCP/IP			

Abbildung 8.7. Technologiespezifikationen für Web Services

von dienstorientierten Geschäftsprozessen erleichtert deren Umsetzung wesentlich.

8.4 Technologien und Standards zur Umsetzung dienstorientierter Architekturen

Wie im ersten Teil des Kapitels diskutiert, können auf der Basis von Diensten und Workflow-Beschreibungssprachen Geschäftsprozesse umgesetzt werden, die in loser Kopplung über die Grenzen von Unternehmen bzw. Organisationen hinweg operieren. Prozessbeschreibungen werden dazu mit BPMN bzw. BPEL beschrieben. Als Ausgangspunkt dienen in der Regel grobgranulare Prozessbeschreibungen, die dann schrittweise verfeinert und letztlich auf Dienste abgebildet werden. Die entsprechenden Dienste müssen dazu in den beteiligten Unternehmen bereitstehen.

Die technologische Grundlage für eine abläuffähige Realisierung von Geschäftsprozessen bieten Standards im Umfeld von Web Services. Die bisher betrachteten Technologien decken dabei zum einen die Steuerung der Abläufe zwischen den als Dienste repräsentierten verteilten Systemkomponenten (BPEL und zugehörige Laufzeitumgebungen), zum anderen die Formate zur Schnittstellenbeschreibung und die Protokolle für die Interaktion zwischen Diensten (WSDL und SOAP) ab.

Damit lassen sich zunächst grundlegende Kommunikationsabläufe zwischen Diensten realisieren. Weitergehende Basismechanismen für Verteilte Systeme wie Transaktionsunterstützung und Sicherheitsmechanismen lassen sich damit jedoch nicht umsetzten. Diese werden erst in Form zusätzlicher Spezifikationen für Web Services verfügbar.

Abbildung 8.7 zeigt einen Überblick über Standards im Umfeld von Web Services. Die grundlegenden Standards WSDL, SOAP und UDDI bauen auf Internettechnologien wie XML, TCP und HTTP auf. Erweiterte Standards werden unter dem Begriff *WS** zusammengefasst.

Eine erweiterte und insbesondere automatisierte Dienstsuche wird mit Semantic Web Services angestrebt. Die technische Beschreibung der Dienste soll dabei um semantische Informationen zur Beschreibung der Funktionalität, Erreichbarkeit und Umsetzung erweitert werden. Dabei spielen die Standards *OWL-S (OWL-based Web Service Ontology)* und *WSML (Web Service Modeling Language)* eine wesentliche Rolle.

Weitere Spezifikationen ermöglichen eine dezentrale Veröffentlichung und Suche nach Diensten (*WS-Inspection*), eine zuverlässige Nachrichtenzustellung (*WS-Reliability*), eine Publish/Subscribe-Kommunikation (*WS-Notification*) oder den asynchronen Nachrichtenaustausch auf der Basis von Ereignissen (*WS-Eventing*).

Im Folgenden sollen Standards im Umfeld von Web Services näher betrachtet werden, die insbesondere eine Umsetzung der bereits diskutierten Transaktionssteuerung (WS-Coordination, WS-AtomicTransaction, WS-Business Activity) und Sicherheit (WS-Security) ermöglichen. Diese Basismechanismen sind natürlich für die Umsetzung von Geschäftsabläufen in der Praxis von großer Bedeutung.

8.4.1 Verzeichnisdienste

Zum Auffinden von Diensten während der Modellierung von Geschäftsprozessen, der Entwicklung und Komposition von Diensten oder dem dynamischen Binden von Diensten zur Laufzeit werden in dienstorientierten Architekturen Verzeichnisdienste verwendet. Diese verwalten neben den funktionalen Dienstbeschreibungen, etwa auf Basis der WSDL, auch weitere Meta-Informationen zu den registrierten Diensten. Dies sind unter anderem Informationen zum Dienstanbieter, dem Einsatzzweck und zu Zugriffs- und Nutzungsbedingungen.

Für die einfache Dienstsuche anhand von Attributen werden sogenannte *Service Registries* verwendet. Diese verwalten Verzeichnisse bzw. Kataloge der verfügbaren Dienste und unterstützen damit hauptsächlich die Bindung von Dienstnutzern und Dienstenanbietern. Im Zuge der Namensinterpretation erhält der Dienstnutzer eine Beschreibung des Dienstendpunktes, über den der Dienst aufgerufen werden kann.

Der Funktionsumfang einiger heute angebotener Verzeichnisdienste geht aber zum Teil deutlich über den eines einfachen Service Registries hinaus. Dies ist der Tatsache geschuldet, dass ein dienstorientiertes System aus weit mehr als nur Diensten besteht. Ebenfalls zu verwalten sind etwa Sicherheitsrichtlinien,

Prozessdefinitionen und weitere Artefakte der Entwicklungszeit, etwa Architekturrichtlinien, Anforderungsdokumente, Implementierungsbeschreibungen und Laufzeitinformationen. Diese Informationen und Dokumente haben einen langfristigen Wert für dienstorientierte Systeme. Dies gilt sowohl für die Nutzung als auch den Betrieb und die Wartung von Systemen.

Erweiterte Verzeichnisdienste, die auch als *Service Repositories* bezeichnet werden, werden deshalb in Kombination mit Service Registries eingesetzt, um diese zusätzlichen Artefakte zu verwalten und Entwicklern bzw. Systembetreibern zur Verfügung zu stellen. Die Kombination von Service Registry und Service Repository kann dabei in loser Kopplung mit separaten Diensten bzw. in enger Kopplung als kombinierter Dienst erfolgen.

Die Implementierungen von Service Registries und Service Repositories richten sich dabei nach verschiedenen Standards. Der bereits in Abschnitt 3.4.4 beschriebene Verzeichnisdienst UDDI (Universal Description, Discovery and Integration) wurde mit großer Unterstützung von Unternehmen im Umfeld von SOA, etwa IBM, Microsoft und SAP als Service Repository für Web Services spezifiziert. Aufgrund der fehlenden Unterstützung des Standards in der Praxis ist dessen Zukunft jedoch unklar. Alternative Standards für Service Repositories bzw. Service Repositories sind etwa Electronic Business using XML (ebXML) [BBB+05a, BBB+05b], die WS-Inspection Language (WSIL) [BBM+01] und WS-Discovery [MK09]. Gegenwärtig ist keiner dieser Standards in der Praxis dominierend. Teilweise besitzen die Verzeichnisdienste der angebotenen Realisierungsplattformen auch proprietäre Schnittstellen.

❯ 8.4.2 Transaktionsunterstützung

Die Notwendigkeit einer Unterstützung von Transaktionen für verteilte Abläufe wurde bereits im Kapitel 4 betont. Die konsistente Verarbeitung verteilter Datenbestände unter Einhaltung der ACID-Kriterien ist natürlich auch für eine dienstorientierte Umsetzung verteilter Geschäftsabläufe von entscheidender Bedeutung. Dies wird auch in unserem Beispielsystem der Online-Handelsplattform deutlich. In dieser könnte für die Bestellungsabwicklung etwa die Bezahlung in Form eines extern von einer Bank bereitgestellten Dienstes in den Ablauf eingebunden werden, wie dies in Abbildung 2.4 in Kapitel 2.4 dargestellt wird. Der Gesamtprozess einer Bestellung wird nun durch eine Menge von Diensten in unterschiedlichen Organisationseinheiten durchgeführt. Geldtransfers über den Dienst der Bank müssen im Rahmen des Gesamtrozesses entweder mit allen weiteren Operationen vollständig ausgeführt oder insgesamt rückgängig gemacht werden.

Diese als atomare Transaktionen bezeichneten Abläufe sind in Geschäftsprozessen häufig vertreten. Sie bestehen typischerweise aus einer Menge von

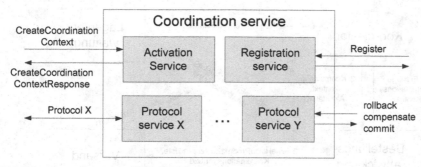

Abbildung 8.8. Ansatz von WS-Coordination

Operationen, die in einem kurzen Zeitraum vollständig ausgeführt werden. In unserer Online-Handelsplattform könnte beispielsweise auch die Entnahme eines Produktes aus dem Lager und das Hinzufügen dieses Produktes zu einer Bestellung über Dienste zur Lagerverwaltung und Bestellungsabwicklung als atomare Transaktion realisiert werden. Im Fehlerfalle kann eine solche Transaktion zurückgerollt und eventuell wiederholt werden.

Neben den atomaren Transaktionen sind in Geschäftsprozessen aber noch weitere Koordinierungsaufgaben zu lösen. So kann sich etwa eine vollständige Bestellungsabwicklung, beginnend beim Auslösen der Bestellung durch den Kunden, bis hin zum Versand der Waren und einer Bezahlung per Rechnung über einen längeren Zeitraum erstrecken. Solche Abläufe sind in der Regel nicht in Form atomarer Transaktionen realisierbar, da diese zur Wahrung der ACID-Eigenschaften in der Regel Datenzugriffe sperren. Dies ist natürlich über einen Zeitraum von Tagen oder Wochen kaum realisierbar.

Zur Fehlerbehandlung in solchen Abläufen werden deshalb erweiterte Mechanismen notwendig. Eine Form stellen Geschäftsaktivitäten dar, in denen Fehler durch entsprechende inverse Operationen kompensiert werden. Wird etwa bei einer Bestellung durch den Kunden vom Rückgaberecht Gebrauch gemacht, kann eine bereits getätigte Bezahlung durch eine Rückbuchung kompensiert werden. In ähnlicher Weise wird ein mangelhaftes Produkt durch ein Austauschexemplar kompensiert. Darüber hinaus könnte etwa bei einer verspäteten Lieferung mit dem Kunden über ein Preisnachlass verhandelt werden, um dessen Zufriedenheit dennoch zu sichern.

Wie die Beispiele zeigen, sind in dienstbasierten Geschäftsprozessen vielfältige Formen der Koordination notwendig, um einen konsistenten Systemzustand zu sichern. Die Ausführung atomarer Transaktionen ist in diesem Zusammenhang eine mögliche Form der Koordination.

Für Web Services wurde deshalb eine Menge von Standards festgelegt, die bei der Durchführung von Koordinationsaufgaben eine höchstmögliche Interoperabilität und die Verwaltung eines gemeinsamen Transaktionskontextes

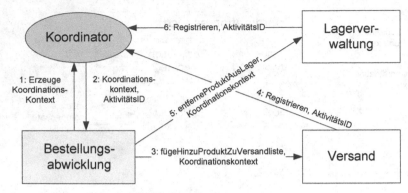

Abbildung 8.9. Ablauf nach WS-Coordination

zwischen allen Teilnehmnern ermöglichen sollen. *WS-Coordination* [FJ09] ist ein allgemeiner Standard für die Abwicklung von Koordinierungsaufgaben. Dieser führt einen zentralen Koordinationsdienst ein, über den verschiedene Koordinationsprotokolle ausgeführt werden können. Der als *Coordination Service* bezeichnete Dienst stellt dabei zwei wesentliche Dienstleistungen bereit. Mit Hilfe des *Activation Service* kann ein Kontext für eine neue Koordinationsaufgabe erzeugt werden. Dies ist eine Datenstruktur, in der der Gesamtablauf der zu koordinierenden Operationen protokolliert wird. Über den *Registration Service* können sich Dienste für die Teilnahme am Koordinationsablauf registrieren.

Darüber hinaus enthält der Coodination Service eine Reihe von Koordinationsprotokollen, wie dies in Abbildung 8.8 dargestellt wird. Die Protokolle ermöglichen die Koordination der Verarbeitungsresultate zwischen allen Teilnehmern. Neben dem 2-Phasen-Commit-Protokoll können hier etwa für langlaufende Aktivitäten auch optimistische Commit-Protokolle mit der Durchführung von Kompensationsoperationen integriert werden.

Der prinzipielle Ablauf einer Koordinationsaufgabe wird in Abbildung 8.9 am Beispiel eines Teilschrittes während der Abarbeitung einer Bestellung in der Online-Handelsplattform verdeutlicht. Im ersten Schritt wird durch den Initiator, dem Dienst zur Bestellungsabwicklung, über den Activation Service ein neuer Kontext erzeugt (Schritt 1). Gleichzeitig erhält die zu koordinierende Aktivität einen eindeutigen Bezeichner, um der Aktivität alle weiteren Operationen eindeutig zuordnen zu können (`AktivitätsID`). Der Bezeichner sowie der Kontext werden an den Initiator zurückgegeben (Schritt 2). In Schritt 3 ruft dann der Dienst zur Bestellungsabwicklung eine Operation der Anwendungslogik auf (`fügeHinzuProduktZuVersandliste`), die vom Dienst `Versand` bereitgestellt wird. Um die Operation in den Kontext der Koordinationsaufgabe zu integrieren, muss der aufgerufene Dienst sich beim ersten

Aufruf über den Registration Service registrieren. Dies erfolgt in Schritt 4 unter Angabe des eindeutigen Bezeichners der Aktivität. In Schritt 5 und 6 wird dann ein weiterer Aufruf (`entferneProduktAusLager`) durchgeführt. Der aufgerufene Dienst zur Lagerverwaltung registriert sich ebenfalls beim ersten Aufruf als Teilnehmer der Aktivität.

Nach der Abarbeitung aller Operationen erfolgt dann im letzten Schritt die Koordination der Ergebnisse zwischen allen Teilnehmern. Im Falle einer atomaren Transaktion könnte nun durch den Coordination Service das 2-Phasen-Commit-Protokoll ausgeführt werden, um die Transaktion festzuschreiben oder vollständig zurückzurollen.

Die Koordinationsprotokolle werden in separaten Standards festgelegt. Für atomare Transaktionen ist dies der Standard *WS-AtomicTransaction* [LW09]. Dieser legt einen Typ des Koordinationskontextes und den Nachrichtenablauf für den Abschluss atomarer Transaktionen fest. Zum einen betrifft dies die Kommunikation zwischen dem Initiator und dem Coordination Service über das das *Completion-Protokoll*, um den Abschluss anzustoßen und das Endergebnis mitzuteilen. Zum anderen kommuniziert der Coordination Service mit allen registrierten Teilnehmern, um eine Entscheidung für den Abschluss der Transaktion per commit oder rollback herbeizuführen und entsprechend umzusetzen. Letzteres erfolgt mit Hilfe des *2-Phasen-Commit-Protokolls*, das in zwei Varianten verfügbar ist. Die Variante *Volatile 2PC* wird mit registrierten Teilnehmern ausgeführt, die während der Transaktion nur flüchtige Daten verändert haben. Die Variante *Durable 2PC* steht dann entsprechend für Teilnehmer bereit, die auch persistente Daten verändern. Welche der Varianten der Coordination Service verwenden soll, gibt jeder Teilnehmer während der Registrierung an.

Für die bereits angesprochenen langlaufenden Aktivitäten stellt der Standard *WS-BusinessActivity* [FL09] Koordinationsprotokolle zur Verfügung. WS-BusinessActivity definiert zwei Typen von Koordinationskontexten, die unterschiedliche Varianten für die Ergebnisfindung darstellen. Beim Typ *AtomicOutcome* müssen alle Teilnehmer ein gemeinsames Ergebnis ermitteln. Dieses lautet für einen erfolgreichen Abschluss *close* und im Fehlerfall *compensate*. Beim Typ *MixedOutcome* kann jeder Teilnehmer seine Aktionen entweder festschreiben oder Kompensationsoperationen anstoßen.

Die Entscheidungsfindung erfolgt durch eines der beiden Koordinationsprotokolle *BusinessAgreementWithParticipantCompletion* oder *BusinessAgreementWithCoordinatorCompletion*. Beim ersteren der beiden Protokolle teilen alle Teilnehmer dem Coordination Service mit, wenn sie alle ihre zur Aktivität gehörenden Aktionen ausgeführt haben. Der Coordination Service stößt den Abschluss der Aktivität an, wenn alle Teilnehmer ihre Aktionen abgeschlossen haben. Bei letzteren Protokoll teilt der Coordination Service den

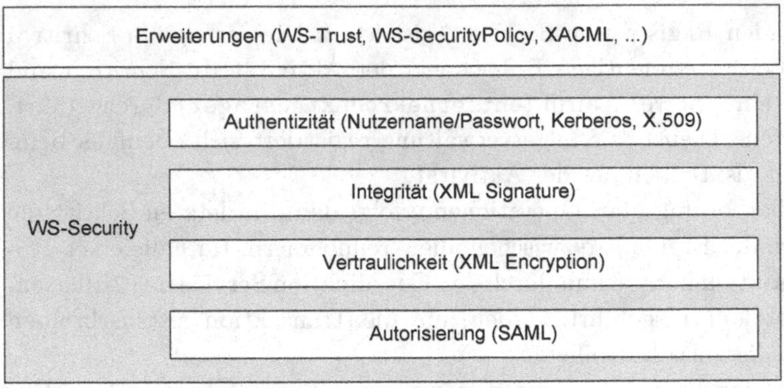

```
┌──────────────────────────────────────────────────────────────┐
│         Erweiterungen (WS-Trust, WS-SecurityPolicy, XACML, ...) │
└──────────────────────────────────────────────────────────────┘
┌──────────────────────────────────────────────────────────────┐
│                  ┌────────────────────────────────────────┐    │
│                  │  Authentizität (Nutzername/Passwort,    │    │
│                  │            Kerberos, X.509)             │    │
│                  └────────────────────────────────────────┘    │
│                  ┌────────────────────────────────────────┐    │
│   WS-Security    │       Integrität (XML Signature)        │    │
│                  └────────────────────────────────────────┘    │
│                  ┌────────────────────────────────────────┐    │
│                  │    Vertraulichkeit (XML Encryption)     │    │
│                  └────────────────────────────────────────┘    │
│  ┌──────────────────────────────────────────────────────────┐ │
│  │              Autorisierung (SAML)                         │ │
│  └──────────────────────────────────────────────────────────┘ │
└──────────────────────────────────────────────────────────────┘
```

Abbildung 8.10. Die Bestandteile von WS-Security

Teilnehmern mit, wenn alle zur Aktivität gehörenden Aktionen ausgeführt wurden. Der Coordination Service kann damit direkt den Abschluss der Aktivität anstoßen.

Die betrachteten Standards WS-Coordination, WS-AtomicTransaction und WS-BusinessActivity werden auch unter dem Begriff WS-Transaction zusammengefasst. Alternativ zu diesen Standards existieren weitere Spezifikationen. Das *WS-Composite Application Framework* enthält mit den Bestandteilen *WS-Context*, *WS-CoordinationFramework* und *WS-TransactionManagement* ähnliche Festlegungen wie WS-Transaction. Teilweise sind auch Dienste aus beiden Spezifikationsfamilien miteinander kombinierbar. Die wichtigsten Standards stellen heute aber WS-Transaction mit den vorgestellten Teilstandards dar, die auch von den verfügbaren Realisierungsplattformen umgesetzt werden.

❯ 8.4.3 Sicherheit mit WS-Security

Ebenso wie eine Transaktionsunterstützung ist die Verfügbarkeit von Sicherheitsmechanismen für dienstorientierte Geschäftsprozesse von großer Bedeutung. Die wesentlichen Schutzziele für Verteilte Systeme, wie diese in Kapitel 5 diskutiert wurden, gelten natürlich auch in dienstorientierten Umgebungen. Mit *WS-Security* [NKMHB06] steht für die Umsetzung mit Web Services ein Framework zur Verfügung, das wichtige Sicherheitsmechanismen zum Erreichen der Schutzziele vereint.

Abbildung 8.10 zeigt die wesentlichen Bestandteile von WS-Security. Das Framework umfasst demnach Mechanismen zur Sicherung der Vertraulichkeit und Integrität von Nachrichten sowie der Authentisierung und Autorisierung. Generell sollen durch das Framework verschiedene Sicherheitsmechanismen verwendbar sein.

Die Integration mit Web-Service-Technologien erfolgt maßgeblich durch Erweiterungen in SOAP. Zur Sicherung von Vertraulichkeit und Integrität wird dabei auf existierende Mechanismen für XML zurückgegriffen. Mit Hilfe von **XML-Encryption** [IDS02] können Bestandteile von SOAP-Nachrichten verschlüsselt werden. Zur Verschlüsselung selbst können unterschiedliche Verfahren auf der Basis sowohl symmetrischer als auch asymmetrischer Kryptographie zum Einsatz kommen. Entsprechende Erweiterungen für den SOAP-Nachrichtenkopf ermöglichen die Beschreibung des eingesetzten Verfahrens und der verschlüsselten Nachrichtenteile.

Mit dieser Lösung können insbesondere nur Teile der Nachricht verschlüsselt werden. Dies ist für die Vermittlung von SOAP-Nachrichten von großer Bedeutung. Diese erfolgt in vielen Realisierungplattformen nach dem Prinzip der asynchronen Nachrichtenvermittlung, wie dies in Kapitel 3.5 bereits für Message Oriented Middleware diskutiert wurde. Die Nachrichtenvermittlung erfolgt in der Regel auf der Basis von Informationen im Nachrichtenkopf (SOAP-Header). Würde die Nachricht nun komplett verschlüsselt, könnte diese entweder nicht weitergeleitet oder müsste zur Weiterleitung komplett entschlüsselt werden. Letzteres würde natürlich die Vertraulichkeit der Nachricht verletzen. Die Verschlüsselung nur des Nachrichteninhaltes (SOAP-Body) stellt also die Vermittelbarkeit von Nachrichten bei gleichzeitiger Bewahrung der Vertraulichkeit des Nachrichteninhaltes sicher.

XML-Signature [BBF$^+$08] ermöglicht die Signierung von Nachrichteninhalten zur Sicherung deren Integrität. Im Nachrichtenkopf werden dafür die entsprechenden Informationen zum Signierungsverfahren und die Signatur selbst hinterlegt. Die Signatur besteht dabei aus einer aus der Nachricht gebildeten Prüfsumme, die mit dem privaten Schlüssel des Signierenden verschlüsselt wurde.

XML-Encryption und XML-Signature setzen also die bereits im Kapitel 5 vorgestellten Sicherheitsmechanismen für XML um und werden nun mit WS-Security auch für SOAP-Nachrichten verwendbar. Teil dieser Lösung ist die Verwaltung asymmetrischer Schlüssel und deren nachprüfbare Zuordnung zu ihren Besitzern. Dies erfolgt durch die *XML Key Management Specification (XKMS)* [FHBF$^+$01]. Dieser Standard spezifiziert Dienste zum einfachen Zugriff auf Public Key Infrastrukturen (PKI) über XML-basierte Nachrichten. Dies ist zum einen ein Dienst zur Verwaltung von Schlüsseln (*Key Registration Service Specification (XKRSS)*), zum anderen ein Dienst zum Abruf von Informationen über Schlüssel (*Key Information Service Specification (XKISS)*). In Abbildung 8.11 wird die Nutzung beider Dienste am Beispiel unserer Online-Handelsplattform gezeigt. Der Dienst zur Lagerverwaltung stellt in einer Bestandsaufnahme fest, dass Produkte nachbestellt werden müssen und fordert dazu ein Angebot bei dem Bestelldienst eines Zulieferers an (Schritt

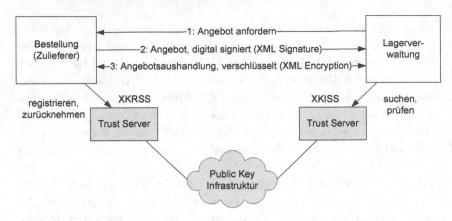

Abbildung 8.11. Schlüsselverwaltung in WS-Security

1). Dieser unterbreitet in Schritt 2 ein Angebot. Damit dieses dem Zulieferer zurechenbar und gleichzeitig vor nicht erkennbaren Manipulationen geschützt ist, signiert der Zulieferer die Angebotsnachricht. In Schritt 3 folgen dann weitere Nachrichten zur Verhandlung des Angebotes, die zum Schutz der Vertraulichkeit verschlüsselt werden.

Damit die digitale Signatur für den Dienst zur Lagerverwaltung prüfbar wird, registriert der Bestelldienst des Zulieferers seinen öffentlichen Schlüssel über den XKRSS Dienst mit Informationen über seinen Besitzer. Zur Prüfung der digitalen Signatur greift der Dienst zur Lagerverwaltung dann auf den XKISS Dienst zu. Dieser ermöglicht die Prüfung der Zuordnung der Identität des Zulieferers zu dem zur Erzeugung der digitalen Signatur verwendeten Schlüssel. In gleicher Weise kann die Authentizität des Verschlüsselnden in Schritt 3 geprüft werden.

Ein dritter Baustein von WS-Security sind Mechanismen zur **Authentifizierung**. Der Standard unterstützt dabei wiederum verschiedene Mechanismen. Verwendbar sind unter anderem eine Authentisierung über Nutzername und Passwort aber auch etablierte Lösungen wie Kerberos und X.509.

Die **Prüfung von Zugriffsrechten** ist der vierte Teilbereich, für den WS-Security eine Unterstützung bietet. Auch hierfür werden etablierte Mechanismen eingesetzt, müssen aber entsprechend für die Verwendung in unternehmensübergreifenden Szenarien entsprechend angepasst bzw. erweitert werden. Während die bisher diskutierten Mechanismen typischerweise innerhalb einer Sicherheitsdomäne Anwendung finden, überspannen unternehmensübergreifende Geschäftsprozesse typischerweise mehrere Sicherheitsdomänen. In jeder Sicherheitsdomäne werden eigene Nutzerzugänge und Zugriffsrechte verwaltet, die in der Regel durch verschiedene Mechanismen um-

gesetzt werden. Dies ist insbesondere bei Sicherheitsdomänen in unterschiedlichen Organisationen bzw. Unternehmen der Fall. Dies hat zur Folge, dass
Authentisierung und Autorisierung beim Eintritt in eine neue Sicherheitsdomäne wiederholt ausgeführt werden müssen. Jede Sicherheitsdomäne muss
dazu natürlich Zugangs- und Zugriffsinformationen für alle Nutzer verwalten.
Dies ist zum einen natürlich sehr aufwändig, da die Nutzerzahl sehr hoch sein
kann. Zum anderen werden damit redundante Informationen gespeichert.

Eine weit bessere Lösung für unternehmensübergreifende Geschäftsprozesse
wäre der Austausch von Authentisierungs- und Autorisierungsinformationen
zwischen den Sicherheitsdomänen. Damit wäre keine redundante Datenspeicherung mehr erforderlich und Dienstnutzer könnten nach einmaliger Authentifizierung vereinfacht Zugriff auf Dienste verschiedener Sicherheitsdomänen
erhalten. Letzterer Ansatz wird auch als *Single Sign On (SSO)* bezeichnet.
Darüber hinaus stellt natürlich die Interoperabilität der verschiedenen Sicherheitsmechanismen eine große Herausforderung dar.

Die *Security Assertion Markup Language (SAML)* [CKPM05] stellt eine solche Lösung bereit. SAML ist eine XML-basierte Sprache zur Repräsentation
von Authentisierungs- und Autorisierungsinformationen, die auf dieser Basis zwischen Sicherheitsdomänen ausgetauscht werden können. SAML unterstützt mit den Aussagetypen *AuthenticationStatement*, *AttributeStatement*
und *AuthorizationDecisionStatement* drei Kategorien von Sicherheitsinformationen, die als *Assertions* bezeichnet werden.

Mit einem *AuthenticationStatement* kann eine authentifizierende Instanz mit-
teilen, dass der angegebene Benutzer bereits von ihr authentifiziert wurde. Die
Aussage enthält Informationen über den authentifizierten Benutzer, den Au-
thentifizierungsmechanismus und den Zeitpunkt der Authentifizierung. Mit
einem *AttributeStatement* können Informationen über einen Benutzer mitgeteilt werden, etwa die Zugehörigkeit zu bestimmten Gruppen. Ein *AuthorizationDecisionStatement* enthält letztlich Informationen über Zugriffsrechte
eines Benutzers auf bestimmte Ressourcen im System, die für die Entscheidung über den Zugriff auf eine Ressource herangezogen werden können. Der
Aussagetyp *AuthorizationDecisionStatement* wurde inzwischen aber durch
die *eXtensible Access Control Markup Language (XACML)* [Mos05] abgelöst
und wird nicht mehr weiter entwickelt.

Die Elemente zur Repräsentation von Assertions bilden den Kern von SAML.
Zum Austausch von Sicherheitsaussagen werden verschiedene Interaktions-
schemen (*Protocols*) definiert. Diese Interaktionsschemen werden über die
Definition von *Bindings* auf Standardprotokolle wie SOAP und HTTP abge-
bildet. Letztlich definieren *Profiles* bestimmte Kombinationen von Aussagen,
Interaktionsschemen und Protokollabbildungen.

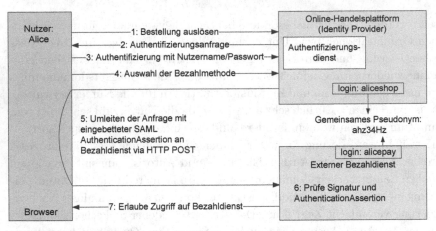

Abbildung 8.12. Single Sign On mit SAML

Das *Web Browser SSO Profile* ist eines der für SAML definierten Profile. Es definiert den Ablauf für den Austausch von Sicherheitsinformationen für Web-basierte Zugriffe auf Dienste über einen Browser. Abbildung 8.12 zeigt einen Beispielablauf für einen Teil der Bestellungsabwicklung in unserer Online-Handelsplattform. Neben den Diensten der Online-Handelsplattform soll ein externer Bezahldienst in den Ablauf mit eingebunden werden. Der Bezahldienst befindet sich damit in einer anderen Sicherheitsdomäne als die weiteren Dienste der Online-Handelsplattform.

Die Benutzerin *Alice* möchte einige Produkte über die Plattform bestellen, die sie bereits im Warenkorb abgelegt hat. Nach dem Absenden der Bestellung (Schritt 1) wird Alice von der Online-Handelsplattform zunächst aufgefordert, sich mittels Nutzername und Passwort zu authentifizieren (Schritt 2). Alice verwendet dafür den Nutzernamen `aliceshop` (Schritt 3). Nach der erfolgreichen Authentifizierung kann Alice dann einen Dienstleister zur Bezahlung auswählen (Schritt 4), die über einen externen Bezahldienst durchgeführt wird. Die Auswahl des Bezahldienstes erfolgt über einen Verweis. Mit dem HTTP Response erfolgt dann eine Umleitung des Browsers zum externen Bezahldienst, an den die Nachricht via HTTP POST vermittelt wird. Eingebettet in die umgeleitete Nachricht ist ein SAML AuthenticationStatement, über das der Authentifizierungsdienst der Online-Handelsplattform dem externen Bezahldienst mitteilt, dass Alice bereits authentifiziert wurde (Schritt 5). Der externe Bezahldienst prüft nun diese SAML Assertion einschließlich der Signatur des ausstellenden Authentifizierungsdienstes (Schritt 6) und kann Alice daraufhin den Zugriff auf die Bezahlfunktionen gewähren, ohne Alice nochmals zu authentifizieren (Schritt 7).

Neben der technischen Umsetzung mit SAML und der Umleitung des Browsers zum externen Bezahldienst müssen auch organisatorische Maßnahmen
ergriffen werden, um Single Sign On umzusetzen. Wie in der Abbildung 8.12
dargestellt wird, besitzt Alice bei der Online-Handelsplattform und dem
Bezahldienstleister unterschiedliche Nutzernamen. Zum Abgleich der unterschiedlichen Nutzerdaten müssen die Organisationen sich entsprechend ab-
stimmen. So kann etwa für die unterschiedlichen Nutzernamen ein Pseudonym vereinbart werden, über das die Nutzernamen `aliceshop` und `alicepay`
eindeutig miteinander in Beziehung gesetzt werden. So kann dann in der
SAML Assertion zur Beschreibung des Benutzers das Pseudonym verwendet werden, dass in beiden Sicherheitsdomänen eindeutig zum Nutzer Alice
zugeordnet werden kann.

Mit WS-Security stehen also Sicherheitsmechanismen für die wesentlichen
Schutzziele verteilter Systeme auch für dienstorientierte Geschäftsprozesse
auf der Basis von Web-Service-Technologien zur Verfügung. Dabei kommen
die im Kapitel 5 vorgestellten Mechanismen zum Einsatz. Diese müssen aber
entsprechend erweitert bzw. an die Technologien und Protokolle von Web
Services und insbesondere an die erweiterten Anforderungen unternehmensübergreifender Geschäftsprozesse angepasst werden.

Die Umsetzung der Sicherheitsmechanismen kann nun direkt in den Diensten
erfolgen. Die Funktionen zur Ver- und Entschlüsselung, der Erstellung und
Prüfung digitaler Signaturen sowie zur Authentifizierung und Autorisierung
müssen dann aber wiederholt in allen Diensten umgesetzt werden. Damit werden die Änderbarkeit und Erweiterbarkeit von Sicherheitsmechanismen stark
eingeschränkt. Eine bessere Lösung stellt der Ansatz dar, Sicherheitsmechanismen als Dienst anzubieten (Security-as-a-Service), der dann von anderen
Diensten genutzt werden kann. SAML bietet dafür eine gute Ausgangsba-
sis. Die als Identity Provider bezeichneten Einheiten verwalten die Nutzer-
informationen einer Sicherheitsdomäne. Diese können natürlich als separate
Sicherheitsdienste umgesetzt werden, über die dann mittels der in SAML definierten Interaktionschemen entsprechende Sicherheitsinformationen ab-
gefragt werden können.

Aufbauend auf den grundlegenden Mechanismen von WS-Security wurden
Standards für erweiterte Sicherheitsaspekte entwickelt. Dies sind etwa WS-
SecureConversation, WS-Federation, WS-Authorization, WS-Policy und WS-
Trust, die zur Umsetzung komplexerer Anwendungsszenarien verwendet wer-
den können.

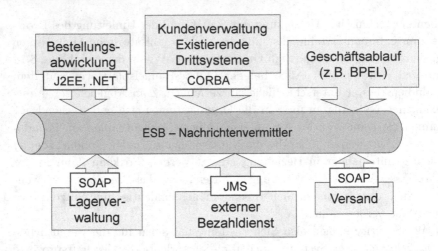

Abbildung 8.13. Struktur eines ESB

8.5 Realisierungplattformen

Realisierungsplattformen unterstützen die Entwicklung Verteilter Systeme durch die Bereitstellung von Entwicklungswerkzeugen und Basisdiensten. Für komponentenbasierte Systeme haben sich dafür Application Server etabliert. Realisierungsplattformen für dienstorientierte Systeme auf der Basis von Web-Service-Technologien setzen zu großen Teilen auf diese bereits etablierten Technologien auf. Wie die vorangegangenen Diskussionen gezeigt haben, sind aber erweiterte Ansätze notwendig, um die spezifischen Anforderungen dienstorientierter Geschäftsprozesse zu unterstützen.

Zur Umsetzung dienstorientierter Architekturen und Geschäftsprozesse mit Web Services hat sich das Konzept des *Enterprise Service Bus* (*ESB*) als Grundlage für Realisierungsplattformen etabliert. Das Konzept des ESB sowie Standardisierungen für die Java-Welt, die unter dem Begriff Java Business Integration (JBI) zusammengefasst werden, werden in den folgenden Abschnitten betrachtet. Eine Alternative dazu stellt der Ansatz der *Service Component Architecture* (*SCA*) dar. Dieser wird ebenfalls kurz vorgestellt.

❯ 8.5.1 Enterprise Service Bus (ESB)
Dem Konzept des Enterprise Service Bus liegt das Prinzip der Nachrichtenvermittlung zu Grunde, das auch von den bereits diskutierten Lösungen zu Message Oriented Middleware eingesetzt wird. Kern der Lösung ist eine Einheit zur Nachrichtenvermittlung, der *Message Broker*. Die Vermittlung von Nachrichten zur Kommunikation zwischen Diensten erfolgt dann generell in-

direkt über diesen Nachrichtenvermittler. Diese können dann sehr flexibel und in looser Kopplung über Nachrichten miteinander kommunizieren.

Die verwendbaren Nachrichten sind in der Regel standardisiert und bilden damit die Basis für die Interoperabilität zwischen verschiedenen Diensttechnologien. Die an den Nachrichtenbus gekoppelten Dienste werden dabei zu Dienstendpunkten abstrahiert, so dass die Realisierung der Dienste mit beliebigen Technologien erfolgen kann. Für die Integration der heterogenen Dienste bietet der ESB Adapter für eine Vielzahl von Kommunikationsprotokollen und Nachrichtenformaten.

Abbildung 8.13 stellt die Grundstruktur eines ESB dar. An den Nachrichtenbus werden über entsprechende Adapter vielfältige Dienste angeschlossen. Die Dienste zur Lagerverwaltung und dem Versand aus unserer Beispielanwendung sind etwa direkt auf der Basis von Web-Service-Technologien umgesetzt und können entsprechend über das SOAP-Protokoll angebunden werden. Darüber hinaus existieren Adapter etwa für eine Anbindung von Application Servern, wie dies für den Dienst zur Bestellungsabwicklung der Fall ist, zur Anbindung verschiedenster Drittsysteme, etwa der Lösung zur Kundenverwaltung auf Basis von CORBA, sowie zur Integration von Geschäftsprozessen in Form einer BPEL-Engine. Der externe Bezahldienst wurde über den Java Messaging Service angebunden.

Die Adapter binden die heterogenen Technologien an den Nachrichtenbus an, indem sie Nachrichten in das Standard-Format des Nachrichtenbusses transformieren und Interaktionsabläufe entsprechend anpassen. Als Vermittler entscheidet der Nachrichtenbus außerdem über die Weiterleitung der Nachricht zu einem Empfänger. Dies kann sehr flexibel auf der Basis verschiedenster Regeln erfolgen, die bei Bedarf auch dynamisch zur Laufzeit ausgewertet werden. So können Vermittlungsentscheidungen dynamisch, etwa anhand des Nachrichteninhaltes getroffen werden. So könnten etwa Bestellungen von Privatkunden an den dargestellten Dienst zur Bestellungsabwicklung vermittelt werden, während Bestellungen von Geschäftskunden an einen speziellen Dienst weitergeleitet werden.

Neben diesen grundlegenden Funktionen bieten ESB-Produkte in der Regel eine Vielzahl von Basisfunktionen für Verteilte Systeme wie Sicherheitsmechanismen, Transaktionsunterstützung und Verzeichnisdienste aber auch zur Systemüberwachung, dem zuverlässigen Nachrichtentransport und zur Integration heterogener Technologien. Diese Funktionen werden auf der Basis der bereits diskutierten WS*-Standards umgesetzt. In Kombination mit Entwicklungswerkzeugen bieten ESB-Produkte damit ähnlich wie Application Server umfassende Realisierungsplattformen.

Ein grundlegendes Problem ist jedoch eine fehlende Standardisierung der Kernfunktionen, Nachrichtenformate und Kommunikationsprotokolle. ESB-

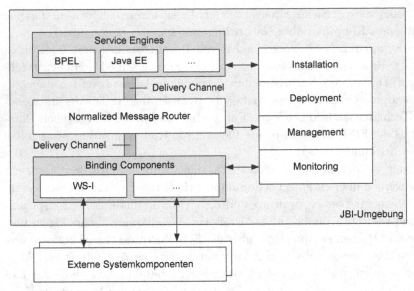

Abbildung 8.14. Java Business Integration

Produkte variieren damit sehr stark hinsichtlich der auf den Nachrichtenbus verwendeten Nachrichten und Protokolle. Ebenso existieren keine Festlegungen für die Umsetzung der Adapter sowie der Basisdienste, die ein ESB anbieten muss. Damit ist die Kompatibilität der ESB-Produkte verschiedener Hersteller stark eingeschränkt. Eine Portierung von Lösungen zwischen verschiedenen ESB-Produkten wird damit schwierig, wodurch eine hohe Abhängigkeit zu einem Hersteller entsteht.

8.5.2 Java Business Integration (JBI)

Eine Lösung für die Inkompatibilität verschiedener ESB-Produkte stellt die Standardisierung der genannten Merkmale von ESBs dar. Mit der *Java Business Integration* (*JBI*) wurde ein solcher Standard mit der Bezeichnung *JSR 208* (Java Specification Request) für die Java-Welt festgelegt.

Der Standard beinhaltet Festlegungen zu Nachrichtenformaten, der Nachrichtenvermittlung und Adaptern zur Integration verschiedener Systeme. Die Nachrichtenvermittlung erfolgt über den *Normalized Message Router* (NMR), der dem vorgestellten Message Broker eines ESB entspricht. Transport und Routing der Nachrichten erfolgen über Vermittlungskanäle (Delivery Channels), die durch die Standardisierung eine Interoperable Nachrichtenvermittlung gewährleisten. Die Nachrichtenformate werden in Form von *Normalized Messages* ebenfalls standardisiert.

Die Integration externer Systemkomponenten erfolgt über sogenannte *Binding Components*. Diese definieren Endpunkte, zu denen über den Normalized Message Router normalisierte Nachrichten vermittelt werden können. Die Binding Components führen dann die Anpassung der Interaktion mit den externen Systemkomponenten einschließlich der Transformation von Nachrichten von und in normalisierte Nachrichten aus. Binding Components stellen also einen Standard für die Adapter eines ESB dar. Die über Binding Components integrierten Systemteile befinden sich dabei außerhalb der JBI-Umgebung, basieren also in der Regel nicht auf Java- bzw. Web-Service-Technologien.

Mit *Service Engines* definert JBI einen zweiten Standard für Adapter. Über diese können Laufzeitumgebungen für Dienste direkt in die JBI-Umgebung integriert werden. Damit lassen sich etwa Application Server bzw. Komponenten einbinden, die konform zu Festelgungen der Java Enterprise Edition (JEE) umgesetzt wurden. Damit lassen sich auch weitere Basisdienste für Verteilte Systeme auf der Grundlage existierender Java-Standards wie Java Messaging Service (JMS, Java Transaction Service (JTS), Java Naming and Directory (JNDI) oder auch BPEL-Laufzeitumgebungen in JBI integrieren.

Darüber hinaus enthält JBI Spezifikationen für Basisfunktionen der Laufzeitumgebung, insbesondere für die Installation von Systemkomponenten, das Deployment und die Laufzeitverwaltung von Diensten und das Monitoring der Systemumgebung. Abbildung 8.14 stellt die Struktur von JBI nochmals im Zusammenhang dar.

Insgesamt bietet JBI also eine standardisierte Infrastruktur für die Umsetzung von dienstorientierten Architekturen auf der Basis von ESB-Konzepten. Insbesondere wird damit eine Portierbarkeit von Lösungen und damit die Unabhängigkeit von einzelnen Herstellern erreicht. Implementierungen der Standards werden etwa durch Open ESB und Apache ServiceMix bereitgestellt.

Eine Kopplung von JBI-Umgebungen, wie sie zur Realisierung unternehmensübergreifender Geschäftsprozesse wünschenswert wäre, ist jedoch nicht Teil der Spezifikationen. Damit bleiben Lösungen auf der Basis von JBI und ebenso ESB ähnlich wie bei der Verwendung von Application Servern in der Regel auf ein Intranet beschränkt, da Diensverzeichnisse und Mechanismen zur Nachrichtenvermittlung nicht übergreifend verfügbar sind.

8.5.3 Service Component Architecture (SCA)

Einen alternativen Ansatz zu ESB stellt die Service Component Architecture (SCA) dar. Wie aus dem Namen ersichtlich wird, fließen in die Lösung Konzepte komponentenbasierter Systeme mit ein. Ziel der SCA ist eine einfache und kosteneffiziente Entwicklung dienstorientierter Architekturen. Dazu

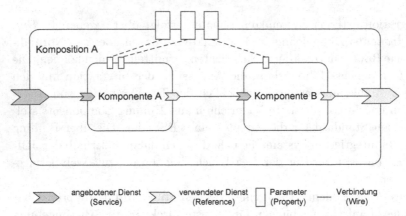

angebotener Dienst   verwendeter Dienst   Parameter   Verbindung
(Service)   (Reference)   (Property)   (Wire)

Abbildung 8.15. Grundstruktur von Komponenten und Kompositionen in SCA

sollen bei den Entwicklern bekannte Konzepte und Systeme, insbesondere
Application Server und der Ansatz der Komposition von wiederverwendba-
ren Komponenten, als Ausgangspunkt dienen. Gleichzeitig sollen die Konzepte dienstorientierter Architekturen wie die lose Kopplung und standardisierte Interaktionsmechanismen angewendet werden, um komplexe, unternehmensübergreifende Geschäftsprozesse umsetzen zu können.

Komponenten sind damit die Grundelemente der SCA. Sie repäsentieren die
Anwendungslogik, die als wiederverwendbare Dienste bereitgestellt werden.
Jede Komponente spezifiziert dabei die bereitgestellten Dienste (*Services*)
sowie die von ihr benutzten Dienste (*References*) wie dies bereits im Kapitel 7
für Komponenten beschrieben wurde. Auf diese Weise können Komponenten
flexibel komponiert werden, wobei die externen Abhängigkeiten zu weiteren
Diensten explizit beschrieben werden. Zusätzlich können Komponenten noch
über Parameter (*Properties*) konfiguriert werden. Abbildung 8.15 stellt die
einzelnen Elemente einer Komponente im Zusammenhang dar.

Die Komposition von Komponenten wird in einer XML-basierten Konfigura-
tionsdatei beschrieben. Zum Verbinden von Services und References werden
sogenannte *Wire* definiert. Dabei ist auch eine hierarchische Komposition
möglich, in dem Kompositionen von Komponenten mit einer Hülle versehen
werden, die nur die Services, References und Properties nach Außen darstellt,
die für die weitere Komposition relevant sind. Diese Hülle wird als *Composite*
bezeichnet.

Die beschriebenen Komponenten können dann in Form von Diensten umgesetzt und zu komplexen Geschäftsprozessen komponiert werden. Die Komponentenspezifikation ist dabei zunächst abstrakt und erfolgt auf der Basis
des *SCA Assembly Models*. Eine Abbildung auf konkrete Technologien erfolgt dann durch Implementierungsmodelle und Protokollbindungen, die als

technologieabhängiger Teil für SCA spezifiziert wurden. Dabei sind Spezifikationen für verschiedene Implementierungssprachen sowie Kommunikationsprotokolle verfügbar.

Mit dem kombinierten Ansatz verbindet SCA wesentliche Vorteile von Komponenten und dienstorientierten Architekturen. Zum einen wird das bekannte Konzept der Komposition übernommen, durch das komplexe Systeme einfacher beherrschbar werden, zum anderen wird durch die lose Kopplung und die Technologieunabhängigkeit die Flexibilität des Systems wesentlich erhöht. SCA wird bis heute kontinuierlich weiterentwickelt und wird auch durch verschiedene Implementierungen unterstützt. Genannt seien etwa Apache Tuscany und Fabric3. Insgesamt hat SCA aber bisher nur eine eingeschränkte Verbreitung gefunden.

8.6 Zusammenfassung

Mit Hilfe dienstorientierter Architekturen können heterogene IT-Infrastrukturen integriert und unternehmensübergreifende Geschäftsprozesse umgesetzt werden. SOA ist dabei zunächst ein Paradigma, das mit konkreten Technologien für die Realisierung von Systemen untersetzt werden muss.

Die Modellierung von Geschäftsprozessen, wie dies mit BPMN bzw. BPEL möglich ist, erfolgt auf der abstrakten Ebene aus der geschäftlichen Sicht, setzt also im Vergleich zu komponentenbasierten Architekturspezifikationen nicht auf technischer Ebene an. Diese technische Sicht wird erst mit der Abbildung der Aktivitäten der Prozessspezifikation auf Dienste eingeführt. Die Abbildung erfolgt dabei in der Regel schrittweise, wie dies in Abschnitt 8.1 gezeigt wurde.

Zur Realisierung dienstorientierter Architekturen existiert eine Vielzahl von Standards auf der Basis von Web Services. Mit den diskutierten WS*-Spezifikationen werden Basisdienste verteilter Systeme wie Transaktionsunterstützung, Sicherheitsmechanismen und Verzeichnisdienste für Web-Service-Infrastrukturen verfügbar. Wie beschrieben können existierende Konzepte und Mechanismen weitestgehend übernommen werden, müssen aber an die Anforderungen unternehmensübergreifender Geschäftsprozesse angepasst und teilweise auch erweitert werden. Dies gilt etwa für Single Sign On und die Unterstützung langlaufender Geschäftsaktivitäten.

Diese Technologien sind in der Regel gebündelt in Realisierungsplattformen für dienstbasierte Architekturen verfügbar. Mit ESB und JBI sowie SCA existieren in diesem Umfeld alternative Lösungen, wobei ESB-Produkte eine weitere Verbreitung gefunden haben.

Natürlich existieren neben Web Services auf Basis von SOAP weitere Technologien für die Umsetzung dienstorientierter Architekturen. Mit REST (Re-

presentational State Transfer) wird etwa ein Architekturstil bezeichnet, der Dienste als Ressourcen im Web betrachtet und über eine Menge wohldefinierter Operationen per HTTP zugreifbar macht. Aufgrund der Einfachheit des Ansatzes wird REST insbesondere für den Dienstzugriff über mobile Geräte angewendet. Erweiterte Mechanismen wie Transaktionen oder Sicherheitsaspekte werden von REST jedoch nicht adressiert.

8.7 Übungsaufgaben

1. Nennen Sie die drei grundlegenden Konzepte dienstorientierter Architekturen entsprechend des SOA-Referenzmodells.

2. Das BPMN-Diagramm in Abbildung 8.16 modelliert einen einfachen Geschäftsprozess eines Versicherungsunternehmens zur Ausfertigung eines Versicherungsvertrages.

   a. Erweitern Sie das BPMN-Diagramm um die Aktivität „Kunde registrieren", die parallel zu den Aktivitäten „Antrag prüfen", „Sonderprüfung" und „Zuschläge berechnen" in der Abteilung „Kundenverwaltung" des Versicherungsunternehmens ausgeführt wird.

   b. Skizzieren Sie für den erweiterten Geschäftsprozess aus Aufgabe 8.2a ein Petri-Netz.

   c. Erweitern Sie das Petri-Netz um die Aktivität „Vertrag Online versenden", der als Alternative zur Aktivität „Vertrag versenden" von der Abteilung "Vertragsabwicklung" ausgeführt wird.

   d. Fügen Sie zu dem erweiterten Petri-Netz eine weitere Aktivität „Vertrag archivieren" hinzu, die parallel zu den Aktivitäten „Vertrag versenden" und „Vertrag Online versenden" von der Abteilung "Vertragsabwicklung" ausgeführt wird.

3. Der Geschäftsprozess aus Aufgabe 8.2 soll in einen ausführbaren Prozess überführt werden.

   a. Schlagen Sie eine Menge von Diensten vor, auf die die Aktivitäten des abstrakten Prozesses aus Aufgabe 8.2d abgebildet werden können.

   b. Skizzieren Sie für den Prozess aus Aufgabe 8.2d den resultierenden BPEL-Prozess. Geben Sie dabei die wesentlichen Elemente zur Modellierung der Struktur des Prozesses an.

   c. Definieren Sie an einem Beispiel die Verwendung der Partnerverweise zur Abbildung einer Aktivität auf einen Dienst.

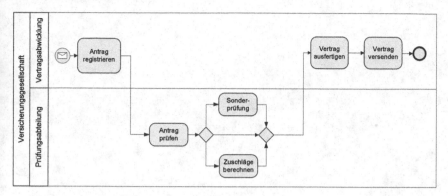

Abbildung 8.16. Geschäftsprozess eines Versicherungsunternehmens zu Aufgabe 8.2

4. Was wird in den folgenden Standards spezifiziert: WS-Coordination, WS-AtomicTransaction, WS-BusinessActivity, WS-Security, XML Encryption, XML Signature, SAML?

5. Welchen Vorteil bietet die Möglichkeit der Verschlüsselung von Nachrichtenteilen mit XML-Encryption?

6. Was bedeutet Single Sign On und wie kann es umgesetzt werden?

7. Nennen Sie die wesentlichen Konzepte eines ESB.

Kapitel 9

Weiterführende Konzepte der Softwareentwicklung

9

A. Schill, T. Springer, *Verteilte Systeme*,
DOI 10.1007/978-3-642-25796-4_9, © Springer-Verlag Berlin Heidelberg 2012

9

9 Weiterführende Konzepte der Softwareentwicklung

Nachdem in den vorangegangenen Abschnitten die bereits etablierten und in Produkte und Werkzeuge integrierten Konzepte für die Entwicklung Verteilter Systeme vorgestellt wurden, sollen nachfolgend weiterführende Ansätze betrachtet werden. Diese erweitern und ergänzen die Standardkonzepte und bieten insbesondere ein hohes Potenzial zur weiteren Vereinfachung des Entwicklungsprozesses für verteilte Anwendungen. Dies sind Architekturbeschreibungssprachen, Werkzeuge und Sprachen zur Konfigurationsverwaltung, also zur komfortablen Administration und Modifikation der Anwendungsstrukturen aus Sicht der Anwendungsarchitektur, sowie neue Konzepte im Rahmen der *Model Driven Architecture (MDA)* und der *Aspektorientierten Programmierung (AOP)*.

9.1 Architekturbeschreibungssprachen

Architekturbeschreibungssprachen (*Architecture Description Language, ADL*) haben das Ziel, Architekturentwürfe, die häufig noch ad hoc mit informalen Mitteln erfolgen, explizit und formal beschreibbar zu machen. Damit sollen Entwürfe auf Konsistenz und Vollständigkeit geprüft werden, etwa ob alle angebotenen Schnittstellen einer Komponente auch an von anderen Komponenten aufgerufene Schnittstellen gebunden sind. Außerdem wird damit die Analyse von Architekturentwürfen möglich.

Architekturbeschreibungen spezifizieren dazu Modelle eines Gesamtsystems, wobei Struktur, Verteilung und Interaktionsbeziehungen der einzelnen Systembestandteile im Vordergrund stehen. Während mit heutigen Konzepten und Werkzeugen zur objektorientierten bzw. komponentenbasierten Entwicklung verteilter Anwendungen die Implementierung der Anwendungslogik in einzelnen Komponenten oder Objekten, also einer „Programmierung-im-Kleinen", im Vordergrund steht, konzentrieren sich ADLs auf die Zusammenhänge der einzelnen Bausteine im Gesamtsystem, also auf eine „Programmierung-im-Großen". Durch die Integration dieser beider Konzepte soll insbesondere die Entwicklung komplexer verteilter Softwaresysteme beherrschbar werden.

Gegenwärtig existiert eine große Zahl von Architekturbeschreibungssprachen mit zum Teil sehr unterschiedlichen Sprachansätzen. So ist *Rapide* [LV95] eine allgemein verwendbare Sprache zur Beschreibung von Systemen. Dagegen zielen *Darwin* [MDEK95] und *C2* [MORT96] auf die Beschreibung stark verteilter und dynamischer Systeme. *Wright* [AG97] untersucht die Modellierung und Analyse konkurrenter Systeme und *Unicon* [SDK+95] betrachtet die Ge-

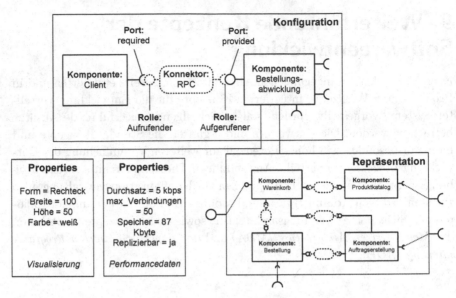

Abbildung 9.1. Grundelemente zur Architekturbeschreibung von ADLs

nerierung von Code zur Verbindung von Komponenten über verschiedene Interaktionsprotokolle. Verfügbare Werkzeuge unterstützen die Visualisierung, Analyse und Compilierung bis hin zur Codeerzeugung.

Mit *ACME* [GMW00] wurde eine Sprache entwickelt, die einen Austausch von Architekturbeschreibungen zwischen Werkzeugen ermöglichen soll. ACME besteht zum einen aus einer Menge von Grundelementen zur Beschreibung der Struktur von Softwaresystemen, zum anderen enthält sie ein Konzept zum Hinzufügen zusätzlicher architekturspezifischer Informationen. ACME ist somit sowohl eine Schnittmenge von Elementen zur Strukturbeschreibung als auch eine Vereinigung erweiterter Konzepte verschiedener ADLs. Zur Definition von Strukturen enthält ACME sieben Grundelemente: Komponenten, Ports, Konnektoren, Rollen, Konfigurationen, Repräsentationen und Repräsentationsabbildungen.

Komponenten repräsentieren die primären Elemente der Verarbeitung und Datenspeicherung einer Architektur. Wie bereits in den vorangegangenen Abschnitten beschrieben, besitzen Komponenten Schnittstellen, die in Architekturbeschreibungssprachen als *Ports* bezeichnet werden. Jeder Port definiert dabei einen bestimmten Punkt der Interaktion einer Komponente mit ihrer Umgebung. Dabei sind wie in UML mit Ports sowohl die von der Komponente *angebotenen* (*provided*), d. h., die von der Komponente implementierten, als auch die von der Komponente *aufgerufenen* Schnittstellen (*required*) beschreibbar, die dann von anderen Komponenten angeboten bzw. implementiert werden müssen.

Konnektoren verbinden die Schnittstellen von Komponenten und beschreiben dabei Art und Protokoll der Interaktionsbeziehung zwischen diesen Komponenten. Sie verbinden damit unabhängige Komponenten zu einer Architektur. Konnektoren besitzen ebenfalls Schnittstellen, die die Gegenstücke zu Ports darstellen und als *Rollen* bezeichnet werden. Eine Rolle repräsentiert dabei einen Teilnehmer der zugehörigen Interaktion. Ein Konnektor kann beispielsweise eine RPC-basierte Kommunikation zwischen zwei Komponenten beschreiben und besitzt dann die Rollen „Aufrufender" und „Aufgerufener". Ein Konnektor zur Ereignisvermittlung könnte dagegen die Rollen „Sender" und „Empfänger" beinhalten, wobei jeweils mehrere „Sender"- und „Empfänger"-Rollen möglich sind.

Die Beziehungen zwischen Komponenten und Konnektoren werden durch die *Konfiguration* definiert. Dabei müssen die Ports und Rollen entsprechend miteinander verbunden werden. So könnte eine Client- und eine Serverkomponente mit einem RPC-Konnektor verbunden werden, wobei der required-Port der Client-Komponente mit der Rolle „Aufrufender" und der provided-Port der Server-Komponente mit der Rolle „Aufgerufener" verknüpft wird. Die verknüpften Ports und Rollen müssen dabei eine typkompatible Schnittstellenspezifikation besitzen. Konfigurationen können hierarchisch beschrieben werden, d. h. Komponenten und Konnektoren müssen keine atomaren Elemente sein, sondern können selbst wieder durch eine Konfiguration, d. h. eine Menge von Komponenten und Konnektoren, zusammengesetzt werden. Eine Architekturbeschreibung kann damit auf mehreren Ebenen erfolgen, wodurch auch die Entwicklung großer System handhabbar wird.

Die Konfigurationsbeschreibung einer Hierarchieebene wird *Repräsentation* genannt. *Repräsenationsabbildungen* definieren Zusammenhänge zwischen Elementen von Repräsentationen benachbarter Hierarchieebenen. Im einfachsten Fall können Ports verschiedener Komponenten einer Hierarchieebene auf externe Ports einer zusammengesetzten Komponente der nächst höheren Hierarchieebene abgebildet werden.

Die Grundelemente werden in Abbildung 9.1 im Zusammenhang dargestellt. Der Ausschnitt unserer Beispielanwendung besteht aus den Komponenten „Client" und „Bestellungsabwicklung", die durch entsprechende Bindung der Ports und Rollen über einen RPC-Konnektor verbunden sind. Die Komponente „Bestellungsabwicklung" besitzt noch eine zweite Repräsentation. Diese wird ebenfalls durch eine Konfiguration beschrieben und mit Elementen der nächsthöheren Hierarchieebene verknüpft.

Neben der Strukturdefinition können in vielen ADLs weitere architekturspezifische Eigenschaften definiert werden (z. B. Komponenten- und Konnektortypen, Laufzeiteigenschaften von Komponenten, wie etwa deren Ressourcenverbrauch, oder Protokollinformationen für bestimmte Konnektoren). In ACME werden diese erweiterten Eigenschaften mit Hilfe von *Properties* abgebildet, die jedem der sieben Grundelemente zugewiesen werden können. In Abbildung 9.1 werden für die Komponente „Bestellungsabwicklung" zwei Property-Definitionen gezeigt. Zum einen werden Eigenschaften zur Visualisierung festgelegt, etwa die Form der Darstellung als Rechteck und dessen Maße und Farbe. Zum anderen werden Laufzeiteigenschaften wie Speicherverbrauch, Replizierbarkeit und die maximale Anzahl der akzeptierten Verbindungen beschrieben.

Zur Definition wiederkehrender Muster in Architekturen enthält ACME einen Template-Mechanismus. *Templates* entsprechen parametrisierbaren Makros und beschreiben Hüllen von Grundelementen, denen Parameter übergeben werden können, um konkrete Instanzen zu erzeugen. Templates können sowohl für Komponenten und Konnektoren als auch für Konfigurationen definiert werden. *Style-Definitionen* erlauben außerdem die Gruppierung von zusammengehörigen Templates zu so genannten Architekturstilen.

So können etwa die Templates für Client- und Serverkomponenten sowie für einen RPC-Konnektor zur Beschreibung von Client/Server-Architekturen zu einem Architekturstil zusammengefasst werden. Dabei wird etwa im Template des RPC-Konnektors festgelegt, dass dieser genau zwei Rollen besitzt, die an jeweils einen aufgerufenen und einen implementierten Port gebunden werden müssen. Weitere Architekturstile sind beispielsweise für Pipes-and-Filters-Strukturen oder ereignisbasierte Systeme denkbar.

Beispiel 9.1 enthält die zu Abbildung 9.1 gehörende Architekturbeschreibung. Die Konfiguration `Onlineshop` wird mit dem Schlüsselwort `System` definiert und hier zunächst der Architekturfamilie `ThreeTieredFam` zugeordnet. In der Architekturdefinition können dann Templateelemente dieser Architekturfamilie verwendet werden. So wird etwa der Konnektor `conn`, definiert über das Schlüsselwort `Connector`, auf Basis des Templates `RMIConnT` erzeugt und damit als RMI-Konnektor gekennzeichnet, der die beiden Rollen `caller` und `callee` besitzt. Die Komponente `Bestellungsabwicklung` enthält die bereits beschriebenen Property-Definitionen sowie die Definition einer Repräsentation `BestellungsabwicklungDetail`, die ebenfalls als Konfiguration mit dem Schlüsselwort `System` definiert wird. Die Repräsentation enthält nun wiederum eine Strukturbeschreibung. Die Elemente der Repräsenation können durch Definition von `Bindings` auf Elemente der Komponente `Bestellungsabwicklung` abgebildet werden. So wird etwa der Port `Warenkorb.IWarenkorb` auf den Port `IWarenkorb` der Komponente `Bestellungsabwicklung` abgebildet. Komponenten und Konnektoren einer Hierarchieebene werden durch `Attachment`-Definitionen zusammengefügt. Dabei werden Ports an Rollen gebunden und so eine Konfiguration erzeugt.

Beispiel 9.1 Architekturbeschreibung der Beispielanwendung mit Acme

```
System Onlineshop : ThreeTieredFam = new ThreeTieredFam extended with {
  Component Client = {
    Port IWarenkorb : remoteUseT = new remoteUseT extended with {}
  }
  Component Bestellungsabwicklung = {
    Property Speicherverbrauch : int = 87;
    Property Durchsatz : int = 5;
    Property max_Verbindungen : int = 50;
    ...
    Representation BestellungsabwicklungDetail = {
      System BestellungsabwicklungDetail : ThreeTieredFam =
        new ThreeTieredFam extended with {

        Component Warenkorb = { ... }
        Component Produktkatalog = { ... }
        ...

      }
      Bindings {
        Bestellungsabwicklung.IWarenkorb to Warenkorb.IWarenkorb;
        Bestellungsabwicklung.IVersand to Produktkatalog.ILager;
        ...
      }
    }
    Port IWarenkorb : remoteProvideT = new remoteProvideT extended with {}
    Port IKunde : remoteUseT = new remoteUseT extended with {}
    Port ILager : remoteUseT = new remoteUseT extended with {}
    Port IVersand : remoteUseT = new remoteUseT extended with {}
    ...

  Connector conn : RMIConnT = new RMIConnT extended with {}
  ...
  Attachment Client.IWarenkorb to conn.caller;
  Attachment Bestellungsabwicklung.IWarenkorb to conn.callee;
  ...
}
```

Um eine Architekturbeschreibung in ein reales System zu überführen, ist eine Abbildung der Architektur auf eine Implementierung notwendig. ADLs ermöglichen es, diese Abbildung durch eine Werkzeugunterstützung zum großen Teil zu automatisieren. Insbesondere kann so eine Abbildung auf unterschiedliche Komponentenplattformen und Laufzeitsysteme erfolgen. Durch die Betrachtung von Komponenten als unabhängige Verarbeitungselemente und die explizite Beschreibung der Aspekte der Kommunikation durch Konnektoren erfolgt eine Entkopplung von Verarbeitung und Kommunikation im System. Damit wird ein hoher Grad der Wiederverwendung, Erweiterbarkeit und Rekonfigurierbarkeit erreicht und führt nicht zuletzt zu einer Kostenreduzierung beim Softwareentwurf.

Nicht zuletzt die aus den unterschiedlichen Ausrichtungen resultierende Vielfalt an Sprachkonstrukten, der heterogene Formalisierungsgrad und der geringe Konsens bezüglich dieser Aspekte haben die Verbreitung und den Einsatz von ADLs in der Praxis bisher verhindert. Insbesondere existiert kein Standard einer Architekturbeschreibungssprache. ACME als Austauschsprache für Architekturbeschreibungen stellt den kleinsten gemeinsamen Nenner von ADLs dar, die spezifischen Eigenschaften der einzelnen ADLs werden in Form von Properties in der jeweiligen Sprache formuliert. Elemente aus dem Sprachkern, die der Beschreibung von Architekturen dienen, wurden aber zum Teil in UML 2.0 integriert. So sind neben Komponenten auch Ports und Konnektoren sowie required- und provided-Schnittstellen Teil des UML-Meta-Modells. Weitere Versuche der Integration von ADLs in UML sind z. B. die Definition von ACME als UML Profile auf Basis von UML 2.0 [GA03] und die Definition von *C2* und *Wright* mit UML 1.3 [MRRR02].

9.2 Konfigurationsprogrammierung

Ansätze der *Konfigurationsprogrammierung*, wie sie etwa in *Conic* [MKS89] sowie den Nachfolgern *Rex* [KMSD92], *Regis* [MDEK95] und *Koala* [OLM00] beschrieben werden, haben das Ziel, dynamische und zur Laufzeit rekonfigurierbare Systeme zu beschreiben und mit Hilfe von Werkzeugen das Management von Systemkonfigurationen zu ermöglichen. Dabei werden mit Hilfe so genannter *Konfigurationssprachen* (*Configuration Language*), die ähnliche Sprachkonstrukte wie ADLs verwenden, explizite Beschreibungen von Systemkonfigurationen erzeugt. Dies ist notwendig, da Komponentenmodelle in der Regel eng an eine Programmiersprache bzw. eine Laufzeitplattform gekoppelt sind. Damit werden die Beziehungen zwischen den Komponenten, d. h. die Struktur der Anwendungen, implizit im Programmcode festgelegt. Aus diesem Grund sind Strukturänderungen nur durch Änderungen der Programmkomponenten möglich und somit sehr aufwändig.

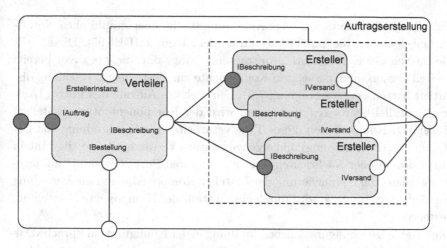

Abbildung 9.2. Eine Beispielkonfiguration mit Darwin

Konfigurationen werden ähnlich wie in ADLs durch Komponenten beschrieben, die durch getypte Ein- und Ausgabeports definiert werden. Ein Port ist hier jedoch genau eine Operation, die aufgerufen bzw. implementiert wird. Komplexere Schnittstellen können dann durch das Zusammenfassen mehrerer Ports in Mengen oder Arrays gebildet werden. Die Ports werden mit Hilfe der IDL durch die Typen ihrer Ein- und Ausgabeparameter definiert. Durch das Binden von Ein- und Ausgabeports gleichen oder kompatiblen Typs werden Komponenten zu Konfigurationen, d. h. komplexen Komponenten, zusammengesetzt.

Die Herstellung von Kommunikationsbeziehungen erfolgt durch Kommunikationsobjekte, die die Interna des Nachrichtenaustausches kapseln. Den vom System bereitgestellten Kommunikationsobjekten kann der Benutzer selbst definierte Objekte hinzufügen, mit denen beliebige Kommunikationsmechanismen realisierbar sind. Kommunikationsverbindungen werden stets über die separat spezifizierten und implementierten Kommunikationsobjekte aufgebaut. Komponenten besitzen so keine direkten Beziehungen zu anderen Komponenten, etwa direkte Referenzen oder logische Namen, wie dies in heutigen Komponentenplattformen auf Implementierungsebene der Fall ist. Damit wird die Komponentenimplementierung unabhängig von der Umgebung, in der sie später ausgeführt werden soll, wodurch eine erhöhte Wiederverwendbarkeit der Komponentenimplementierungen und eine flexible Rekonfigurierbarkeit des Gesamtsystems erreicht wird. Konnektoren, als Elemente zur expliziten Beschreibung von Interaktionen auf Architekturebene, sind in diesen Lösungen jedoch nicht vorgesehen.

Eine Beispielkonfiguration zeigt Abbildung 9.2 in einer graphischen Notation, angelehnt an die Darstellung im System Regis [MDEK95]. Diese stellt die Interna der Komponente „Auftragserstellung" dar, die wir zuvor bereits als Teil der zusammengesetzten Komponente zur Bestellungsabwicklung diskutiert hatten (siehe Abbildung 7.5). Um mehrere Aufrufe des Ports „IAuftrag" parallel bearbeiten zu können, wird der Komponententyp „Ersteller" eingeführt. Komponenten dieses Typs verarbeiten die Beschreibung von Bestellungen (IBeschreibung) und erzeugen daraus Versandaufträge, die dann in Form asynchroner Nachrichten über den required-Port „IVersand" ausgegeben werden. Die Instanziierung der Ersteller-Komponente und die Verteilung von Aufträgen an diese wird durch eine Instanz der Komponente „Verteilter" gesteuert.

Die zugehörige Konfigurationsbeschreibung in der Konfigurationssprache Darwin enthält Beispiel 9.2. Neue Komponententypen werden durch das Schlüsselwort `component` definiert, im Beispiel sind dies die Komponententypen Verteiler, Ersteller und Auftragserstellung. Zur Definition der Komponentenports stehen die Schlüsselworte `require` und `provide` zur Verfügung. Portdefinitionen bestehen aus dem Portnamen sowie dem Porttyp und dem Typ der ausgetauschten Daten. So wird etwa mit der Anweisung `provide IAuftrag <port,Auftrag>` ein geforderter Port der Komponente „Verteiler" vom Typ „port" mit dem Namen „IAuftrag" definiert, über den Datenstrukturen vom Typ Auftrag ausgetauscht werden können. Der Typ „port" bezeichnet dabei einen synchronen Aufrufmechanismus. Ports vom Typ „event" definieren dagegen eine nachrichtenbasierte Kommunikation.

In der Konfigurationssprache wird außerdem die Instanziierung der Komponenten „Verteiler" und „Ersteller" zum Erzeugen einer Komponente „Auftragserstellung" festgelegt. Mit dem Schlüsselwort `inst` können Komponenteninstanzen von zuvor definierten Komponententypen erzeugt werden, unter dem Schlüsselwort `bind` wird die Bindung der Ports der Komponenteninstanzen festgelgt.

Die Platzierung der Instanzen wird anhand logischer Orte beschrieben, die durch die Ausführungsumgebung auf physikalische Orte (so genannte Prozessoren) abgebildet werden. Im Beispiel wird etwa für die Instanz der Komponente „Verteiler" der logische Knoten k als Ausführungsort festgelegt. Außerdem sind auch Zusammenhänge zwischen der Platzierung mehrerer Komponenten definierbar. Beispielsweise kann der Aufenthaltsort einer Komponente an den einer anderen Komponente gebunden werden, wodurch beide Komponenten am gleichen Ort platziert werden.

Beispiel 9.2 Dynamisch instanziierte Komponenten zur verteilten Auftragserstellung

```
component Verteiler (int a) {
    provide IAuftrag <port,Auftrag>;
    require IBestellung <port,Bestellung>;
    require IBeschreibung <port,Bestellbeschreibung>;
    require Erstellerinstanz <component, int>;
}

component Ersteller (int i) {
    provide IBeschreibung <port,Bestellbeschreibung>;
    require IVersand <event,Versandauftrag>;
}

component Auftragserstellung {
    provide IAuftrag <port,Auftrag>;
    require IBestellung <port,Bestellung>;
    require IVersand <event,Versandauftrag>;

    inst
        V: dyn Verteiler(3) @k;
    bind
        V.Erstellerinstanz -- dyn Ersteller;
        V.IBeschreibung -- Ersteller.IBeschreibung;
        Ersteller.IVersand -- IVersand;

        V.IAuftrag -- IAuftrag;
        V.IBestellung -- IBestellung;
}
```

Darüber hinaus enthält Darwin Sprachelemente zur dynamischen Erzeugung
von Komponenteninstanzen und Portbindungen. Dies erfolgt über die beiden Methoden *verzögerte Instanziierung* (*Lazy Instantiation*) und *dynamische Instanziierung* (*Dynamic Instantiation*). Die verzögerte Instanziierung
von Komponenten kann über das Schlüsselwort dyn definiert werden. Dieses
kann direkt in Verbindung mit der Instanziierung einer Komponente, etwa
durch inst V: dyn Verteiler, verwendet werden. Damit wird die Komponente nicht zur Installationszeit der Anwendung erzeugt, sondern erst, wenn
die erste Nachricht an die Komponente gesendet wird. Auf diese Weise können
Komponentenstrukturen definiert werden, die während der Laufzeit zunächst
nicht vollständig instanziiert werden muss. Insbesondere können durch Re-

kursion dynamische Strukturen erstellt werden. Die Konfiguration wird aber durch ein festes Strukturmuster vollständig beschrieben.

Durch dynamische Instanziierung werden Konfigurationen beschrieben, die auf der Ebene der Konfigurationssprache nicht mehr vollständig erfasst werden können, sondern teilweise wieder im Programmcode verborgen sind. Im Beispiel wird diese Methode für die Erzeugung von Ersteller-Komponenten dynamisch durch die Verteiler-Komponente genutzt. Dazu wird mit `require Erstellerinstanz <component, int>` ein spezieller Dienst zur Komponenteninstanziierung gefordert. In der Komponente zur Auftragserstellung wird dieser Dienst an die Erzeugung einer neuen Instanz der Ersteller-Komponente gebunden. Weiterhin wird der Port IBeschreibung der Komponente `Auftragserstellung` nun nicht direkt an den Port einer existierenden Komponenteninstanz von `Ersteller`, sondern durch den Ausdruck `V.IBeschreibung —— Ersteller.IBeschreibung` an den entsprechenden Port des Komponententyps gebunden. Zur Laufzeit wird dies durch eine entsprechende Bindung an die Ports der dynamisch erzeugten Instanzen umgesetzt.

Zur Wiederverwendung von Komponentenstrukturen können in Regis, ähnlich wie in ACME über Templates, außerdem generische Komponenten definiert werden, d. h. Komponentenstrukturen, deren Typen parametrisierbar sind. Beispielsweise kann auf diese Weise eine Baumstruktur definiert werden, deren Knoten bestimmten Schnittstellen, nicht jedoch einem bestimmten Typ genügen müssen. Der Typ wird in der Definition durch eine Typvariable beschrieben, die erst durch den Compiler anhand der definierten Bindungen an einen bestimmten Typ gebunden wird.

Unter Verwendung von Konfigurationssprachen werden Systeme somit in einem zweistufigen Prozess entwickelt. Zunächst werden die Anwendungskomponenten in der jeweiligen Implementierungssprache realisiert und in ausführbarer Form bereitgestellt. Ihre Verknüpfung zu einem Gesamtsystem erfolgt dann durch eine separate, deklarative Konfigurationssprache, wobei auf verschiedenen Hierarchieebenen einfachere Komponenten zu komplexeren Komponenten zusammengesetzt werden. Komplexe Komponenten können dabei aus Basiskomponenten sowie bereits zusammengesetzten Komponenten gebildet werden. Dadurch entstehen hierarchische Komponentenkompositionen, auf deren höchster Ebene die Komponente steht, die die gesamte Anwendung repräsentiert.

Zu einer Gesamtlösung gehören neben der Konfigurationssprache auch eine entsprechende Laufzeitumgebung mit einer zugehörigen Werkzeugumgebung zur Konfigurationsverwaltung, dem *Konfigurationsmanager*. Die Konfigurationsbeschreibung wird durch das Laufzeitsystem interpretiert. Dieses erzeugt ausgehend von der Komponente auf höchster Ebene rekursiv die Instanzen aller beschriebenen Komponenten und platziert diese entsprechend auf den

Rechnern im Verwaltungsbereich des Laufzeitsystems. Mit dem Konfigurationsmanager können dann Konfigurationen von Anwendungen überwacht und in einigen Lösungen auch manuell beeinflusst werden. So könnte etwa die Last auf allen Rechnern geprüft und eine Änderung der Platzierung von Komponenteninstanzen bei einer Überlastung einzelner Rechner ausgelöst werden.

9.3   Model Driven Architecture

Während ihrer Lebenszeit durchläuft Software einen Entwicklungsprozess und unterliegt einer ständigen Weiterentwicklung und Veränderung. Innerhalb dieses Prozesses wechseln die daran beteiligten Personen ebenso wie die zugrunde liegenden Plattformen und Technologien (Programmiersprachen, Middleware, Betriebssystem, Hardware usw.). Die UML unterstützt die Anwendungsentwicklung mit vornehmlich grafischen Modellen, die sowohl die Struktur als auch das Verhalten von Software beschreiben können. Jedoch vollzieht sich mit dem Übergang vom Design zur Implementierung ein Wechsel der Repräsentation von Entwicklungsmodellen zu Quelltext und gleichzeitig auch der Werkzeugumgebung. Damit werden die Entwicklungsmodelle weitgehend von der weiteren Entwicklung am Quellcode entkoppelt. Eine Wahrung der Konsistenz zwischen beiden Modellwelten stellt dadurch einen erheblichen Aufwand dar. Dies führt dazu, dass UML in vielen Entwicklungsprojekten gar nicht oder nur in einem frühen Stadium zur Visualisierung bzw. nachträglich zur Dokumentation eingesetzt wird, am eigentlichen Entwicklungsprozess aber nur selten beteiligt ist.

Die *Model Driven Architecture (MDA)* stellt das Modell in den Mittelpunkt des Softwareentwicklungsprozesses. Ein Modell wird im Kontext von MDA als Abstraktion verstanden, das durch eine Anreicherung mit Informationen über die Ausführungsplattform in mehreren Modellierungsebenen schrittweise verfeinert und dadurch in ein (nahezu) lauffähiges Softwaresystem überführt werden kann. Damit soll eine durchgängig modellbasierte Softwareentwicklung und die Automatisierung eines Teils der Entwurfsschritte möglich werden.

Um diese Zielstellung zu erreichen, verfolgt MDA den Ansatz der Trennung der Spezifikation eines Systems von den Details der Plattform, auf der das System realisiert wird. Dazu werden drei verschiedene Perspektiven (*Viewpoints*) auf ein System definiert, die unterschiedliche Modellierungsebenen darstellen. Diese drei Modellierungsebenen sind:

1. *Computation Independent Model (CIM)*: Auf dieser Ebene wird ein System unabhängig von der Struktur sowie Verarbeitungsaspekten des Systems modelliert. Damit können vor allem Anforderungen und Informationen zur Anwendungsdomäne des Systems erfasst werden.

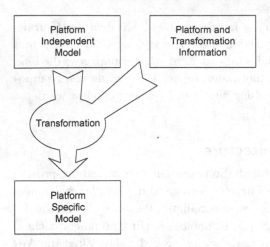

Abbildung 9.3. Muster zur Modelltransformation in MDA

2. *Platform Independent Model (PIM)*: Diese Ebene erfasst die formale Spezifikation und Funktionalität eines Systems, abstrahiert aber von den spezifischen Details von Plattformen.
3. *Platform Specific Model (PSM)*: Auf dieser Ebene werden der Systemspezifikation Details zur Realisierung des Systems auf einer spezifischen Plattform hinzugefügt.

MDA definiert ein Muster, nach dem ein plattformunabhängiges Modell eines Systems in dessen plattformspezifisches Modell transformiert werden kann. In die Transformation fließen weitere Informationen, beispielsweise über die Plattform in Form einer Plattform Spezifikation, mit ein, wie dies in Abbildung 9.3 dargestellt wird.

Die Transformationsregeln basieren auf Typinformationen der beiden Modelle (Model Type Mapping), plattformspezifischen Markierungen der Elemente des PIM sowie auf Elementen der Meta-Modelle von PIM und PSM. Das Ergebnis der Transformation ist ein plattformspezifisches Modell des durch das PIM beschriebenen Systems. Durch die Transformation wurden Informationen über die Beziehung des Systems zur Plattform hinzugefügt. Diese Beziehungen können mehr oder weniger detailliert beschrieben werden. Enthält das PSM alle Informationen zur Erzeugung und Ausführung des Systems innerhalb der Plattform, beschreibt das PSM eine Implementierung. Andernfalls kann das PSM erneut als PIM betrachtet und weiter verfeinert werden. Das MDA Muster zur Modelltransformation kann also mehrfach auf Modelle eines Systems angewendet werden.

Ziel des MDA Ansatzes ist also eine möglichst durchgängige Unterstützung des Softwareentwurfs durch Modelle. Diese liegen insbesondere in maschinenlesbarer Form vor und sollen eine Automatisierung von Teilaufgaben des Softwareentwurfs ermöglichen. Die Trennung der Systemspezifikation von Plattforminformationen ermöglicht insbesondere die plattformunabhängige Beschreibung von Softwaresystemen und damit eine leichte Portierbarkeit, Wiederverwendbarkeit sowie Interoperabilität der beschriebenen Systeme. Diese Eigenschaften tragen insbesondere der schnellen Entwicklung der Technologien Rechnung, von denen die Systemmodelle zum großen Teil unabhängig werden.

9.4 Aspektorientierte Programmierung

Die bisher vorgestellten Entwicklungskonzepte basierten auf der Zerlegung von Softwaresystemen in Objekte bzw. Komponenten. Diese stellen autonome Softwarebausteine dar, die Code und Daten für ein Teilproblem einkapseln und damit eine Modularisierung der Funktionalität ermöglichen.

Dieses Vorgehen lässt sich gut auf Problemstellungen anwenden, die sich in Teilprobleme zerlegen lassen, welche innerhalb eines Softwarebausteins gelöst werden können. Das Konzept stößt jedoch an seine Grenzen, wenn sich Problembereiche überschneiden bzw. nicht einem bestimmten Softwarebaustein zugeordnet werden können, sondern vielmehr verteilt auf verschiedene Objekte bzw. Komponenten realisiert werden müssen. Dies trifft beispielsweise auf Anweisungen zur Protokollierung des Programmablaufs (Logging), aber auch auf die meisten verteilungsspezifischen Aspekte zu. Diese werden gestreut in einer Vielzahl von Bausteinen einer verteilten Anwendung implementiert, wobei häufig ähnliche Anweisungen wiederholt werden. Beispiele dafür sind die Steuerung von Transaktionen und die Prüfung von Rechten für den Zugriff auf Funktionen über Methodenaufrufe.

Für diese sich überschneidenden Problembereiche, so genannte *Crosscutting Concerns*, bietet die *aspektorientierte Programmierung (Aspect-Oriented Programming, AOP)* einen Lösungsansatz. Das Grundprinzip wird in Abbildung 9.4 verdeutlicht. Sich überschneidende Problembereiche werden aus dem Gesamtsystem herausgetrennt, um diese separat beschreiben zu können. Zu den einzelnen Aspekten gehörende Anweisungen werden dann nicht mehr gestreut über die Anwendungslogik implementiert, wie dies auf der linken Seite der Abbildung 9.4 dargestellt wird, sondern können gebündelt festgelegt werden, wie dies die rechte Seite der Abbildung 9.4 zeigt. Diese separaten Beschreibungen werden dann durch ein als *Aspect Weaver* bezeichnetes Werkzeug an definierten Anknüpfungspunkten mit dem Code der Anwendungslogik, so genannten *Join Points*, zu einem Gesamtsystem „verwebt".

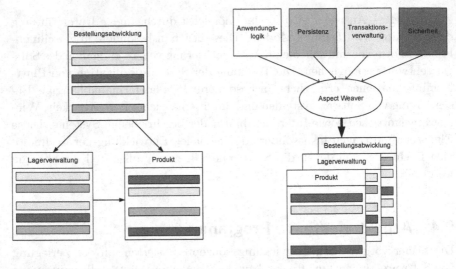

Abbildung 9.4. Grundprinzip der aspektorientierten Programmierung

Die Prinzipien der Aspektorientierung können für Verteilte Systeme nun prinzipiell auf verschiedenen Abstraktionsebenen angewendet werden, wobei derzeit vor allem für die Komponentenimplementierung Lösungen auf der Ebene der Programmiersprache zur Verfügung stehen. Ein wichtiger Vertreter dafür ist *AspectJ*, eine Integration aspektorientierter Konzepte in Java.

Die wesentlichen Elemente der aspektorientierten Programmierung sind die Beschreibung der Aspektlogik, der Punkte, an denen diese eingefügt werden soll, sowie der Webemechanismus zur Integration der Aspekte in das Gesamtsystem. Beispiel 9.3 zeigt diese Konzepte am Beispiel des Aspektes der Zugriffskontrolle auf der Basis von AspectJ. Aspekte werden dabei aus dem Code der Anwendungslogik in spezielle Klassen ausgelagert, die als `aspect` bezeichnet werden.

Auf diese Weise kann der Code für verschiedene Aspekte getrennt implementiert werden. In unserem Beispiel soll der Code zum Aspekt „Zugriffskontrolle" implementiert werden.

Um nun Aspektcode in die Anwendungslogik einzufügen, müssen zum einen die Punkte festgelegt werden, an dem dies erfolgen soll, zum anderen muss der entsprechende Code implementiert werden. Join Points repräsentieren dabei die logischen Punkte im Programmablauf, an denen Code eingefügt werden kann. Ein Join Point kann beispielsweise der Aufruf einer Methode in einer aufrufenden Klasse, der Eintritt in den Implementierungscode der Methode in der aufgerufenen Klasse oder der Zugriff auf ein bestimmtes Attribut einer Klasse sein.

In AspectJ werden Join Points in Form von so genannten *Point Cuts* zu einer Menge von Join Points zusammengefasst, an denen derselbe Aspektcode eingefügt werden soll. In Beispiel 9.3 werden zwei Point Cuts definiert. Der erste Point Cut fasst alle Ausführungen eines der Konstruktoren der Klasse Produkt zusammen, der zweite Point Cut definiert alle Aufrufe der Methoden liefereProduktBeschreibung() und liefereProduktDaten() als Einwebpunkte für Aspektcode.

Beispiel 9.3 Definition des Aspektes der Zugriffskontrolle

```
import java.security.AccessControlException;
import java.security.AccessController;

public aspect Zugriffskontrolle {

declare precedence: Zugriffskontrolle, Transaktionssteuerung, Logger;

pointcut alleProduktKonstruktoren(): execution(Produkt.new(..));

pointcut alleLeseZugriffe(): call(public String liefereProduktBeschreibung())  ||
    call(public byte[] liefereProduktDaten());

//Advise
Object around(): alleProduktKonstruktoren() {
  try {
      AccessController.checkPermission(new ProductAccessPermission("Anlegen"));
      return proceed();
      }
  catch (AccessControlException ace) {
      // Exception behandeln
      return null;
      }
  }

//Advise
Object around(): alleLeseZugriffe() {
  try {
      AccessController.checkPermission(new ProductAccessPermission("Lesen"));
      ...
  }
  ...
}
```

Der einzufügende Aspektcode wird dann in Form eines *Advise* definiert. Dabei wird festgelegt, ob der Code vor, nach oder alternativ für den Join Point eingefügt werden soll. Im Beispiel soll im ersten Advise alternativ für den Aufruf eines Konstruktors von Produkt die Prüfung der Zugriffsrechte für das Erzeugen neuer Produkte erfolgen. Dies wird mit dem Schlüsselwort `around` ausgedrückt. Mit `before` könnte der Aspektcode vor einem Join Point, mit `after` nach einem Join Point eingefügt werden. Danach wird der Code für den Aspekt in Java implementiert. Mit speziellen Anweisungen kann dabei auf Informationen über den Join Point zugegriffen werden. So kann etwa mit der Anweisung `thisJoinPointStaticPart.getSignature().getName()` der Name der im aktuellen Join Point aufgerufenen Methode ermittelt werden. Zur Implementierung der Zugriffskontrolle soll vor dem Ausführen eines Konstruktors der Klasse Produkt zunächst geprüft werden, ob die Berechtigung zum Erzeugen neuer Produkte beim Aufrufer vorliegt. Dies erfolgt mit dem Aufruf `checkPermission()`, wobei über den `AccessManager` das anwendungsdefinierte Zugriffsrecht `ProductAccessPermission(Änlegen")` geprüft wird. Entsprechend der Vorgehensweise bei der Verwendung des *Java Authentication and Authorization Service (JAAS)* müssen der Aufrufende zuvor authentisiert und die entsprechenden Zugriffsrechte für diesen definiert worden sein. War die Rechteprüfung erfolgreich, wird die Anweisung des Join Points, in unserem Fall der Konstruktor, mit `proceed()` ausgeführt, andernfalls wird kein neues Produkt angelegt. In ähnlicher Weise kann die Überprüfung der Zugriffsrechte für alle weiteren Produktoperationen umgesetzt werden. So wird etwa für alle Lesezugriffe die gleiche Anweisung eingefügt, wobei nun die Leserechte des Aufrufenden überprüft werden, wie dies im zweiten Advise gezeigt wird. Greifen mehrere Aspekte auf gleiche Join Points zu, kann die Reihenfolge für das Verweben der verschiedenen Aspekte durch die Anweisung `declare precedence` definiert werden. Im Beispiel wird so der Code zur Zugriffskontrolle vor dem Code zur Transaktionssteuerung und zum Logging eingefügt.

Darüber hinaus können mit AspectJ durch so genannte *Inter-type Declarations* auch Methoden und Attribute in vorhandene Klassen neu eingefügt bzw. verändert werden. Außerdem sind damit Änderungen der Vererbungsbeziehungen möglich, die dann vom Aspect Weaver zur Compilezeit vorgenommen werden.

Mit Hilfe der vorgestellten Konzepte in AspectJ kann Aspektcode von der Anwendungslogik getrennt implementiert werden. Dies vereinfacht sowohl die Implementierung als auch die Wartung von Softwaresystemen. Da verteilungsspezifische Aspekte wie Authentisierung und Autorisierung, Transaktionssteuerung und Persistenz in der Regel auch eine Implementierung über

Objekt- und Komponentengrenzen hinweg erfordern, kann bei der Entwicklung verteilter Anwendungen von Konzepten der aspektorientierten Programmierung profitiert werden. So könnten in unserem Beispiel neben der Zugriffkontrolle auch weitere Aspekte in der vorgestellten Form implementiert werden. Damit kann sich der Anwendungsentwickler auf die Implementierung der Anwendungslogik der verteilten Anwendung konzentrieren. Die auf diese Weise entwickelten Komponenten bzw. Objekte werden so leichter wiederverwendbar. Außerdem kann der Code für die verschiedenen Aspekte Verteilter Systeme leichter umgesetzt und verändert werden.

Weitere Ansätze zur aspektorientierten Programmierung sind beispielsweise *HyperJ* und *DemeterJ*, die wie AspectJ auf der Programmiersprache Java aufsetzen. Darüber hinaus werden Konzepte der Aspektorientierung etwa im *Spring-Framework* und in *JBoss AOP* unterstützt.

9.5 Zusammenfassung

9.5

Die vorgestellten weiterführenden Softwareentwicklungskonzepte sollen eine weitere Vereinfachung sowie eine höhere Effizienz der Entwicklung Verteilter Systeme ermöglichen. Hier bieten insbesondere die Ansätze zur Architekturbeschreibung und Konfigurationsprogrammierung eine höhere Flexibilität bei der Änderbarkeit von Systemen und eine erhöhte Wiederverwendbarkeit der Einzelkomponenten. Der Ansatz der Model Driven Architecture strebt eine höhere Integration der einzelnen Entwicklungsschritte mit einer durchgängigen Modellunterstützung an. Aspekte unterstützen schließlich eine Trennung von sich überschneidenden Problembereichen von der Anwendungslogik, was für Verteilte Systeme für Aspekte wie Transaktionssteuerung, Sicherheit und Persistenz von besonderer Bedeutung.

9.6 Übungsaufgaben

9.6

1. Diskutieren die kurz die die Vorteile einer expliziten Spezifikation von required-Schnittstellen von Komponenten!
2. Welche Vorteile hat die Trennung von Implementierungssprache und Konfigurationssprache?
3. Fügen Sie zum Beispiel 9.3 einen Aspekt zum Logging hinzu. Dieser soll vor der Ausführung aller Methoden und Konstruktoren der Klasse Produkt eine Textnachricht ausgeben, die den Namen der ausgeführten Methode enthält.

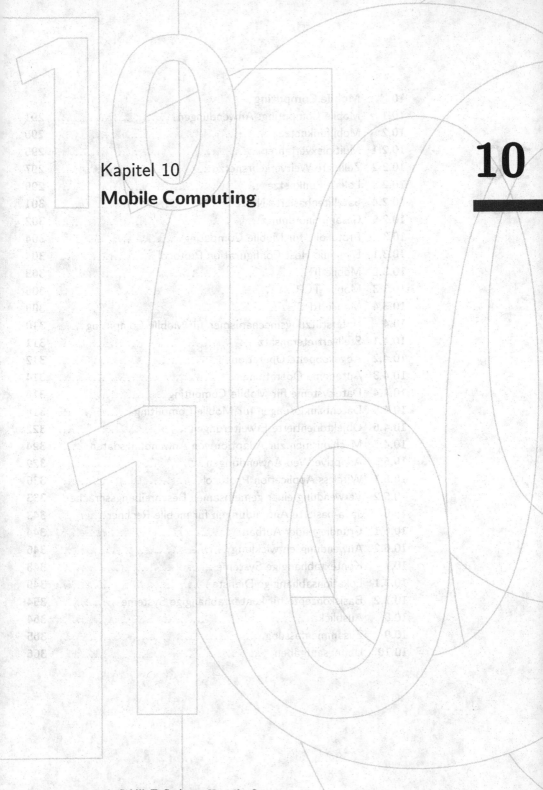

Kapitel 10

Mobile Computing

10

A. Schill, T. Springer, *Verteilte Systeme*,
DOI 10.1007/978-3-642-25796-4_10, © Springer-Verlag Berlin Heidelberg 2012

10

10 Mobile Computing

Mit der rapide gewachsenen Verbreitung zellularer Mobilfunknetze nach dem GSM-Standard und seinen Weiterentwicklungen, der Etablierung von UMTS-basierten Mobilfunknetzen, sowie der ebenfalls sprunghaft angestiegenen Verbreitung lokaler Funknetze gewinnen drahtlose Netzwerktechnologien als Kommunikationsbasis für Verteilte Systeme immer mehr an Bedeutung. Damit wird insbesondere die Grundlage zur Integration mobiler Endgeräte in bestehende Verteilte Systeme gelegt, die auf diese Weise zu *mobilen Verteilten Systemen* erweitert werden. Die so entstehende verteilte Verarbeitung unter Einbeziehung mobiler Teilnehmer wird als *Mobile Computing* bezeichnet, das einen Zugriff auf Informationen, Dienste und Anwendungen an jedem Ort und zu jeder Zeit zum Ziel hat. Dabei entsteht die Anforderung, existierende Anwendungen an die recht unterschiedlichen Belange mobiler Umgebungen anzupassen bzw. zu erweitern, und teilweise werden auch völlig neue Anwendungsfelder wie etwa *lokationsabhängige Dienste* erschlossen.

Das vorliegende Kapitel gibt zunächst eine Motivation für Mobile Computing an Hand unseres Anwendungsbeispiels und vermittelt dann einen Überblick über die wichtigsten Mobilfunknetze als Basis für Kommunikation in mobilen Verteilten Systemen. Darauf aufbauend werden neue Kommunikationsprotokolle für Mobile Computing wie etwa Mobile IP und TCP oder WAP vorgestellt. Aufgrund der sehr unterschiedlichen Kommunikationseigenschaften der Netze und der Endgeräte in Mobile-Computing-Szenarien sind verschiedenste Adaptionsverfahren für Daten und Anwendungen erforderlich, die anschließend diskutiert werden. Ferner ist die Abkopplung mobiler Teilnehmer von der Netzinfrastruktur mit späterer Wiederankopplung oft auch eher der Normalfall als die Ausnahme und wird daher vor allem hinsichtlich der Datenzugriffe speziell behandelt. Ferner wird auch auf lokationsabhängige Dienste vertieft eingegangen. Ein Ausblick auf zukünftige Entwicklungen, insbesondere auf Ubiquitous und Pervasive Computing runden das Kapitel ab.

10.1 Mobile Computing: Anwendungen

Mobile Computing eröffnet neue Perspektiven für viele Anwendungsfelder. Wie in Abbildung 10.1 dargestellt, lässt sich die mobile Verarbeitung etwa in unserer Referenzapplikation gut ausnutzen: Ein Kundenberater besucht gezielt Stammkunden aus dem geschäftlichen Bereich. Er berät sie vor Ort und erfasst dann relevante Kundendaten und Bestellungen direkt mit Hilfe eines Notebook oder PDA. Gleichzeitig kann er aktuelle Produktangebote unter Nutzung mobiler Endgeräte vor Ort vorstellen.

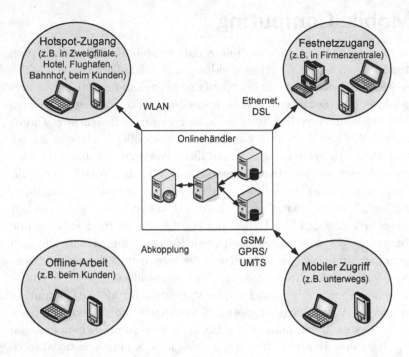

Abbildung 10.1. Erweitertes Beispielszenario

In einfachen Szenarien ist dabei eine Arbeit im Offline-Modus möglich. Da-zu werden Produktangebote vorab in der Firmenzentrale von Servern über Festnetz in einen Cache geladen. Nach dem Kundenbesuch werden die neu erfassten Daten in einer separaten Phase wieder ins Firmennetz eingespielt und weiterverarbeitet. Eine solche verteilte Verarbeitung an wechselnden Ein-satzorten und eventuell mit wechselnden (Fest-)Netz-Zugangspunkten fällt bereits unter die Kategorie des Mobile Computing. Um jedoch auch Infor-mationen direkt bei Bedarf laden und aktualisieren zu können und um Kun-denabschlüsse direkt zu überprüfen und zu bestätigen, ist Konnektivität zum Firmennetz auch während der Arbeit vor Ort bzw. eventuell auch auf dem Weg zum Kunden notwendig. Hierfür eignen sich verschiedenste Netztechno-logien, die im nächsten Abschnitt vertieft werden.

Die gezeigte Anwendung ist am ehesten dem Business-to-Business-Bereich unter besonderer Akzentuierung des Außendienstes zuzuordnen. Aber auch im direkten Business-to-Consumer-Umfeld finden sich viele Einsatzfelder des Mobile Computing. Genannt seien etwa Mobile Banking mit Banktransaktio-nen, die vom Mobiltelefon aus initiiert werden, mobiles Check-in bei Flugge-sellschaften oder auch die mobile Fahrplanauskunft sowie der mobile Zugriff auf E-Mail-Nachrichten. Speziellere Anwendungen des Mobile Computing finden sich etwa beim mobilen Zugriff auf Patientendaten bei einer ärztlichen Visite im Krankenhaus, bei der Erfassung von Wartungsdaten für Fahrzeug- oder Bahnwartung, bei der Erhebung von Umweltdaten, in der Verkehrstelematik bei Navigationssystemen sowie zur Optimierung des Verkehrsflusses insgesamt und in vielen anderen Bereichen.

Zur Umsetzung dieser Anwendungsszenarien erfordert aber aufgrund der speziellen Eigenschaften von Mobile-Computing-Infrastrukturen neue und erweiterte Konzepte. So stehen mit der Integration drahtloser Technologien in bestehende Netzwerkinfrastrukturen *heterogene Kommunikationstechnologien* zur Verfügung, deren Qualität hinsichtlich Datenrate, Verzögerung, Jitter, Zuverlässigkeit, Fehlertoleranz und Kosten erheblich schwankt. Dies betrifft vor allem die Zugangsnetze und damit die so genannte „letzte Meile", d. h. den letzten Teil der Verbindung zwischen Netzwerkinfrastruktur und Endgerät. Zeitweilige Verbindungsunterbrechungen treten beim Einsatz mobiler Datenkommunikation um ein Vielfaches häufiger auf als bei der Nutzung einer reinen Festnetzinfrastruktur. Datenverluste, verbunden mit der Notwendigkeit einer erneuten vollständigen Übertragung, sind häufig die Folge. Außerdem bestehen aufgrund der Mobilität (z. B. zur Einsparung von Energie, zur Reduzierung von Kommunikationskosten bzw. durch Nichtverfügbarkeit einer Verbindung) häufig Phasen der Abkopplung vom Netzwerk.

In Ähnlicher Weise steigt die *Vielfalt der verwendeten Endgeräte*. Tragbare und stationäre Rechner unterscheiden sich erheblich hinsichtlich ihrer Hard- und Softwareausstattung. Tragbare Rechner verfügen in der Regel aufgrund von Begrenzungen ihrer Größe sowie der verfügbaren Energie über geringere Ressourcen als stationäre Rechner. Dies umfasst zum einen Eigenschaften wie Rechenleistung, Speicherkapazität sowie Ein- und Ausgabegeräte, zum anderen Kriterien wie Betriebssystem, Browser, unterstützte multimediale Formate und die Funktionalität von Anwendungen. Dem gegenüber sind tragbare Rechner zum Teil mit erweiterten oder speziellen Ressourcen ausgestattet, z. B. mit der Eingabemöglichkeit per Stift bei PDAs, die gegenwärtig auch für die Geräteklasse der Notebooks in Form von Tablet-PCs verfügbar wird. Aus der Integration tragbarer, spezifischer Endgeräte und drahtloser Netzwerke in bestehende Infrastrukturen resultiert auch eine steigende Zahl von eingesetzten Geräten und Benutzern. Dadurch gewinnen zum einen die *Benutzerwünsche* an Vielfalt, zum anderen erhöht sich auch die Menge möglicher *Anwendungssituationen*. Der Einsatz mobiler Technologien bewirkt außerdem *dynamische Veränderungen* in der bisher statischen Topologie des Internets. Geräte, Verbindungen und Ressourcen können jederzeit hinzugefügt bzw. entfernt werden. Die Zahl der verwendeten Geräte und Benutzer schwankt dabei erheblich zwischen Zeiten intensiver und geringerer Dienstnutzung. So können Benutzer auch während einer Anwendungssitzung ihre Ein- und Ausgabemethode, die Netzwerktechnologie oder das Endgerät wechseln. Außerdem kann ein Benutzer auch mehrere Endgeräte zur gleichen Zeit einsetzen, etwa um mit einem PDA per Stift Daten einzugeben und gleichzeitig Ausgaben an einem großen Bildschirm anzusehen. Aus der Sicht der mobilen Teilnehmer variiert als Folge der Mobilität außerdem das Dienst- und Ressourcenangebot. Damit wird eine dynamische Verwaltung von Topologieinformationen, Systemressourcen und Diensten notwendig.

Um die Potentiale der eingesetzten Technologien und der Anwendungsfelder des Mobile Computing voll ausschöpfen zu können, ist eine Umfassende Unterstützung der Heterogenität und Dynamik von Infrastrukturen mit Mobilitätsunterstützung notwendig. Heterogene Kommunikationstechnologien erfordern eine Unterstützung sowohl hinsichtlich der zu übertragenden Datenmenge als auch der Technologien zur Datenübertragung und -verteilung. Vor allem müssen die individuellen Merkmale der Netzwerke berücksichtigt werden. In vielen Fällen ist damit der Einsatz angepasster bzw. spezieller Kommunikationsprotokolle für den mobilen Fall sinnvoll. Außerdem sollten Anwendungen die speziellen Eigenschaften mobiler Endgeräte und mobiler Kommunikationsnetze berücksichtigen. Annahmen über die Verfügbarkeit bestimmter Ressourcen und Dienste treffen in der Regel nicht mehr zu, vielmehr müssen Systeme und Anwendungen in der Lage sein, zur Laufzeit auf Änderungen der Ausführungsumgebung zu reagieren. Neben den technischen Eigenschaften müssen dabei auch individuelle Benutzerwünsche, der spezielle Benutzungskontext, insbesondere die jeweilige Anwendungssituation (z. B. Ort, Zeit, Aktivität des Benutzers, Rolle, usw.), mit einbezogen werden. Schließlich sollten gezielte Vorkehrungen für die Verarbeitung im abgekoppelten Fall mit anschließender Wiederankopplung getroffen werden.

Im vorliegenden Kapitel sollen die wesentlichen Lösungskonzepte für die Umsetzung mobiler Verteilter Systeme diskutiert werden. Die genannten Problemstellungen müssen dabei durchgängig auf allen Systemebenen berücksichtigt werden. Als Grundlage der nachfolgenden Betrachtungen wird nachfolgend zunächst ein kurzer Überblick über die wichtigsten Netztechnologien im mobilen Bereich gegeben. Anschließend werden Problemstellungen auf Protokollebene diskutiert und entsprechende Lösungsansätze beschrieben. Darauf aufbauend werden dann die wesentlichen Unterstützungsmechanismen für die Realisierung von Anwendungen mit Mobilitätsunterstützung betrachtet. Dabei spielen die Unterstützung von Abkopplungen sowie einer schwankenden Verbindungsqualität in Dateisystemen, bei Datenbankzugriffen sowie allgemein bei der Entwicklung von Anwendungen eine wesentliche Rolle. Anschließend werden Lösungskonzepte für den Zugriff auf Web-basierte Anwendung mit mobilen Geräten erläutert. Dabei stehen Ansätze zur Umsetzung eines geräteunabhängigen Zugriffs auf Web-Anwendungen im Mittelpunkt.

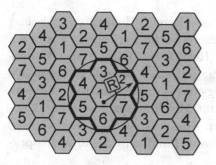

7er-Zellen-Cluster
(Wiederholmuster gleicher
Funk-Kanäle)

Abbildung 10.2. Zellulares Mobilfunknetz

Eine Betrachtung der Java Micro Edition sowie der wesentlichen Ideen kontextabhängiger und insbesondere lokationsabhängiger Dienste runden die Betrachtungen ab.

10.2 Mobilfunknetze

Mobilfunknetze haben eine lange Tradition. So gab es bereits vor mehr als hundert Jahren die ersten Versuche mit der analogen mobilen Signalübertragung, die dann Schritt für Schritt zur ersten Generation der Mobilfunknetze führte. Ein wirklicher Durchbruch der Mobilfunktechnologie, gerade auch im privaten Bereich, gelang aber erst mit der Einführung leistungsfähiger und gleichzeitig relativ preiswert nutzbarer digitaler Mobilfunknetze der so genannten zweiten Generation. Dabei wird sowohl die Vermittlung von Kommunikationsvorgängen als auch die Signalübertragung digital realisiert, was kurze Signalisierungszeiten im Bereich weniger Millisekunden und eine relativ gute Übertragungsqualität ermöglicht. In jüngster Zeit gewannen dabei neben der mobilen Sprachkommunikation vor allem auch die mobilen Datenübertragungsdienste große Bedeutung. Während Mobilfunknetze der zweiten Generation vorrangig für Dienste zur Sprachkommunikation konzipiert wurden, integrieren Mobilfunknetze der dritten Generation Sprach- und Datenübertragungsdienste und bieten für letztere wesentlich höhere Übertragungsraten an.

10.2.1 Multiplexverfahren

Anders als in kabelgebundenen Festnetzen sind elektromagnetische Signale in Funknetzen nicht gegeneinander abgeschirmt und überlagern sich damit. Frequenzbereiche werden also an einem Ort stets gemeinsam genutzt, wodurch für verschiedene Technologien unterschiedliche Frequenzbereiche benötigt werden. Ein Ausweichen auf höhere Frequenzen ist nur begrenzt möglich, da sehr hohe Frequenzen im mehrstelligen Gigahertz-Bereich Hindernisse schlechter durchdringen können und damit eine Sichtverbindung erfordern, was in der Regel zu einer starken Begrenzung der Reichweiten führt. Daher konzentrieren sich die meisten heutigen Ansätze auf einen Bereich von etwa 300 MHz bis ca. 5 GHz, wobei aber keineswegs das gesamte Spektrum in diesem Bereich frei verfügbar ist. Damit ist die für Mobilfunknetze nutzbare Bandbreite grundsätzlich sehr stark beschränkt. Eine zentrale Herausforderung ist deshalb die effiziente Nutzung der verfügbaren Bandbreite des Frequenzspektrums.

Grundidee ist es daher, das verfügbare begrenzte Frequenzspektrum gezielt mehrfach zu nutzen, indem Multiplexverfahren zum Einsatz kommen. Das *Raummultiplexverfahren* (Space Division Multiple Access, SDMA) teilt einen Versorgungsbereich eines Netzes in viele unabhängige Zellen (räumliche Bereiche) auf. Jede Zelle wird durch eine Sendeeinrichtung mit Ankoppelelektronik und Antenneninfrastruktur realisiert. Wenn zwei Zellen weit genug voneinander entfernt sind, um Interferenzen auszuschließen, kann die gleiche Frequenz wieder verwendet werden. Abbildung 10.2 zeigt dies am Beispiel eines 7er-Zellenclusters mit sieben verschiedenen Frequenzbereichen, die den einzelnen Zelltypen zugewiesen werden.

Das *Frequenzmultiplexverfahren* (Frequency Division Multiple Access, FDMA) ermöglicht mehrere logische Übertragungskanäle innerhalb eines bestimmten Frequenzspektrums, indem der zur Verfügung stehende Frequenzbereich in Bänder unterteilt und jedem Kanal eines dieser Bänder zugewiesen wird (siehe Abbildung 10.3, links). Das *Zeitmultiplexverfahren* (Time Division Multiple Access, TDMA) untergliedert die Sendezeit in feste Zeitabschnitte, so genannte Zeitschlitze oder Slots, wobei in jedem Zeitschlitz der gesamte Frequenzbereich zum Senden genutzt werden kann. Jedem logischen Kanal werden dann Zeitschlitze zugeteilt (siehe Abbildung 10.3, Mitte). Bei den moderneren *Codemultiplexverfahren* (Code Division Multiple Access, CDMA) werden schließlich unterschiedliche Kodierungen für die einzelnen logischen Kanäle verwendet, wobei die Kodierungen so gewählt werden, dass eine einwandfreie Dekodierung von Signalen möglich ist, auch wenn diese zur gleichen Zeit im gleichen Frequenzbereich versendet wurden (siehe Abbildung 10.3, rechts). Eine Analogie dazu ist das führen mehrerer Gespräche im gleichen Raum. Sprechen alle Personen die gleiche Sprache, überlagern sich die Stimmen der Sprecher sehr schnell und die Gespräche werden für die Zuhörer unverständlich. Werden die Gespräche jedoch alle in verschiedenen Sprachen geführt, ist es für die Zuhörer einfacher, dem Gespräch in ihrer Muttersprache zu folgen.

Aktuelle Mobilfunknetze verwenden meist eine Kombination von Raum-, Frequenz- und Zeitmultiplexverfahren sowie teilweise auch das Codemulti-

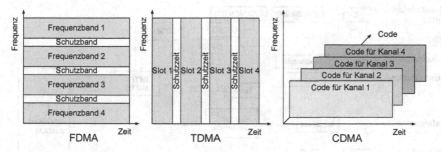

Abbildung 10.3. Multiplexverfahren im Überblick

plex. Grundsätzlich lassen sich die Netze gliedern in zellulare Weitverkehrsnetze und zellulare lokale Funknetze. Eine speziellere Kategorie bilden die satellitenbasierten Mobilfunknetze. Abbildung 10.4 stellt die wichtigsten Vertreter dieser Kategorien und ihre Entwicklung im Überblick dar.

10.2.2 Zellulare Weitverkehrsnetze

Der zentrale Standard für die mobile Weitverkehrskommunikation ist das *Global System for Mobile Communication (GSM)*, in dem die Vermittlungs- und Übertragungsverfahren für dieses System festgelegt werden. Für die mobile Datenkommunikation bietet es Kanäle mit einer Bruttodatenrate von 9600 Bit/s an, also im Vergleich zu Festnetzen eine recht geringe Übertragungsleistung. Dabei wird eine Kombination von Raum-, Frequenz- und Zeitmultiplex eingesetzt. Mittels eines speziellen Lokalisierungsverfahrens ist ein GSM-Endgerät weltweit rufbar, sofern es sich im Versorgungsbereich eines GSM-Mobilfunkbetreibers befindet und dort zur Kommunikation zugelassen ist. Die Übertragung ist stets leitungsvermittelt, eine GSM-Verbindung muss also für die gesamte Dauer der Datenübertragung aufrecht erhalten bleiben. Dies ist aus Sicht des Benutzers ungünstig, falls nur sporadisch Daten übertragen werden, wie etwa beim Browsing im World Wide Web. Aus Sicht des Netzbetreibers wird dadurch die Kanalkapazität meist nicht optimal genutzt, das Verfahren hat also mehrere Nachteile.

Um die Leistung der GSM-Datendienste zu verbessern, wurden mehrere Erweiterungen entwickelt. Bei *High Speed Circuit Switched Data (HSCSD)* können mehrere logische Kanäle des Zeitmultiplexverfahrens miteinander gebündelt werden, um einem Benutzer eine höhere Datenrate zur Verfügung zu stellen. In Kombination mit einer verbesserten Kanalkodierung werden dabei Datenraten bis zu ca. 54 kBit/s erreicht. Die Übertragung ist aber noch immer leitungsvermittelt mit den oben genannten Nachteilen.

Beim *General Packet Radio Service (GPRS)* wird dagegen wie auch im Internet eine paketorientierte Übertragung realisiert. Die erreichten Datenraten

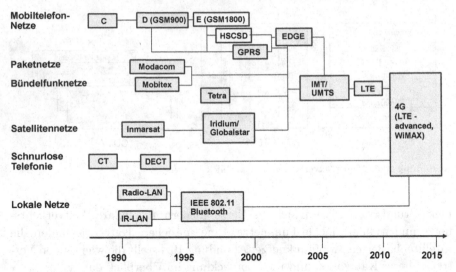

Abbildung 10.4. Entwicklung der Mobilfunknetze

sind vergleichbar mit HSCSD, ein Kanal wird jetzt aber nur noch während der tatsächlichen Übertragung von Daten belegt, und für den Benutzer kann die Abrechnung nach Übertragungsvolumen erfolgen, was je nach Szenario ein faireres Verfahren darstellen kann.

Eine vergleichbare Entwicklung stellt das Verfahren *Enhanced Data Rates for GSM Evolution (EDGE)* dar. EDGE verbessert ebenfalls GSM-Dienste, anders als bei HSCSD und GPRS wird aber ein effizienteres Modulationsverfahren und keine Kanalbündelung eingesetzt, um die Datenrate zu erhöhen. Damit kann EDGE in Kombination mit HSCSD oder GPRS eingesetzt werden.

Darauf aufbauend erfolgte die Realisierung von Mobilfunknetzen der dritten Generation, vertreten vor allem durch das *Universal Mobile Telecommunication System (UMTS)*. 3G-Netze bieten durch spezielle Kodierungstechniken (u. a. Codemultiplex) und Netzstrukturen (u. a. sehr kleine Zellgrößen) deutlich höhere Datenraten und unterstützen die Integration zahlreicher Dienste wie etwa die schnurlose Telefonie nach dem Verfahren *Digital Enhanced Cordless Telephony (DECT)*. Je nach Zellgröße und Bewegungsgeschwindigkeit des Benutzers werden dabei Datenraten zwischen 144 kBit/s und 2 MBit/s erreicht, wobei die tatsächlichen Werte je nach Netztopologie häufig auch niedriger liegen können. Mit technologischen Erweiterungen, die unter dem Begriff *High-speed Packet Access (HSPA)* zusammengefasst werden, sind sogar Datenraten von bis zu 14,4 MBit/s erreichbar.

Eine weitere Kategorie von Mobilfunknetzen für den Weitverkehrsbereich, die in den UMTS-Rahmen mit einfließen, sind die Bündelfunknetze. Sie dienen insbesondere zur gleichzeitigen Multicast-Kommunikation mit vielen Teilnehmern, wie es etwa beim Flottenmanagement eines Taxiunternehmens oder eines Rettungsdienstes erforderlich ist. Ältere Dienste wie *Modacom*, ein paketvermittelnder Datenfunkdienst, wurden mittlerweile durch neuere Standards wie *TETRA (Terrestrial Trunked Radio)* abgelöst.

Schließlich repräsentiert die Technologie *Long Term Evolution (LTE)* die vierte Generation von Mobilfunknetzen. LTE bietet im Vergleich zu UMTS eine weitere Verbesserung der verfügbaren Datenrate. Durch den Einsatz verbesserter Multiplextechnologien sind mit LTE Datenraten bis 100 MBit/s, in Kombination mit optimierten Antennentechnologien sogar bis zu 300 MBit/s möglich. Darüber hinaus bietet LTE Latenzzeiten unter 5 ms und eine verbesserte Mobilitätsunterstützung für Geschwindigkeiten über 15 km/h bis zu 500 km/h. LTE kann flexibel auf verschiedenen Funkfrequenzen eingesetzt werden, etwa in den durch die Digitalisierung des Rundfunks frei gewordenen Frequenzbereichen. Die Infrastruktur befindet sich derzeit im Aufbau.

❯ 10.2.3 Lokale Funknetze

Die Kategorie der lokalen Funknetze oder Wireless Local Area Networks (WLAN) unterscheidet sich vor allem durch den Grad der Abdeckung und durch die angebotenen Datenraten von den zellularen Weitverkehrsnetzen. So werden in der Regel Funkzellen mit nur ca. 100 m Reichweite realisiert. Zwischen den einzelnen Funkzellen ist ein Übergang während eines Kommunikationsvorgangs meist nur eingeschränkt möglich. Dafür werden aber Datenraten von ca. 11 Mbit/s bis ca. 54 Mbit/s brutto erreicht, was also mehrere Größenordnungen über der aktuellen Übertragungsleistung zellularer Weitverkehrsnetze liegt.

Die Grundstruktur eines lokalen Funknetzes mit mehreren Netzsegmenten ist in Abbildung 10.5 dargestellt. Jedes Netzsegment, das eine Funkzelle darstellt, wird durch einen so genannten *Access Point* bedient. Die einzelnen Access Points werden mittels traditioneller lokaler Netze wie Ethernet miteinander verbunden und hierüber gegebenenfalls auch übergreifend an das Internet angekoppelt. Inzwischen existieren auch zahlreiche Kombinationsgeräte, die etwa einen Internet-Zugang über ISDN oder ADSL mit einem Zugangsrouter und einem Access Point integrieren.

Der einschlägige Standard für lokale Funknetze ist der Standard IEEE 802.11 mit dem Teilstandard 802.11b (11 Mbit/s) und seinen Weiterentwicklungen 802.11a sowie 802.11g (jeweils 54 Mbit/s). Gerade dem Teilstandard 802.11g kommt dabei große Bedeutung zu, da er bezüglich des verwendeten Frequenzspektrums kompatibel zu 802.11b ist und eine einfachere schrittweise Migration erlaubt. Die verfügbare Datenrate lokaler Funknetze wurde mit der Etablierung des Teilstandards 802.11n weiter ausgebaut. Mit diesem sind bereits

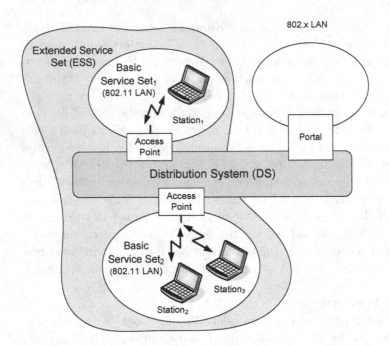

Abbildung 10.5. Grundstrucktur lokaler Funknetze am Beispiel von IEEE 802.11

bis zu 300 Mbit/s erreichbar. Der Teilstandard 802.11ac wird hier eine weitere Erhöhung auf bis zu 1 GBit/s ermöglichen.

Weitere Teilstandards unterstützen etwa die Sicherheit in lokalen Funknetzen durch Authentisierung, Autorisierung und Verschlüsselung (802.11i) oder auch die Bereitstellung einer bestimmten Dienstqualität (802.11e). Funknetze des Standards IEEE 802.11 werden heute vor allem für drahtlose Kommunikationsinfrastrukturen in Gebäuden sowie zum Aufbau so genannter Hotspots genutzt, d. h. für Netzzugänge über einen oder mehrere Access Points für bestimmte öffentliche Bereiche wie Flughäfen, Bahnhöfe, Hotels oder auch öffentliche Plätze. Andere Ansätze im Umfeld der lokalen Funknetze sind etwa *HiperLAN* oder *HomeRadioFrequency (HomeRF)*, die jedoch nur wenig praktische Bedeutung erlangen konnten und mittlerweile kaum aktiv weiterverfolgt werden.

Speziell für den Nahbereich zur drahtlosen Vernetzung von Peripheriegeräten oder auch zur Ad-hoc-Vernetzung mobiler Endgeräte ist schließlich noch *Bluetooth* zu nennen, das unter IEEE 802.15 standardisiert wurde. Die Reichweite liegt dabei in der Regel bei weniger als 10 m, und typische Anwendungen sind etwa die drahtlose Anbindung eines Druckers an ein Notebook, die Integration drahtloser Headsets mit Mobiltelefonen oder der Ersatz traditioneller

Infrarot-Fernsteuerungen. Dieser Standard steht damit nicht in direkter Konkurrenz zu IEEE 802.11, sondern stellt eher eine Ergänzung für die drahtlose Integration verschiedenster Geräte im Nahbereich dar, weshalb Bluetooth auch in die Kategorie *Personal Area Network (PAN)* eingeordnet wird.

WiMAX (Worldwide Interoperability for Microwave Access), spezifiziert im Standard IEEE 802.16, verspricht dagegen eine höhere Reichweite als IEEE 802.11, höhere Datenraten sowie mehr Teilnehmer pro Access Point. Dies soll durch die Verwendung höherer Funkfrequenzen im 3 - 5 GHz Bereich, verbesserte Übertragungsverfahren und sektorisierte Antennen erreicht werden. Aufgrund der mit heutigen DSL-Zugängen vergleichbaren Datenraten (1 MBit/s für IEEE 802.16a), wird mit WiMAX auch ein Einsatz als drahtlose Alternative zu DSL angestrebt. Allerdings zeigt sich in bisherigen Umsetzungen, dass durch die Verwendung hoher Frequenzen nahezu Sichtverbindungen bestehen müssen und bei weitem nicht die angestrebten Teilnehmerzahlen pro Access Point erreicht werden. Es bleibt deshalb abzuwarten, ob und in welcher Form sich WiMAX etablieren kann.

❯ 10.2.4 Satellitenbasierte Netze

Im Bereich der satellitenbasierten Datennetze unterscheidet man grundsätzlich je nach Abstand der Satelliten zur Erde zwischen *geostationären Satelliten (GEO)*, *Low-Earth-Orbit Satelliten (LEO)* und teilweise noch *Medium-Earth-Orbit Satelliten (MEO)*. Einen Überblick über Klassen von Satellitensystemen enthält Abbildung 10.6.

Geostationäre Satelliten bewegen sich synchron mit der Erde, haben also eine Umlaufdauer von genau 24 Stunden. Dazu sind sie in einer Entfernung von ca. 36.000 km von der Erde zu positionieren. Dies führt allerdings zu recht hohen Signallaufzeiten von ca. 300 ms für die bidirektionale Kommunikation und macht recht hohe Sendeleistungen der Endgeräte erforderlich. Daher sind diese Systeme nicht für Telefoniedienste oder die individuelle Datenkommunikation geeignet, sondern beispielsweise eher für die einfache asynchrone Datenübertragung oder die Übertragung von Fernsehprogrammen; ein Vertreter ist *Inmarsat*. LEO-Systeme sind dagegen in einem Abstand von ca. 500-1500 km zur Erde angesiedelt und für individuelle Daten- und Telefoniedienste geeignet. Allerdings sind diese Systeme recht aufwändig, da sie aufgrund der erdnahen Umlaufbahn sehr viele Satelliten erfordern, typischerweise zwischen 50 und 100. Beispiele für LEO-Systeme sind *Orbcomm* und *Globalstar*. MEO-Systeme stellen einen Kompromiss beider Kategorien dar und operieren in einem Abstand von ca. 6000-12000 km zur Erde; ein Beispielsystem ist *ICO*. Insgesamt sind satellitenbasierte Systeme durch recht hohe Kosten für Betreiber und Nutzer einerseits sowie durch recht geringe Datenraten im Bereich von 2,4 bis 64 kBit/s für individuelle Kanäle andererseits gekennzeichnet.

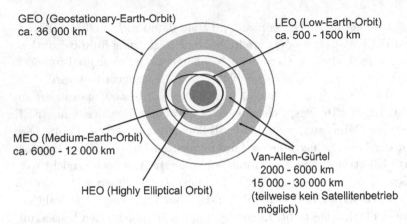

Abbildung 10.6. Klassen von Satellitensystemen

Dafür sind sie allerdings in der Lage, sehr große Versorgungsbereiche bis hin zu einer fast weltweiten Versorgung abzudecken. Dies kann in Nischenbereichen wie etwa der Seefahrt oder in sehr abgelegenen Gebieten wichtig sein, für Standardanwendungen dominieren aber herkömmliche terrestrische zellulare Netze.

Eine besondere Rolle nehmen satellitenbasierte Navigatonssysteme ein. Hierfür werden meist MEO- oder GEO-Systeme eingesetzt; der bekannteste Ansatz ist das *Global Positioning System (GPS)*, ein in den USA zunächst für militärische Zwecke entwickeltes und mittlerweile auch für den zivilen Bereich uneingeschränkt verfügbares System. Auf diese Systeme wird im Zusammenhang mit ortsabhängigen Diensten in Abschnitt 10.7.1 näher eingegangen.

❿ 10.2.5 Gesamteinordnung

Abbildung 10.7 stellt die verschiedenen angesprochenen Technologien im Vergleich hinsichtlich ihrer angebotenen Datenraten und ihres Versorgungsgebiets dar. Es wird deutlich, dass nicht alle Anwendungsbereiche durch eine der Technologien abgedeckt werden können, sondern dass meist eine Kombination unterschiedlicher Ansätze sinnvoll ist. So bieten lokale Funknetze relativ hohe Datenraten, ermöglichen aber keine Versorgung in der Fläche, sondern nur in sehr eng umgrenzten Einzugsbereichen. Es wird zwar an Weiterentwicklungen wie WiMAX gearbeitet, die noch höhere Datenraten, ein flexibleres Handover zwischen Funkzellen und sogar ein Roaming zwischen Netzbetreibern ermöglichen sollen, zahlreiche Probleme werden aber verbleiben. Die GSM-Netze und insbesondere UMTS decken dagegen einen weiten Versorgungsbereich ab, reichen aber mit ihren Datenraten bei weitem nicht an die lokalen Funknetze heran. Dass spezielle Ansätze wie Bluetooth für den Nahbereich, die drahtlose Telefonie für den Heimbereich, die satellitenbasier-

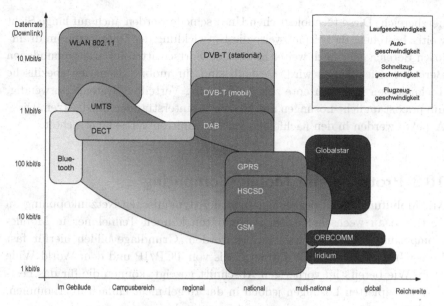

Abbildung 10.7. Vergleich der Mobilfunktechnologien

ten Netze für die globale Kommunikation oder spezielle Mobilfunklösungen für Broadcast-Dienste nur jeweils Nischensegmente abdecken, wird ebenfalls ersichtlich.

Insbesondere UMTS und die lokalen Funknetze nach IEEE 802.11 werden häufig als direkte Konkurrenz zueinander eingestuft. Dies mag für das lokale und teilweise auch das urbane Umfeld in der Tat zutreffen, global betrachtet können sich beide Technologien aber auch durchaus sinnvoll ergänzen. Eine Integration dieser Technologien in ein IP-basiertes Kernnetzwerk mit Unterstützung nahtloser Übergänge durch Roaming und Handover innerhalb und zwischen heterogenen Netztechnologien wird deshalb in Systemen der vierten Generation angestrebt. Für Anwendungen soll dann möglichst transparent das jeweils geeignete und verfügbare Zugangsnetz gewählt werden können.

Für Verteilte Systeme sind also heute zahlreiche drahtlose Kommunikationsmöglichkeiten und damit eine Unterstützung mobiler Szenarien gegeben. Ein Blick auf drahtgebundene Technologien – hier sind beispielsweise 1 bzw. 10 GBit/s in lokalen Netzen und Datenraten im Megabitbereich für Weitverkehrsnetze verfügbar – zeigt jedoch, dass weiterhin große Unterschiede zwischen drahtgebundenen und drahtlosen Netzwerktechnologien bestehen. Um Größenordnungen geringere Datenraten, höhere Fehlerraten, häufige Verbindungsunterbrechungen und Phasen der Abkopplung verhindern eine einfache Umsetzung Verteilter Systeme durch traditionelle Ansätze aus dem Festnetzbereich. Diese technologischen Unterschiede werden auch auf lange Sicht weiter bestehen, da beispielsweise die Entwicklung der Datenraten im drahtlosen Bereich eher noch weiter hinter den Fortschritten im drahtgebundenen Bereich zurückbleiben wird. Deshalb sind für mobile Szenarien spezifische Technologien und Konzepte zur Realisierung Verteilter Systeme notwendig, um praxistaugliche Lösungen mit Mobilitätsunterstützung umzusetzen. Diese Aspekte werden in den nachfolgenden Abschnitten vertieft betrachtet.

10.3 Protokolle für Mobile Computing

Mit Mobilfunknetzen beziehungsweise der dynamischen Netzankopplung an Festnetze an wechselnden Zugangspunkten können Teilnehmer in Mobile-Computing-Anwendungen integriert werden. Grundlage bilden hierfür fast immer Internet-Protokolle auf der Basis von TCP/IP und dem World Wide Web. Wie bereits im vorherigen Abschnitt gezeigt, können die für das Festnetz konzipierten Lösungen jedoch in der Regel nicht einfach übernommen, sondern müssen angepasst bzw. erweitert werden.

❿ 10.3.1 Dynamic Host Configuration Protocol

Das *Internet Protocol (IP)* dient zur globalen Vermittlung von Übertragungspaketen. Teilnehmer werden dabei über ihre IP-Adresse identifiziert. Ein erstes Problem tritt nun auf, wenn portable bzw. mobile Rechner in wechselnde lokale Netzwerke auf IP-Basis integriert werden sollen. In jedem neuen Netz müsste die Konfiguration des Netzwerkes, beispielsweise die IP-Adressen des Rechners, Standard-Routers und DNS-Servers, die Subnetzmaske sowie weitere optionale Parameter wie die IP-Adressen von E-Mail- und Web-Servern, angepasst werden.

Das *Dynamic Host Configuration Protocol (DHCP)* unterstützt eine automatische Konfiguration der Netzwerkparameter und bietet dafür die drei Varianten manuell, automatisch und dynamisch an. In der *manuellen Variante* wird vom Systemadministrator eine IP-Adresse einer *MAC-Adresse (Medium Access Control)* fest zugewiesen.

In der *automatischen* Variante erhält jeder neu angeschlossene Rechner eine verfügbare IP-Adresse aus dem Adressraum des lokalen Netzes. In der *dynamischen Variante* wird neu angeschlossenen Rechnern schließlich nur für einen begrenzten Zeitraum eine IP-Adresse wie in der automatischen Variante zugewiesen. Der Rechner muss nun regelmäßig eine sogenannte LEASE-Nachricht an den DHCP-Server senden, um die Gültigkeit seiner IP-Adresse zu verlängern. In allen drei Varianten werden DHCP-Anfragen per Broadcast in das lokale Netz gesendet. Der DHCP-Server antwortet dann entsprechend auf diese Anfragen.

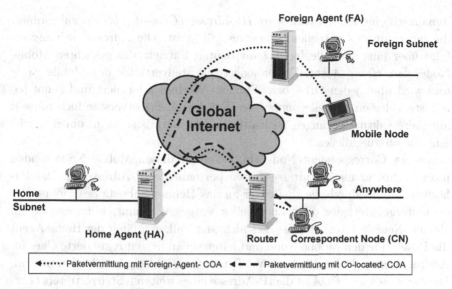

Abbildung 10.8. Funktionsweise von Mobile IP

Für mobile Rechner eignet sich die Variante der dynamischen Adresszuweisung am besten. Der Nutzer muss so bei einem Wechsel des lokalen Netzzugangs seine Konfiguration nicht mehr manuell anpassen. Darüber hinaus werden die IP-Adressen automatisch wieder freigegeben, wenn der mobile Rechner das Netzwerk verlassen hat und keine LEASE-Nachrichten mehr sendet. Damit entsteht also auch kein Aufwand beim Verlassen eines Netzwerkes.

10.3.2 Mobile IP

Über DHCP können also mobilen Rechnern dynamisch IP-Adressen zugewiesen werden. Damit kann ein mobiler Teilnehmer (*Mobile Node*) nun kommunizieren und Dienste anderer Rechner nutzen. Da sich der mobile Teilnehmer je nach Aufenthaltsort in unterschiedlichen IP-Subnetzen anmeldet und somit über DHCP wechselnde IP-Adressen erhält, können andere Teilnehmer (Correspondent Node), die im allgemeinen Fall keine Kenntnis über die aktuelle IP-Adresse des gerufenen Teilnehmers besitzen, keine Kommunikationsbeziehung zu diesem aufbauen. Darüber hinaus wird die Verbindung unterbrochen, sobald der Mobile Node das Subnetz wechselt.

Abhilfe schafft hier das *Mobile Internet Protocol (Mobile IP)*, dessen Prinzip in Abbildung 10.8 dargestellt ist. Jedem mobilen Rechner werden nun zwei IP-Adressen zugewiesen. Die erste IP-Adresse ist eine IP-Adresse aus dem Heimat-Subnetz (*Home Address*) des mobilen Rechners, die *permanent* und unabhängig von dessen Aufenthaltsort gültig bleibt. Dieser Adresse wird dynamisch eine zweite, *temporäre IP-Adresse (Care-of-Address)* zugeordnet, die innerhalb des aktuellen Subnetzes gültig ist. Die Adresszuordnung erfolgt über eine spezielle Instanz im Heimat-Subnetz des gesuchten Mobile Node, den *Home Agent*. Dieser agiert als Stellvertreter des Mobile Node und wird über jeden Orts- bzw. Subnetz-Wechsel informiert und kennt somit stets dessen aktuelle temporäre IP-Adresse. Selbstverständlich müssen alle Adressaktualisierungen authentisiert und autorisiert sein, um mögliche Angriffe auszuschließen.

Wenn ein Correspondent Node ein Paket an diesen Mobile Node senden möchte, gibt er als Zieladresse dessen permanente IP-Adresse an. Das Paket wird damit durch die IP-Router an das Heimat-Subnetz des Mobile Node weitergeleitet, der diese auch selbst entgegen nimmt, wenn er sich im Heimat-Netzwerk befindet. Ist dies nicht der Fall, empfängt der Home Agent die Pakete für den Mobile Node und leitet sie an dessen registrierte Care-of-Address weiter. Dabei können zwei Typen von COAs unterschieden werden. Die *Foreign-Agent-COA* ist die IP-Adresse eines weiteren Stellvertreters (*Foreign Agent*) des Mobile Host im aktuellen fremden Subnetz. Der zweite COA-Typ ist die *Co-located-COA*. Diese adressiert den Mobile Node im aktuellen Subnetz direkt, es wird also kein Foreign Agent benötigt. Zur Weiterleitung kapselt der Home Agent jedes Paket in ein neues, übergreifendes Paket ein, das die temporäre IP-Adresse als Zieladresse sowie das ursprüngliche Paket als Nutzdaten erhält. Damit wird das Paket nun an das Subnetz des Mobile Host weitergeleitet. Wird eine Foreign-Agent-COA verwendet, erhält der Foreign Agent das gekapselte Paket, entfernt das übergreifende Paket und übergibt das originale Paket an den Mobile Node. Wird dagegen eine Co-located-COA verwendet, kann der Mobile Host das gekapselte Paket direkt empfangen und das Originalpaket extrahieren.

Das Verfahren zur Kapselung von IP-Paketen wird als *Tunneling* bezeichnet. Mobile IP arbeitet damit kompatibel zu herkömmlichen IP-Implementierungen: Falls der Correspondent Node nicht über die Mobile IP-Funktionalität verfügt, würde die Übertragung trotzdem funktionieren, da er ein standardkonformes IP-Paket versendet. Zur weiteren Optimierung können temporäre IP-Adressen von zwischengeschalteten Routern und auch von moderneren, um Mobile IP erweiterten Correspondent Nodes in einen Cache aufgenommen werden; damit kann der Umweg über den Home Agent bei wiederholtem Senden eingespart werden, sofern die Adressdaten noch korrekt sind.

❯ 10.3.3 Mobile TCP

Im Internet wird zum zuverlässigen Datentransport das TCP-Protokoll (*Transmission Control Protocol*) verwendet, das direkt auf die Funktionalität des IP-Protokolls aufsetzt. Das TCP-Protokoll wurde für drahtgebundene Netze

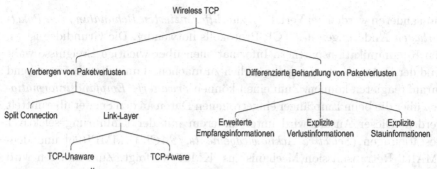

Abbildung 10.9. Überblick über Ansätze für Wireless TCP

optimiert, in denen Paketverluste durch Übertragungsstörungen sehr selten auftreten ($\ll 1\%$). Bei Paketverlusten wird deshalb eher eine Überlast- bzw. Stausituation angenommen, wobei Router Pakete verwerfen müssen. Darauf wird mit einer Verringerung der Senderate und höheren Timeout-Intervallen reagiert. Paketverluste in drahtlosen Netzwerken sind aber überwiegend durch Übertragungsstörungen und Handover bedingt, Stausituationen sind dagegen eher die Ausnahme. Die Anwendung der Staubehandlungsmechanismen hat deshalb eine erhebliche Verringerung der ohnehin geringen Datenraten in drahtlosen Netzwerken zur Folge.

Zur Verbesserung dieses Verhaltens wurden verschiedene Verfahren untersucht, die in zwei Kategorien unterteilt werden können. Zum einen wurde mit Verfahren zum *Verbergen von Paketverlusten* versucht, einen möglichst unveränderten Einsatz des TCP-Protokolls zu ermöglichen. Die Staubehandlungsmechanismen bleiben also weiterhin aktiv, eine Verbesserung des Verhaltens von TCP wird durch eine für TCP transparente Behandlung von Paketverlusten erreicht. Das so genannte *Split-Connection-Verfahren* [BB95a, BBIM93] beruht auf einer Auftrennung heterogener Verbindungen in homogene Teilverbindungen, etwa zwischen drahtlosem Zugangsnetz und einer leistungsstarken Festnetzverbindung. Damit werden Paketverluste auf der drahtlosen Teilverbindung vor der drahtgebundenen Teilverbindung verborgen. Ein weiterer Lösungsansatz ist der Einsatz von Fehlersicherungsverfahren wie Vorwärtsfehlerkorrektur und Übertragungswiederholung auf Schichten unterhalb der Transportschicht, im Allgemeinen der Sicherungsschicht (*link layer*). Fehler werden also bereits behandelt, bevor diese sich auf TCP auswirken. Generell können Link-Layer Protokolle unterschieden werden, die unabhängig von TCP arbeiten (*TCP-Unaware*) oder Informationen über das TCP-Protokoll einbeziehen (*TCP-Aware*). Das Snoop-Protokoll ist ein sehr effizientes Verfahren, das mit Wissen über das Transportprotokoll (*TCP-Aware*) arbeitet und damit eine gegenseitige Beeinflussung von Fehlerbehandlungsverfahren auf der Sicherungs- und Transportschicht vermeidet.

Zum anderen werden bei Verfahren zur *differenzierten Behandlung von Paket-verlusten* Änderungen des TCP-Protokolls notwendig. Die Grundidee ist es, den Kommunikationspartnern Informationen über wichtige Ereignisse während der Datenübertragung zugänglich zu machen, damit diese entsprechend darauf reagieren können. Zum einen können *erweiterte Empfangsinformationen* über die beim Empfänger eingetroffenen Daten an den Sender übermittelt werden. Dieser Ansatz wird unter anderem mit der Einführung selektiver Bestätigungen (*Selective Acknowledgements, SACK*) [MMFR96] und dem SMART Retransmission Mechanismus [KM97] verfolgt. Zum anderen wird der Sender explizit über die Verlustursache von Paketen informiert und kann dann entsprechende Mechanismen aktivieren. Dazu werden explizite Verlust-informationen *(Explicit Loss Notification, ELN)* [BK98] bzw. explizite Stau-informationen *Explicit Congestion Notification (ECN)* [RFB01] in das TCP-Protokoll integriert. Die Klassen von Verfahren werden in Abbildung 10.9 im Überblick dargestellt.

❯ 10.3.4 Mobile RPC

Auf der Basis optimierter Transportprotokolle können nun Kommunikati-onsmechanismen für Verteilte Systeme eingesetzt werden, die ja überwiegend auf RPC-Mechanismen basieren, wie dies in Kapitel 3 beschrieben wird. Die Eigenschaften drahtloser Netze verbunden mit der Mobilität der Endgeräte stellen aber auch hier erweiterte Anforderungen an die Mechanismen, so dass bestehende Konzepte für den mobilen Einsatz erweitert werden müssen.

So stellt der RPC als synchroner Aufrufmechanismus hohe Anforderungen an die Verfügbarkeit einer Kommunikationsverbindung zwischen Client und Server. Aufrufe werden überwiegend entsprechend des Programmablaufes ab-gesetzt. Häufige Verbindungsunterbrechungen bzw. Phasen der Abkopplung können das Absetzen von RPC-Aufrufen aber über längere Zeit verhindern, wodurch die Anwendung in der Regel nicht fortgesetzt werden kann, auch wenn die Ergebnisse des RPC-Aufrufs nicht sofort benötigt werden würden. Weiterhin erfolgt keine Optimierung der Zahl und Zeitpunkte der Aufrufe, um eine evtl. nur kurzzeitig bestehende Verbindung auszunutzen bzw. Auf-rufe gebündelt zu übertragen, um die verfügbare Datenrate effizienter zu nutzen. Darüber hinaus erfolgt das Binden zwischen Client und Server in der Regel vor dem ersten Aufruf zur Laufzeit. Ein dynamisches Neubinden nach Verbindungsabbrüchen, Abkopplungen sowie Serverausfällen bzw. Ser-verwechseln müssen explizit unterstützt werden.

Eine erste Erweiterung, die für RPC-Mechanismen allgemein und für mo-bile Anwendungen im Besonderen von Bedeutung ist, sind asynchrone RP-Cs, die bereits in Kapitel 3 in Abschnitt 3.1.7 erläutert wurden. Über *Fu-tures* [WFN90a] bzw. *Promises* [LS88] wird der Zugriff auf den Zustand

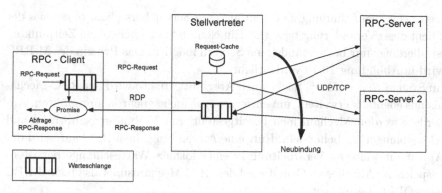

Abbildung 10.10. Prinzip des Mobile RPC

bzw. das Ergebnis eines Aufrufs ermöglicht. Der Aufrufer wird dabei nicht blockiert, bis das Ergebnis eines Aufrufs eintrifft, sondern kann die Bearbeitung fortführen und auch weitere Aufrufe parallel absetzen.

Erweiterte Mechanismen zum dynamischen Binden zwischen Client und Server, mit einer zuverlässigen Aufrufvermittlung über unzuverlässige Verbindungen und einer Unterstützung abgekoppelter Operationen wird mit *M-RPC* [BB95b] umgesetzt. Der Ansatz basiert auf einer Stellvertreterkomponente, die auf der Basisstation im Festnetz installiert wird. Auf dieser wird die Verbindung zwischen Client und Server aufgetrennt und damit in zwei Teilverbindungen zerlegt, auf der unterschiedliche Transportprotokolle verwendet werden können. Um die hohe Fehlerrate drahtloser Verbindungen zu kompensieren, verwendet M-RPC ein zuverlässiges Transportprotokoll *(Reliable Data Protocol, RDP)* zwischen mobilem Rechner und Basisstation. Im Festnetz werden RPC-Nachrichten über UDP bzw. TCP übertragen. Nachrichtenverluste im Festnetz und Serverausfälle werden durch die Komponente auf der Basisstation behandelt. Diese speichert RPC-Requests, die von einem Client korrekt empfangen wurden, in einem Cache, solange für diese noch keine entsprechende Antwort vorliegt. Bei Übertragungsfehlern werden einzelne Requests von der Komponente auf der Basisstation wiederholt, um eine erneute Übertragung über die drahtlose Verbindung zu vermeiden. In ähnlicher Weise werden Verbindungsunterbrechungen durch den Stellvertreter unterstützt. Dieser speichert ankommende RPC-Nachrichten in einer Warteschlange, bis der mobile Rechner wieder erreichbar ist. Durch eine indirekte Bindung des Clients an den Server über den Stellvertreter kann eine dynamische Bindung zur Laufzeit erfolgen. Der Client erhält vom Stellvertreter eine logische Bindung, über die er alle RPC-Nachrichten absetzt. Der Stellvertreter bindet sich transparent für den Client an einen Dienst und vermittelt die Client-Aufrufe an diesen. Bei Serverausfällen und nach einem Handover kann der Stellvertreter eine neue Bindung zu einem anderen Server herstellen, ohne dass der Client diese Veränderung bemerkt. Ein Neubinden zu beliebigen Zeitpunkten ist allerdings nur bei zustandslosen Servern möglich. Das Prinzip des M-RPC wird in Abbildung 10.10 verdeutlicht.

Im System *Rover* [JK96] (siehe auch Abschnitt 10.4.6) wird der RPC-Mechanismus ebenfalls erweitert, um entfernte Aufrufe asynchron auszuführen. Außerdem werden Mechanismen bereitgestellt, um Verbindungsabbrüche und Abkopplungen zu behandeln. Ruft eine Anwendung einen RPC auf, wird der Aufruf zur weiteren Verarbeitung in einer lokalen Warteschlange persistent gespeichert. Aus diesem Grund wird der RPC-Mechanismus als Queued-RPC bzw. QRPC bezeichnet.

Nach dem Einstellen in die Warteschlange kehrt der Aufruf zurück und die Anwendung kann weiterarbeiten. Als Resultat des Aufrufs erhält der Aufrufer ein Promise-Objekt [LS88] zur späteren Übergabe bzw. Abfrage der Aufrufergebnisse. Eine Komponente zum Verbindungsmanagement entnimmt der Warteschlange je nach Verbindungsstatus Aufrufe und sendet diese an den Zielrechner. Dabei können Prioritäten für Aufrufe innerhalb einer Anwendung sowie zwischen mehreren Anwendungen vergeben werden, anhand derer die Übertragungsreihenfolge der Aufrufe bestimmt wird. Außerdem können mehrere Aufrufe mit dem gleichen Ziel gruppiert und in einer Nachricht gebündelt übertragen werden. Beim Server werden Zustände der Aufrufverarbeitung nach Erhalt des Aufrufs, beim Beginn der Ausführung und nach Beenden der Ausführung gespeichert, um ein schnelles Wiederanlaufen der Verarbeitung nach Fehlern und Systemabstürzen zu ermöglichen. Auf Clientseite werden QRPC-Anfragen erst aus der Warteschlange entfernt, wenn eine entsprechende Antwort eintrifft. QRPCs unterstützen eine *at-most-once-Fehlersemantik.*

10.4 Unterstützungsmechanismen für Mobile Computing

Wie bereits im vorherigen Abschnitt deutlich wurde, ist in der Regel eine Anpassung bzw. Erweiterung traditioneller Konzepte und Technologien Verteilter Systeme notwendig, um diese für mobile Anwendungen nutzen zu können. Nachdem im vorangegangen Abschnitt Technologien zur Basiskommunikation für mobile Verteilte Systeme diskutiert wurden, sollen nachfolgend Lösungen auf Middleware-Ebene betrachtet werden. Nach der Diskussion des Stellvertreteransatzes als grundlegendes Prinzip zur Unterstützung mobiler Anwendungen werden Konzepte für abgekoppelte und autonome Operationen, mobile Datenbanksysteme, objektorientierte Erweiterungen sowie allgemeine Techniken zur Anpassung von Anwendungsdaten beschrieben.

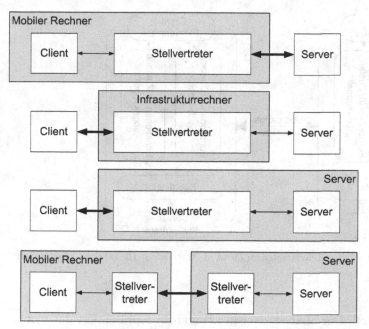

Abbildung 10.11. Platzierungsmöglichkeiten für Stellvertreterkomponenten

10.4.1 Stellvertreteransatz

Eine grundlegende Lösungsidee zur Unterstützung mobiler Verteilter Systeme stellt der Ansatz der *indirekten Kommunikation* über einen *Stellvertreter* dar. Dieser beinhaltet die Einführung einer Abstraktionsebene zwischen zwei miteinander kommunizierenden Komponenten, um deren direkte Interaktion zu entkoppeln. Der Stellvertreter agiert für diese dann als der jeweilige Kommunikationspartner. Entsprechend des Client/Server-Modells bietet die eingefügte Komponente dem Client die Schnittstelle des Servers an und agiert aus der Sicht des Servers als Client. Dadurch ist das Einfügen einer Stellvertreterkomponente und damit zusätzlicher Funktionalität transparent für existierende Anwendungen möglich.

In Mobile Computing Szenarien können drei grundlegende Möglichkeiten der Platzierung des Stellvertreters unterschieden werden (siehe Abbildung 10.11). Eine Platzierung der Stellvertreterkomponente ist auf dem Clientrechner (1), auf einem Zwischenrechner im Festnetz (2) oder auf dem Serverrechner (3) möglich. Variante (1) unterstützt vor allem die Realisierung abgekoppelter Operationen, die es dem Benutzer z. B. durch Caching und Emulation der Serverfunktionalität ermöglichen, auch ohne eine bestehende Verbindung weiterzuarbeiten (siehe Abschnitt 10.4.2). Die Varianten (2) und (3) unterstützen ebenfalls die verbindungslose Arbeit, verlagern aber die Verarbeitung ins Festnetz und realisieren damit autonome Operationen (siehe

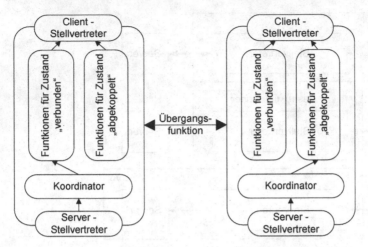

Abbildung 10.12.   Stellvertreter im Zustand „verbunden" (links) und „abgekoppelt" (rechts)

Abschnitt 10.4.3). Der Stellvertreter in (2) und (3) repräsentiert das mobile Gerät außerdem permanent im Festnetz. Dadurch bleibt dieses auch während Phasen der Abkopplung erreichbar. Die einzelnen Varianten können zu Architekturen mit mehreren Stellvertretern kombiniert werden. Insbesondere ergibt sich durch die Kombination der Varianten (1) und (3) die Möglichkeit (siehe Abbildung 10.11) der verbesserten Unterstützung drahtloser Verbindungen durch den Einsatz generischer Mechanismen zur Datenübertragung (z. B. angepasste Protokolle). Außerdem wird eine Reduzierung des Datenvolumens (z. B. durch Filterung und verlustbehaftete Komprimierung je nach Datentyp) möglich.

❷ 10.4.2 Abgekoppelte Operationen

Eines der bedeutendsten Probleme, das sich mit der Benutzung mobiler Endgeräte und drahtloser Verbindungen ergibt, ist die Unterbrechung der Verbindung zwischen Endgerät und Festnetz über einen längeren Zeitraum. Diese *Abkopplung* kann vorhersagbar und nicht vorhersagbar erfolgen. Unterbricht der Benutzer beispielsweise die Verbindung, um Energie oder Verbindungskosten zu sparen, ist die Abkopplung vorhersagbar. Nicht vorhersagbare Abkopplungen resultieren unter anderem aus der Bewegung in einen Funkschatten, Funkstörungen, Fehlern im Zugangsrechner, einer Überlastung des Netzwerkes oder von Serverrechnern.

So genannte abgekoppelte Operationen können dabei als allgemeines Konzept zur Behandlung längerer Phasen der Abkopplung vom Netzwerk betrachtet werden. In [FG94] wird eine allgemeine Entwurfsmethode für dieses Konzept vorgestellt. Diese basiert auf der Einführung einer *Stellvertreterkomponente* auf dem Rechner des Clients. Die Komponente arbeitet in einem der beiden Zustände „verbunden" oder „abgekoppelt". Für jeden der Zustände enthält sie Implementierungen der Funktionen der Serverschnittstelle, d. h., für jede Funktion f() der Serverschnittstelle, enthält der Stellvertreter die Funktionen f_connected() und f_disconnected(). Funktionen eines Zustandes dürfen dabei nicht von Funktionen oder Zustandsinformationen eines anderen Zustandes abhängen. Die einzelnen Zustände des Stellvertreters werden durch *Übergangsfunktionen* ineinander überführt. Dabei werden alle für den Zustandsübergang notwendigen Aktionen innerhalb der jeweiligen Übergangsfunktion gekapselt.

Mit Hilfe der Komponente des *Server-Stellvertreters* bietet der Stellvertreter die Schnittstelle des eigentlichen Anwendungsservers an und nimmt Aufrufe von Clients an den Server entgegen. Der *Koordinator* vermittelt die Aufrufe in Abhängigkeit des Zustandes, in dem sich der Stellvertreter befindet, an die entsprechende Implementierung der aufgerufenen Funktion. Im Zustand „verbunden" werden alle Aufrufe über die Komponente *Client-Stellvertreter* an den Server weitergeleitet. Dies ermöglicht die Beobachtung der Aufrufe des Clients und die Vorbereitung der Anwendung für den Zustand „abgekoppelt". In diesem Zustand emulieren die im Stellvertreter enthaltenen Funktionen die Funktionen des Servers, beispielsweise, indem Daten lokal verarbeitet und zwischengespeichert werden. Das Konzept wird in Abbildung 10.12 im Detail dargestellt.

Abgekoppelte Operationen stellen somit keinen atomaren Mechanismus dar, sondern werden durch eine Kombination mehrerer Mechanismen realisiert. Während der Abkopplung muss die Anwendung unabhängig von einer bestehenden Netzwerkverbindung arbeiten können. Die lokale Verfügbarkeit der zu verarbeitenden Daten sowie der Verarbeitungsfunktionen ist dafür eine notwendige Voraussetzung. Dazu müssen die Anwendungsdaten, die während der Abkopplung bearbeitet werden sollen, während des Bestehens einer Verbindung auf das Endgerät transportiert werden.

Durch diese *Replikation von Daten* verbunden mit einer Anwendung *optimistischer Sperrverfahren* (weak consistency) wird eine größtmögliche Verfügbarkeit von Daten erreicht. In Folge konkurrierender Zugriffe mehrerer Clients auf gleiche Datenelemente eines Servers können bei diesem Verfahren inkonsistente Replikate entstehen. Außerdem kann während der Abkopplung keine Aktualisierung zwischen Replikaten stattfinden. Deshalb sind Mechanismen notwendig, um die Konsistenz zwischen den Replikaten nach Beenden einer Abkopplungsphase wiederherzustellen. Dies erfordert zum einen die Aufzeichnung aller lokal ausgeführten Änderungen während der Abkopplung sowie die Übermittlung und Ausführung dieser Änderungen auf anderen Re-

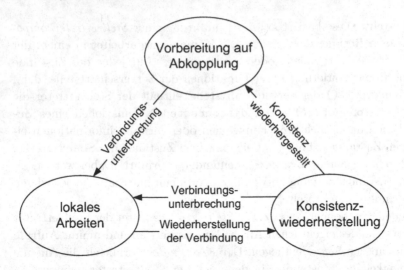

Abbildung 10.13. Zustandsmodell für abgekoppelte Operationen

plikaten bzw. einem zentralen Server und zum anderen die *Erkennung und Behandlung von Konflikten*. Abgeleitet aus dem allgemeinen Programmiermodell können abgekoppelte Operationen in die Zustände *Vorbereitung auf die Abkopplung, lokales Arbeiten* sowie *Konsistenzwiederherstellung* zerlegt werden. In Abbildung 10.13 wird ein entsprechendes Zustandsmodell für abgekoppelte Operationen dargestellt.

Abgekoppelte Operationen werden in verschiedenen Systemen in unterschiedlichen Varianten realisiert, wobei in der Regel das hier vorgestellte Konzept wiederzufinden ist. Unter anderem sind dies Datei- und Datenbanksysteme mit Mobilitätsunterstützung, die im weiteren Verlauf des Kapitels anhand von Beispielen vorgestellt werden.

❯ 10.4.3 Autonome Operationen

Autonome Operationen stellen eine Verallgemeinerung des Konzeptes der abgekoppelten Operationen dar. Analog zu abgekoppelten Operationen werden diese durch die lokale Verfügbarkeit der zu verarbeitenden Daten sowie der zugehörigen Verarbeitungsfunktionen ermöglicht. Durch die Verwendung mobilen Codes bleiben Operationen jedoch nicht auf einen bestimmten Rechner (speziell das Endgerät) beschränkt, sondern können auch auf Rechner im Festnetz verlagert werden. Die lokale Verfügbarkeit von Daten kann in diesem Zusammenhang durch die für abgekoppelte Operationen eingesetzten Mechanismen erreicht werden.

Insbesondere das im Abschnitt 3.6 vorgestellte Konzept mobiler Objekte unterstützt die Ausführung autonomer Operationen auf beliebigen Rechnern

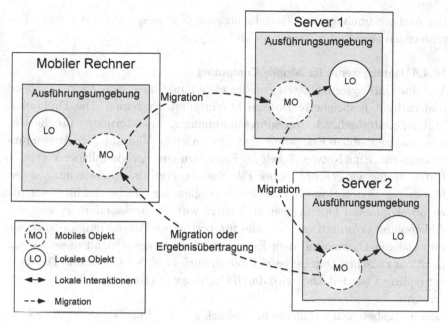

Abbildung 10.14. Prinzip autonomer Operationen

innerhalb eines Netzes. Eine Voraussetzung ist jedoch die Verfügbarkeit einer
entsprechenden Ausführungsumgebung auf allen Rechnern, auf die Objekte
migriert werden sollen. Objekte können innerhalb dieser Ausführungsumgebung unabhängig von einer Verbindung zum mobilen Endgerät arbeiten. Insbesondere wird durch eine entsprechende Umsetzung unter Verwendung von
Threads ein autonomes Verhalten möglich, um etwa selbständig Migrationen
anzustoßen und damit z. B. lokal auf Ressourcen zuzugreifen oder auf Fehlersituationen zu reagieren. Ergebnisse dieser autonomen Verarbeitung können
nach Aufbau einer Verbindung zur Anwendung auf dem Endgerät übertragen
werden. Das hier beschriebene Prinzip wird in Abbildung 10.14 dargestellt.
In unserem Beispielszenario könnte ein mobiles Objekt etwa eine Überprüfung
der Produktverfügbarkeit an verschiedenen Lagerstandorten durchführen oder
bei mehreren Zulieferern nach dem günstigsten Angebot für einen bestimmten Dienst recherchieren. Weitere Anwendungsmöglichkeiten sind eine parallele Abfrage verschiedener Suchmaschinen und die Zusammenfassung der
einzelnen Suchergebnisse zu einem Gesamtergebnis, die Recherche nach dem
günstigsten Flugangebot bei verschiedenen Fluggesellschaften bzw. Reise-
dienstleistern oder die Teilnahme an einer Online-Auktion, ohne dass der Anwender ständig eine Verbindung zum Internet aufrecht erhalten muss. Ebenso
können autonome Operationen eingesetzt werden, wenn auf einem entfern-

ten Rechner umfangreiche Berechnungsvorgänge ausgeführt oder große Datenmengen verarbeitet werden sollen.

❯ 10.4.4 Dateisysteme für Mobile Computing

Verteilte Dateisysteme bieten grundlegende Funktionen zum Zugriff auf lokal und entfernt gespeicherte Dateien in Verteilten Systemen. Die Funktionalität ist weitestgehend anwendungsunabhängig, Erweiterungen für die Unterstützung mobiler Endgeräte sind also in einer Vielzahl von Anwendungen nutzbar. Eine Notwendigkeit für Erweiterungen herkömmlicher Verteilter Dateisysteme wie *NFS (Network File System)* ergibt sich wiederum aus den Eigenschaften drahtloser Netzwerktechnologien, wie dies bereits im Abschnitt zu abgekoppelten Operationen diskutiert wurde. Insbesondere Phasen der Abkopplung erfordern es, dass alle für bestimmte Anwendungsoperationen notwendigen Dateien auf dem Endgerät lokal vorliegen, d. h., diese müssen nicht nur zwischen Dateiservern, sondern auch zwischen Client und Dateiserver repliziert werden. Dies wird durch Caching von Dateien auf dem Endgerät erreicht.

Damit ergeben sich Probleme in Hinblick auf die *Konsistenz der Replikate*. In herkömmlichen verteilten Dateisystemen wird die Konsistenz bei konkurrenten Dateizugriffen in der Regel durch pessimistische Verfahren gesichert, die einen exklusiven Zugriff auf Dateien ermöglichen. Dazu werden ähnliche Mechanismen wie in Datenbanksystemen eingesetzt, die Dateien für die Bearbeitung sperren und danach wieder freigeben. Aufgrund der Sperre können andere Clients nicht auf die Datei zugreifen. Nach dem Freigeben der Sperre müssen alle weiteren Replikate der geänderten Datei aktualisiert werden. Die Umsetzung dieser Mechanismen erfordert aber eine stete Kommunikation zwischen allen Clients und Servern, die Replikate halten. Für Systeme auf Basis drahtloser Netzwerkinfrastrukturen sind diese Verfahren jedoch in der Regel zu restriktiv bzw. aufgrund des Kommunikationsaufwandes nicht durchsetzbar. Beispielsweise können Sperren nicht auf Replikaten gesetzt werden, die sich auf Endgeräten im abgekoppelten Zustand befinden. Ebenso können diese Replikate nicht für ungültig erklärt werden. Der Ansatz, generell keine Dateioperationen auf abgekoppelten Endgeräten zuzulassen, ist jedoch für die Mehrheit der Anwendungen und insbesondere den Benutzer nicht akzeptabel.

❯ Beispielsystem CODA

Erweiterungen verteilter Dateisysteme zur Unterstützung von Abkopplungen wurden deshalb bereits umfassend untersucht. Einen der ersten und bekanntesten Ansätze in diesem Bereich stellt das verteilte Dateisystem CODA dar. Dessen Prinzipien können auf ähnliche Anwendungsfälle übertragen werden

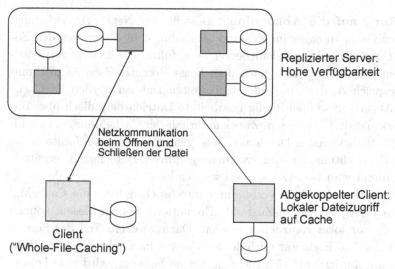

Abbildung 10.15. Verteiltes Dateisystem CODA

und sollen deshalb stellvertretend für weitere Dateisysteme kurz dargestellt werden.

CODA besteht aus einer Menge replizierter und verteilter Dateiserver im Festnetz sowie einer Stellvertreterkomponente auf dem Gerät des Benutzers. Diese setzt sich aus einem CacheManager und weiteren Laufzeitkomponenten zusammen, durch die Dateioperationen im abgekoppelten Zustand lokal ausgeführt und protokolliert und nach dem Wiederherstellen einer Verbindung mit den Servern abgeglichen werden können (siehe Abbildung 10.15). Die Stellvertreterkomponente wurde dabei durch eine Komponente im Betriebssystemkern integriert, über die Aufrufe an den CacheManager weitergeleitet werden. Damit können Anwendungen weiterhin Standard-Betriebssystemaufrufe verwenden, um auf Dateien zuzugreifen. Die Arbeit von CODA bleibt so für diese transparent, Anwendungen profitieren damit ohne Änderungen von der erweiterten Funktionalität des Dateisystems.

Neben dem verteilten Zugriff auf Dateien in einem globalen Namensraum über replizierte Dateiserver ermöglicht CODA auch die Ausführung von Dateioperationen im abgekoppelten Zustand. Der Ansatz beruht auf dem Prinzip des *Whole-File-Caching*, d. h., ein Client lädt zur Bearbeitung stets vollständige Dateien vom Server in seinen lokalen Cache. Zur Realisierung abgekoppelter Operationen arbeitet der CacheManager nach [Sat96] in einem der drei Zustände „Hoarding", „Emulation" und „Reintegration", die im Prinzip den drei in Abbildung 10.13 dargestellten Zuständen „Vorbereitung auf die Abkopplung", „lokales Arbeiten" und „Konsistenzwiederherstellung" entsprechen.

Vorbereitung auf die Abkopplung: Besteht eine Netzwerkverbindung, arbeitet der CacheManager im Zustand „Hoarding". In diesem werden Zugriffe auf Dateien direkt auf dem Server ausgeführt. Die zuletzt verwendeten Dateien werden im Cache nach dem Least-Recently-Used-Algorithmus zwischengespeichert, d. h., die zuletzt genutzten Dateien werden im Cache gehalten. Außerdem werden häufig bearbeitete Dateien periodisch über das Netzwerk aktualisiert. Zu diesem Zweck unterhält der CacheManager eine Liste der zu aktualisierenden Dateien, eine so genannte *hoarding database*, die durch eine Beobachtung der vom System ausgeführten Dateizugriffe ermittelt wird bzw. direkt vom Benutzer editiert werden kann.

Lokales Arbeiten: Wird die Verbindung unterbrochen, führt der CacheManager einen Übergang in den Zustand „Emulation" aus. In diesem können Dateizugriffe nur lokal verarbeitet werden. Dazu wird ein Teil der Serverfunktionen auf dem Endgerät mithilfe der Dateien im Cache emuliert. Wird eine Datei angefordert, die sich nicht im Cache befindet, wird eine Fehlermeldung erzeugt. Änderungen von Dateien im Cache werden von Coda in einem Protokoll (*change modify log*) gespeichert. Zur Verringerung der Größe dieses Protokolls wurden eine Reihe von Optimierungen implementiert. Beispielsweise werden sich negierende Operationen wie das Erzeugen einer Datei gefolgt vom Löschen dieser Datei entfernt.

Konsistenzwiederherstellung: Wird die Netzverbindung wiederhergestellt, geht der CacheManager in den Zustand „Reintegration" über. In diesem werden die protokollierten Zugriffe an den Server gesendet. Da in CODA ein optimistisches Zugriffsverfahren eingesetzt wird, um eine möglichst hohe Verfügbarkeit der Dateien zu erreichen, können von unterschiedlichen Benutzern konkurrierende Zugriffe auf eine Datei erfolgen. Konflikte während der Reintegration werden vom Server beim Abarbeiten des Protokolls automatisch erkannt. CODA bietet dann Mechanismen zum automatischen Auflösen von Zugriffskonflikten auf Verzeichnisse und Dateien an. Diese sind zum Teil generisch [KS95], können aber auch von der Anwendung geliefert und in CODA integriert werden (*application specific conflict resolvers*) [KS93]. Kann ein Konflikt nicht automatisch aufgelöst werden, wird er an den Benutzer weitergeleitet.

Ähnliche Dienste bietet mittlerweile etwa auch die Dateireplikation unter Windows mit der Möglichkeit der Synchronisation einzelner Replikate nach Wiederankopplung.

❯ 10.4.5 Datenbanklösungen für Mobile Computing

Ebenso wie verteilte Dateisysteme bieten Datenbanken grundlegende Funktionen an, so dass von deren Erweiterungen auch eine Vielzahl von Anwendungen profitieren können. Herkömmliche Datenbanksysteme bieten zwar die

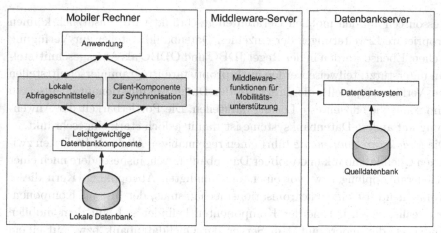

Abbildung 10.16. Datenbank-Erweiterungen für Mobile Computing

Möglichkeit eines entfernten Zugriffs, der auch über drahtlose Zugangsnetzwerke genutzt werden kann, aufgrund von Verbindungsunterbrechungen und Abkopplungsphasen wird die Leistungsfähigkeit und Datenverfügbarkeit jedoch stark eingeschränkt. Der Schwerpunkt der Erweiterungen kommerzieller Lösungen liegt auch hier auf einer Unterstützung abgekoppelter Operationen. Eine Untermenge der auf herkömmlichen serverbasierten Datenbanken verwalteten Anwendungsdaten wird dabei durch eine lokale Datenbankkomponente auf dem mobilen Endgerät verfügbar gemacht, die unabhängig von einer bestehenden Netzwerkverbindung die Verarbeitung der lokalen Daten ermöglicht. Replikations- und Synchronisationsmechanismen sichern die Konsistenz der Daten in der Quelldatenbank und der Datenbankkomponente auf dem mobilen Rechner.

Die Erweiterungen traditioneller Datenbanksysteme für den Einsatz im Mobile-Computing-Umfeld arbeiten dabei nach vergleichbaren Prinzipien. Zum einen wird eine leichtgewichtige Datenbankkomponente für den mobilen Rechner zur Verfügung gestellt, zum anderen steht zusätzliche Middlewarefunktionalität zur Steuerung der Replikation und Synchronisation sowie zur Verwaltung mobiler Clients bereit. Die Basis zur Unterstützung mobiler Clients ist also eine dreischichtige Architektur, bestehend aus einer Quelldatenbank im Festnetz, einer Middlewarekomponente und der leichtgewichtigen Datenbank, wie dies in Abbildung 10.16 dargestellt wird.

In der *leichtgewichtigen Datenbank* auf dem mobilen Gerät wird nun eine Teilmenge der Daten einer oder auch mehrerer Quelldatenbanken repliziert. Auf dieser können Anwendungen wie gewohnt Datenbankoperationen im Kontext von Transaktionen ausführen. Dafür wird in der Regel SQL eingesetzt, wobei der Sprach- und Funktionsumfang jedoch aufgrund der begrenzten

Ressourcen auf den mobilen Geräten eingeschränkt wird. Zusätzlich können proprietäre Erweiterungen der einzelnen Datenbankhersteller zur Verfügung stehen. Ebenso werden in der Regel JDBC und ODBC als Anfrageschnittstellen unterstützt, teilweise werden auch proprietäre Programmierschnittstellen zur Verfügung gestellt, die direkt auf der Datenbankfunktionalität aufsetzen und somit die effizienteste Lösung darstellen. Die Portierbarkeit der Anwendung auf andere Datenbanksysteme ist damit jedoch stark eingeschränkt.

Die *Middlewarekomponente* führt einen regelmäßigen Abgleich der Daten zwischen Quelldatenbank und mobiler Datenbank durch, insbesondere nach einer Wiederankopplung bzw. vor einer angekündigten Abkopplung. Kern dieser Komponente ist ein Synchronisationsmechanismus, der in zwei Komponenten realisiert wird. Eine der Komponenten befindet sich auf dem mobilen Endgerät, die andere auf dem Server der Quelldatenbank bzw. auf einem unabhängigen Festnetzrechner, wie dies in Abbildung 10.16 dargestellt wird. Als *Quelldatenbank* im Festnetz können traditionelle relationale Datenbanksysteme, bei einigen Lösungen auch beliebige Datenquellen, verwendet werden. Um mobile Datenbankkomponenten unterstützen zu können, müssen Änderungen in der Quelldatenbank protokolliert werden, um diese mit Änderungen auf dem mobilen Datenbanksystem abgleichen zu können. In einigen Lösungen werden hier auch Informationen über mobile Geräte, die Authentisierung und Autorisierung mobiler Anwender und die zu replizierenden Daten verwaltet. Zur Unterstützung von Abkopplungen durchlaufen die Systeme ebenfalls die in Abschnitt 10.4.2 beschriebenen Zustände.

Vorbereitung auf die Abkopplung: Während einer bestehenden Verbindung werden Daten aus der Quelldatenbank in der mobilen Datenbankkomponente repliziert. Zur Definition der zu replizierenden Daten kommen die üblichen, aus relationalen Systemen bekannten Mechanismen wie Selektion und Projektion von Tupeln zum Einsatz. Dabei ist in der Regel eine Werkzeugunterstützung verfügbar. Außerdem werden für die einzelnen Daten auch die Anforderungen für deren Synchronisation festgelegt. Entsprechend dieser Festlegungen werden dann periodisch oder vom Datenbank-Client veranlasst bidirektionale Synchronisationsprozesse ausgeführt. Dabei werden die Datenbestände zwischen der mobilen Datenbank und der Quelldatenbank abgeglichen.

Lokales Arbeiten: Im abgekoppelten Zustand können Anwendungen weiterhin Transaktionen auf der lokalen Datenbank durchführen. Änderungen werden während dieser Phase protokolliert, die ausgeführten Transaktionen als vorläufig eingestuft.

Konsistenzwiederherstellung: Zur Wiederherstellung der Konsistenz werden nach dem Neuaufbau einer Verbindung die Datenbestände zwischen mobiler Datenbank und Quelldatenbank synchronisiert. Die Steuerung dieses Prozesses übernimmt die Middlewarekomponente. Der Abgleich erfolgt in zwei Schritten. Im ersten Schritt werden die Änderungen in der mobilen Datenbank auf der Basis des Änderungsprotokolls an die Middlewarekomponente gesendet, die die Änderungen mit der Quelldatenbank abgleicht. Update-Konflikte werden anhand von Versionsinformationen erkannt und wenn möglich automatisch bzw. manuell durch die Anwendung aufgelöst. Im zweiten Schritt werden Änderungen in der Quelldatenbank mit dem Replikat auf dem mobilen Rechner abgeglichen. Da alle möglichen Konflikte bereits im ersten Schritt erkannt und aufgelöst wurden, findet nun nur noch eine Aktualisierung der replizierten Daten in der mobilen Datenbank statt.

Die verfügbaren Lösungen arbeiten durchgängig nach den oben beschriebenen Prinzipien zur Unterstützung von Abkopplungen, unterscheiden sich jedoch in vielen Details ihrer Realisierung, insbesondere der Umsetzung der leichtgewichtigen Datenbank, der Middlewarekomponente und den Mechanismen zur Synchronisation und Replikation der Daten. Während *DB2 Everyplace* von IBM, *Oracle 10g Lite*, *Tamino Mobile Suite* und *Microsoft SQL Server CE Edition* eine selbständige und anwendungsunabhängige Datenbankkomponente für mobile Rechner einsetzen, wird die Datenbankfunktionalität bei *Pointbase Micro* und *iAnywhere's UltraLite* vollständig in die Anwendung integriert. Damit kann eine verbesserte Leistungsfähigkeit erreicht werden, gleichzeitig resultiert daraus aber der Verlust der Datenbankunabhängigkeit. Für die Middlewarekomponente existieren ebenfalls verschiedene Ausprägungen. Die Lösung von Oracle enthält die Mobile-Server genannte Middlewarekomponente. Diese arbeitet ausschließlich mit Oracle-Datenbanken als Datenquelle zusammen. Der SyncServer des DB2 Everyplace Datenbanksystems erlaubt demgegenüber eine Zusammenarbeit der mobilen Datenbank mit beliebigen JDBC-fähigen Datenquellen und kann über ein Adapterkonzept flexibel erweitert werden.

Replikation und Synchronisation werden bei DB2 Everyplace über eine Spiegeldatenbank ausgeführt, die mobile Datenbank und Quelldatenbank entkoppelt. Die Spiegeldatenbank enthält mit der Quelldatenbank identische Daten, auf denen zunächst die Änderungen der mobilen Datenbank abgeglichen und möglicherweise auftretende Konflikte aufgelöst werden. Erst im Anschluss an diesen Abgleich werden die Änderungen auch in die Quelldatenbank übertragen. Die Spiegeldatenbank verhindert damit lange Blockierungen der mobilen Datenbank sowie der Quelldatenbank während Synchronisationsaktionen.

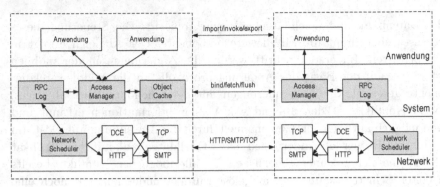

Abbildung 10.17. Architektur des Rover-Systems

▶ 10.4.6 Objektorientierte Erweiterungen

Während die zuvor beschriebenen Lösungen abgekoppelte Operationen auf
der Ebene verteilter Datei- bzw. Datenbanksysteme ermöglichten, bietet Rover [JdT+95, JTK97] eine allgemeinere Lösung. Rover ist ein verteiltes Ob-
jektsystem zur Unterstützung der Anwendungsentwicklung, das auf objektorientierten Technologien sowie einer Client/Server-Architektur basiert (siehe Abbildung 10.17). Die Architektur von Rover besteht aus drei Ebenen
und enthält die vier Komponenten *Access Manager*, *Operation Log*, *Object
Cache* und *Network Scheduler*. Abgekoppelte Operationen werden in diesem
Ansatz durch dynamisch platzierbare Objekte, das Vorabladen von Anwen-
dungsobjekten, lokale Objektcaches und asynchrone Aufrufe in Verbindung
mit *Queuing* (QRPCs) realisiert (siehe Abschnitt 10.3.4).

Dynamisch platzierbare Objekte bestehen aus Anwendungsdaten sowie den
zur Bearbeitung der Daten notwendigen Methoden. Methoden, die Daten
des Objektes ändern, müssen außerdem Algorithmen zur Konflikterkennung
und -auflösung enthalten. Jedes der Objekte besitzt einen Home-Rechner, auf
dem das Primärobjekt verwaltet wird. Clients können Sekundärobjekte (d. h.
Objektreplikate) in den lokalen Cache ihres Rechners importieren. Der Zugriff auf Objekte erfolgt dabei indirekt über die Programmierschnittstelle des
Access Managers, die das Importieren und Exportieren von Objekten sowie
den Aufruf von Methoden ermöglicht. Nachdem ein Objekt in den lokalen
Cache des Clients importiert wurde, können Anwendungen dessen Methoden aufrufen. Die Aufrufe werden auf dem lokalen Objekt ausgeführt und
parallel in einer dem Objekt zugewiesenen Datenstruktur aufgezeichnet. Die
Änderungen des lokalen Objektes werden zunächst als provisorisch (*tentative*)
markiert, sind aber in diesem Zustand sofort für die Anwendungen sichtbar.
Durch den Aufruf einer Export-Methode des jeweiligen Objektes werden die
lokal aufgezeichneten Aufrufe in QRPCs umgewandelt und im Operation Log
gespeichert.

Je nach Status der Verbindung zum Server entnimmt der Network Scheduler im Operation Log befindliche Aufrufe und sendet diese an den Server. Dort vermittelt der lokale Access Manager den Aufruf an das entsprechende Primärobjekt. Vor der Ausführung eines Methodenaufrufs auf dem Primärobjekt wird zunächst anhand von Versionsinformationen geprüft, ob die Version des aufgerufenen Sekundärobjektes mit der des Primärobjektes übereinstimmt. Ist dies der Fall, wird der Aufruf auf dem Primärobjekt ausgeführt und eine Bestätigung der Ausführung an den Aufrufer gesendet. Der bestätigte Aufruf wird dann auf Clientseite aus dem Operation Log entfernt. Die aus dem Aufruf resultierenden Änderungen des lokalen Objektes werden außerdem als dauerhaft (*committed*) festgeschrieben.

Wurde das Primärobjekt nach dem Import des Sekundärobjektes verändert, wird dieser Konflikt erkannt. Rover wendet dann von den Anwendungen bereitgestellte Mechanismen an, um den Konflikt auf dem Server automatisch aufzulösen. Schlägt dies fehl, kehrt der Methodenaufruf mit einer Fehlermeldung zurück. Dort wird der Fehler zur weiteren Behandlung an den Benutzer weitergeleitet. Rover unterstützt außerdem das Sperren von Objekten zur Vermeidung von Konflikten.

Entfernte Aufrufe werden in Rover asynchron ausgeführt. Ruft eine Anwendung einen RPC auf, wird der Aufruf zur weiteren Verarbeitung im Operation Log persistent gespeichert (Queueing). Danach kehrt der Aufruf zurück und die Anwendung kann weiterarbeiten. Als Resultat des Aufrufs erhält der Aufrufer ein Promise-Objekt [LS88] zur späteren Übergabe bzw. Abfrage der Aufrufergebnisse. Registriert der Aufrufer einen Callback, wird er beim Eintreffen des Ergebnisses des Aufrufs informiert. Der Network Scheduler entnimmt dem Operation Log je nach Verbindungsstatus Aufrufe und sendet diese an den Zielrechner. In Rover können Prioritäten für Aufrufe innerhalb einer Anwendung sowie zwischen mehreren Anwendungen vergeben werden. Anhand der Prioritäten kann der Network Scheduler die Reihenfolge der Aufrufe ändern. Außerdem können mehrere Aufrufe mit dem gleichen Ziel gruppiert und in einer Nachricht übertragen werden. Beim Server werden Zustände der Aufrufverarbeitung nach Erhalt des Aufrufs, beim Beginn der Ausführung und nach Beenden der Ausführung gespeichert [JK96], um ein schnelles Wiederanlaufen der Verarbeitung nach Fehlern und System-abstürzen zu ermöglichen.

Die wesentlichen Mechanismen in Rover sind also dynamisch platzierbare Objekte und persistent gespeicherte und asynchron ausgeführte RPC-Aufrufe. Die Objekte bilden durch die Zusammenfassung von Anwendungsdaten sowie der zugehörigen Verarbeitungsfunktionen autonom ausführbare Einheiten. Durch die Replikation von Objekten und deren Import in den lokalen Cache des Clients können Anwendungen auch ohne Verbindung zum Server arbeiten. Um abgekoppelte Operationen effizient zu unterstützen, spielt das Vorabladen von Objekten eine wesentliche Rolle. Welche Objekte geladen werden, wird in Rover von der jeweiligen Anwendung entschieden. Wann die Übertragung erfolgt, wird durch den Network Scheduler auf der Ebene von Import-Aufrufen festgelegt. Während der Abkopplung werden lokale Aufrufe ähnlich wie in CODA protokolliert und nach dem Aufbau einer neuen Verbindung an das jeweilige Primärobjekt auf dem Server vermittelt. Mittels anwendungsspezifischer Mechanismen können Konflikte behandelt werden.

❯ 10.4.7 Mechanismen zur Adaption von Anwendungsdaten

Die bisher diskutierten Mechanismen zielten vorrangig auf die Eigenschaften drahtloser Kommunikationsverbindungen. Wesentliche Ansätze sind die Erhöhung der Autonomie leistungsfähiger tragbarer Rechner, die Verlagerung von Verarbeitungsschritten auf Festnetzrechner, die Behandlung von Verbindungsunterbrechungen und Abkopplungen sowie angepasste Kommunikationsprotokolle insbesondere auf Schicht 3 und 4 des ISO/OSI-Referenzmodells [Tan03a]. Bei diesen Ansätzen werden vorhandene Ressourcen auf dem Endgerät bzw. auf Rechnern im Internet genutzt, um die Interaktionen über schmalbandige und fehleranfällige Kommunikationskanäle zu reduzieren bzw. bei Verbindungsunterbrechungen zu verzögern. Dazu wurde vor allem Speicher- (z. B. für Caching und Queueing) und Rechenleistung (z. B. zur lokalen Verarbeitung auf dem Endgerät bzw. im Festnetz) eingesetzt, um die Datenmenge bzw. den Zeitpunkt von Interaktionen anzupassen. Damit kann der Datenaustausch in heterogenen Netzwerken erheblich verbessert werden. Insbesondere angepasste Kommunikationsprotokolle und eine dynamisch angepasste Balance zwischen lokaler Verarbeitung und Netzwerkkommunikation führen zu wesentlichen Leistungssteigerungen mobiler Anwendungen.

Ein weiterer bedeutsamer Punkt der Datenübertragung ist die Datenmenge. Die bisher beschriebenen Ansätze zielten auf die Fragestellung, wann Daten übertragen werden sollen, wie diese übertragen werden sollen und wo sie zwischengespeichert werden können. Nachfolgend sollen deshalb Ansätze vorgestellt werden, die eine Adaption von Anwendungsdaten, entsprechend der Fragestellung, welche Daten übertragen werden sollen, zum Ziel haben. Ebenso von Bedeutung wie die Anpassung der Datenmenge an den Kommunikationskanal ist die Berücksichtigung von Endgeräteeigenschaften. Auch diese können eine Anpassung der Anwendungsdaten erfordern, um die Fähigkeiten des jeweiligen Endgerätes optimal zu unterstützen bzw. Anwendungen auf Geräten mit geringen Ressourcen überhaupt erst sinnvoll zu ermöglichen.

⊙ Voradaptierte Daten

Die einfachste Variante der Datenadaption ist die Bereitstellung von Datenobjekten in mehreren Qualitätsstufen. Die Adaption wird zur Entwicklungszeit ausgeführt. Damit wird zur Laufzeit keine Rechenleistung für die Adaption mehr benötigt. Entsprechend muss aber wesentlich mehr Speicherplatz für die Anwendungsdaten zur Verfügung gestellt werden. Dies kann insbesondere bei umfangreichen Daten wie Audio oder Video zu Engpässen führen bzw. die verfügbaren Qualitätsstufen einschränken. Auf Basis der voradaptierten Daten kann die Anwendung entsprechend der Ausführungsumgebung zur Laufzeit eine Version auswählen bzw. bei Änderungen der Ausführungsumgebung auf eine andere Version zugreifen. Die Flexibilität der Adaption ist damit auf die zur Entwicklungszeit erstellten Varianten eingeschränkt.

Odyssey [NSN⁺97] benutzt diesen Ansatz, um adaptive Anwendungen zu realisieren. Das System verwaltet die Ressourcen mobiler Endgeräte und ermöglicht es, Anwendungen durch die Erweiterung von Systemaufrufen, Bedingungen über den Zugriff auf Ressourcen zu definieren. Odyssey hat die Aufgabe, die Ressourcen des Endgerätes zu überwachen und Anwendungen über Änderungen zu informieren. Das Ressourcenmanagement ist vorrangig auf die Netzwerkbandbreite ausgerichtet. Anwendungen greifen über ein virtuelles Dateisystem auf entfernte Daten zu und registrieren für die Verbindung Anforderungen an die verfügbare Bandbreite durch eine obere und untere Grenze. Bei Änderungen der Ressourcen über diese Grenzen benachrichtigt Odyssey die Anwendung. Diese adaptiert dann ihr Verhalten beispielsweise durch den Zugriff auf alternative Daten geringerer Qualität. So liegen in einer Beispielrealisierung verschiedene Videodaten in mehreren Qualitätsstufen auf dem Server bereit. Die Anwendung wählt dann entsprechend der Ressourcenverfügbarkeit die Version mit der passenden Qualität aus. Bei Änderungen kann die Übertragung des Videos in einer anderen Qualitätsstufe fortgesetzt werden.

⊙ Filterung von Daten

Eine Erzeugung der adaptierten Daten zur Laufzeit ist im Gegensatz zu einer Erstellung zur Entwicklungszeit wesentlich flexibler. Auf Änderungen der Ausführungsumgebung kann dynamisch reagiert werden. Insbesondere wird auch die Unterstützung von Anforderungen ermöglicht, die zur Entwicklungszeit nicht betrachtet oder nicht vorhersehbar waren (z. B. neue Geräteklassen und Netzwerktechnologien). Die Filterung stellt dafür einen mächtigen Ansatz zur Verfügung, der einerseits eine wesentliche Reduzierung der Datenmenge erreichen kann, andererseits aber auch eine fein-granulare Steuerung der Datenreduzierung zulässt. Außerdem benötigen Filter in der Regel wenig

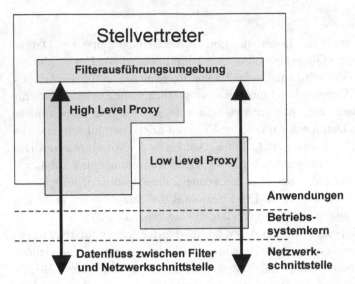

Abbildung 10.18. Prinzip der generischen Filterung von Protokoll- und Anwendungsdaten (nach [Ste99])

Rechenzeit, da sie Daten nur nach definierten Regeln auswählen und verwerfen müssen.

Filtermechanismen können auf allen Ebenen der Systemarchitektur eingesetzt werden. In [Zen97] wird ein Ansatz zur anwendungsabhängigen Filterung der Kommunikation vom und zum mobilen Endgerät auf einem Stellvertreter im Festnetz beschrieben. Der Stellvertreter stellt eine generische Ausführungsumgebung zur Verfügung, in die anwendungsspezifische und protokollabhängige Filter fest oder dynamisch zur Laufzeit installiert werden können. Wie in Abbildung 10.18 dargestellt, können zwei Arten von Filtern unterschieden werden:

1. *High Level Filter* für Protokolle oberhalb der Socketschnittstelle (z. B. HTTP, MPEG-Video, SMTP) und
2. *Low-Level Filter* für Protokolle, die unterhalb der Socketschnittstelle arbeiten (ICMP, TCP, UDP).

Durch die Installation von Filtern im Stellvertreter können optimierte Transportprotokolle (z. B. das Snoop-Protokoll als TCP-Erweiterung für die mobile Kommunikation [BSA+95]) zwischen mobilem Endgerät und Stellvertreter verwendet werden. Dies kann transparent für Kommunikationspartner im Festnetz erfolgen. Außerdem können Datenpakete vor der Übertragung zum Endgerät verlustfrei komprimiert (z. B. Text in HTTP-Dokumenten oder Dateien), durch Filterung verworfen (z. B. Frames eines MPEG-Stromes) oder verzögert werden (z. B. E-Mail-Nachrichten). Für die verlustfreie Kompression der Daten ist neben dem Filter im Festnetz ein zweiter Filter zur Dekompression auf dem Endgerät notwendig. Durch diese Mechanismen kann die über die letzte Verbindung zum Endgerät übertragene Datenmenge reduziert und damit eine bessere Übertragungsleistung sowie geringere Kosten erreicht werden. Der Stellvertreter bietet weiterhin die Möglichkeit, im Festnetz für das mobile Endgerät zu agieren, indem er z. B. ICMP-ECHO Nachrichten stellvertretend für das Endgerät beantwortet, solange dieses für den Stellvertreter erreichbar ist.

In [SS00] wird ein Ansatz zur Filterung von E-Mail-Nachrichten anhand verschiedener Kriterien beschrieben. Vor der Übertragung werden Nachrichten mit Hilfe einer benutzerkonfigurierten Liste von Kriterien anhand verschiedener Informationen im Nachrichtenkopf ausgewählt. Es werden nur Nachrichten weitergeleitet, die mindestens eines der definierten Kriterien erfüllen. Nach dieser grob-granularen Auswahl vollständiger Nachrichten werden die Nachrichten in die Bestandteile Nachrichtenkopf, Text sowie die einzelnen Anhänge zerlegt. Diese Bestandteile können dann fein-granular gefiltert werden. So können einzelne Einträge des Nachrichtenkopfes zu einem verkürzten Nachrichtenkopf zusammengefasst werden. Die Attachments werden anhand ihres Datentyps sowie eines vorgegebenen Schwellwertes für diesen Typ gefiltert. Der Text wird ohne Veränderung übertragen. Damit ist eine sehr feingranulare Filterung von Nachrichten und deren Inhalt möglich.

> **Adaption von Mediendaten**

Die Filterung unterstützt nur eine Auswahl bestimmter Informationen, die dann vollständig verworfen werden. Meist wird aber eine Adaption angestrebt, die einen möglichst großen Teil der in den Originaldaten enthaltenen Informationen beibehält. Eine Vielzahl von Mechanismen wurde im Bereich Multimedia untersucht, um die Datenmenge von Medien (vor allem Audio und Video) bei möglichst geringem Informationsverlust zu reduzieren. Dazu werden hybride Kompressionsverfahren eingesetzt. Diese basieren auf einer Kombination von verlustfreien (*Entropiekodierung*) und in der Regel verlustbehafteten Kodierungsverfahren (*Quellenkodierung*) [Ste99]. Die Entropiekodierung arbeitet verlustfrei und kann auf beliebige Daten angewendet werden. Die Quellenkodierung nutzt dagegen die Semantik der zu kodierenden Informationen und medienspezifische Eigenschaften bezüglich der Wahrnehmung durch Menschen, um die Datenmenge mit möglichst geringen Informationsverlusten zu reduzieren.

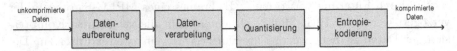

Abbildung 10.19. Wesentliche Schritte zur Kompression von Mediendaten (nach [Ste99])

Kompressionsverfahren

Das allgemeine Vorgehen bei der Kompression von Einzelbildern sowie Audio-
und Videoströmen besteht aus vier aufeinander folgenden Schritten [Ste99].
Im Schritt der *Datenaufbereitung* wird eine geeignete digitale Repräsentation
des zu verarbeitenden Mediums erzeugt (z. B. Blöcke zu 8x8 Pixel mit fester
Anzahl von Bits pro Pixel für ein Bild). Der zweite Schritt zur *Datenverarbeitung* erfolgt in Vorbereitung auf eine Kompression, verwirft selbst jedoch noch keine Daten (z. B. die Transformation von Bilddaten vom Zeit- in
den Frequenzbereich durch eine *diskrete Kosinustransformation*). Im dritten
Schritt der *Quantisierung* wird die Genauigkeit der zuvor ermittelten Werte reduziert. Im vierten Schritt werden dann auf diese Daten *Verfahren zur
Entropiekodierung* angewendet, um diese zusätzlich verlustfrei zu komprimie-
ren. Das beschriebene Vorgehen wird in Abbildung 10.19 dargestellt.

Die Schritte zur Bildverarbeitung und Quantisierung können auf Basis der
gleichen Verfahren oder durch die Kombination unterschiedlicher Verfahren mehrfach durchlaufen werden. Wichtige Verfahren zur Entropiekodierung sind die Lauflängenkodierung , die Huffman-Kodierung und die arith-
metische Kodierung. Quantisierungsverfahren sind die diskrete Kosinus- und
die schnelle Fourier-Transformation, die relative Kodierung (z. B. Differential
Pulse Code Modulation (DPCM)) und adaptive Kompressionsverfahren, wie
adaptive DPCM. Wichtige Standards zur Bild-, Audio- und Videokodierung
bauen auf diesen Verfahren auf. Dies sind z. B. JPEG (Joint Photographics
Expert Group) und MPEG (Motion Pictures Expert Group). Für weitere
Informationen zu dieser Thematik sei unter anderem auf [Ste99] verwiesen.

Konvertierungsverfahren

Kompressionsverfahren arbeiten auf der Ebene der Kodierung von Mediendaten. Sie verändern deren Informationsgehalt, behalten aber die weiteren Eigenschaften der Medien, wie Auflösung, Samplerate oder Farbtiefe
bei. Konvertierungsverfahren ändern dagegen gezielt diese Merkmale. Beispielsweise wird im Pythia-Projekt [FB96, FGCB98] ein Stellvertreter im
Festnetz eingesetzt, um die zu übertragende Datenmenge zum mobilen Endgerät zu reduzieren. Pythia ist ein als HTTP-Proxy implementiertes System
zur Adaption von Anwendungsdaten zur Laufzeit. Der Ansatz verfolgt das
Ziel der Unterstützung der Heterogenität der Endgeräte bezüglich Hard-

und Software sowie der variierenden Dienstgüte von Netzwerkverbindungen. Insbesondere soll die Ende-zu-Ende-Verzögerung beim Zugriff auf Daten reduziert werden. Dazu werden datentypabhängige Verfahren zur Reduzierung der zu übertragenden Datenmenge eingesetzt. Dies sind zum einen verlustbehaftete Kompressionsverfahren für Bilder, zum anderen Mechanismen zur nachträglichen Anforderung und Darstellung von Teildaten mit höherer Qualität (z. B. ein Bildausschnitt in der Qualität des Originals). Außerdem wird die Konvertierung von Postscript-Dokumenten in HTML und RTF unterstützt. Durch datentypabhängige Verfahren zur verlustbehafteten Kompression können die Spezifika einzelner Datentypen ausgenutzt werden, um eine Reduzierung der Datenmenge bei minimalen Verlusten von Informationen zu erreichen. Die Anpassung erfolgt an eine vom Benutzer festgelegte maximale Verzögerungszeit sowie an die verfügbare Datenrate und Displaygröße des Endgeräts. Diese Informationen werden dem Proxy über ein Profil zur Verfügung gestellt. Der Ansatz ermöglicht insbesondere die Darstellung von Daten auf ressourcenarmen Endgeräten, die im Original auf diesem nicht darstellbar wären.

10.5 Adaptive Web-Anwendungen

10.5

Die in den vorangegangenen Abschnitten beschriebenen Protokolle und Mechanismen bilden die Grundlage zur Anpassung von Anwendungen. Wie bereits in Kapitel 7 diskutiert, wird die Präsentationsschicht im Rahmen einer Realisierung mit Application Servern häufig auf der Basis von Web-Technologien erstellt. In unserem Anwendungsbeispiel könnten Privat- und Geschäftskunden etwa über eine Web-basierte Benutzerschnittstelle nach Produkten und Preisen suchen, Kundendaten ändern und auch Bestellungen absetzen. Die Unterstützung beliebiger mobiler Endgeräte und drahtloser Zugangstechnologien könnte einen Zugriff auf die Anwendung zu jeder Zeit und an jedem Ort ermöglichen und damit die Einsatzfelder und die Attraktivität der Anwendung stark erhöhen.

Würde man dabei ausschließlich auf traditionelle Web-Technologien, also HTML bzw. XHTML als Inhaltsbeschreibungssprache für Web-Seiten und HTTP als Zugriffsprotokoll setzen, wäre dies aber mit gravierenden Nachteilen verbunden: Einerseits verwendet HTTP eine recht ineffiziente Kodierung der übertragenen Daten und bietet auch keinerlei Unterstützung für Paketverluste oder Verbindungsunterbrechungen, und andererseits sind HTML-Seiten nur sehr eingeschränkt auf kleinen Displays wie etwa denen von Mobiltelefonen oder PDAs darstellbar. Dies resultiert zum einen aus der Optimierung der HTML-Seiten für Displaygrößen, wie diese bei Standard-PCs verfügbar ist, zum anderen unterstützen die Browser mobiler Geräte aufgrund der beschränkten Speicher- und Verarbeitungsressourcen in der Regel nicht alle Medientypen und den gesamten Sprachumfang von HTML. Damit können komplexere Elemente von HTML-Seiten, etwa Tabellen, sowie zum Teil multimediale Inhalte nicht korrekt wiedergegeben werden. Ebenso bieten mobile Endgeräte meist nur eingeschränkte bzw. spezifische Interaktionsmöglichkeiten, die Eingabe eines längeren Textes über die Tastatur eines Mobiltelefons ist vom Benutzer in der Regel kaum handhabbar. Darüber hinaus können sich aus der mobilen Benutzung weitere Restriktionen ergeben. Ein Fahrerassistenzsystem in Fahrzeugen verzichtet etwa während der Fahrt auf visuelle Ausgaben, um den Fahrer nicht abzulenken, oder ein System am Arbeitsplatz benutzt Sprachausgaben, da der Anwender aufgrund seiner Arbeit die Hände nicht zur Bedienung der Anwendung frei hat.

Die Unterstützung eines netzwerk- und geräteunabhängigen Zugangs zu Anwendungen auf der Basis von Web-Technologien erfordert also erweiterte Technologien, um beschränkte Ressourcenverfügbarkeit, spezifische Interaktionsmöglichkeiten sowie eingeschränkte Kommunikationsmöglichkeiten gezielt zu unterstützen. Dazu können verschiedene Ansätze verfolgt werden. Diese umfassen spezifische Lösungen für ressourcenbeschränkte Endgeräte (z. B. WAP), Lösungen zur automatischen Anpassung HTML-basierter Seiten sowie Lösungen auf der Basis endgeräteunabhängiger Seitenbeschreibungssprachen. Diese Ansätze sollen im Folgenden kurz beschrieben und verglichen werden.

❯ 10.5.1 Wireless Application Protocol

Das *Wireless Application Protocol (WAP)* ist eine spezifische Lösung mit dem Ziel der Unterstützung des Web-Zugriffs für ressourcenbeschränkte Endgeräte wie Mobiltelefone und PDAs. Es umfasst eine Menge von Technologien und Protokollen, die auf unterschiedlichen Ebenen arbeiten und in ihrer Gesamtheit einen optimierten Web-Zugriff für diese Geräteklasse ermöglichen. Die in WAP enthaltenen Technologien werden in Abbildung 10.20 dargestellt.

Grundlage für den mobilen Web-Zugriff bildet das *Wireless Datagram Protocol (WDP)*, über das in Form von unbestätigten Datagrammen kommuniziert werden kann. WDP bietet den übergeordneten Schichten eine einheitliche Schnittstelle zu Kommunikationsdiensten und verbirgt dabei spezifische Schnittstellen darunterliegender Netzwerktechnologien. Ab der Version 2.0 wird alternativ auch TCP/IP unterstützt, wodurch eine stärkere Integration von WAP in das Internet möglich wird.

In Analogie zu den Sicherheitsmechanismen der Transportschicht des Internet (*Transport Layer Security (TLS)*) wird in der auf WDP aufsetzenden Protokollschicht (*Wireless Transport Layer Security (WTLS)*) eine verschlüsselte Kommunikation sowie die Authentisierung mobiler Anwendungen ermöglicht. Da dieses Protokoll nur zwischen Endgerät und WAP-Gateway arbeitet und dann entsprechend auf Internetprotokolle umgesetzt werden muss, ist in der Regel keine Ende-zu-Ende-Sicherheit zwischen Endgerät' und serverseitiger Anwendung möglich. Der umsetzenden Komponente, in der Regel dem WAP-Gateway, muss vertraut werden, da diesem bei der Umsetzung alle Nachrichten im Klartext vorliegen. Ab WAP 2.0 kann auch auf dem Endgerät TLS verwendet werden. Damit ist keine Umsetzung zwischen Protokollen mehr notwendig, wodurch eine Ende-zu-Ende-Sicherheit erreicht werden kann.

Da WDP nur eine unzuverlässige Datagramm-Kommunikation unterstützt, wurde das *Wireless Transaction Protocol (WTP)* eingeführt, das eine zuverlässige Vermittlung von Datagrammen in Form von Transaktionen ermöglicht. TLS führt jedoch keine Transaktionen im Sinne der in Kapitel 4 diskutierten ACID-Eigenschaften aus, sondern sichert durch Bestätigungen von Nachrichten sowie Übertragungswiederholungen und Duplikaterkennung eine zuverlässige Zustellung von Nachrichten. Dabei werden drei Klassen von Transaktionen unterstützt, die Nachrichten und Antworten unterschiedlich zuverlässig behandeln.

Auf der Basis von WTP können WAP-Browser nun über das *Wireless Session Protocol (WSP)* auf WAP-Inhalte zugreifen. Dieses bietet die Funktionalität des Internet-Protokolls HTTP, es wird jedoch eine deutlich effizientere, binäre Kodierung der übertragenen Daten beim Zugriff auf Internet-Inhalte verwendet. Damit wird vor allem der geringen Datenrate drahtloser Netzwerke Rechnung getragen. Außerdem unterstützt WSP auch Sitzungen, die auch bestehen bleiben, wenn ein Endgerät zwischenzeitlich nicht erreichbar ist, weil es ausgeschaltet oder die Verbindung unterbrochen wurde.

Die Inhalte selbst werden ebenfalls in angepasster Form mittels der Wireless Markup Language (WML) beschrieben. WML basiert im Gegensatz zu HTML auf XML, WML-Dokumente sind damit über Standardmechanismen für XML verarbeitbar und validierbar. Inhalte werden als so genannte Kartenstapel organisiert. Eine Karte (*card*) bezeichnet dabei eine Seite, mehrere zusammengehörige Seiten werden als Kartenstapel (*deck*) gebündelt und als Einheit zum Endgerät übertragen. Die Navigation zwischen den Karten erfolgt wie in HTML über Verweise. Neben der veränderten Organisation von Seiten wird in WML auch der Sprachumfang im Vergleich zu HTML eingeschränkt, um zu gewährleisten, dass WML-Seiten auch auf einfachsten Displays dargestellt werden können. So werden etwa aus HMTL bekannte Frames nicht unterstützt. Außerdem können nur Bilder im WBMP-Format, das lediglich monochrome Bilder codieren kann, in Seiten eingebettet werden.

In Version 2.0 erfuhr WAP einige wesentliche Erweiterungen. So können nun, wie bereits beschrieben, die Internetprotokolle TCP/IP sowie TLS und HTTP verwendet werden. Für TCP und HTTP sind dabei speziell an drahtlose Verbindungen und mobile Endgeräte angepasste Varianten vorgesehen, die als

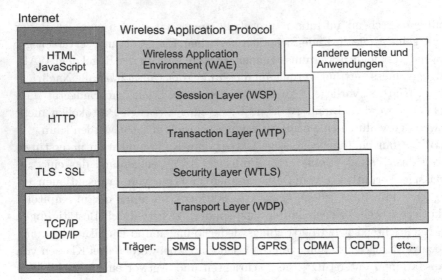

Abbildung 10.20. Die Protokollarchitektur von WAP im Vergleich zur Internetarchitektur

Wireless Profile (WP) des jeweiligen Protokolls bezeichnet werden und eine vollständige Kompatibilität mit den Standardprotokollen gewährleisten. Darüber hinaus kann nun neben einer neuen Version von WML auch XHTML als Seitenbeschreibungssprache verwendet werden. XHTML ist eine XML-konforme Definition von HTML. Für XHTML wurde ein modulares Konzept vorgesehen, mit dem der Sprachumfang stufenweise erweitert werden kann. Die einzelnen Stufen können dann von Browsern unterschiedlicher Komplexität interpretiert werden. Für WAP wurde ein *Mobile Profile für XHTML* spezifiziert, durch das festgelegt wird, welche Tags von Browsern WAP-fähiger Endgeräte unterstützt werden müssen. Außerdem wurde ein so genannter Push-Dienst eingeführt, der eine Server-initiierte Übertragung von WAP-Inhalten ermöglicht. Durch diese Erweiterung wurde eine engere Integration von WAP in das Internet erreicht.

Ähnliche Möglichkeiten bietet auch i-mode, eine proprietäre Technologie des japanischen Mobilfunkbetreibers NTT DoCoMo, die seit einiger Zeit auch in Deutschland verfügbar ist. Ähnlich wie bei WAP wird auch in i-mode eine spezielle Beschreibungssprache für Inhalte bereitgestellt, die bei i-mode als *Compact HTML (cHTML)* bezeichnet wird. cHTML ist eine Untermenge von HTML, wodurch alle zu diesem Sprachumfang konformen HTML-Seiten auf mobilen Endgeräten darstellbar sind. Nicht erlaubt sind etwa Tags zur Erstellung von Tabellen und Frames. cHTML erlaubt aber die Einbettung farbiger bzw. animierter Grafiken im GIF-Format.

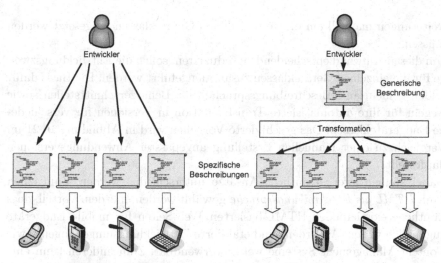

Abbildung 10.21. Vergleich der Vorgehensweisen einer manuellen Anpassung von Anwendungen und der Verwendung einer gemeinsamen Beschreibungssprache verbunden mit einer automatischen Umsetzung auf verschiedene Endgeräteklassen

Damit bieten WAP 2.0 und i-mode ähnliche Technologien bzw. Gestaltungsmöglichkeiten für Inhalte für mobile Endgeräte. Aufgrund des eingeschränkten Angebotes an Inhalten, aber auch durch Probleme bei der Darstellungsgeschwindigkeit und den Zugriffskosten, konnten sich diese Technologien in Europa bis heute nicht durchsetzen. Mit GPRS werden zwar höhere Datenraten und eine paketvermittelte Übertragung und damit eine Abrechnung nach Volumen und nicht nach Zeit möglich, ein wirklicher Durchbruch konnte aber auch damit bisher nicht erreicht werden.

10.5.2 Verwendung einer gemeinsamen Beschreibungssprache

Technologien wie WAP oder auch i-mode ermöglichen eine Entwicklung von Inhalten bzw. Anwendungen angepasst an bestimmte Klassen mobiler Endgeräte. Sollen Anwendungen auf mehreren unterschiedlichen Geräteklassen lauffähig sein und deren spezifische Eigenschaften, etwa verschiedene Displaygrößen, Farbtiefen oder Bedienkonzepte berücksichtigen, werden in der Regel manuelle Anpassungen durch die Entwickler für die einzelnen Geräte notwendig. Dabei kommen überwiegend auch speziell angepasste Entwicklungsumgebungen zum Einsatz und die Entwicklung erfolgt größtenteils parallel zur Entwicklung der Präsentationsschicht auf der Basis der Standardtechnologien für das WWW. Damit entsteht ein wesentlich höherer Aufwand für die Entwicklung und Wartung von Anwendungen, da Änderungen bzw. Erweiterungen manuell auf die verschiedenen Geräteklassen umgesetzt werden müssen.

Um diesen Aufwand entscheidend zu reduzieren, sollen die Entwicklungszweige für die einzelnen Geräteklassen zusammengeführt werden. Die Basis dafür bilden gemeinsame Beschreibungssprachen für Benutzerschnittstellen sowie Regeln für ihre automatisierte Transformation in Versionen für verschiedene Endgeräteklassen. Das geschilderte Vorgehen wird in Abbildung 10.21 im Vergleich zu einer manuellen Erstellung angepasster Anwendungsversionen dargestellt.

Dabei können zwei wesentliche Ansätze unterschieden werden. Zum einen kann *HTML als Beschreibungssprache* gewählt werden, mit dem Vorteil, dass sämtliche existierenden HTML-basierten Web-Seiten für mobile Endgeräte zugänglich wären. Außerdem sind etablierte Entwicklungsumgebungen sowie Content Management Systeme weiter verwendbar. Zum anderen kann eine *generische Beschreibungssprache* zur Erstellung von Benutzerschnittstellen verwendet werden, die dann in verschiedene spezifische Beschreibungssprachen, etwa HTML, WML oder Voice XML für verschiedene Klassen von Endgeräten transformiert wird.

Nachfolgend werden zunächst allgemein Anpassungsmöglichkeiten für Web-Seiten diskutiert. Anschließend werden Umsetzungsmöglichkeiten entsprechend der beiden genannten Ansätze beschrieben.

⊘ Anpassungsmöglichkeiten

Anpassungsmechanismen können entsprechend des Aufbaus von Web-Seiten auf drei verschiedenen Ebenen ansetzen.

Auf der Ebene einer Seite werden zunächst *einzelne Elemente* betrachtet. Dies können strukturierter Text, Eingabeelemente, Verweise, Bilder sowie weitere multimediale Datenelemente unterschiedlicher Datentypen sein. Die Startseite des Online-Händlers in unserem Anwendungsbeispiel besteht etwa aus einem Logo, d. h. einem Bild, verschiedenen Textpassagen sowie Verweisen auf den Produktkatalog, den Warenkorb sowie einer Kontaktseite. Die Verweise können ebenfalls mit Bildern unterlegt werden. Auf den Folgeseiten zur Abwicklung von Bestellungen werden außerdem verschiedene Elemente zur Eingabe von Bestelldaten verwendet. Diese Elemente können nun unabhängig voneinander angepasst werden. So können Bilder und andere multimediale Inhalte entsprechend ihres Dateityps angepasst werden. Bilder können zur Darstellung auf unterschiedlichen Displays etwa skaliert bzw. in ihrer Farbtiefe angepasst werden. Ähnliche Möglichkeiten existieren auch für Audio- und Videodaten. Entsprechende Mechanismen wurden bereits in Abschnitt 10.4.7 beschrieben. Längere Texte können auf der Basis von Überschriften mit Verweisen zu den entsprechenden Abschnitten in

Form eines Inhaltsverzeichnisses im Überblick dargestellt werden. Abschnitte können dabei durch einen repräsenativen Ausschnitt, etwa den ersten Satz bzw. die erste Zeile, in Kurzform wiedergegeben werden, um dem Benutzer zunächst einen Überblick über den Inhalt zu geben, der dann über einen Verweis erreicht werden kann. Eingabeelemente können in verschiedenen Realisierungsformen etwa an unterschiedliche Bedienkonzepte der Zielplattformen angepasst werden.

In der nächsten Ebene werden Zusammenhänge zwischen einzelnen Elementen, d. h. *Elementkombinationen*, berücksichtigt. Mehrere Elemente können dabei Sinneinheiten bilden, die nicht getrennt werden sollten. Dies trifft etwa auf ein Bild mit einer entsprechenden Unterschrift bzw. einer Textbeschreibung oder auf ein Eingabeelement mit einem beschreibenden Text zu. Eine hierarchische Kombination mehrerer Sinneinheiten ist ebenfalls möglich, etwa wenn mehrere Eingabeelemente mit ihren Beschreibungstexten kombiniert werden, um die Eingabe der Kreditkartendaten zu ermöglichen. Bei der Adaption solcher Sinneinheiten müssen also deren Beziehungen berücksichtigt werden. Diese können unter anderem durch eine Gruppierung von Elementen beschrieben werden. Eine weitere Möglichkeit stellt die Vergabe von Prioritäten dar. Elemente mit hoher Priorität könnten so unverändert dargestellt werden, während Elemente mit niedrigerer Priorität stärker angepasst werden.

Die Anpassung einzelner Elemente bzw. Elementkombinationen wird in der Regel im Kontext einer Seite ausgeführt. Seitenübergreifend können *Verweis- und Navigationsstrukturen* angepasst werden. So kann eine Aufteilung komplexer Seiten in mehrere einfachere Seiten sowie eine Verknüpfung dieser Seiten durch entsprechende Verweise die Darstellung und Navigation auf kleineren Endgeräten entscheidend verbessern (*Paginierung*). Darüber hinaus kann auch eine Übersichtsseite für die generierten Teilseiten erzeugt werden, die Verweise zu den einzelnen Teilseiten enthält. Durch alternative Verknüpfungen von Einzelseiten kann außerdem auch die verfügbare Anwendungsfunktionalität in den Adaptionsprozess mit einbezogen werden. Dabei ist in der Regel eine Reduzierung des Funktionsumfangs von Anwendungen notwendig, damit diese auch auf leistungsschwächeren Endgeräten lauffähig sind. So sollten etwa komplexe bzw. datenintensive Funktionen für Endgeräte mit geringer Rechenleistung bzw. eingeschränkter Übertragungskapazität ausgeblendet bzw. vereinfacht werden. Durch eine Reduzierung der notwendigen Eingabeparameter könnten etwa Seitenstrukturen vereinfacht werden. Dazu müssen in der Anwendungslogik aber auch entsprechende Funktionen angeboten werden, die mit der reduzierten Zahl von Eingabeparemetern arbeiten können.

> **Adaption HTML-basierter Web-Seiten**

Dieser als *Transcoding* bezeichnete Ansatz ermöglicht eine automatisierte Umsetzung von HTML-Seiten in verschiedene gerätespezifische Repräsentationen bzw. Markup-Sprachen. Beispielsweise könnte aus einer HTML-Seite eine WML-Seite für WAP-fähige Endgeräte automatisch erzeugt werden.

Ein entscheidender Nachteil von HTML ist jedoch, dass in der Praxis in vielen HTML-Dokumenten Inhalt, Struktur und Präsentation miteinander vermischt werden, etwa um verschiedene Text- und Multimediaelemente einer Seite durch eine Tabelle wunschgemäß anzuordnen. Die Tags zur Definition verschiedener Überschriftenebenen werden ebenfalls häufig zur Gestaltung von Texten, etwa für Hervorhebungen oder Textpassagen in verschiedenen Formatierungen und Größen verwendet.

Eine Restrukturierung von Dokumenten, etwa eine Zerlegung komplexer Web-Seiten mit mehreren Inhaltsbereichen in mehrere einfachere Web-Seiten, die auch auf kleinen Displays darstellbar werden, gestaltet sich damit schwierig. Die Erkennung der Struktur, als Grundlage für die Adaption von Web-Seiten, erfolgt deshalb überwiegend auf der Basis von Heuristiken. Diese beruhen auf Annahmen über die Verwendung und Kombination bestimmter Tag-Elemente und sind deshalb nur begrenzt generalisierbar. Die Ergebnisse der Adaption HTML-basierter Web-Anwendungen sind deshalb für reale Anwendungen in der Regel nicht akzeptabel. Vielfach sind Inhalte nicht oder nur begrenzt zugreifbar. Spezifische Gestaltungs- und Bedienkonzepte lassen sich häufig nicht automatisiert umsetzen, sondern müssen auch hier durch manuelles Eingreifen und damit mit hohem Aufwand umgesetzt werden. Der Verfügbarkeit bestehender Web-Seiten steht also eine schlechte Bedienbarkeit automatisiert angepasster Seiten gegenüber.

Digestor [BGS99] ist ein repräsentatives Beispiel für diesen Ansatz. Anhand von Tag-Informationen und Heuristiken wird die Struktur der zu transformierenden Web-Seite extrahiert. Bei der Adaption werden die Displaygröße des Endgerätes sowie die verwendete Schriftart im Browser berücksichtigt. Diese Informationen werden zur Restrukturierung von Texten und Tabellen, zur Erstellung von Übersichtsseiten, zur Adaption von Bildern und zur Filterung von Inhalten verwendet. Beispiele der von Digestor verwendeten Adaptionsmechanismen sind in Abbildung 10.22 dargestellt.

M-Links [STHK01] zielt auf die Änderung der Dokumentstruktur, um insbesondere Geräte mit kleinen Displays zu unterstützen. Der Webzugriff wird in die zwei Phasen Navigation und Dienstnutzung unterteilt. Die Dokumentstruktur wird in eine Liste von Verweisen geändert, die zum Teil durch Heuristiken aus dem Dokument extrahiert werden. Beispielsweise wird eine Telefonnummer in einen Verweis transformiert, der mit einem Dienst zum Wählen der Nummer verknüpft ist. In [BGMP01] wird strukturierter Text in Segmen-

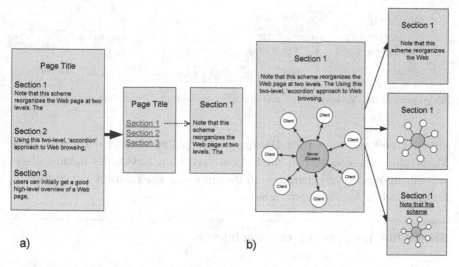

Abbildung 10.22. Restrukturierung von Texten (a) und ganzen Seiten (b)

te zerlegt, die mit unterschiedlich umfangreichem Inhalt angezeigt werden können. Beide Ansätze basieren ebenfalls auf HTML als Quellsprache und zielen auf die Verbesserung der Navigation für Geräte mit kleinen Displays. Transcoding-Ansätze wurden aber auch in kommerzielle Produkte integriert, etwa mit dem *IBM Websphere Transcoding Publisher* oder dem *Oracle Application Server Wireless*. Heute wird der Ansatz des Transcodings im Allgemeinen aber als nicht ausreichend betrachtet.

Geräteunabhängige Dokumentbeschreibungssprachen

Die Verwendung einer generischen Dokumentbeschreibungssprache, in der Regel auf der Basis von XML, ermöglicht eine klare Trennung der Beschreibung von Inhalt, Struktur und Präsentation und bietet damit eine bessere Grundlage zur Anpassung von Web-Seiten an verschiedene Endgeräte und Markup-Sprachen als HTML. Wesentliche Bestandteile der Beschreibungssprache sind Elemente zur Beschreibung grundlegender Inhaltsobjekte, wie Text, Bilder und Eingabeelemente, zur Strukturierung und Anordnung der einzelnen Inhaltsobjekte, wie Tabellen, Rahmen, Formulare und Container, sowie zur Beschreibung von Navigationsbeziehungen, wie interne und externe Verweise. Außerdem spielen Konzepte zur Modularisierung und Wiederverwendung von Inhaltsdefinitionen eine wesentliche Rolle. Darüber hinaus werden zum eigentlichen Dokument *Meta-Informationen* definiert, die eine Anpassung des Dokumentes ermöglichen.

Dies können beispielsweise Prioritätsinformationen oder Bedingungen zur Auswahl bestimmter Inhalte sowie Informationen zu Inhaltsobjekten, etwa

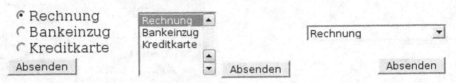

Abbildung 10.23. Varianten der Darstellung des abstrakten Eingabelements `select1`

zur Beschreibung von Größe, Datentyp und Qualität eines Bildes, sein. Diese Meta-Informationen werden zur Entwurfszeit vom Entwickler definiert bzw. von einem Werkzeug generiert und dienen dann zur Laufzeit zur Steuerung automatischer Anpassungsprozesse.

Beispiel 10.1 Bedingte Auswahl von Inhalten

```
<sel:select precept="matchfirst">
    <sel:when expr="dcn:cssmq-width('px') &gt; 200 and dcn:cssmq-color() &gt; 4">
        <object src="Biglogo.gif"/>
    </sel:when>
    <sel:when expr="dcn:cssmq-color() &gt; 4">
        <object src="Smalllogo.gif"/>"
    </sel:when>
    <sel:otherwise>
        <p>Jupiter</p>
    </sel:otherwise>
</sel:select>
```

Zur Adaption auf der Ebene einzelner Elemente werden die *bedingte Auswahl von Inhalten* sowie die Definition *abstrakter Eingabelemente* als wesentliche Konzepte verwendet. Für das erste Konzept werden zur Entwurfszeit Bedingungen formuliert, die als Meta-Informationen mit den Elementen verknüpft werden, für die eine Auswahl getroffen werden soll. Zum einen können dabei Elemente unter bestimmten Bedingungen, etwa nur für bestimmte Geräteklassen oder ab einer bestimmten Displaygröße, angezeigt bzw. ausgeblendet werden, zum anderen kann eine Auswahl aus verschiedenen Alternativen für ein Element erfolgen. Für die zweite Variante müssen dafür vom Entwickler entsprechende Alternativen definiert werden, etwa eine Textbeschreibung für ein Bild oder Video.

Beispiel 10.1 zeigt die selektive Darstellung des Logos für die Web-Seiten unseres Online-Händlers, für das zwei verschiedene Qualitätsstufen sowie eine alternative Textdarstellung festgelegt wurden. Die Syntax ist dabei an die derzeit beim W3C in der Standardisierung befindlichen Sprachkonzepte in *DISelect (Content Selection for Device Independence)* angelehnt. Das Element `select` bietet dabei den Rahmen zur Definition von Bedingungen für bestimmte Inhaltsobjekte. Bedingungen werden mit Hilfe der Elemente `when`, `if` und `otherwise` festgelegt, innerhalb derer mit dem Element `expr` entsprechende Ausdrücke definiert werden können. Im Beispiel wird etwa im ersten `when` Element festgelegt, dass das Händlerlogo in der höchsten Auflösung nur dann dargestellt wird, wenn die horizontale Displayauflösung des Gerätes mehr als 200 Pixel beträgt und die Farbtiefe größer als 4 Bit ist. Durch die Festlegung von `matchfirst` im `select` Element wird die erste Alternative dargestellt, deren Bedingung erfüllt ist. Durch Angabe von `matchevery` würde jede Version mit erfüllter Bedingung in die Darstellung einbezogen werden. Eine entsprechende Umsetzung zeigt Abbildung 10.24. In der Desktop-Version wird das vollständige Logo angezeigt, die PDA-Version enthält die verkleinerte Darstellung und in der Variante für das Mobiltelefon wird nur der alternative Text dargestellt.

Beispiel 10.2 Abstrakte Eingabeelemente

```
<xf:select1 ref="/bank:payment" appearance="minimal">
   <xf:item>
      <xf:label>Rechnung</xf:label>
      <xf:value>bill</xf:value>
   </xf:item>
      <xf:item>
   <xf:label>Bankeinzug</xf:label>
      <xf:value>bankorder</xf:value>
   </xf:item>
   <xf:item>
      <xf:label>Kreditkarte</xf:label>
      <xf:value>creditcard</xf:value>
   </xf:item>
</xf:select1>
```

Zur Umsetzung interaktiver Anwendungen spielt die Anpassung an unterschiedliche Displaygrößen und Bedienkonzepte eine bedeutende Rolle, da davon die Bedienbarkeit und damit die Benutzerakzeptanz sowie der wirtschaftliche Erfolg der Anwendung eng verbunden ist. Als Lösungsansätze hierfür haben sich abstrakte Eingabeelemente etabliert, die dann auf unterschiedliche Weise umgesetzt werden können. Beispielsweise kann ein Eingabefeld für ein Datum als einfaches Textfeld, aber auch als komplexes Kalenderfeld umgesetzt werden. Ebenso existieren unterschiedliche Umsetzungsmöglichkeiten für Auswahlfelder, wie dies im Beispiel 10.2 anhand von XForms dargestellt wird. Die Sprachelemente von XForms lassen sich in verschiedene Beschreibungssprachen, etwa in HTML und xHTML, einbetten. Das abstrakt definierte Eingabeelement `select1` ermöglicht die Auswahl eines von mehreren alternativen Werten und kann in Form von Radio-Buttons, einer einfachen sowie einer erweiterten Auswahlliste umgesetzt werden (siehe Abbildung 10.23). Abstrakte Elemente können natürlich auch mit dem Konzept der bedingten Inhaltsauswahl kombiniert werden, um eine weitere Differenzierung von Eingabeelementen bzw. ganzen Elementgruppen zu erreichen.

Beispiel 10.3 Definition der Dokumentstruktur

```
<head>
  <riml:layout>
    <riml:row riml:id="root-container">
    <riml:column riml:id="CA">
      <riml:frame riml:id="f1" riml:minWidth="40"/>
      <riml:frame riml:id="f2" riml:minWidth="40"/>
    </riml:column>
      <riml:riml:frame riml:id="f3" riml:minWidth="50"/>
    </riml:row>
  </riml:layout>
</head>
<body>
  <section id="s1" riml:frameId="f1">
    <!- section content ->
  </section>
  ...
  <section id="s6" riml:frameId="f3">
    <!- section content ->
  </section>
</body>
```

Durch die Festlegung von Elementgruppen können semantisch zusammengehörende Elemente zu Sinneinheiten zusammengefasst und Meta-Informationen und Anpassungsregeln für diese festgelegt werden. Darüber hinaus müssen auch die Struktur des Dokumentes und die Anordnung der einzelnen Sinneinheiten innerhalb des Dokumentes explizit definiert werden. Auf dieser Basis kann dann eine Anpassung des Layouts und wenn notwendig auch der Dokument- und Navigationsstruktur erfolgen. Zum einen kann dazu eine be-

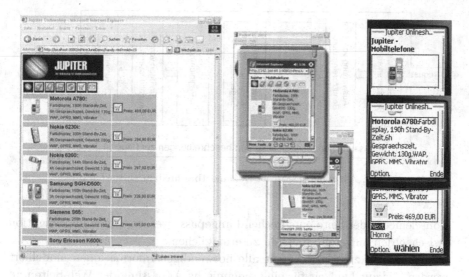

Abbildung 10.24. Adaption der Anwendungs- und Navigationsstruktur

dingte Inhaltsauswahl, etwa für verschiedene Layout- oder Strukturdefinitionen, eingesetzt, zum anderen kann anhand der explizit definierten Dokumentstruktur auch eine automatisierte Anpassung der Seitenstruktur durch Paginierung erreicht werden. Dazu werden Elemente bzw. Sinneinheiten als kleinste, nicht teilbare Einheiten des Dokumentes (*Atome*) festgelegt, die dann in der Strukturdefinition weiter zu so genannten *Molekülen* zusammengesetzt werden.

In Beispiel 10.3 werden einzelne Atome mit Hilfe des Elementes `section` definiert. Eine Section kann dabei ein oder mehrere Elemente enthalten, die vom Paginierungsmechanismus als unteilbar betrachtet werden. Die Festlegung der Anordnung der einzelnen Sections erfolgt durch die Definition von Containern und Rahmen. Die Elemente `row` und `column` dienen zur Festlegung von Containern. Die Elemente darin werden entsprechend des Containertyps horizontal bzw. vertikal angeordnet. Container können auch hierarchisch definiert werden. Ein Container kann wiederum mehrere Frames beinhalten, die wiederum mehrere Sections enthalten können. Frames, die durch das Element `frame` definiert werden, stellen damit die Moleküle des Dokumentes dar.

Auf der Basis dieser Informationen kann dann ein Paginierungsalgorithmus eine Seitenaufteilung ermitteln, wenn die gesamte Seite nicht auf dem Display des Zielgerätes dargestellt werden kann. Dies ist in Abbildung 10.24 für die eine Produktseite des Onlinehändlers dargestellt. Diese wird in der Desktop-Version vollständig dargestellt, für PDA und Mobiltelefon wird aber eine entsprechende Paginierung durchgeführt. Dabei müssen auch die Naviga-

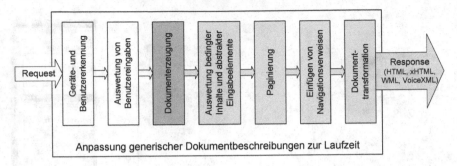

Abbildung 10.25. Adaption generischer Dokumentbeschreibungen zur Laufzeit

tionselemente der Seite entsprechend angepasst werden, um eine Navigation zwischen den aufgeteilten Seiten zu ermöglichen.

Damit können zur Entwurfszeit alle notwendigen Informationen modelliert werden, die zur Laufzeit für eine dynamische Anpassung der Web-Seiten an verschiedene Endgeräte und Benutzeranforderungen notwendig sind. Die Anpassung wird durch eine Laufzeitkomponente durchgeführt, die eng mit dem der Anwendungslogik verbunden ist und zu verschiedenen Zeitpunkten auch auf diese zugreift. Abbildung 10.25 stellt die wesentlichen Schritte zur Umsetzung einer generischen Seitenbeschreibung in eine von mehreren möglichen Zielsprachen dar.

Im ersten Schritt zur *Geräte- und Benutzererkennung* werden die mit dem eintreffenden HTTP-Request mitgesendeten Informationen ausgewertet. In den Request können Informationen über das Endgerät, den verwendeten Browser sowie eine Benutzerkennung eingebettet werden, etwa durch die Verwendung von Composite Capabilities/Preferences Profile (CC/PP) Profilen. Aus serverseitig verwalteten Geräte- und Benutzerdaten können weitere Informationen bezogen werden, die in die Adaption der angeforderten Web-Seite einbezogen werden können.

Im zweiten Schritt werden, falls vorhanden, die ebenfalls im HTTP-Request codierten Daten aus *Benutzereingaben verarbeitet*. Dabei können Eingabedaten validiert und mit dem Datenmodell des aktuellen Formulars abgeglichen werden. Aus der Verarbeitung kann die Änderung der Navigationsstruktur resultieren, etwa wenn eine neue Seite erstellt wird, auf der fehlerhaft eingegebene Daten nochmals eingegeben werden können.

Im Anschluss daran erfolgt die Erstellung der Folgeseite. Dabei kann unter Benutzung von Standardtechnologien, etwa Servlets oder Java Server Pages, auf das Backend zugegriffen werden, wodurch auch dynamische Inhalte integriert werden können. Ergebnis der Dokumenterzeugung ist aber keine HTML-Seite, sondern eine generische Seitenbeschreibung.

In den folgenden Schritten werden die Bedingungen für die Auswahl alternativer oder selektiver Inhalte mit den im ersten Schritt aufbereiteten Kontextinformationen geprüft und entsprechende Inhalte ausgewählt. Ebenso werden abstrakte auf konkrete Eingabeelemente abgebildet. Dabei erfolgt eine Reduzierung der Dokumentinhalte auf die für das Zieldokument relevanten Inhalte. Anschließend wird das Dokument abhängig von den ermittelten Kontextinformationen paginiert, wobei gegebenenfalls Navigationsstrukturen eingefügt bzw. angepasst werden müssen.

Im letzten Schritt wird die Transformation des Dokuments von der generischen in eine plattformabhängige Beschreibungssprache durchgeführt, etwa nach HTML, xHTML, WML oder auch VoiceXML bzw. X+V für eine vollständige bzw. kombinierte Sprachausgabe. Dies erfolgt überwiegend auf der Basis von XSLT (EXtensible Stylesheet Language Transformations), auf deren Basis Regeln für die Transformation von XML-Dokumenten definiert werden können. Diese Regeln beschreiben, wie Elemente im Quelldokument im Zieldokument repräsentiert werden sollen. Ein so genannter XSLT-Prozessor wendet die Regeln auf das Quelldokument an und generiert damit das Zieldokument. Dieses kann dann als HTTP-Response an das anfragende Gerät ausgeliefert werden.

10.6 Java-basierte Anwendungen für mobile Rechner

10.6

Neben der breiten Anwendung von Web-Technologien in der Form von Thin-Clients werden auch eigenständige Client-Applikationen realisiert. Diese sind von Bedeutung, wenn auf Clientseite eine erweiterte Funktionalität gefordert wird, die in einer Browserumgebung nicht realisierbar ist. In unserer Beispielanwendung könnte etwa für umfangreichere Produkt- und Preisrecherchen eine Validierung der Eingabedaten bzw. umfangreichere Berechnungen und Visualisierungen bereits auf dem Endgerät durchgeführt werden. Um mobile Endgeräte zu unterstützen, können Client-Anwendungen entweder direkt auf dem jeweiligen Betriebssystem oder auf einer Java-Umgebung aufsetzen, die heute vom überwiegenden Teil der Endgeräte unterstützt wird. Eine Umsetzung direkt auf der Basis von Betriebssystemfunktionen erlaubt eine umfangreiche Unterstützung des jeweiligen Gerätes und insbesondere gerätespezifischer Funktionen wie spezielle Bedienelemente oder erweiterte Kommunikationsmöglichkeiten. Außerdem verspricht dieser Ansatz die höchste Leistungsfähigkeit. Die Portabilität der Anwendung wird allerdings sehr stark eingeschränkt.

Demgegenüber wird die Anwendung durch eine Java-basierte Umsetzung auf einer Vielzahl von Endgeräten lauffähig bzw. läßt sich leicht auf verschiedene Gerätetypen und -klassen portieren. Damit kann natürlich eine

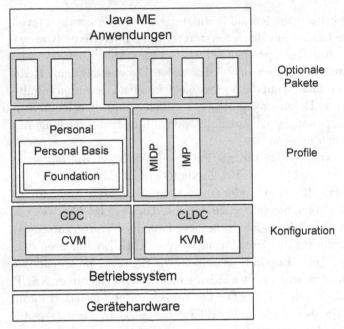

Abbildung 10.26. Genereller Aufbau der Java ME Plattform

größere Gerätebasis genutzt werden, wodurch auch eine breitere Kundenbasis erreicht werden kann. Diese Vorteile rechtfertigen häufig eine verringerte Leistungsfähigkeit. Nachfolgend soll deshalb die Java-Plattform für mobile Endgeräte, die *Java Micro Edition (Java ME)* vorgestellt werden.

❯ 10.6.1 Grundlegender Aufbau

Java ME hat das Ziel, ein breites Spektrum an Endgeräten mit limitierten Ressourcen, ausgehend von Pagern und mobilen Telefonen, über eingebettete Geräte und persönliche digitale Assistenten (PDA) bis hin zu Set-Top Boxen und Laptops, zu unterstützen. Aufgrund der Vielfalt der Eigenschaften dieser Geräte stellt die Java Micro Edition kein homogenes System dar, sondern bezeichnet eine modulare Plattform, für die unterschiedliche Ausprägungen spezifiziert wurden.

Basis von Java ME bildet wie auch bei den anderen Java-Plattformen eine virtuelle Maschine, die auf dem Betriebssystem und der Hardware des jeweiligen Gerätes aufsetzt. Gemeinsam mit grundlegenden Bibliotheken bildet die virtuelle Maschine eine Konfiguration, die für eine bestimmte Klasse von Endgeräten verwendet werden kann. Auf dieser Konfiguration setzen dann Profile sowie weitere optionale Pakete auf. Der grundlegende Aufbau der Java Micro Edition wird in Abbildung 10.26 dargestellt.

Für die Java Micro Edition existieren zwei Varianten der virtuellen Maschine. Zum einen wurde eine virtuelle Maschine mit stark reduziertem Funktionsumfang definiert, die auch auf Kleinstgeräten lauffähig ist. Diese wurde insbesondere hinsichtlich des Speicherbedarfs und der benötigten Rechenleistung optimiert. Aufgrund ihrer geringen Speicheranforderungen wird diese auch als *Kilo Virtual Machine (KVM)* bezeichnet. Die wesentlichen Einschränkungen gegenüber der Java Virtual Machine sind das Fehlen benutzerdefinierter Classloader, keine Finalisierung von Instanzen und eine fehlende Unterstützung von Threadgruppen und Daemon-Threads sowie asynchroner Exceptions.

Zum anderen bietet die *Compact Virtual Machine (CVM)* den vollständigen Funktionsumfang der *Java Virtual Machine (JVM)*. Jede der virtuellen Maschinen bildet gemeinsam mit einer Menge von Java-Bibliotheken eine so genannte *Konfiguration*, die die Basis der Java-Plattform für eine bestimmte Klasse von Endgeräten bildet. Gegenwärtig wurden für Java ME zwei Konfigurationen definiert:

- Die *Connected Limited Device Configuration (CLDC)* wurde für leistungsschwache Endgeräte mit geringen Speicherressourcen, limitierten Ein- und Ausgabemöglichkeiten, geringer Rechenleistung sowie unsteten Netzwerkverbindungen mit geringer Übertragungsleistung und Phasen der Abkopplung konzipiert. Die Konfiguration kann damit unter anderem auf Mobiltelefonen, Pagern und persönlichen digitalen Assistenten eingesetzt werden.

- Die *Connected Device Configuration (CDC)* deckt dagegen die Klasse der leistungsfähigeren Endgeräte mit einer in der Regel permanenten Netzwerkverbindung und höheren Datenraten ab. Zu den Zielgeräten zählen einerseits stationäre, meist eingebettete Endgeräte wie Set-Top-Boxen sowie Internet-basierte Fernseh- und Telefongeräte und andererseits mobile Endgeräte wie leistungsstarke Smart Phones und PDAs sowie Assistenz- und Entertainmentsysteme in Fahrzeugen.

Die virtuelle Maschine einer Konfiguration muss auf das jeweilige Zielgerät portiert werden. Darauf aufsetzend umfasst jede Konfiguration eine bestimmte Untermenge des Funktionsumfangs der Java SE Bibliotheken. Zum Teil enthalten die in eine Konfiguration übernommenen Klassen nur Teilmengen der Methoden der Java SE Version. Darüber hinaus können noch zusätzliche, für eine Geräteklasse spezifische Bibliotheken in eine Konfiguration aufgenommen werden. Die Konfigurationen bauen dabei aufeinander auf, die CDC enthält die Bibliotheken der CLDC als Teilmenge ihrer Bibliotheken.

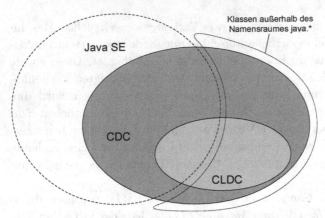

Abbildung 10.27. Java ME Klassenbibliotheken

Die Konfigurationen enthalten also grundlegende Funktionen und definieren damit eine minimale Java-Plattform für eine bestimmte Klasse von Endgeräten. Ein Profil ist genau einer Konfiguration zugeordnet und auch nur unter dieser verwendbar. Für die CLDC wurden das Information Module Profile (IMP) sowie das *Mobile Information Device Profile (MIDP)* definiert. Das Information Module Profile enthält dabei eine Untermenge der Bibliotheken des Mobile Information Device Profile.

Für die CDC existieren drei aufeinander aufbauende Profile, die jeweils den Funktionsumfang der Plattform erweitern. Das *Foundation Profile* bildet die Basis der CDC und bietet gemeinsam mit den Bibliotheken der Konfiguration eine grundlegende Plattform für Applikation mit Unterstützung von Netzwerkverbindungen und I/O-Operationen. Funktionen zur Umsetzung einer graphischen Benutzeroberfläche werden nicht bereitgestellt. Das Foundation Profile wird durch das *Personal Basis Profile* um Funktionen zur Unterstützung der Konzepte der JavaBeans-Komponenten sowie der Umsetzung einfacher graphischer Benutzeroberflächen auf der Basis einer Untermenge des Abstract Window Toolkits (AWT) der Java Standard Edition erweitert. Das *Personal Profile* bietet darauf aufbauend die vollständige Funktionalität von AWT. Einen Überblick über die derzeit verfügbaren Konfigurationen und Profile enthält Abbildung 10.27.

❯ 10.6.2 Anwendungsentwicklung

Die Entwicklung von Anwendungen auf der Basis der CDC-Konfiguration entspricht dem Vorgehen für die Java Standard Edition. Für die CLDC-Konfiguration wird jedoch ein spezifisches Vorgehen gefordert. Anwendungen für kleinste mobile Geräte auf der Basis der CLDC-Konfiguration und des MIDP erfordern jedoch ein spezifisches Vorgehen. Die Anwendungsentwicklung erfolgt auf der Basis so genannter MIDlets, deren Ausführung in Analogie zu Applets durch die Plattform gesteuert wird. MIDlets müssen dazu bestimmte Methoden implementieren, die dann von der Plattform aufgerufen werden. Der grundlegende Aufbau eines MIDlets wird in Beispiel 10.4 gezeigt.

Beispiel 10.4 Beispiel eines MIDlets

```
import javax.microedition.midlet.*;
import javax.microedition.lcdui.*;

public class ShopClient extends MIDlet
    implements javax.microedition.lcdui.CommandListener {

  public ShopClient() {      // Konstruktor - Aufruf der Methode initialize
  initialize();
  }
  public void startApp() {...}
  public void pauseApp() {...}
  public void destroyApp(boolean unconditional) {...}

  // Methode zur Verarbeitung von Nutzereingaben
  public void commandAction(javax.microedition.lcdui.Command command,
      javax.microedition.lcdui.Displayable displayable) {...}
}
```

Ein Zugriff auf Dateien oder andere Speichermedien ist über MIDP nicht möglich. Zur Datenspeicherung wird ein einfaches Record Store System zur Verfügung gestellt, in dem Daten in Form von <*Name, Wert*>-Paaren gespeichert werden können. Für graphische Benutzeroberflächen und die Netzwerkkommunikation wurden ebenso spezifische Lösungen geschaffen. Zur Implementierung graphischer Benutzeroberflächen stehen dabei zwei verschiedene Konzepte zur Verfügung. Zum einen können Basiselemente wie Textfelder, Buttons und Listen direkt über eine Klassenbibliothek erzeugt werden, zum anderen kann mit Zeichenoperationen die Darstellung auf relativ niedriger Abstraktionsebene direkt manipuliert werden. Während die erste Lösung aufgrund der höheren Abstraktionsebene eine bessere Portierbarkeit ermöglicht, stehen mit der zweiten Lösung wesentlich flexiblere Gestaltungsmöglichkeiten zur Verfügung, die vor allem für Spiele genutzt werden können. Zum Zugriff auf Netzwerkfunktionen enthält MIDP ein kompaktes und erweiterbares Framework, das *Generic Connection Framework (GCF)*. Durch dieses können

Anwendungen per HTTP und HTTPS mit verteilten Anwendungskomponenten kommunizieren. Optional sind auch Sockets zur Kommunikation über TCP/IP bzw. UDP/IP verfügbar, wobei sowohl ausgehende als auch eingehende Verbindungen aufgebaut werden können.

Von den Herstellern von Mobiltelefonen sowie von Sun Microsystems werden größtenteils Entwicklungsumgebungen für Java ME zur Verfügung gestellt. Diese unterstützen die Entwicklung sowie die Installation von MIDlets auf den Endgeräten, wobei die spezifischen Klassenbibliotheken der Java ME direkt unterstützt werden. Zu den Werkzeugen werden außerdem Geräteemulatoren mitgeliefert, die einen Test der Anwendungen ermöglichen. Beispiele für Entwicklungswerkzeuge sind das *Sun Wireless Toolkit*, die *Nokia Carbide.j* und das *Motorola iDEN SDK for J2ME*. Diese Werkzeuge sind zum Teil auch in Entwicklungsumgebungen wie *Eclipse* (über *EclipseME*), *Sun NetBeans* (über das *NetBeans Mobility Pack*) oder in Borland JBuilder (über das *JBuilder 2005 Mobility Set*) integrierbar, durch die eine Einbettung der Entwicklung von Client-Komponenten auf der Basis von Java ME in den Entwicklungsprozess verteilter Anwendungen möglich wird.

Profile definieren damit Standard-Plattformen für bestimmte Geräteklassen und sichern so die Portabilität von Anwendungen innerhalb dieser Klasse. Spezielle bzw. erweiterte Funktionen werden durch optionale Pakete unterstützt. Optionale Erweiterungen, die auf der CLDC-Konfiguration basieren, ermöglichen unter anderem die Kommunikation über Bluetooth, das Session Initiation Protocol (SIP), einen Zugriff auf Web Services und die Unterstützung multimedialer Datentypen.

Für die CDC-Konfiguration sind darüber hinaus auch Erweiterungen zum entfernten Zugriff auf Datenbanken über das JDBC-Protokoll sowie zur entfernten Kommunikation über Java RMI verfügbar. Damit ist für leistungsfähigere mobile Endgeräte auch eine Integration in verteilte Anwendungen möglich. Diese bieten allerdings keine spezifischen Mechanismen für die Unterstützung drahtloser Kommunikationstechnologien, sondern verwenden Java-Standard-Mechanismen. Damit wird die Funktionalität der Java-Plattform erweitert, gleichzeitig steigen aber auch die Anforderungen der Anwendung, wodurch deren Plattformunabhängigkeit entsprechend eingeschränkt wird.

10.7 10.7 Kontextabhängige Systeme

In den vorangegangenen Abschnitten wurde deutlich, dass Anwendungen im mobilen Umfeld an die aktuellen Gegebenheiten der Ausführungsumgebung, also das verwendete Endgerät und die verfügbare Netzwerkverbindung, angepasst werden müssen. Darüber hinaus sollten auch die Gegebenheiten des Aufenthaltsortes und die aktuelle Anwendungssituation des Benutzers berücksichtigt werden. Durch die Mobilität der Benutzer werden Anwendungen an wechselnden Orten benutzt und dessen gegenwärtige Aktivität und Rolle beeinflusst die Benutzung der Anwendung ebenfalls. Im Beispiel unserer elektronischen Handelsplattform könnte ein Benutzer zum einen geschäftlich und zum anderen privat nach Produkten suchen. Die dabei für ihn interessanten Produktkategorien bzw. -gruppen können sich dementsprechend wesentlich unterscheiden.

Die Kenntnis der aktuellen Ausführungsumgebung einschließlich der Anwendungssituation des Benutzers ist also eine notwendige Voraussetzung, um das Verhalten der Anwendung entsprechend anpassen zu können und damit ihre Benutzbarkeit gerade im mobilen Umfeld wesentlich zu verbessern.

Die für die Anwendung relevanten Informationen über die Ausführungsumgebung werden als *Kontext* bezeichnet. Dienste, deren Verhalten in einem definierten Zusammenhang mit aktuellen Kontextwerten steht, werden als *kontextabhängig* (*context-aware*) bezeichnet.

Wird speziell der Aufenthaltsort des Benutzers betrachtet, spricht man von *lokationsabhängigen* (*location-aware*) Diensten. Der Aufenthaltsort kann also als ein Teil des Kontextes betrachtet werden.

10.7.1 Lokationsabhängige Dienste

Ein spezielles Anwendungsfeld des Mobile Computing ist die Bereitstellung lokationsabhängiger Dienste. Einem mobilen Benutzer eines touristischen Informationssystems werden dabei etwa genau die Hotels, Restaurants und Sehenswürdigkeiten seiner aktuellen näheren Umgebung angezeigt, der Außendienst-Mitarbeiter unseres Beispiels erhält automatisch aktualisierte Kundendaten für die Kunden in seiner Nähe, und der mobile Kaufhausbesucher bekommt genau die Produktinformationen zu dem vor ihm stehenden Regal. Das Grundprinzip besteht also darin, dass die aktuelle Position des Benutzers, oder genauer, des von diesem im Augenblick benutzten Endgerätes, bestimmt wird und anschließend eine Zuordnung von Informationen bzw. Diensten des jeweiligen Systems zu diesem Ort erfolgt. Die einfachste Klasse von Anfragen an das Lokalisierungssystem ist dabei die nach dem aktuellen Aufenthaltsort eines Objektes. Darüber hinaus kann auch eine Position relativ zu einem anderen Objekt oder der Abstand zu diesem für Anwendungen von Interesse sein. Darauf aufbauend können beispielsweise Navigationssysteme im Fahrzeug auch an einer möglichen Verbindung zwischen zwei zu lokalisierenden Objekten interessiert sein bzw. einen Pfad zwischen diesen abfragen.

Bestimmung der Position

Die Bestimmung der Position von Geräten, Personen oder anderen Objekten wird als *Ortung* bezeichnet. Dabei können zwei grundlegende Verfahren

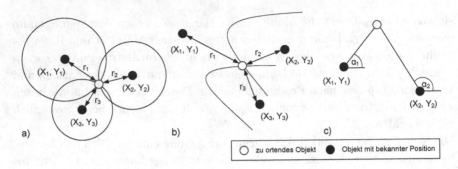

Abbildung 10.28. Positionsbestimmung mittels zirkularer Lateration (a), hyperbolischer Lateration (b) und Angulation (c)

unterschieden werden. Zum einen kann ein zu ortendes Objekt seine Position selbst ermitteln, zum anderen wird die Position eines Objektes durch die Infrastruktur ermittelt. Entsprechend der Vorgehensweise spricht man von *clientbasierten* bzw. *infrastrukturbasierten* Ortungsverfahren.

Bei clientbasierten Verfahren wird die Ortung, d. h. der Empfang von Signalen und die Positionsberechnung, auf dem Endgerät ausgeführt. Damit ergeben sich Vorteile in Hinblick auf den Schutz und die Weitergabe dieser personenbezogenen Informationen, da die Ortsinformationen der Kontrolle des georteten Objektes unterliegen. Andererseits müssen die Messungen und Berechnungen auf dem Endgerät ausgeführt werden, wodurch sich erweiterte Anforderungen hinsichtlich der Hardwareausstattung und Rechenleistung für dieses ergeben. Bei infrastrukturbasierten Verfahren sendet das Endgerät dagegen nur Signale, Messung und Berechnung der Position erfolgen innerhalb der Infrastruktur. Das Endgerät kann damit einfacher gestaltet werden, die Ortsinformationen unterliegen aber nicht mehr der Kontrolle des georteten Objektes.

Sowohl infrastruktur- als auch clientbasierte Verfahren messen zunächst bestimmte Eigenschaften elektromagnetischer Signale, die durch die Endgeräte bzw. Geräte innerhalb der Infrastruktur ausgesendet werden. Diese Eigenschaften stellen die Eingangsinformationen für Berechnungsverfahren zur Positionsbestimmung dar. Dabei können die folgenden grundlegenden Verfahren unterschieden werden:

— *Standort ID*: Mit dem Signal wird ein eindeutiger Identifikator gesendet, der auf eine Position abgebildet werden kann. Ein Identifikator kann beispielsweise eine Funkzelle in einem zellenbasierten Mobilfunksystem oder einen so genannten Beacon auf Infrarot- oder Funkbasis bezeichnen. Der Standort des zu ortenden Objektes kann dann mit der Position der Funkzelle bzw. des Senders mit dem stärksten Signal gleichgesetzt werden. Der

Abstand zwischen den einzelnen Sendern bzw. der Größe einer Funkzelle wirkt sich dabei direkt auf die Genauigkeit der Positionsbestimmung aus.

— *Signalstärke*: Aus der Stärke eines empfangenen Signals können Rückschlüsse über den Abstand des Empfängers zum Sender gezogen werden. Ist die Position des Senders bekannt, kann also auch auf die Position des Empfängers geschlossen werden. Die Genauigkeit dieser Methode ist jedoch begrenzt, da die Signalstärke auch von anderen Einflüssen wie etwa der Durchdringung von Hindernissen abhängt. Aus dem ermittelten Abstand bzw. der Differenz der Abstände zwischen zu ortendem Objekt und verschiedenen Bezugspunkten kann die Position des Objektes ermittelt werden. Das Verfahren wird als *Lateration* bezeichnet. Dabei kann noch zwischen zirkularer Lateration, bei der die ermittelten Abstände direkt verwendet werden, und hyperbolischer Lateration, bei der die Differenzen der Abstände in die Berechnung einfließen, unterschieden werden (siehe auch Abbildung 10.28). Werden genau drei Bezugspunkte einbezogen, spricht man von *Trilateration*.

— *Signallaufzeit*: Durch Messungen der Signallaufzeit kann ebenfalls auf den Abstand zwischen Sender und Empfänger geschlossen werden, die Berechnungsverfahren beruhen also ebenfalls auf Lateration. Die Messungen der Sende- und Empfangszeit müssen auf der gleichen Zeitbasis erfolgen, wobei bei Sender und Empfänger eine genaue Synchronisation der Uhren notwendig wird. Beim *Time of Arrival Verfahren (ToA)* bildet die absolute Signallaufzeit zwischen Objekt und mehreren Bezugspunkten die Grundlage der Berechnung der Position des Objektes, werden die Differenzen der Signallaufzeiten betrachtet, wird das Verfahren als *Time Difference of Arrival (TDoA)* bezeichnet.

— *Signalrichtung*: Moderne Antennen empfangen Signale nicht im gesamten Umkreis, sondern nur innerhalb eines bestimmten Kreissegmentes. Werden Geräte mit einem Satz solcher Antennen ausgestattet, können diese bestimmen, aus welcher Richtung ein Signal eintrifft. Berechnungsverfahren auf der Basis des Winkels von Signalen zwischen zu ortendem Objekt und mehreren Bezugspunkten werden als *Angulation* bezeichnet (siehe auch Abbildung 10.28). Werden genau drei Bezugspunkte berücksichtigt, spricht man von *Triangulation*.

⊙ Ortungssysteme

Heute verfügbare Ortungssysteme basieren auf Infrastrukturen, die auf verschiedenen Technologien basieren. Im Wesentlichen kann dabei zwischen satellitenbasierten, zellularen und lokalen Systemen, vorrangig für den Indoor-Bereich, unterschieden werden. Wurde die Infrastruktur speziell zur Ortung aufgebaut, wird diese als *Stand-Alone* bezeichnet. Erfüllt die Infrastruktur

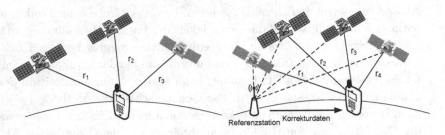

Abbildung 10.29. Funktionsweise von GPS (links) und DGPS (rechts)

dagegen neben der Ortung noch weitere Aufgaben, bezeichnet man diese als *integriert.*

Satellitenbasierte Systeme sind global verfügbar und unterliegen nur in geringem Maß dem Einfluss von Umweltbedingungen. Zur Positionsbestimmung ist aber eine aufwendige Infrastruktur notwendig, die mit hohen Kosten verbunden ist. Diese wird in der Regel auch ausschließlich zur Positionsbestimmung verwendet (Stand-Alone). Für eine globale Verfügbarkeit des Systems müssen hinreichend viele Satelliten installiert werden. Wie in Abbildung 10.29 am Beispiel des Global Positioning Systems (GPS) dargestellt, berechnet ein mobiler Empfänger seine Position, indem er die Signallaufzeiten der von mindestens drei Satelliten empfangenen Signale und damit den Abstand zu diesen Satelliten bestimmt. Das Verfahren ist also clientbasiert, zur Positionsberechnung wird *Trilateration* auf der Basis von Time of Arrival (TOA) bzw. Time Difference of Arrival (TDOA) verwendet. GPS stellt Positionsdaten für die zivile Nutzung mit einer Genauigkeit von 25 m (horizontal) und 43 m (vertikal) zur Verfügung, für die militärische Nutzung können 22 m (horizontal) bzw. 27,7 m (vertikal) erreicht werden. Eine Erhöhung der Genauigkeit wird mit Differential GPS (DGPS) möglich. Dabei wird GPS um Referenzstationen erweitert, die aufgrund ihrer bekannten Position Korrekturdaten zu allen in ihrem Umfeld verfügbaren Satelliten ermitteln und diese an GPS Empfänger senden. Damit lassen sich Genauigkeiten von 1-3 m erreichen. Weitere Vertreter sind das System *GLONASS (Globalnaya Navigationaya Sputnikovaya Sistema)*, das russische Gegenstück zu GPS, und das *Galileo*-System, mit dem für Europa ein eigenes Positionierungssystem geplant ist, wobei aber zunehmend auch Synergien und Integrationsmöglichkeiten mit dem GPS-System diskutiert werden.

Zellulare Systeme basieren in der Regel auf existierenden Infrastrukturen mit einem zellularen Aufbau, wie dies bei Mobilfunksystemen wie GSM, aber auch bei WLAN-basierten Systemen der Fall ist. Die Ortung erfolgt im einfachsten Fall anhand der Zell-ID, es wird also die Standort-ID ausgewertet. Diese wird in Mobilfunksystemen zum Aufbau von Verbindungen ohnehin ermittelt und kann damit ohne weiteren Aufwand genutzt werden. Die zusätzlichen Kosten für die Infrastruktur sind damit sehr gering, die Genauigkeit der bestimmten Position ist aber ebenfalls sehr gering. Zur Erhöhung der Genauigkeit können auch hier Angulations- und Laterationsverfahren berücksichtigt werden, indem Signale von mehreren Zellen einbezogen werden. Zur Abstandsbestimmung können dabei beispielsweise spezifische Zeitabhängigkeiten zur Synchronisation der Zeitschlitze in GSM verwendet werden.

Satelliten- und Mobilfunksysteme können zwar über große geographische Bereiche eingesetzt werden, sind jedoch für eine Ortung in Gebäuden nicht geeignet. Satellitenbasierte Systeme benutzen Signale, die Mauerwerk nur unzureichend durchdringen können und die Ortung in Mobilfunksystemen ist für Gebäude in der Regel zu ungenau, um beispielsweise eine raumgenaue Positionsbestimmung zu ermöglichen. Zur *Ortung im Nahbereich*, vorrangig in Gebäuden, werden deshalb alternative Lösungen notwendig. Insbesondere eignen sich dafür drahtlose lokale Netzwerkinfrastrukturen auf WLAN- oder Bluetooth-Basis, die heute bereits vielfach für die Kommunikation installiert sind. Dabei wird meist die Signalstärke zur Abstandsbestimmung verwendet und anschließend durch Lateration die Position bestimmt. In einer Trainingsphase werden zunächst möglichst flächendeckend Messungen durchgeführt, die protokolliert werden. Zur Positionsbestimmung wird dann eine entsprechende Messung ausgeführt. Deren Ergebnisse werden mit dem Protokoll abgeglichen, die Position ergibt sich aus der Position mit den ähnlichsten Referenzmessungen. Damit kann eine Genauigkeit bis zu 1 m erreicht werden. Weitere Verfahren finden sich auf der Basis von RFID bzw. Infrarot. Bei diesen wird der Umstand der geringen Reichweite der Signale ausgenutzt. Wird je Raum beispielsweise ein Empfänger installiert, kann davon ausgegangen werden, dass sich das zu ortende Objekt in dem Raum befindet, in dem ein Ortungssignal von diesem empfangen wird. Solche überwiegend proprietären Systeme können sowohl client- als auch infrastrukturbasiert realisiert werden. Die Kosten und auch die Genauigkeit sind abhängig von der Anzahl der installierten Empfangseinheiten. Es kann also beispielsweise raumgenau geortet werden.

⊘ **Anwendungsfelder**

Die genannten Ortungssysteme liefern zunächst in der Regel die geometrische Position von Objekten. Anwendungen benötigen aber zur Interaktion mit dem Benutzer überwiegend symbolische Ortsangaben, etwa die logische Bezeichnung des Raumes, Gebäudes oder einer Straße, in dem bzw. auf der sich ein Benutzer befindet.

Ein erstes wichtiges Anwendungsfeld von Ortsinformation ist die *Bereitstellung ortsbezogener Informationen*, d. h. Informationen zu dem Ort, an dem sich der Benutzer gerade befindet. Beispiele sind etwa Museums- bzw. allgemeiner Touristenführer, die dem Besucher eines Museums bzw. einer Stadt Informationen über die Gebäude, Orte oder Ausstellungsstücke präsentieren, vor denen dieser sich gerade befindet. In ähnlicher Weise kann dies auch für Alltagsgegenstände realisiert werden, etwa indem erweiterte Informationen zu den Waren im Kaufhaus angezeigt werden, vor denen ein Käufer gerade steht. Aktive Dienste können Benutzern beispielsweise ortsbezogene Nachrichten wie Warnmeldungen, Verkehrsnachrichten oder Werbebotschaften zustellen, wenn sie ein bestimmtes Empfangsgebiet erreichen.

Eine *ortsbezogene Suche bzw. Umkreissuche* verwendet eine Ortsangabe, um in einem bestimmten Umkreis bestimmte Dienstleistungen, Gebäude oder Objekte mit vorgegebenen Eigenschaften zu finden, etwa das nächste italienische Restaurant, die nächste Sehenswürdigkeit oder einen nahegelegenen Schlüsseldienst. Ebenso können bekannte Personen gesucht werden, die sich in der Nähe aufhalten, etwa in so genannten Buddy-Finder Anwendungen.

Auf der Basis des aktuellen Aufenthaltsortes und des Zielortes können *Navigationssysteme* den Benutzer zum gewünschten Zielort leiten. Solche Systeme werden heute in modernen Fahrzeugen eingebaut, sind aber auch als Software für PDAs, in der Regel integriert mit einem GPS-Empfänger, erhältlich.

Die Verfolgung des Aufenthaltsortes von Objekten, wird in so genannten *Trackingsystemen* realisiert. Hier kann ein Benutzer die aktuelle Position einer bestellten bzw. versendeten Ware aber auch von Personen verfolgen. Dies wird etwa in Systemen zur Überwachung von Kindern oder als Dienst von Logistikunternehmen realisiert.

❯ 10.7.2 Basiskonzepte für kontextabhängige Systeme

Der Aufenthaltsort von Benutzern kann also als eine wichtige Information über die Ausführungsumgebung verwendet werden, um das Verhalten von Anwendungen anzupassen. In den Betrachtungen zu lokationsabhängigen Diensten wurde ebenfalls deutlich, dass Kontextinformationen überwiegend nicht explizit verfügbar sind, sondern zunächst erfasst und aufbereitet werden müssen, um für Anwendungen tatsächlich nutzbar zu werden. Während explizite Benutzereingaben und Anwendungsdaten zur Ausführung von Anwendungen verfügbar sein müssen, sind Kontextinformationen eher sekundäre Daten, die nicht notwendigerweise benötigt werden, um Operationen einer Anwendung korrekt auszuführen, sondern zusätzlich einbezogen werden können, um Anwendungen zu personalisieren sowie autonomer oder flexibler zu gestalten.

Eine einfache und intuitive Definition von Kontext betont diesen Umstand. Demnach ist Kontext „... all but the explicit input and output of an application" [LS00]. Eine heute häufig zitierte Definition ist die von Dey [Dey01]:

„Context is any information that can be used to characterize the situation of an entity. An entity is a person, place, or object that is considered relevant to the interaction between a user and an application, including the user and the application."

Kontext ist demnach jede Information, die die Situation eines Entities charakterisiert. Entities sind dabei alle Personen bzw. Objekte der realen Welt, die für die Interaktion zwischen Benutzer und Anwendung relevant sind. Damit unterscheidet sich Kontext vor allem durch die Rolle, in der diese Informationen in Anwendungen verarbeitet werden. Dies wird auch durch die Definition von Winograd [Win01] betont: *„ ... something is context because of the way it is used in interpretation, not due to its inherent properties. [...] Features of the world become context through their use".*

Durch Kontext werden also Aspekte der realen Welt erfasst, d. h., es wird ein Modell der realen Welt erstellt, in das Informationen über verschiedenste Objekte einfließen können. Für unterschiedliche Anwendungsgebiete können dabei auch unterschiedlichste Informationen relevant sein. So sind im Anwendungsbeispiel des Onlinehändlers neben technischen Informationen über das verwendete Endgerät und das verwendete Zugangsnetzwerk Informationen über letzte Einkäufe, Bezahlinformationen und Produktinteressen von Bedeutung. In einer Applikation zur Unterstützung eines mobilen Wartungsingenieurs kann dagegen das Endgerät vom Unternehmen fest vorgegeben werden, so dass die Anwendung nicht an unterschiedliche Endgeräte angepasst werden muss. Relevant sind hier unter anderem der Aufenthaltsort, der Reiseweg und Informationen über die Bedingungen beim Kunden wie Geräuschpegel und Lichtverhältnisse, die beispielsweise beeinflussen, ob die Anwendung per Sprache oder eine grafische Benutzerschnittstelle mit dem Anwender interagiert. Grundlegende Klassen von Kontextinformationen enthält Tabelle 10.1.

Eng verwandt mit Kontext ist der Begriff der *Situation*. Während Kontext die Typen der relevanten Informationen beschreibt, beschreibt eine Situation konkrete Werte bzw. Wertebereiche dieser Typen. Im Beispiel des Onlinehändlers könnte Kontext Informationen über den Aufenthaltsort, Produkttypen und das Endgerät umfassen. Eine Situation würde dann durch konkrete Werte für diese Kontexttypen festgelegt werden, etwa wenn sich Kunde X zu Hause aufhält, seinen Desktop-PC mit hoher Auflösung, Verarbeitungsgeschwindigkeit und DSL-Zugang benutzt und sich für Produkte mit einem guten Preis-Leistungsverhältnis interessiert.

⊗ Kontexterfassung und -abstraktion

Um Kontext für Anwendungen nutzbar zu machen, müssen Umgebungsinformationen erfasst, verarbeitet und den Anwendungen zur Verfügung gestellt werden. Dazu können Daten direkt aus der Umgebung ermittelt wer-

Tabelle 10.1. Klassen von Kontextinformationen

Kontextklasse	Beispiele
physikalisch	Ort, Zeit, Temperatur, Lichtintensität, Lautstärke
technisch	Display- und Speichergröße des Endgerätes, Datenrate und Verzögerung des genutzten Kommunikationskanals, verfügbare Energie
persönlich	Adresse, Telefonnummer, Termine, bekannte Personen, Voreinstellungen für Anwendungen
situationsbezogen	Aktivität, Rolle und Aufgabe des Benutzers

den, wobei auf verschiedene Quellen zugegriffen wird. So kann physikalischer Kontext durch Sensoren bzw. Sensornetzwerke gemessen werden. Informationen über den Benutzer können aus vorhandenen Datenbeständen und durch die Beobachtung seines Verhaltens ermittelt werden. Außerdem lassen sich Informationen von Anwendungen bzw. Informationsspeichern (z. B. Kalenderanwendungen, Daten- und Wissensbanken) extrahieren und aufbereiten. *Kontextquellen* sind damit verschiedenste Sensoren bzw. Sensornetzwerke, Datenbanken, Frameworks und Anwendungen, die zum Teil nicht als Quelle für Kontextinformationen konzipiert wurden und hauptsächlich andere Funktionen erfüllen. Außerdem können diese innerhalb der Infrastruktur *verteilt* sein, sich also sowohl auf (mobilen) Endgeräten also auch auf Rechnern innerhalb des Netzwerkes befinden. Kontextquellen sind außerdem in verschiedener Hinsicht *heterogen*. Dies betrifft:

— die Technologie (z. B. Sensoren oder Datenbanken),
— den Zugriff (z. B. per SQL oder eine Programmierschnittstelle),
— die bereitgestellten Kontexttypen (z. B. Benutzerinformationen oder Informationen über Endgeräte),
— die interne Datenstruktur (z. B. anwendungsspezifische Datenformate oder GPS-Koordinaten),
— die Semantik (gleich benannte Informationen können unterschiedliche, unterschiedlich benannte Informationen die gleiche Bedeutung haben),
— die Granularität der bereitgestellten Informationen (eine Benutzerdatenbank enthält verschiedene Kontextwerte zu mehreren Benutzern, während ein GPS-Gerät nur die Position eines Benutzers bestimmt),
— die Abstraktionsebene (ein Sensor bietet rohe Messdaten an, während eine Anwendung zur Terminplanung abstraktere Informationen enthält).

Daten, die aus diesen Kontextquellen erfasst wurden, sind in der Regel für Anwendungen noch nicht nutzbar, sondern müssen zunächst weiter aufbereitet werden. Ein so genannter *höherwertiger Kontext* (*higher-level context*)

wird dabei durch die Verknüpfung bzw. Verarbeitung von Kontextinformationen erzeugt (z. B. eine Wetterinformation aus Basiswerten wie Temperatur und Luftdruck oder eine Anwendungssituation aus der Uhrzeit, dem
Aufenthaltsort und den dort befindlichen Personen). Dies kann in mehreren Iterationsschritten erfolgen, d. h., sowohl Daten von Kontextquellen als
auch bereits abstrahierter Kontext können in die Ermittlung höherwertigen
Kontextes einfließen.

Im Context Toolkit [SDA99] werden dazu eine Reihe von Abstraktionen
zur Kontextverarbeitung zur Verfügung gestellt, die in verschiedenen Ausprägungen in zahlreichen Systemen verwendet und als grundlegende Operationen zur Kontextverarbeitung betrachtet werden können. Kontext wird
dabei in Anlehnung an die Modellierung von Interaktionen zwischen graphischen Benutzeroberflächen und Anwendungen in Form von *Widgets* modelliert. Diese *Kontext Widgets* repräsentieren einen einzelnen Kontextwert und
kapseln dessen Gewinnung bzw. Beschaffung. Der Zugriff auf die Kontext-
quelle, etwa einen Sensor oder eine Datenbank, bleibt den weiteren Systemkomponenten damit verborgen.

Die Implementierung eines Widgets bietet die Möglichkeit der Abfrage des aktuellen Wertes und der Historie von Kontextinformationen, außerdem können
Änderungsnachrichten abonniert werden. Darauf aufbauend dienen *Interpretatoren* der Verarbeitung und Verknüpfung von Kontextwerten zu abgelei-
tetem Kontext. Es können mehrere Kontextwerte als Eingabewerte definiert
werden, die zu einem Ergebniswert verknüpft werden. Interpretatoren können
von Widgets, Anwendungen, Aggregatoren und Interpretatoren aufgerufen
werden. *Aggregatoren* repräsentieren den zu einem Entity gehörenden Kontext und agieren als Proxy für den Zugriff auf alle zu einem Entity gehörenden
Widgets. Sie ermöglichen sowohl die Abfrage als auch das Abonnement von
Informationen der von ihnen verwalteten Widgets. Die beschriebenen Abstraktionen werden in Abbildung 10.30 dargestellt, die Pfeile repräsentieren
den Datenfluss zwischen den Komponenten.

Aus dem beschriebenen Vorgehen zur Erfassung von Kontext resultieren
spezielle Eigenschaften, die auch bei deren Darstellung, Verarbeitung und
Nutzung berücksichtigt werden müssen. Dabei können Eigenschaften unterschieden werden, die einzelne Kontextwerte bzw. die Verbindung mehrerer
Kontextwerte betreffen. Kontextwerte beschreiben Aspekte der realen Welt,
die ständigen Änderungen unterworfen sind. Kontext ist damit in der Regel *zeitabhängig* und besitzt deshalb auch eine *Historie*. Er wird mit einer
bestimmten *Qualität* erfasst, die etwa die Relevanz der Information für die
jeweilige Situation und die Genauigkeit der Messung bzw. die Wahrscheinlichkeit der Gültigkeit eines abgeleiteten Kontextwertes mit einschließt. Kontextwerte können außerdem etwa aufgrund fehlerhafter Messungen oder falscher

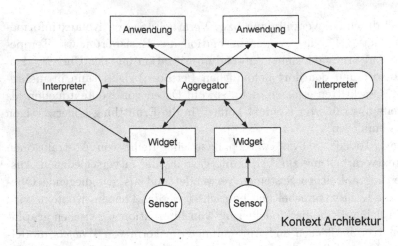

Abbildung 10.30. Abstraktionen des Context Toolkits zur Kontextaufbereitung

Annahmen bei der Ableitung *inkorrekt* sein und es können alternative Werte existieren, die von unterschiedlichen Quellen oder durch unterschiedliche Erfassungsmethoden ermittelt wurden. Eine Menge von Kontextwerten
kann *inkonsistent* oder *unvollständig* sein, wenn inkorrekte Kontextwerte Teil
der Menge sind bzw. einige relevante Kontextwerte nicht ermittelt werden
können.

⊙ Systemunterstützung für Kontext

Da eine Vielzahl von Anwendungen von Kontextdaten profitieren kann, ist
eine systembasierte Unterstützung dieser Standardaufgaben der Kontextverarbeitung wünschenswert. Anwendungsübergreifende Ansätze in Form eines
Kontextframeworks oder Kontextdienstes ermöglichen eine Wiederverwendung von Code und Komponenten und verbergen außerdem die Details der
Kontexterfassung und -abstraktion vor den einzelnen Applikationen.

Zur Realisierung eines Kontextsystems bestehen zwei grundlegende Möglichkeiten. Zum einen können alle Funktionen zur Erfassung und Verarbeitung
von Kontext *in die Anwendung integriert* werden. Dies kann etwa durch die
Verwendung von Bibliotheken oder eines Kontextframeworks erfolgen. Dabei arbeiten die einzelnen Anwendungen aber isoliert, d. h., jede Anwendung
verwaltet ihre Kontextquellen selbst und setzt auch die Abstraktion von Kontextinformationen eigenständig um. Damit ist ohne zusätzliche Mechanismen
auch kein Austausch von Informationen zwischen Anwendungen möglich. Dieser Ansatz eignet sich für lokale und abgeschlossene Systeme (z. B. mobile
Endgeräte, die mit entsprechenden Sensoren ausgestattet sind), insbesondere, wenn zeitkritische Operationen ausgeführt werden. Außerdem kann die

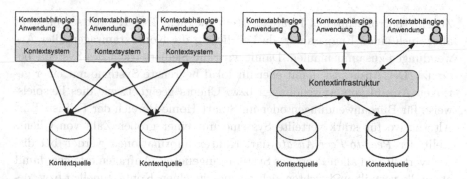

Abbildung 10.31. Realisierungsvarianten von Kontextsystemen: integriert in die Anwendung (links) und durch eine Kontextinfrastruktur (rechts)

Abstraktion von Kontext anwendungsspezifisch erfolgen und entsprechend optimiert werden. Ein explizites Kontextmodell muss damit nicht definiert werden.

Zum anderen können Anwendungen auf eine *Kontextinfrastruktur* zugreifen, die als eigenständige Software Sensoren verwaltet und Kontextinformationen abstrahiert, die dann verschiedenen Anwendungen zur Verfügung stehen. Dabei können Aspekte des Zugriffs auf Sensoren, der Abstraktion von Kontextinformationen sowie der Verteilung der Informationen vollständig vor der Anwendung verborgen werden. Anwendungen greifen dann auf der Basis eines explizit definierten Kontextmodells auf Informationen zu. Dabei können anwendungsspezifische Abstraktionen nur begrenzt durch den Kontextdienst ausgeführt werden, zum Teil muss Kontext also in den Anwendungen selbst abstrahiert werden. Der Ansatz einer Kontextinfrastruktur eignet sich damit für Szenarien mit stark verteilten Kontextquellen, in denen abstrahierte Kontextinformationen in einer Vielzahl von Anwendungen wieder verwendet werden können, etwa Geräte- und Netzwerkinformationen oder auch Ortsinformationen. Die beiden Varianten von Kontextsystemen sind in Abbildung 10.31 dargestellt.

Zur Umsetzung des Ansatzes der Kontextinfrastruktur können wiederum zwei wesentliche Architekturvarianten unterschieden werden. Zum einen kann ein zentraler Kontextserver, zum anderen ein dezentraler Peer-to-Peer-Ansatz gewählt werden. Ein *zentraler Kontextserver* stellt dabei eine einfache Realisierungsvariante dar, bei der alle verfügbaren Kontextquellen zentral verwaltet werden. Die Abstraktion und Verwaltung von Kontextinformationen findet ebenfalls auf dem Server statt, der dafür ausreichende Ressourcen zur Verfügung stellen kann. Anwendungen bleiben auf diese Weise die Verteilung und Heterogenität von Kontextquellen sowie die Komplexität der Verarbeitung von Kontext vollständig verborgen. Außerdem ist eine zentrale

Zugriffskontrolle für das Kontextsystem möglich. Der Kontextserver stellt aber auch einen Engpass dar, da bei diesem die Kontextanfragen aller Anwendungen zusammenlaufen. Damit wird die Skalierbarkeit des Systems begrenzt. Der Ansatz ist damit eher für lokal begrenzte Systeme mit einer geringen Anzahl von Anwendungen bzw. Clients geeignet, wie dies beispielsweise für Büroanwendungen oder im Smart-Home-Bereich der Fall ist. Eine Alternative für stark verteilte Systeme mit einer großen Zahl von Clients stellt der *Peer-to-Peer-Ansatz* dar. Kontextinformationen werden bei diesem verteilt von allen Peers des Systems angeboten. Anfragen erfolgen damit ebenfalls verteilt und richten sich an die einzelnen Kontextquellen bzw. deren Verwaltungskomponenten. Damit wird eine hohe Skalierbarkeit erreicht, die Verfügbarkeit bestimmter Informationen hängt aber von der Präsenz der Peers im System ab. Die entsprechenden Peers müssen außerdem zunächst gesucht werden. Entsprechend des Peer-to-Peer-Konzeptes findet die Verwaltung von Kontextquellen und -informationen nun dezentral auf den Peers statt. Dies können auch mobile Endgeräte sein, bei denen aber insbesondere für logikbasierte Verfahren zur Kontextabstraktion meist nicht ausreichend Ressourcen zur Verfügung stehen. Eine Lösung dafür sind hybride Ansätze bzw. Ansätze mit Superpeers. Darüber hinaus entsteht durch die dezentrale Architektur ein erhöhter Aufwand für die Verteilung und Koordination der Kontextinfrastruktur.

⊙ Kontextmodelle

Ein Kontextmodell beschreibt, welche Informationen über welche Realweltobjekte für bestimmte Anwendungsdomänen relevant sind und welche Zusammenhänge zwischen diesen bestehen. Das Kontextmodell dient dabei vor allem als Basis zum Austausch von Kontextinformation zwischen dem Kontextsystem und verschiedenen Anwendungen. Diese müssen also ein gemeinsames Kontextmodell verwenden. Zur Modellierung von Kontext können verschiedene Repräsentationsformen verwendet werden.

Profilbasierte Ansätze stellen Kontext in Form von Attributen in einer hierarchischer Datensammlungen dar. In der einfachsten Form können dazu <*Name, Wert*>-Paare verwendet werden, die sich jedoch nicht für komplexe Informationsstrukturen eignen. In Profilen auf der Basis des XML-basierten *Resource Description Framework (RDF)* werden Informationen als so genannte Tripel in der Form Subjekt, Prädikat und Objekt beschrieben. Das Subjekt ist dabei die Ressource, die beschrieben werden soll, das Prädikat repräsentiert eine bestimmte Eigenschaft dieser Ressource und das Objekt stellt den Wert des Prädikates dar. Alle Elemente eines Tripels können dabei als Element weiterer Tripel verwendet werden. Mehrere Tripel werden so zu einem gerichteten Graphen verknüpft, dessen Knoten durch Subjekte und Objekte und dessen Kanten durch Prädikate dargestellt werden. Aufbauend auf RDF wurden die *Composite Capabilities/Preferences Profiles (CC/PP)* festgelegt. CC/PP definiert die grundlegende Struktur sowie ein Vokabular für Kontextprofile. Profile können dabei auch in Teilprofile zerlegt werden, um die Datenmenge eines Profils zu begrenzen. Die Struktur der Profile ist dabei auf zwei Ebenen festgelegt, was in der Regel nicht zur Beschreibung komplexer Informationsstrukturen ausreicht. Erweiterungen von CC/PP mit Unterstützung mehrerer Hierarchieebenen sind etwa CSCP (Comprehensive Structured Context Profiles und PPDL (Profile Description Language).

Objektorientierte Modelle unterstützen eine intuitive Modellierung von Objekten der realen Welt und bieten sich damit zur Modellierung von Kontext an. Kontextinformationen können in Form von Objekten mit Attributen und Methoden dargestellt werden. Der Aufbau von komplexen Modellen wird dabei durch die Möglichkeiten der Wiederverwendung und Vererbung unterstützt. Eine graphische Repräsentation kann beispielsweise durch UML erfolgen, wobei UML durch leichtgewichtige Erweiterungen um spezifische Elemente zur Kontextmodellierung erweitert werden kann. Einen weiteren Ansatz stellt das Contextual Extended Object-Role Model von Henricksen dar. Realweltobjekte werden durch Entities modelliert, denen Attribute zugewiesen werden können. Durch gerichtete Assoziationen können auch Beziehungen zwischen den Objekten ausgedrückt werden. Durch graphische Modelle können Strukturen und deren Beziehungen gut dargestellt werden, es sind aber in der Regel nur Modelle mit eingeschränkter Komplexität handhabbar.

Auf der Basis von *Ontologien* kann in formalisierter Form Wissen über die reale Welt beschrieben werden. Objekte der realen Welt werden durch Konzepte, deren Beziehungen durch Relationen beschrieben. Ontologien können dabei hierarchisch aufgebaut werden. In einer allgemeinen Ontologie (*Upper Ontology*) werden zunächst grundlegende Konzepte festgelegt. Auf diesen aufbauend können dann in Domänen-spezifischen Ontologien (*Domain-Specific Ontology*) speziellere Konzepte und Relationen definiert werden, die nur in bestimmten Anwendungsdomänen gültig sind. Durch die formale Definition von Kontext in Ontologien wird insbesondere der Austausch von Kontextinformationen zwischen Systemen ermöglicht. Abbildung 10.32 zeigt die SOUPA-Ontologie (Standard Ontology for Ubiquitous and Pervasive Applications), die für diesen Zweck entworfen wurde.

Darüber hinaus können Ontologien auch Inferenz- und Integritätsregeln enthalten, wodurch auch Verfahren zum logischen Schließen (reasoning) auf Kontextmodelle angewendet werden können. Ähnliches gilt für *logikbasierte Modelle*. Fakten und Zusammenhänge der realen Welt können in formaler Weise beschrieben werden, wodurch neue Fakten und Ausdrücke aus vorhandenem

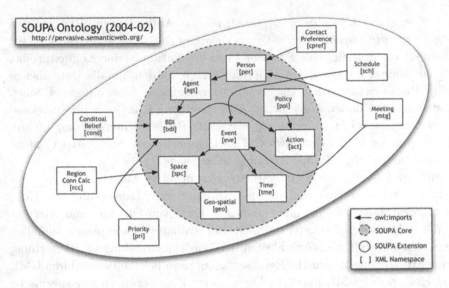

Abbildung 10.32. SOUPA-Ontologie (aus [CFJ04])

Wissen abgeleitet werden können. Dabei werden häufig regelbasierte Systeme auf der Basis von Prolog oder der Prädikatenlogik erster Stufe verwendet.
Zur Umsetzung von Systemen, insbesondere für den Einsatz von Verfahren
zum logischen Schließen, müssen aber umfangreiche Speicher- und Verarbeitungsressourcen bereitgestellt werden, die heute auf mobilen Endgeräten bei
weitem noch nicht verfügbar sind.

⊙ **Nutzung von Kontextinformationen**

Kontextinformationen können in kontextabhängigen Systemen verwendet werden, um deren Erscheinungsbild sowie deren Verarbeitung in Abhängigkeit
von der jeweiligen Situation und Ausführungsumgebung anzupassen. Die Systeme sollen damit einfacher bedienbar, autonomer oder auch effizienter gestaltet werden. Dabei steht Kontext zum einen als reine Information zur
Charakterisierung des Zustandes, zum anderen in Form von Ereignissen zur
Beschreibung von Änderungen des Zustandes der Ausführungsumgebung zur
Verfügung. Beim Zugriff auf *Zustandsinformationen* werden Kontextwerte
explizit vom Kontextdienst abgerufen (*Pull-Prinzip*). Dabei kann sowohl auf
aktuellen als auch auf historischen Kontext zugegriffen werden. Welche Kontextwerte abgerufen werden, wird durch die Anfrage spezifiziert. Auslöser einer Anfrage ist die Anwendung, die zu einem bestimmten Zeitpunkt Kontextwerte benötigt. Dagegen werden *Änderungsinformationen* durch den Kontextdienst in Form von Ereignissen an Anwendungen gesendet, wenn sich
Kontextwerte ändern (*Push-Prinzip*). Anwendungen abonnieren dabei Er-

Tabelle 10.2. Grundlegende Nutzungsformen von Kontextinformationen

	Zustand	Ereignis
Information	Aktuellen Standort eines Benutzers anzeigen oder mit Daten assoziieren, z. B. eine ortsabhängige Liste verfügbarer Drucker	Information „Person X betritt den Raum" anzeigen oder mit Daten assoziieren
Aktion	Ein Dokument auf dem nächstgelegenen Drucker ausdrucken	Bei einem Verbindungsabbruch eine lokale Verarbeitung von Daten aktivieren

eignisse über die Änderung bestimmter Kontextwerte beim Kontextsystem. Tritt eine Änderung ein, erzeugt das Kontextsystem ein entsprechendes Ereignis und sendet dieses an alle Anwendungen, die dieses Ereignis abonniert haben. Für Anwendungen ergeben sich daraus vier grundlegende Formen der Kontextnutzung, die in Tabelle 10.2 anhand von Beispielen dargestellt werden.

Der meistgenutzte Kontext ist der Ortskontext, d. h. der Aufenthaltsort, wie dies in Abschnitt 10.7.1 bereits diskutiert wurde. Eine Kombination mit weiteren Umgebungsinformationen birgt dabei vielfältige Potenziale für die Unterstützung von Anwendungen in mobilen Verteilten Systemen. So können etwa Eingaben des Benutzers vereinfacht werden, wenn geforderte Informationen automatisch als Kontext erfasst und nicht manuell eingegeben werden müssen. Ähnliches gilt für die Datenerfassung, etwa bei einem Wartungsingenieur, dessen Anwendung Reise- und Auftragsdaten in Form von Kontext automatisiert erfasst. Ein weiteres wichtiges Anwendungsgebiet für Kontext ist die Adaption von Anwendungen an die aktuelle Ausführungsumgebung, etwa eine Anpassung der Benutzerschnittstelle bzw. Informationsdarstellung an die Möglichkeiten des verwendeten Endgerätes sowie der verfügbaren Netzwerkverbindung, wie dies bereits in Abschnitt 10.5 erörtert wurde. Darüber hinaus können kontextabhängig Aktionen ausgelöst werden, etwa zur Erinnerung von Benutzern an bestimmte Termine oder Ereignisse oder das Auslösen eines Alarms bei Gefahr. Ebenso können kontextabhängig Ressourcen verwendet werden, beispielsweise in einer Büroanwendung, in der Anrufe an ein Telefon oder Gerät vermittelt werden, das sich in unmittelbarer Reichweite der angerufenen Person befindet.

10.8 Ausblick

Als nächste Stufe des Mobile Computing wird oft die allgegenwärtige oder durchdringende, durchgängige Verarbeitung, also das *Ubiquitous* bzw. *Pervasive Computing* gesehen. Grundprinzip dabei ist die Vernetzung aller Dinge, d. h., in einer solchen Umgebung finden sich nicht nur herkömmliche Rechner oder Mobiltelefone, sondern auch viele andere Einheiten, die über kleinste eigene Chips mit minimaler Prozessor- und Speicherfunktionaliät sowie Netzfähigkeit verfügen. Langfristig könnte dies sogar zu einem Paradigmenwechsel in der Nutzung von Computern führen. Der PC als Universalwerkzeug wird durch vielfältige anwendungsspezifische Geräte und Rechner ersetzt werden, die nicht mehr den wesentlichen Teil der Aufmerksamkeit des Anwenders beanspruchen, sondern zum Großteil im Hintergrund arbeiten und somit eine weit bessere Konzentration auf die Erfüllung von Aufgaben ermöglichen. Dinge des alltäglichen Lebens werden durch die Integration solcher Kleinstrechner „smart", d. h., sie können die Situation ihres Benutzers und dessen Umgebung wahrnehmen und sich an diese anpassen.

Einschlägige Beispiele finden sich etwa in der Fertigungsindustrie oder in Logistik-Anwendungen: Bauteile, Materialien und zu liefernde Produkte werden beispielsweise mit speziellen Smart Labels ausgezeichnet, die über Sensornetze aktiviert und detektiert werden können. Auf diese Weise kann beispielsweise eine Fertigungsmaschine feststellen, ob das entsprechende Rohteil bereits eingelegt wurde, oder eine Spedition kann stets die aktuelle Lokation ihrer Liefergüter ermitteln.

Eng verwandt mit den Zielen des Ubiquitous und Pervasive Computing sind auch die Bestrebungen im Bereich *Ambient Intelligence (AmI)*. Dabei sollen Systeme entwickelt werden, die ihre Ausführungsumgebung sowie die Situation des Benutzers umfassend erkennen und in „intelligenter" Weise mit dem Benutzer bzw. ihrer Umgebung interagieren können.

Miniaturisierte Sensoren, etwa die an der Universität in Berkeley entwickelten Motes, ermöglichen dabei die Erfassung verschiedenster physikalischer Größen, wie Lichtintensität, Temperatur, Lautstärke und Beschleunigung, die in ihrer Kombination auch Rückschlüsse über die Aktivitäten der Benutzer ermöglichen. In Verbindung mit Technologien zur spontanen Vernetzung solcher miniaturisierten Rechner im Nahbereich, etwa durch ZigBee oder Bluetooth, können umfangreiche Daten über die Umgebung und damit komplexe Situationen erfasst werden. Elektronisches Papier sowie elektronische Stifte unterstützen eine elektronische Datenerfassung und ermöglichen dadurch in Verbindung mit Sensoren zur automatischen Datenerfassung ein papierloses Arbeiten, wodurch auch in komplexen integrierten Arbeitsabläufen eine Datenerfassung und -verarbeitung ohne Medienbrüche möglich wird.

Die wesentlichen Herausforderungen des Ubiquitous Computing bestehen vor allem darin, die erforderliche Skalierbarkeit zu erreichen, gegebenenfalls können Millionen oder gar Milliarden solcher Kleinstrechner auftreten, Verarbeitungsoperationen und Kommunikationsabläufe energieeffizient umzusetzen, die zahllos auftretenden Informationen sinnvoll zu erfassen und, etwa in übergreifenden Logistik-Workflows, effizient zu verarbeiten. Die Gewinnung umfangreicher personenbezogener Informationen erfordert darüber hinaus auch einen Schutz der Privatsphäre der Personen.

10.9 Zusammenfassung

10.9

Im vorliegenden Kapitel wurde gezeigt, dass gegenwärtige Infrastrukturen bereits verschiedenste mobile Endgeräte über unterschiedlichste drahtgebundene und drahtlose Zugangstechnologien integrieren und so mobile Verteilte Systeme bilden. Von der damit erlangten Mobilität der Benutzer können verteilte Anwendungen in vielfältiger Weise profitieren, etwa beim mobilen Zugriff auf Unternehmensdaten, durch die mobile Datenerhebung vor Ort, zur Automatisierung von Fertigungsabläufen über Unternehmensgrenzen hinweg oder im Logistikbereich.

Es wurde außerdem deutlich, dass im mobilen Umfeld die Standardtechnologien Verteilter Systeme nicht einfach übernommen werden können. Vielmehr müssen erweiterte Konzepte entwickelt werden, um die Heterogenität und Dynamik mobiler Verteilter Systeme zu unterstützen. Diese Unterstützung muss auf allen Ebenen des Systems wirken, beginnend bei Kommunikationstechnologien wie MobileIP, MobileTCP und MobileRPC, über Adaptionskonzepte für Anwendungsdaten und abgekoppeltes Arbeiten bis hin zu komplexen adaptiven Web-Systemen und einer dedizierten Anwendungsentwicklung für mobile Geräte.

Ein eng mit den Unterstützungsmechanismen verzahntes Konzept ist die Kontextabhängigkeit. Ziel kontextabhängiger Systeme ist die Erfassung von Informationen über die Ausführungsumgebung von Anwendungen einschließlich der Situation des Benutzers. Diese Informationen sind eine wesentliche Voraussetzung zur Steuerung von Adaptionsprozessen in mobilen Verteilten Systemen. Die meistgenutze Information ist dabei der Aufenthaltsort des Benutzers, der zur Umsetzung lokationsabhängiger Dienste, etwa für Navigationssysteme oder eine ortsbezogene Dienstsuche, genutzt werden kann. Ortsinformationen und allgemeine Kontextinformationen liegen in der Regel nicht explizit vor, sondern müssen zunächst erfasst und für die Nutzung in Anwendungen entsprechend aufbereitet werden. Dazu wurden bereits umfangreiche Konzepte zur Modellierung von Kontext sowie für Verteilungsinfrastrukturen entwickelt. Während lokationsabhängige Dienste bereits teilweise die Marktreife erreicht haben, existieren für kontextabhängige Dienste bisher überwiegend nur Forschungsprototypen. Ähnliches gilt für die Unterstützungsmechanismen, die bisher ebenfalls nicht in größerer Breite in Standardsoftware integriert wurden. Hier sind zukünftig weitere Forschungsarbeiten, aber auch neue, innovative Verwertungskonzepte notwendig, um den zusätzlichen Aufwand, der mit der Realisierung mobiler Systeme entsteht, zu rechtfertigen.

In zukünftigen Systemen des Ubiquitous und Pervasive Computing werden sich Problemstellungen wie die Heterogenität, Dynamik und Skalierung von Systemen weiter verschärfen. Die vorgestellten Konzepte zur Adaption und Kontextabhängigkeit bieten in weiten Teilen auch für diese Systeme Lösungsansätze, müssen jedoch entsprechend erweitert und angepasst werden.

10.10 Übungsaufgaben

1. Nennen Sie die wesentlichen Problemstellungen für Mobile Computing!

2. Welche wesentlichen Unterschiede bestehen zwischen drahtlosen und drahtgebundenen Kommunikationstechnologien?

3. Welche Probleme entstehen beim Einsatz des Transportprotokolls TCP über drahtlose Netzwerktechnologien? Durch welche Maßnahmen kann diesen Problemen begegnet werden?

4. Diskutieren Sie die Problemstellungen des RPC sowie die wesentlichen Konzepte für RPC-Lösungen mit Mobilitätsunterstützung!

5. Welche Varianten für die Platzierung und Kombination von Stellvertreterkomponenten existieren? Nennen Sie für jede der Varianten eine Einsatzmöglichkeit!

6. Abgekoppelte Operationen ermöglichen ein Weiterarbeiten auf mobilen Endgeräten auch ohne Netzwerkverbindungen.
   a. Wodurch können Phasen der Abkopplung bedingt sein?
   b. Welche Maßnahmen sind notwendig, um ein abgekoppeltes Arbeiten zu ermöglichen?
   c. Welche Auswirkungen hat die Länge der Abkopplungsphase?

7. Durch welche Komponenten werden Datenbanksysteme für den mobilen Einsatz erweitert? Erläutern Sie kurz deren Funktion und Zusammenwirken!

8. Welche Problemstellungen ergeben sich für die Entwicklung Web-basierter Anwendungen durch den Einsatz mobiler Endgeräte?

9. Nennen Sie drei wesentliche Konzepte zur Anpassung von Web-Seiten auf der Basis generischer Dokumentbeschreibungssprachen!

10. Beschreiben Sie den Aufbau der Java ME Plattform sowie deren verschiedene Versionen und diskutieren Sie deren Einsatzmöglichkeiten!

11. Nennen Sie grundlegende Ortungsverfahren und diskutieren Sie deren Vor- und Nachteile!

12. Nennen Sie drei konkrete Anwendungen für lokationsabhängige Dienste!

13. Nennen Sie die wesentlichen Abstraktionen des Context Toolkits zur Erfassung und Abstraktion von Kontextinformationen und erläutern Sie deren Funktion!

14. Diskutieren Sie kurz die Vor- und Nachteile der Realisierung eines Kontextsystems integriert in die Anwendung bzw. in Form einer Kontextinfrastruktur!

15. Wie können Kontextinformationen grundlegend genutzt werden? Beschreiben Sie zu jeder Nutzungsform ein Beispiel!

16. Nennen Sie die Grundprinzipien des Ubiquitous und Pervasive Computing!

Kapitel 11

Zusammenfassung und Ausblick

11

A. Schill, T. Springer, *Verteilte Systeme*,
DOI 10.1007/978-3-642-25796-4_11, © Springer-Verlag Berlin Heidelberg 2012

11

11 Zusammenfassung und Ausblick

Dieses Fachbuch sollte verdeutlichen, welche Bedeutung Verteilte Systeme heute für geschäftskritische Anwendungen haben und welche technologischen Herausforderungen sich gleichzeitig dadurch stellen. Vielfältige Zielsetzungen rechtfertigen den Einsatz verteilter Systemumgebungen, so etwa die globale Kooperation, die Integration von Teilanwendungen, die gemeinsame Nutzung von Ressourcen, Lastausgleich und Parallelisierung, Fehlertoleranz und vieles mehr. Am Beispiel der verteilten Anwendung aus dem E-Commerce-Bereich wurde verdeutlicht, wie entsprechende Lösungen strukturiert werden können und wie die einzelnen Dienste Verteilter Systeme sinnvoll zusammenwirken.

Viele Konzepte aktueller Technologien Verteilter Systeme lassen sich auf traditionelle Ansätze wie etwa das Client/Server-Modell zurückführen. Um modernen softwaretechnischen Anforderungen gerecht zu werden, wurde dieses um objektorientierte Konzepte erweitert. Ein wesentlicher Nachteil, der insbesondere die Wiederverwendbarkeit der Anwendungslogik wesentlich erschwerte, blieb jedoch erhalten. Die Anwendungslogik wurde gemeinsam mit Code zum Zugriff auf Middlewaredienste wie Namensdienst, Sicherheitsfunktionalität und verteilte Transaktionen implementiert. Mit der Einführung strikt eingekapselter Komponenten werden Geschäftslogik und technische Detailaspekten Verteilter Systeme nur klar getrennt betrachtet. Ferner lassen sich Komponenten in fremden Systemumgebungen leicht adaptieren, etwa durch die Anpassung ihrer Persistenz-, Transaktions- oder Sicherheitseigenschaften. Während solche Ansätze bereits als weitgehend etabliert gelten und sich oft in mehrstufigen Architekturen wiederfinden, behandelte das Fachbuch auch noch aktuellere Trends im Umfeld von Grid Computing und Peer-to-Peer-Architekturen. Ziel ist es dabei, auch weiträumig verteilte, oft nur lose gekoppelte und gleichberechtigte Ressourcen bzw. Verarbeitungsinstanzen zu verknüpfen – etwa zum Zwecke globaler Parallelverarbeitung oder auch als Basis für die gemeinsame Nutzung globaler Informations- oder Dateisysteme. Vielfältige weitergehende Anwendungsfelder in Naturwissenschaft, Technik und Wirtschaft sind denkbar.

Im Bereich der Kommunikation und der Systemdienste wurde deutlich, wie vielfältig und flexibel sich die technologischen Möglichkeiten Verteilter Systeme heute darstellen. Der Remote Procedure Call mit seinen aktuellen Einbettungen in objektorientierte Schnittstellen und in sprachunabhängige Web Services bildet eine solide Grundlage für die anwendungsnahe Kommunikation. Gleichzeitig stehen auch verschiedene Erweiterungen und Optionen wie etwa asynchrone Aufrufe und Message Queueing oder mobile Objekte bereit; je nach Anforderung kann damit etwa die Leistungsfähigkeit beim Massendatentransfer erhöht werden oder eine Anpassung der Anwendungs- und Objektstruktur an dynamische Gegebenheiten erfolgen. Speziell für Multimedia-Anwendungen wird dieses Spektrum durch Stream-Kommunikation zusätzlich abgerundet. Mit den Web Services wiederum stehen nicht nur weitergehende Interaktionsmechanismen bereit, sondern es entwickelt sich eine grundlegend neue Philosophie der Strukturierung Verteilter Systeme: An die Stelle schwerfälliger monolithischer Prozesse treten lose gekoppelte Dienste, die sehr flexibel konfiguriert und leicht dynamisch angepasst werden können. In der Beispielanwendung wurde etwa verdeutlicht, wie der Backend-Bereich auf diese Weise flexibel gestaltet werden kann. Die weitergehenden Dienste wie etwa Transaktionen, Sicherheit und Schutz sowie Verzeichnisdienste stellen seit jeher eine elementare Basis für geschäftskritische verteilte Anwendungen dar. In diesem Zusammenhang wurden die wichtigsten Grundlagen wie etwa das Zwei-Phasen-Commit-Protokoll, der Einsatz kombinierter Kryptoverfahren oder auch der Aufbau hierarchischer Directory-Dienste vorgestellt. Aber auch speziellere Fragestellungen wurden erörtert, etwa die Legacy-Integration von Transaktionsdiensten, die Realisierung anonymisierter Kommunikation oder auch interne Realisierungsfragen von Verzeichnisdiensten.

Aufbauend auf den Basismechanismen wurde schließlich ein Einblick in die Softwaretechnik für Verteilte Systeme gegeben. Aufbauend auf dem Applikationsbeispiel wurde die Realisierung von Komponentensoftware auf der Basis moderner Application Server diskutiert. In diesem Zusammenhang wurde ein Vergleich der typischen Middleware-Ansätze gegeben, um dann auch auf speziellere Fragestellungen einzugehen: So spielen etwa die Verwaltung komplexer Anwendungskonfigurationen oder der Test und das Debugging globaler verteilter Applikationen in der Praxis eine wichtige Rolle; hierzu wurden wichtige Grundprinzipien erläutert. Mit dem Exkurs in den Bereich des Mobile Computing wurde ferner ein sehr aktuelles Anwendungsfeld näher betrachtet, das ganz spezielle Anforderungen an Verteilte Systeme stellt. Dies beginnt bei den deutlich anderen und oft problematischeren Quality-of-Service-Eigenschaften von Mobilfunknetzen und reicht über erforderliche Protokollanpassungen bis hin zur Adaption von Anwendungen an verschiedenste Endgeräte und Einsatzbedingungen.

Aktuell zeichnet sich ein klarer Trend in Richtung eines deutlich weitergehenden Einsatzes serviceorientierter Architekturen ab. Die technische Grundlage hierfür bilden die Web Services mit ihren flexiblen Möglichkeiten der heterogenen, sprach- und systemunabhängigen Interaktion. Während aber heute meist noch relativ eng gekoppelte Dienstearchitekturen im Vordergrund stehen, werden bald schon unternehmensweite, abteilungsübergreifende gemeinsam genutzte Dienste an Bedeutung gewinnen: Gleichartige Geschäftsprozesse und gemeinsame Anwendungslogik wird dann nicht mehrfach erstellt, sondern flexibel über Abteilungsgrenzen hinweg genutzt. Ein nächster

Schritt kann schließlich sogar die dynamische Bereitstellung und Auswahl von Diensten zwischen Unternehmen bzw. durch anwendungsnahe Service Provider über das Internet sein. Sicherlich sind dabei zahlreiche Fragen im Umfeld von Verfügbarkeit und Sicherheit zu lösen, doch belastbare Lösungen rücken auch hierfür in greifbare Nähe.

Ausgehend von den skizzierten Mobile-Computing-Szenarien wird auch dieses Gebiet weiter an Bedeutung gewinnen. Einen wichtigen Schlüssel hierfür stellt die Adaption von Anwendungen und allgemein von Software-Komponenten dar: Während heute oft noch dedizierte Lösungen für Handys, PDAs oder Desktop-Geräte entwickelt werden, könnte zukünftig immer mehr die Vision eines „Adaptive Computing" in den Vordergrund rücken. Auf der Basis von Technologien wie XML und XSL, mit flexiblen Komponentenlösungen und mit hochadaptiver Software passt sich die Anwendung weitgehend selbständig an die jeweilige Umgebung und sogar an beliebige Benutzerpräferenzen an. Die angedeuteten lokationsabhängigen – oder allgemeiner: kontextabhängigen – Dienste stellen eine weitere interessante Spielart hiervon dar. Mehr im Bereich der technischen Prozesse bzw. der Anbindung an physikalische Infrastrukturen wird auch das Ubiquitous bzw. Pervasive Computing weiter an Bedeutung gewinnen. So können bereits heute vielfältige Informationen aus Logistikprozessen, Fertigungsumgebungen, Transportsystemen oder auch auf dem Gebiet des Facility Management mittels Sensornetzen bzw. RFID-Technik ausgelesen werden. Eine wichtige Herausforderung für Verteilte Systeme stellt dabei die Entwicklung geeigneter Middleware dar, um diese umfangreichen Daten sinnvoll zu filtern, zu aggregieren und schließlich bis auf Anwendungsebene gezielt zu verarbeiten.

Nicht zuletzt wird auch das Gebiet des Grid Computing sowie der Peer-to-Peer-Lösungen weiter an Bedeutung gewinnen. Schon jetzt ist es üblich, dynamische Verbünde vernetzter Workstations zu schaffen. Zukünftig sind hier viel weitergehende Anwendungen denkbar – man stelle sich nur etwa einen elektronischen „Manufacturing Marketplace" vor, mit dem industrielle Hersteller, Zulieferer, Distributoren und Vertriebspartner hochdynamisch interagieren. Wo heute entsprechende Veränderungen der Kooperationsstrukturen oft noch Monate oder Jahre brauchen, könnten solche dezentralen, Grid-artigen Infrastrukturen eine Reaktion in Sekundenschnelle, und das mit hochskalierbaren Systemlösungen, ermöglichen. Der Weiterentwicklung Verteilter Systeme scheinen also technisch kaum Grenzen gesetzt – dies allerdings stets im Spannungsfeld der erforderlichen Marktfähigkeit und der gesellschaftlichen Akzeptanz und Verantwortung.

Anhang
Lösungen

A

A. Schill, T. Springer, *Verteilte Systeme*,
DOI 10.1007/978-3-642-25796-4_12, © Springer-Verlag Berlin Heidelberg 2012

A

A **Lösungen**

A Lösungen

A.1 Kapitel 1

Aufgabe 1: Nennen Sie wesentliche Kriterien zur Motivation der Verteilung von Anwendungsfunktionalität.

Lösung
Die Fragestellung wird in Abschnitt 1.2 diskutiert. Wesentliche Kriterien zur Verteilung von Anwendungsfunktionalität sind demnach:
- die gemeinsame Ressourcennutzung,
- die Parallelisierung von Prozessen,
- der Lastausgleich,
- die Verfügbarkeit, Fehlertoleranz und Ausfallsicherheit sowie
- die Skalierbarkeit.

Aufgabe 2: Welche der folgenden Systeme können als Verteilte Systeme bezeichnet werden?
a. eine dezentral organisierte Büroumgebung auf einem Workstation-Netz,
b. der Zentralrechner einer Fluggesellschaft mit weltweit 10.000 sternförmig angeschlossenen einfachen Buchungsterminals,
c. ein Multiprozessorsystem mit gemeinsamem Speicher,
d. ein Grid-System.

Lösung
Die Systeme in a. und d. können als Verteilte Systeme bezeichnet werden, da sie alle Kriterien gemäß der Definition in Abschnitt 1.1 erfüllen. Das System in b. ist kein Verteiltes System, da es eine zentrale Komponente zur Koordination gibt. Das System in c. ist kein Verteiltes System, da die verschiedenen Prozessoren nicht über einen schmalen Kanal kommunizieren.

Aufgabe 3: In der vorgestellten Beispielanwendung werden Bestellvorgänge auf verschiedenen Servern vorverarbeitet und mit der Lagerverwaltung abgeglichen. Welcher Basisdienst kann verwendet werden, um die folgenden Anforderungen zu erfüllen?
a. Bestellvorgänge werden übergreifend durch die Vorverarbeitung, die Kundenverwaltung und die Lagerverwaltung bearbeitet. Dabei wird sowohl die Versendung von Waren aus dem Lager als auch die Bezahlung abgewickelt. Es soll sichergestellt werden, dass die einzelnen Arbeitsschritte auch bei Ausfall eines der Systeme insgesamt oder gar nicht ausgeführt werden.

b. Bestimmte Bestellvorgänge sollen nur von Firmenkunden ausgeführt werden können.

c. Bestellinformationen sollen vertraulich behandelt und insbesondere ohne Zugriffsmöglichkeiten Dritter über das Netz kommuniziert werden.

d. Der Bestelldienst soll beliebig über das Internet auffindbar sein.

Lösung

a. Für verteilte Arbeitsschritte kann mit Hilfe von Transaktionen eine konsistente Verarbeitung von verteilten Datenbeständen erreicht werden. Durch die Eigenschaft der Atomarität sichern Transaktionen außerdem, dass entweder alle enthaltenen Arbeitsschritte oder aber keiner der Arbeitsschritte ausgeführt wird. Zur Steuerung verteilter Transaktionen ist ein Transaktionsdienst notwendig, der häufig in Form eines Transaktionsmonitors zur Verfügung gestellt wird.

b. Um den Zugriff auf bestimmte Systemfunktionen zu kontrollieren, muss zunächst die Identität des Zugreifenden geprüft werden. Darauf aufbauend können dann die Zugriffsrechte des Zugreifenden kontrolliert werden. Dazu werden Funktionen zur Authentisierung und Autorisierung eines Sicherheitsdienstes benötigt.

c. Bestellvorgänge müssen mit Hilfe kryptographischer Verfahren verschlüsselt werden, um sie während der Übertragung über einen unsicheren Kanal vor Zugriffen Dritter zu schützen. Dazu werden Verschlüsselungsverfahren eines Sicherheitsdienstes benötigt.

d. Um Ressourcen in einem Verteilten System zu veröffentlichen, etwa einen Bestelldienst, wird ein Verzeichnisdienst benötigt.

A.2   A.2 Kapitel 2

Aufgabe 1: Das Client/Server-Modell weist den miteinander kommunizierenden Prozessen Rollen zu. Skizzieren Sie die Zusammenhänge und Rollen zwischen drei Clients und zwei Servern, wobei der erste Server die Dienste eines zweiten Servers über eine Unterbeauftragung nutzt.

Lösung

Abbildung A.1 skizziert die Zusammenhänge zwischen den einzelnen Systemteilen. Die Rechner R1, R2 und R3 greifen in der Rolle des Clients auf die Funktionalität des Rechners R4 zu. Dieser nimmt damit die Rolle eines Servers gegenüber den Clients R1, R2 und R3 ein. Gleichzeitig agiert er gegenüber Rechner R5 in der Rolle eines Clients und ruft dessen Funktionalität auf.

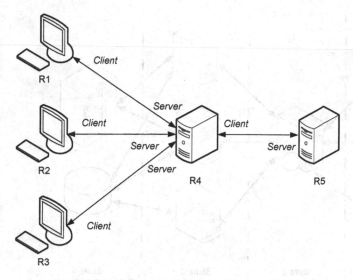

Abbildung A.1. Lösung zur Aufgabe 2.1

Die Rechner R1, R2 und R3 interagieren dagegen nicht mit R5, die Nutzung von R5 durch R4 bleibt vor ihnen verborgen.

Aufgabe 2: Vergleichen Sie das prozedurale Client/Server-Modell und das objektorientierte Modell hinsichtlich Zugriffsweise auf Daten sowie Granularität, Identität und Platzierung von Systembestandteilen!

Lösung
Einen Überblick beider Modelle anhand der genannten Kriterien enthält Tabelle 2.1. Es wird deutlich, dass das objektorientierte Modell eine höhere Flexibilität zur Realisierung verteilter Anwendungen bietet als das prozedurale Client/Server-Modell. Neben einem Direktzugriff auf Daten und einer variablen Granularität von Systembestandteilen sind vor allem die Referenzparametersemantik und die Möglichkeit der dynamischen Migration von Objekten zur Laufzeit von Vorteil.

Aufgabe 3: Für komplexe Verteilte Systeme werden überwiegend mehrstufige Architekturen angewendet.
a. Wieviele und welche Stufen schlagen Sie für eine Online-Handelsplattform vor, die Einkäufe von Kunden über das WWW ermöglicht?
b. Skizzieren Sie Ihre Lösung!

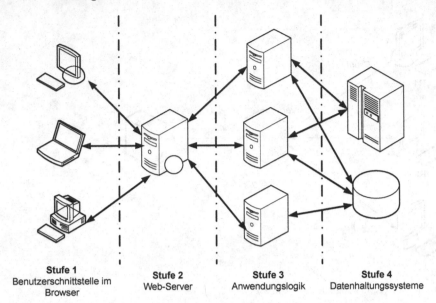

Stufe 1
Benutzerschnittstelle im
Browser

Stufe 2
Web-Server

Stufe 3
Anwendungslogik

Stufe 4
Datenhaltungssysteme

Abbildung A.2. Lösung zur Aufgabe 2.3

c. Weisen Sie die folgenden Systemfunktionen einer Architekturstufe zu:
    — Funktionen eines Warenkorbs,
    — Eingabemaske zur Änderung von Kundendaten durch den Kunden,
    — Rabattberechnung,
    — Aufbereitung des Inhaltes des Warenkorbs zur Präsentation beim Benutzer,
    — Prüfen von Zugriffsberechtigungen und
    — Speicherung von Kundendaten.

Lösung
Wie in Abbildung A.2 dargestellt, kann die Online-Handelsplattform in vier
Stufen realisiert werden. In der ersten Stufe wird dabei die Benutzerschnittstelle umgesetzt, die dem Benutzer die Interaktion mit der Plattform ermöglicht. In der zweiten Stufe wird im Web-Server die Benutzerschnittstelle
bereitgestellt und kann dort auch dynamisch erzeugt werden. Dazu wird auf
die Anwendungslogik der dritten Stufe zugegriffen, in der die wesentlichen
Funktionen der Plattform implementiert werden. In der vierten Stufe befinden sich schließlich Datenhaltungssysteme und eventuell andere spezifische
Unternehmenssoftware, die in die Plattform integriert werden soll, etwa ein
Warenwirtschaftssystem. Die Speicherung von Kundendaten erfolgt damit in
Stufe 4, Funktionen des Warenkorbs, Rabattberechnungen und die Prüfung

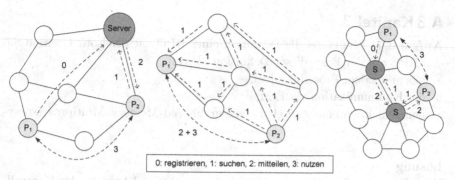

Abbildung A.3. Lösung zur Aufgabe 2.4

von Zugriffsberechtigungen erfolgen in Stufe 3, das Aufbereiten des Inhaltes des Warenkorbes zur Präsentation beim Benutzer wird in Stufe 2 durchgeführt und die Eingabemaske zur Änderung von Kundendaten wird in Stufe 1 präsentiert.

Aufgabe 4: In einem Peer-to-Peer-System bietet ein Peer P_1 Dienste an. Ein zweiter Peer P_2 möchte dieses Dienstangebot nutzen. Skizzieren Sie den Nachrichtenaustausch zur Dienstsuche und -nutzung für eine zentralisierte, eine pure und eine hybride P2P-Architektur! Diskutieren Sie Vor- und Nachteile der drei Varianten hinsichtlich Nachrichtenaufkommen und Skalierbarkeit!

Lösung
In Abbildung A.3 wird der Nachrichtenaustausch für alle drei Varianten dargestellt. Bei der Variante mit zentralem Server kann der dienstanbietende Peer durch eine direkte Serveranfrage ermittelt werden. Das Nachrichtenaufkommen zur Dienstsuche ist damit gering, die Skalierbarkeit wird durch den zentralen Ansatz jedoch stark eingeschränkt. Unter Verwendung eines Flutungsalgorithmus zur Dienstsuche in der puren P2P-Architektur entsteht ein sehr hohes Nachrichtenaufkommen zur Dienstsuche, wodurch die Skalierbarkeit des Ansatzes ebenfalls stark eingeschränkt wird. Eine bessere Lösung bieten hybride Architekturen. Superpeers ermöglichen eine schnelle Dienstsuche mit geringem Nachrichtenaufkommen und gewährleisten dabei durch die dezentrale Struktur die Skalierbarkeit des Systems.

A.3 Kapitel 3

Aufgabe 1: Wie lautet die Definition eines RPC nach Nelson? Grenzen Sie den RPC auf der Basis dieser Definition ab von:

a. einem lokalem Prozeduraufruf,

b. der Kommunikation via E-Mail,

c. dem Nachrichtenaustausch in einem Shared-Memory Multiprozessorsystem.

Lösung

Nach Nelson ist ein RPC definiert als die synchrone Übergabe des Kontrollflusses zwischen zwei Prozessen mit unterschiedlichen Adressräumen auf Ebene der Programmiersprache, wobei der Datentransfer mittels Aufruf- und Ergebnisparametern erfolgt. Die Prozesse sind in der Regel über einen im Vergleich zum lokalen Fall relativ schmalen Kanal gekoppelt.

a. Ein lokaler Prozeduraufruf wird zwischen lokalen Prozessen in einem gemeinsamen Adressraum ausgeführt, die Kommunikation erfolgt nicht über ein Netzwerk, sondern im lokalen System mit vergleichsweise hoher Bandbreite.

b. Die Kommunikation via E-Mail erfolgt zwischen Prozessen in unterschiedlichen Adressräumen über ein Netzwerk und damit einen relativ schmalen Kanal. Die Kommunikation findet jedoch asynchron ohne die Übergabe des Kontrollflusses statt. Eine Einbettung auf der Ebene der Programmiersprache existiert in der Regel ebenfalls nicht.

c. In einem Shared-Memory Multiprozessorsystem liegen keine unterschiedlichen Adressräume vor. Die Kommunikation erfolgt über den Speicher und damit über einen Kanal mit vergleichsweise hoher Bandbreite.

Aufgabe 2: Erläutern Sie den Zusammenhang zwischen RPC-Schnittstellenbeschreibung und Stub-Komponenten!

Lösung

Stub-Komponenten werden aus der RPC-Schnittstellenbeschreibung erzeugt. Dabei entstehen ein Client-Stub und ein Server-Stub. Ein Client-Stub repräsentiert einen entfernt aufrufbaren Server lokal beim aufrufenden Client. Der Server-Stub stellt das Gegenstück des Client-Stubs auf Serverseite dar. Die Stub-Komponenten bieten die gleiche Schnittstelle wie der Server an und ermöglichen damit eine für Client und Server transparente Vermittlung der Prozeduraufrufe. Auf der Basis der Schnittstellendefinition wird außerdem Code erzeugt, der das Marshalling bzw. Unmarshalling der Aufrufparameter und Rückgabewerte aller durch die Schnittstelle definierten Prozeduren implementiert.

Die Aufgabe des Client-Stubs ist es, stellvertretend für den entfernten Server lokale Aufrufe entgegenzunehmen, zu serialisieren und über eine Netzwerkverbindung an den Server-Stub zu vermitteln. Der Server-Stub deserialisiert dann die Aufrufdaten und leitet den Aufruf an den Server weiter. Nach der Abarbeitung des Prozeduraufrufes beim Server erhält der Server-Stub das Ergebnis, das dieser nun serialisiert und an den Client-Stub weiterleitet, der Client-Stub deserialisiert dann den Ergebniswert und gibt diesen als Ergebnis des lokalen Prozeduraufrufes an den aufrufenden Client zurück.

Aufgabe 3: Nennen Sie die wesentlichen Vorteile entfernter Methodenaufrufe gegenüber entfernten Prozeduraufrufen!

Lösung
Entfernte Methodenaufrufe stellen eine Erweiterung entfernter Prozeduraufrufe für objektorientierte Systeme dar. Damit werden RPC-Mechanismen in der objektorientierten Welt verfügbar und können mit den Vorteilen der objektorientierten Softwareentwicklung kombiniert werden. So können beliebige Objekte entfernte Schnittstellen anbieten, wodurch eine flexiblere Implementierung der Serverfunktionalität in Form von Objekten unterschiedlicher Granularität möglich ist. Insbesondere können nun Daten nicht nur als Kopie (Wertparameter-Semantik), sondern auch als Referenz auf das entsprechende Objekt (Referenzparameter-Semantik) als Aufrufparameter und Ergebniswerte von Methoden übergeben werden. Mit der Integration entfernter Methodenaufrufe in Java durch Java RMI können auch die Vorteile von Java wie Portierbarkeit und Garbage-Collection auf verteilte Objekte übertragen werden.

Aufgabe 4: Nennen Sie die wesentlichen Vorteile von Web Services im Vergleich mit RPC-Systemen und verteilten objektorientierten Systemen!

Lösung
Web Services basieren auf dem Protokoll SOAP, das eine XML-basierte Kodierung besitzt und in verschiedene Protokolle, insbesondere HTTP, eingebettet werden kann. Web Services sind damit nicht an ein bestimmtes Protokoll gebunden und mit der Verwendung von HTTP können Web-Service-Aufrufe auch durch Firewalls hindurch vermittelt werden, was insbesondere unternehmensübergreifende Dienstaufrufe ermöglicht. Web Services basieren außerdem auf XML-Standards und sind damit unabhängig von bestimmten Laufzeit- bzw. Komponentenplattformen sowie Programmiersprachen. Darüber hinaus sind Web Services nicht auf das Interaktionsschema

Request/Response festgelegt, sondern es können beliebige Dokumente und Daten über Nachrichten ausgetauscht werden, die zu verschiedenen Interaktionsschemata verknüpft werden können.

Aufgabe 5: Mobile Objekte ermöglichen eine Migration von Objekten zur Laufzeit.

a. Nennen Sie mindestens zwei Gründe für die Migration von Objekten zur Laufzeit!

b. Welche Typen der Migration können unterschieden werden und welche Bestandteile werden bei diesen in die Migration einbezogen?

c. Vergleichen Sie Vorwärtsadressierung und sofortige Stellvertreteraktualisierung hinsichtlich des Aufwands während der Migration sowie während der Aufrufweiterleitung!

Lösung

a. Gründe für eine Objektmigration zur Laufzeit sind die Möglichkeit der lokalen Verarbeitung, die Verfügbarkeit spezieller Ressourcen auf einem bestimmten Rechner im System, die Lastverteilung und Fehlerbehandlung sowie die dynamische Installation von Anwendungsfunktionen bzw. die Rekonfiguration von Anwendungen zur Laufzeit.

b. Grundsätzlich können die starke und die schwache Migration unterschieden werden. Bei der schwachen Migration werden der Objektcode sowie Daten migriert. Das Objekt kann dann nach der Migration neu initialisiert werden, und die Verarbeitung muss an einem definierten Punkt wieder aufsetzen. Bei einer starken Migration wird zusätzlich der Ausführungszustand des Objektes mit migriert. Damit kann die Ausführung des Objektes auf dem Zielrechner direkt nach der Anweisung weitergeführt werden, die als letzte auf dem Quellrechner ausgeführt wurde. Die Erfassung und Wiederherstellung des Ausführungszustandes ist jedoch mit hohem Aufwand verbunden, so dass häufig nur eine schwache Migration unterstützt wird.

c. Bei der Vorwärtsadressierung wird bei jeder Migration auf dem Ausgangsrechner ein neuer Stellvertreter erzeugt, der auf den neuen Aufenthaltsort des Objektes verweist. Damit entstehen bei einer wiederholten Migration Ketten von Stellvertretern. Der Aufwand während der Migration ist gering, da immer genau ein Stellvertreter installiert werden muss. Der Aufwand für die Aufrufweiterleitung steigt dagegen mit wachsender Zahl von Stellvertretern in der Stellvertreterkette. Damit steigt auch die Wahrscheinlichkeit für Inkonsistenzen und Unterbrechungen der Kette, etwa durch Ausfall eines Rechners. Verweise zeigen dann ins „Leere", so dass Aufrufe nicht mehr vermittelt werden können. Bei einer sofortigen Aktualisierung aller Stellvertreter eines Objektes muss jedes Objekt alle installierten Stellvertreter kennen und diese nach der Migration durch Nachrichten aktualisieren. Damit entsteht ein hoher Aufwand für die Migration, der die Skalierbarkeit dieses Verfahrens stark einschränkt. Im Ergebnis sind jedoch alle Stellvertreter aktualisiert und die Aufrufweiterleitung kann direkt über den jeweiligen Stellvertreter zum Objekt erfolgen. Der Aufwand für die Aufrufweiterleitung ist damit gering.

Aufgabe 6: Welche Arten der Parameterübergabe können in entfernten Prozeduraufrufen sowie entfernten Methodenaufrufen ohne bzw. mit Unterstützung mobiler Objekte verwendet werden?

Lösung
Für entfernte Prozeduraufrufe wird in der Regel nur eine Parameterübergabe per Kopie (call-by-value) unterstützt. In entfernten Methodenaufrufen können dagegen auch Objektreferenzen als Eingabeparameter bzw. Ergebnis verwendet werden, d. h., Parameter können als Wert und als Referenz übergeben werden (call-by-value und call-by-reference). Werden vom System mobile Objekte unterstützt, können außerdem Objekte als Parameter zum Rechner des Aufrufers migrieren (call-by-move) und eventuell nach der Ausführung des Aufrufes zum Ausgangsrechner zurückkehren (call-by-visit).

Aufgabe 7: In einer Laufzeitplattform werden mobile Objekte unterstützt. Welche Form der Parameterübergabe schlagen Sie für die folgenden Problemstellungen vor (call-by-reference / call-by-move / call-by-visit)?:

a. Ein Produktkatalog wird von mehreren Benutzern konkurrierend bearbeitet und soll dabei einen konsistenten Zustand behalten.
b. Auf einem Objekt mit umfangreichen Daten über ein Produkt soll eine Folge von Operationen ausgeführt werden.
c. Ein Formulardokument soll von mehreren Bearbeitern an unterschiedlichen Orten in einer Folge bearbeitet werden.
d. Konstruktionsdaten eines Automobils sollen von einem Server automatisch formatiert und anschließend vom Bearbeiter weiter editiert werden.
e. Einem Client soll die Adresse eines entfernten Datenbanksystems übergeben werden.

Lösung
a. Der Produktkatalog sollte dafür an die Benutzer per Referenz übergeben werden. Auf diese Weise arbeiten alle Benutzer auf derselben Objektinstanz. Diese kann damit eine konsistente Bearbeitung sicherstellen.
b. Das Objekt könnte für eine lokale Bearbeitung per call-by-move übergeben werden. Dabei ist jedoch abzuwägen, ob die Datenmenge, die bei der Mi-

gration des Objektes entsteht, nicht die Datenmenge übersteigt, die aus einem entfernten Aufruf der Methoden auf dem Objekt resultieren würde. Ist dies der Fall, sollte per Referenz auf das entfernte Objekt zugegriffen werden.

c. Das Formulardokument kann per call-by-move bzw. call-by-reference an den nächsten Bearbeiter weitergereicht werden. Die Verwendung von call-by-move ermöglicht eine lokale Verarbeitung, hinsichtlich der Datenmenge gilt aber das unter b. Diskutierte.

d. Die Konstruktionsdaten können per call-by-visit übergeben werden. Damit können diese nach der Migration auf dem Server lokal formatiert werden. Anschließend kehren sie auf den Rechner des Bearbeiters zurück und können dort wiederum lokal weiterverarbeitet werden.

e. Die Adresse, d. h. die Referenz des Datenbanksystems, wird per call-by-reference übergeben.

Aufgabe 8: Erläutern Sie das Prinzip der Nachrichtenvermittlung über einen Nachrichtenkanal!

Lösung
Bei der Kommunikation über einen Nachrichtenkanal agieren die Kommunikationspartner in zwei Rollen. Zum einen erzeugen „Sender" Nachrichten und stellen diese in den Nachrichtenkanal ein. Zum anderen erhalten „Empfänger" Nachrichten aus dem Nachrichtenkanal. Die Kommunikation über einen Nachrichtenkanal erfolgt asynchron. Sender und Empfänger werden dabei zeitlich entkoppelt, müssen also nicht zur gleichen Zeit ausgeführt werden bzw. eine Netzwerkverbindung besitzen. Außerdem wird der Sender nach dem Absetzen der Nachricht nicht blockiert, evtl. ausstehende Antworten werden entkoppelt von der Ausgangsnachricht vermittelt.

Aufgabe 9: Welche Vor- und Nachteile entstehen aus der Verwendung von nachrichtenbasierten Systemen im Vergleich zu RPC-Systemen?

Lösung
Die nachrichtenbasierte Kommunikation stellt einen asynchronen Mechanismus dar, der Sender und Empfänger von Nachrichten zeitlich entkoppelt. Sender und Empfänger müssen also nicht zur gleichen Zeit aktiv bzw. mit dem Netzwerk verbunden sein. Außerdem müssen durch die Indirektion des Nachrichtenkanals Sender und Empfänger nicht mehr direkt bekannt sein. Sender stellen Nachrichten in den Nachrichtenkanal ein, ohne wissen zu müssen, an wen diese vermittelt werden. Ebenso erhalten Empfänger Nachrichten von einem Nachrichtenkanal, ohne deren Absender kennen zu müssen. Wird je-

doch für eine Aufrufnachricht ein Ergebnis benötigt, fehlt in nachrichtenorientierten Systemen eine Synchronisation zwischen Aufruf- und Ergebnis-
nachricht. Diese erfordern außerdem ein separates Programmiermodell und
greifen überwiegend auf proprietäre Lösungen zurück. Eine zusammenfassen-
de Darstellung enthält Tabelle 3.2.

Aufgabe 10: Sollen für die folgenden Probleme synchrone RPC-Aufrufe oder
asynchrone Nachrichten eingesetzt werden?
a. Das Buchen eines Fluges über ein Online-System.
b. Die Übertragung des aktuellen Kurses einer Aktie.
c. Die Berechnung des Rabattes während der Bearbeitung einer Bestellung.
d. Die Übermittlung von Banktransaktionen durch mehrere alternative Clients an einen Verarbeitungsserver.

Lösung
a. Da eine sofortige Bestätigung der Buchung eines Fluges erwartet wird,
   sollten RPC-Aufrufe verwendet werden.
b. Die Übertragung des aktuellen Kurses einer Aktie kann nachrichtenba-
   siert erfolgen, etwa indem die Applikation Änderungsnachrichten abonniert und dann bei Kursänderungen automatisch benachrichtigt wird. Bei
   Verwendung von RPC-Aufrufen wären periodische Abfragen des Kursser-
   vers notwendig, was in der Regel mit einem erhöhten Nachrichtenaufkommen verbunden wäre.
c. Die Berechnung des Rabattes während der Bearbeitung einer Bestellung
   sollte per RPC erfolgen, da das Ergebnis für den Abschluss der Bestellung
   notwendig ist und zeitnah vorliegen sollte.
d. Die Übermittlung von Banktransaktionen durch mehrere alternative Clients an einen Verarbeitungsserver könnte in Form von Batch-Jobs nach-
   richtenorientiert und asynchron erfolgen.

Aufgabe 11: Welche Phasen können bei einer strombasierten Kommunikation unterschieden werden und wozu dienen diese?

Lösung
Es können die Phasen Verbindungsaufbau, Nutzung sowie Medientransport
und Verbindungsabbau unterschieden werden. In der ersten Phase wird eine
Kommunikationsverbindung zwischen den Partnern aufgebaut, wobei auch
verschiedene Verbindungsparameter, etwa zur Dienstgüte, ausgehandelt werden können. In der zweiten Phase werden Mediendaten transportiert.

Außerdem kann auf Änderungen im System, etwa der Verbindungsqualität oder die Änderung der Teilnehmerzahl einer Mehrpunktverbindung, reagiert werden. In der dritte Phase werden bestehende Verbindungen abgebaut und belegte Ressourcen freigegeben.

Aufgabe 12: Ein Medienserver stellt ein Video in Form separater Audio- und Videodaten bereit, in das an bestimmten Zeitpunkten Bilder integriert wurden, die getrennt von den anderen Datenströmen vorliegen. Welche Probleme können bei der Übertragung dieser Daten zum Client entstehen und wie kann ein korrektes Abspielen auf dem Client gesichert werden?

Lösung

Die separaten Audio- und Videodaten bilden gemeinsam mit den integrierten Bildern einen komplexen Medienstrom, dessen Bestandteile untereinander synchronisiert werden müssen. So können die Bilder nicht mehr einfach asynchron übertragen werden, sondern es muss nun auch für diese eine obere zeitliche Schranke eingehalten werden, um eine rechtzeitige Darstellung dieser synchron zu den anderen Teilströmen zu gewährleisten. Für ein korrektes Abspielen aller Ströme ist somit eine Übertragung aller Teilströme unter Einhaltung oberer Schranken notwendig. Durch Pufferung auf dem Clientsystem kann außerdem die Synchronisation der Darstellung aller Teilströme erreicht werden.

A.4 Kapitel 4

Aufgabe 1: Nennen Sie die grundlegenden Eigenschaften einer Transaktion! Müssen diese Eigenschaften auch in vollem Umfang für verteilte Transaktionen gelten?

Lösung

Mit Hilfe von Transaktionen können für komplexe Operationen zur Bearbeitung persistenter Daten die so genannten ACID-Eigenschaften sichergestellt werden. Dies sind Atomizität, Konsistenz, Isolation und Dauerhaftigkeit. Verteilte Transaktionen stellen diese Eigenschaften für Operationen in Verteilten Systemen sicher, die auch im verteilten Fall in vollem Umfang erfüllt werden müssen.

Aufgabe 2: Welche entscheidenden Einschränkungen gelten für JDBC im Vergleich zu einem voll ausgebauten Transaktionsmonitor?

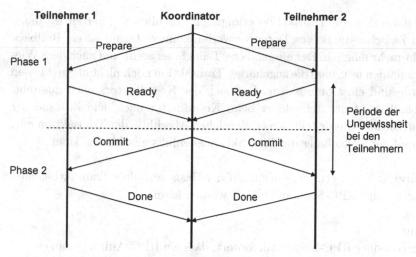

Abbildung A.4. Lösung zur Aufgabe 4.3a

Lösung

JDBC ist eine Java-basierte Lösung für den entfernten Datenbankzugriff. In der Regel kann jedoch nur jeweils eine Datenbank in die Transaktionen einbezogen werden, es ist keine Abstimmung zwischen verteilten Transaktionsteilnehmern möglich. Außerdem werden nur datenbankinterne Operationen in Transaktionen einbezogen, nicht aber die Verarbeitung, etwa bestimmte Methoden. Darüber hinaus gilt die Beschränkung auf Java-basierte Umgebungen.

Aufgabe 3: Zum Abschluss verteilter Transaktionen wird das Zwei-Phasen-Commit-Protokoll eingesetzt.

a. Stellen Sie die zeitlichen Abläufe einer fehlerfreien Kommunikation in einem Ablaufdiagramm dar!

b. Wie wird auf den Ausfall eines Teilnehmers reagiert, wenn dieser bereits erfolgreich eine Ready-Nachricht versendet hat und alle weiteren Teilnehmer sowie der Koordinator ebenfalls mit Ready geantwortet haben?

Lösung

a. Der zeitliche Ablauf einer fehlerfreien Kommunikation zwischen einem Koordinator und zwei Teilnehmern wird in Abbildung A.4 dargestellt!

b. Fällt ein Teilnehmer aus, nachdem dieser bereits eine Ready-Nachricht versendet hat, kann der Koordinator die Transaktion mit Commit erfolgreich abschließen, wenn alle anderen Teilnehmer mit Ready geantwortet haben und auch beim Koordinator alles erfolgreich verlaufen ist. Daraufhin versendet der Koordinator an alle Teilnehmer eine Commit-Nachricht, die daraufhin die Transaktion erfolgreich abschließen, Sperren freigeben und Zwischenstände von Daten verwerfen können. Damit ist ein Rollback nicht mehr möglich. Der ausgefallene Teilnehmer stellt nun nach dem Wiederanlaufen fest, dass die zugehörige Transaktion noch nicht abgeschlossen wurde und ein Commit bzw. Rollback des Koordinators noch aussteht. Deshalb fragt der Teilnehmer beim Koordinator nach dem Zustand der Transaktion. Dieser teilt den erfolgreichen Abschluss der Transaktion mit, worauf der Teilnehmer die Transaktion ebenfalls abschließen kann.

Aufgabe 4: Erläutern Sie, warum auf der Basis verteilter Transaktionen eine exactly-once RPC-Semantik erzielt werden kann!

Lösung
Die exactly-once RPC-Semenatik fordert, dass ein RPC-Aufruf genau einmal ausgeführt wird und das Ergebnis dann beim Client vorliegt. Dies wird durch die ACID-Eigenschaften, insbesondere die Atomizität, verteilter Transaktionen sichergestellt. Die übergreifende Konsistenz wird dabei durch das Zwei-Phasen-Commit-Protokoll sichergestellt. Nachrichtenverluste und duplizierte Nachrichten können etwa durch entsprechende Timeouts sowie Sequenznummern erkannt und behandelt werden. Ausfälle der Rechner verschiedener Teilnehmer können durch das Aufgreifen des lokalen Zustands der Transaktion nach einem Wiederanlaufen des Rechners kompensiert werden.

Aufgabe 5: Welche Vor- und Nachteile besitzen optimistische gegenüber pessimistischen Sperrverfahren?

Lösung
Pessimistische Verfahren gehen von häufigen Konflikten beim Datenzugriff paralleler Transaktionen aus und vermeiden diese durch die Verwendung von Sperren. Damit wird die Parallelität von Transaktionen eingeschränkt. Zudem können durch wechselseitig gesperrte Daten Verklemmungen zwischen Transaktionen auftreten. Optimistische Verfahren verwenden keine Sperren wodurch Daten für alle Transaktionen zugreifbar sind. Im Gegenzug müssen aber für den Konfliktfall Vorkehrungen getroffen werden. Zum einen müssen Konflikte erkannt, zum anderen müssen Transaktionen abgebrochen werden, wenn ein Konflikt vorliegt. Damit ist eine höhere Parallelität im System möglich, Verklemmungen können nicht auftreten und müssen damit nicht behandelt werden. Treten im System jedoch häufig Konflikte auf, muss eine Vielzahl von Transaktionen abgebrochen werden, wobei auch kaskadierte Abbrüche notwendig sein können.

Aufgabe 6: Welche Vorteile besitzen geschachtelte verteilte Transaktionen gegenüber einfachen Transaktionen?

Lösung
Geschachtelte verteilte Transaktionen erlauben das Festschreiben von Teilergebnissen von Transaktionen und damit ein feingranulareres Zurücksetzen im Fehlerfall. Dies ist vor allem sinnvoll, wenn Transaktionen länger andauernde bzw. komplexe Operation beinhalten, um die Ergebnisse dieser Operationen nach Möglichkeit beizubehalten. Außerdem können Teiltransaktionen parallel ausgeführt werden.

Aufgabe 7: Warum müssen die Sperren abgeschlossener Teiltransaktionen bei geschachtelten verteilten Transaktionen bis zum Abschluss der Gesamttransaktion gehalten werden?

Lösung
Bei geschachtelten verteilten Transaktionen besteht auch für bereits erfolgreich abgeschlossene Teiltransaktionen noch die Möglichkeit des Zurückrollens, etwa aufgrund eines Fehlers in einer weiteren Teiltransaktion, der das Zurückrollen der gesamten Transaktion auslösen kann. Werden Sperren nicht bis zum Abschluss der Gesamttransaktion aufrechterhalten, könnten andere Transaktionen auf die Ergebnisse bereits abgeschlossener Teiltransaktionen anderer verschachtelter Transaktionen zugreifen und diese auch modifizieren. Müssen nun mit der Gesamttransaktion auch erfolgreich abgeschlossene Teiltransaktionen zurückgerollt werden, kann dies ein kaskadiertes Zurückrollen zur Folge haben, da andernfalls die Eigenschaft der Isolation nicht für die Gesamttransaktion gewahrt werden würde.

A.5 Kapitel 5

Aufgabe 1: Welche der Sicherheitsmechanismen Verschlüsselung, Authentifikation und Autorisierung können zur Lösung der folgenden Aufgabenstellungen eingesetzt werden?
a. Es soll die vom Benutzer vorgegebene Identität geprüft werden.
b. Es soll sichergestellt werden, dass die über einen unsicheren Kanal gesendeten Nachrichten nur von autorisierten Personen gelesen werden können.
c. Ein Dienst soll nur von dazu berechtigten Benutzern verwendet werden können.

Lösung

a. Die vom Benutzer vorgegebene Identität kann mittels Authentifikation geprüft werden.
b. Nachrichten können durch Verschlüsselung vor der Einsicht durch unberechtigte Personen geschützt werden.
c. Durch Autorisierung kann sichergestellt werden, dass Dienste bzw. Ressourcen nur von dazu berechtigten Benutzern verwendet werden dürfen.

Aufgabe 2: Nennen Sie die wesentlichen Unterschiede zwischen symmetrischer und asymmetrischer Verschlüsselung und diskutieren Sie deren Vor- und Nachteile!

Lösung

Symmetrische Verfahren verwenden denselben Schlüssel zur Ver- und Entschlüsselung, während asymmetrische Verfahren dafür ein Schlüsselpaar verwenden. Der Schlüssel symmetrischer Verfahren muss dabei geheim gehalten werden, während bei asymmetrischen Verfahren nur ein Schlüssel geheim ist (privater Schlüssel) und der andere veröffentlicht werden kann (öffentlicher Schlüssel). Deshalb sind für symmetrische Verfahren geeignete Mechanismen zur sicheren Schlüsselverteilung notwendig, während bei asymmetrischen Verfahren der öffentliche Schlüssel einfach verteilt werden kann. Digitale Unterschriften können nur mit Hilfe asymmetrischer Verfahren zuverlässig realisiert werden, da bei symmetrischen Verfahren alle Besitzer des geheimen Schlüssels, also mindestens zwei Parteien, unterschreiben können. Symmetrische Verfahren besitzen im Vergleich zu asymmetrischen Verfahren aber eine wesentlich höhere Effizienz.

Aufgabe 3: Wie werden der öffentliche und der private Schlüssel verwendet, wenn auf der Basis eines asymmetrischen Kryptoverfahrens eine digitale Signatur erzeugt werden soll?

Lösung

Zum Erstellen einer Signatur mit Hilfe eines asymmetrischen Kryptoverfahrens wird der private Schlüssel zur Verschlüsselung eingesetzt. Mit dem öffentlichen Schlüssel kann dann jeder diese digitale Unterschrift prüfen. Damit wird sichergestellt, dass nur der Besitzer des privaten Schlüssels die Unterschrift erstellen kann und dass diese von jedem mit dem öffentlichen Schlüssel geprüft werden kann.

Aufgabe 4: Nennen Sie die beiden wesentlichen Methoden zur Autorisierung und erläutern Sie, wo bei diesen die Zugriffsrechte verwaltet werden! Welche

der Methoden sollte bevorzugt werden, wenn Rechte häufiger zurückgezogen
werden sollen?

Lösung
Eine Zugriffsmatrix kann in Form von Zugriffskontrolllisten oder durch Capabilities umgesetzt werden. Mit Zugriffskontrolllisten werden die Zugriffsrechte
von dem Objekt verwaltet, auf das zugegriffen werden soll. Capabilities stellen eine Möglichkeit der Verwaltung von Zugriffsrechten bei den einzelnen
Subjekten dar, die auf verschiedene Objekte des Systems zugreifen wollen.
Zugriffsrechte können damit bei Verwendung von Zugriffskontrolllisten einfacher entzogen werden, da diese zentral beim Objekt vorliegen und von diesem
kontrolliert werden.

Aufgabe 5: Welche Typen von Filtern können in Firewalls verwendet werden? Nennen Sie für jeden der Typen ein Beispiel!

Lösung
Mit Hilfe von Firewalls können Paketfilter, Filter auf Anwendungsebene sowie
Proxy-Filter umgesetzt werden. Paketfilter arbeiten auf Protokollebene und
werten Informationen der Paketköpfe aus. Beispielsweise könnten mit einem
Paketfilter alle Ports außer Port 80 für die Kommunikation vom Internet in
das interne Netz gesperrt werden. Filter auf Anwendungsebene überprüfen
Nachrichteninhalte. Ein Beispiel ist ein Spam-Filter für E-Mail-Nachrichten.
Proxy-Filter stellen eine besondere Variante von Filtern auf Anwendungsebene dar. Sie arbeiten aber auf der Ebene der Transportschicht, können
aber ebenfalls Nachrichteninhalte verarbeiten. Die wesentliche Funktion ist
die eines Vermittlers von Anfragen von Clients aus einem externen Netz an
Dienste des internen Netzes. So kann etwa ein Proxy-Filter einen Druck.
oder FTP-Dienst im internen Netz repräsentieren. Clients des externen Netzes greifen so nicht direkt auf den Dienst des internen Netzes zu, sondern
über den Proxy-Filter, der nun beispielsweise während des Verbindungsauf-
baus die Zugriffsrechte des Clients prüfen und auch über die Sitzung hinweg
Zustandsinformationen speichern kann.

A.6 Kapitel 6

Aufgabe 1: Erläutern Sie die wesentlichen Funktionen von Namens- und
Verzeichnisdiensten! Worin besteht der wesentliche Unterschied zwischen beiden Dienstvarianten?

Lösung

Namensdienste führen eine Namensinterpretation durch, bei der logische Namen auf physische Adressen abgebildet werden. Auf diese Weise können etwa logische Servernamen auf konkrete Serverinstanzen bzw. Objektreferenzen abgebildet werden. Damit kann eine direkte Bindung von Ressourcen an physische Adressen vermieden werden, wodurch eine flexible Zuordnung von Nutzern zu Ressourcen möglich wird. Wesentliche Funktionen sind damit das Registrieren von Paaren von logischen Namen und Adressen sowie die Suche nach logischen Namen, wobei die entsprechende Adresse zurückgegeben wird. Verzeichnisdienste stellen eine Erweiterung von Namensdiensten dar. Neben der Grundfunktion von Namensinterpretationen ermöglichen sie eine Zuordnung von Attributen zu logischen Namen, so dass Ressourcen nicht nur anhand des logischen Namens, sondern auch anhand bestimmter Eigenschaften möglich wird.

Aufgabe 2: Welche Anforderungen können durch die Replikation von Namensservern erfüllt werden? Welche Probleme ergeben sich daraus?

Lösung

Durch die Replikation von Namenskontexten auf mehreren Servern kann die Fehlertoleranz, insbesondere die Verfügbarkeit, und die Skalierbarkeit von Namens- und Verzeichnisdiensten erhöht werden. Außerdem ist eine Lastverteilung möglich, durch die eine verbesserte Performance des Dienstes erreicht werden kann. Damit sind Werkzeuge zur Verwaltung und Konfiguration sowie Mechanismen zur Erhaltung der Konsistenz aller Replikate notwendig. Je nach der Art des Datenabgleichs können sich also veraltete Daten im System befinden. Da Aktualisierungen im Vergleich zu Suchanfragen aber eher selten auftreten, ist eine temporäre Inkonsistenz zu einem gewissen Grad tolerierbar.

Aufgabe 3: Zur Durchführung einer verteilten Namensinterpretation müssen verschiedene Namensserver miteinander kommunizieren. Welche Möglichkeiten gibt es für die Realisierung und welche Konsequenzen haben diese für den anfragenden Client?

Lösung

Zur Realisierung verteilter Namensinterpretationen können die Verfahren Chaining und Referral unterschieden werden. Beim Chaining wird die Namensauflösung von den verteilten Namensservern intern durchgeführt und erfolgt damit transparent für den Client. Dieser muss nur eine Namensanfrage an einen bekannten Namensserver stellen und erhält von diesem auch das Ergebnis. Bei Referral muss der Client dagegen Anfragen an alle an der

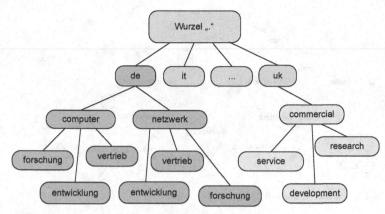

Abbildung A.5. Lösung zur Aufgabe 6.4a und c. für DNS

Namensauflösung beteiligten Namensserver senden und erhält von jedem nur ein Teilergebnis bzw. einen Verweis auf einen weiteren Server. Damit liegt die Komplexität der Namensauflösung beim Client. Die Namensserver werden dagegen stärker entkoppelt und der Client kann eine Optimierung der Namensauflösung vornehmen.

Aufgabe 4: Die beiden deutschen Firmen „Computer" und „Netzwerk" haben jeweils die Abteilungen „Entwicklung", „Vertrieb" und „Forschung".

a. Stellen Sie einen hierarchischen Namensraum für diese beiden Firmen in einem baumförmigen Diagramm unter Verwendung des DNS-Namensschemas sowie der X.500-Namensstruktur dar.

b. Geben Sie für DNS und X.500 jeweils ein Beispiel eines relativen Namens innerhalb der Firma „Computer" an. In welchem Kontext wird dieser Name interpretiert?

c. Fügen sie für DNS und X.500 jeweils die englische Firma „Commercial" mit den Abteilungen „Development", „Service" und „Research" ein.

d. Der Wurzelkontext sowie der Kontext „Deutschland" wird bei den Namensservern D1 und D2 repliziert. Alle Unterkontexte von „Deutschland" werden beim Server D3 verwaltet. Alle Unterkontexte von Großbritannien verwaltet Server D4. Skizzieren Sie den Ablauf einer Anfrage nach dem Vertrieb von „Computer" ausgehend von dem englischen Unternehmen „Commercial" nach den Verfahren Chaining und Referral.

e. Wie kann das Verhalten für Anfragen des englischen Unternehmens ggf. verbessert werden?

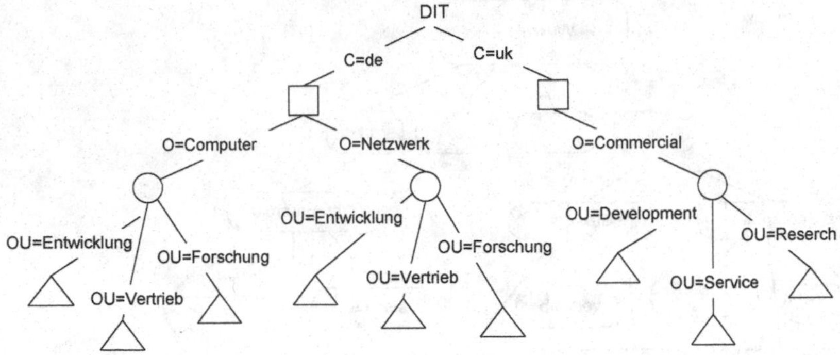

Abbildung A.6. Lösung zur Aufgabe 6.4a. und c. für X.500

Lösung

a. und c. Das entsprechende DNS-Namensschema wird in Abbildung A.5 gezeigt, die Lösung für X.500 enthält Abbildung A.6 .

b. Ein Beispiel eines relativen Namens ist `vertrieb`. Der Kontext zur Interpretation dieses relativen Namens lautet `de.computer` (DNS) bzw. `/.../C=DE/O=Computer` (X.500).

d. Die Anfrage des Clients lautet `//C=DE/O=Computer/OU=Vertrieb`. Abbildung A.7 skizziert die Lösungen für Chaining (links) und Referral (rechts).

e. Das Verhalten bei Anfragen des englischen Unternehmens kann durch Caching verbessert werden. Der Server D4 kann etwa die Information, dass der Kontext C=DE auf Server D1 und Server D2 verwaltet wird, zwischenspeichern. Auf Server D1 und D2 kann die Zuordnung aller Unterkontexte von Deutschland zu D3 zwischengespeichert werden. Außerdem könnte in D4 auch ein temporärer Eintrag für die Verwaltung des Kontextes der Firma „Computer" auf D3 gespeichert werden. Die Anfragen könnten dann jeweils direkt an den entsprechenden Server weitergeleitet werden.

A.7 A.7 Kapitel 7

Aufgabe 1: Welche Bedeutung haben die Eigenschaften von Komponenten nach der Definition von Szyperski [SGM02] für die Entwicklung verteilter Anwendungen? Gehen Sie dabei auf die einzelnen Punkte der Definition ein!

Lösung

Nach der Definition von Szyperski werden Komponenten als Ganzes spezifiziert, implementiert und verwendet. Zur Kommunikation mit anderen Komponenten werden Schnittstellen spezifiziert, die Implementierung dieser wird

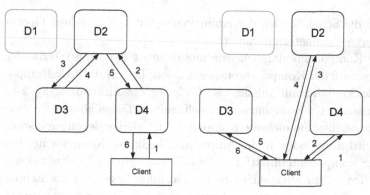

Abbildung A.7. Lösung zur Aufgabe 6.4d

jedoch von der Komponente gekapselt und bleibt damit nach außen verborgen. Dies ist wesentlich für die Forderung, dass Komponenten nur explizit definierte Abhängigkeiten zu anderen Komponenten bzw. dem Laufzeitsystem besitzen dürfen. Durch Schnittstellenspezifikationen werden die Abhängigkeiten explizit definiert. Für Verteilte Systeme gehören zu den Abhängigkeiten auch die Beziehungen zu den Basisdiensten der Laufzeitumgebung, also insbesondere Transaktionssteuerung, Sicherheit und Persistenz. Diese sollten ebenfalls explizit definiert und nicht implizit im Implementierungscode der Komponente umgesetzt werden. Andernfalls ist die Komponente nur eingeschränkt wiederverwendbar.

Aufgabe 2: Die Entwicklung Verteilter Systeme basierend auf Komponenten erfolgt in mehreren Entwicklungsschritten. Erläutern Sie den Zweck, die notwendigen Entwicklungsschritte sowie die verwendbaren Werkzeuge und resultierenden Artefakte für die vier Sichten auf Komponenten nach [CD00].

Lösung
Nach [CD00] können die vier Sichten Komponentenspezifikation, Komponentenimplementierung, installierte Komponente und Komponentenobjekt unterschieden werden. Die Komponentenspezifikation bietet zunächst eine implementierungsunabhängige Sicht auf die Komponente. Für diese werden die angebotenen und benötigten Schnittstellen jedoch keine Interna der Komponente definiert. Damit können vor allem Kompositionen von Komponenten und die Beziehungen der einzelnen Komponenten untereinander auf Architekturebene betrachtet werden. Die Spezifikation kann etwa in Form von Kompontenten- oder Klassendiagrammen in UML mit einem entsprechenden UML-Werkzeug wie Rational Rose oder Omondo UML in Eclipse erfolgen.

Dabei werden die Schnittstellen der Komponente mit den einzelnen Operationen und deren Parametern derfiniert.

Die Sicht der Komponentenimplementierung definiert dann die Interna der Komponente gemäß der Komponentenspezifikation. Die „Hülle" der Komponentenspezifikation wird mit Inhalt, also Code für die Anwendungslogik in Bezug auf ein konkretes Komponentenmodell, gefüllt. Dabei können für eine Komponentenspezifikation mehrere Komponentenimplementierungen erstellt werden. Es wird also Code für die Anwendungslogik der Komponente, bezogen auf eine Komponentenplattform wie EJB erzeugt. Als Werkzeug kann ein einfacher Texteditor aber auch eine Entwicklungsumgebung wie Eclipse oder NetBeans eingesetzt werden.

Installierte Komponenten beschreiben die Sicht auf das Deployment einer Komponentenimplementierung in eine konkrete Komponentenplattform. Dabei erfolgt eine Anmeldung und Bereitstellung der Komponentenimplementierung innerhalb der Plattform sowie die Bindung an konkrete Plattformdienste wie Persistenz, Transaktionssteuerung und Sicherheit. Im Ergebnis ist die Komponentenimplementierung innerhalb der Plattform verfügbar und ihr Verhalten in Bezug auf die Basisdienste der Plattform wurde konfiguriert. Ein Werkzeug für das Deployment wird in der Regel von der Komponentenplattform bereitgestellt.

Komponentenobjekt beschreiben letztlich Instanzen von Komponenten zur Laufzeit, die innerhalb der gewählten Realisierungsplattform verwaltet und ausgeführt werden. Diese besitzen nun eine Identität und enthalten die implementierte Anwendungslogik. Zur Überwachung und Verwaltung der Komponentenobjekte bieten Application Server in der Regel proprietäre Werkzeuge an.

Aufgabe 3: Enterprise JavaBeans definieren ein serverseitiges Komponentenmodell für Java.

a. Nennen Sie die Typen von Komponenten in Enterprise JavaBeans und erläutern Sie deren Zweck.

b. Erläutern Sie den Unterschied zwischen local- und remote-Schnittstellen in EJB?

c. Nennen Sie Zweck und Inhalt eines Deployment Descriptors in EJB?

Lösung

a. Das Komponentenmodell von Enterprise JavaBeans unterscheidet Komponenten der drei Typen Session Bean, Entity Bean und Message-Driven Bean. Session Beans enthalten die Anwendungslogik für die Interaktion mit Nutzern in einer Sitzung. Eine Instanz einer Session Bean ist deshalb jeweils einem Nutzer zugeordnet. Session Beans können zustandsbehaftet sein. In diesem Fall kann ein Zustand über mehrere Aufrufe innerhalb einer Sitzung verwaltet werden, etwa zur Implementierung eines Warenkorbes. Bei zustandlosen Session Beans wird entsprechend kein Zustand verwaltet. Message-Driven Beans enthalten ebenfalls Anwendungslogik. Im Gegensatz zu Session Beans werden diese aber asynchron durch Messaging angesprochen und nicht nach dem synchronen Request/Response Interaktionsschema per RMI. Außerdem besteht keine Zuordnung zu Nutzern in einer Sitzung. Message-Driven Beans können etwa zur Verarbeitung von Bestellungen eingesetzt werden. Entity Beans repräsentieren Anwendungsdaten bzw. Geschäftsobjekte. Dies können etwa Kunden- oder Produktdaten sein. Entity Beans kapseln insbesondere die Logik zur persistenten Speicherung dieser Anwendungsdaten.

b. EJB-Komponenten stellen ihre Funktionalität über Schnittstellen bereit. Diese sind im Standardfall entfernt per Remote Method Invocation (RMI) aufrufbar. Damit wird jeder Aufruf über entsprechende Stubs und Skeletons abgewickelt. Diese bereiten die Aufrufdaten für die Übermittlung über ein Netzwerk auf und versenden diese entsprechend, wie dies in Kapitel 3 beschrieben wurde. Damit entsteht verglichen mit einem lokalen Methodenaufruf ein entsprechender Mehraufwand. Werden Methoden einer Bean nur von lokalen Komponenten aufgerufen, ist dieser Mehraufwand nicht notwendig. Deshalb wurde zur Leistungsoptimierung die Möglichkeit vorgesehen, Schnittstellen als lokal zu kennzeichnen. Methodenaufrufe werden damit als lokale Java-Methodenaufrufe umgesetzt, können damit natürlich nicht mehr entfernt aufgerufen werden.

c. Deployment Deskriptoren dienen zur Beschreibung der Verteilungsspezifika von Komponenten. Diese umfassen allgemeine Informationen wie den Beantyp, die zugehörigen Schnittstellen und Implementierungsklassen sowie das Verhalten der Bean hinsichtlich Transaktionsverwaltung, Persistenz und Sicherheit.

Die Beschreibung dieser Aspekte erfolgt deklarativ in Form von Attributen. Der Deployment Deskriptor in EJB besitzt einen allgemeinen Teil für die Beschreibung der Bean und einen als Assembly Descriptor bezeichneten Teil zur Definition der Verteilungsspezifika.

Zur Erstellung von Deployment Deskriptoren bieten Application Server in der Regel entsprechende Werkzeuge an. Die Deskriptoren werden zum Zeitpunkt des Deployments, also der Installation der Beans in einer konkreten Laufzeitumgebung, ausgewertet und durch Generierung von Code bzw. entsprechende Konfigurationsparameter umgesetzt. Damit erfolgt eine strikte Trennung der Anwendungslogik von der Definition der Verteilungsaspekte für die Beans.

Aufgabe 4: Welche Basisdienste werden typischerweise von Application Servern bereitgestellt?

Lösung

Als Application Server wird eine Produktkategorie bezeichnet, die eine umfassende Lösung zur Umsetzung der Anwendungslogik in der Verarbeitungsschicht bietet. Application Server stellen eine Laufzeitumgebung, Kommunikationsmechanismen und weitere Basisdienste für die Umsetzung Verteilter Systeme bereit. Die Laufzeitumgebung unterstützt dabei typischerweise ein Komponentenmodell (etwa EJB oder .NET) sowie eine Kommunikation über entfernte Methodenaufrufe.

Die wesentlichen bereitgestellten Basisdienste sind nun ein Verzeichnisdienst zur Registrierung und Suche von Komponenten und weiterer Ressourcen, die Unterstützung einer (automatisierten) Verwaltung persistenter Daten auf der Basis relationaler Datenbanken, die Steuerung von verteilten Transaktionen über einen Transaktionsmonitor sowie Sicherheitsmechanismen für Authentifizierung, Autorisierung und Verschlüsselung.

Neben diesen grundlegenden Diensten für die wichtigsten Verteilungsaspekte werden außerdem weitere Dienste wie die nachrichtenbasierte Kommunikation über Message Oriented Middleware, die Integration weiterer bestehender Softwaresysteme, die Adaption von Daten, Aufrufen und Protokollen, zur Laufzeitverwaltung des Systems sowie zur Unterstützung von Ausfallsicherheit und Skalierbarkeit durch Replikation und Lastverteilung bereitgestellt.

Aufgabe 5: Das Debugging Verteilter Systeme erfordert erweiterte Verfahren. Erläutern Sie die Probleme „Fehlen eines globalen Zustands", „Indeterminismus" und „Interferenz"! Nennen Sie einen Lösungsvorschlag für jedes Problem!

Lösung

Verteilte Anwendungen werden in der Regel auf mehreren autonomen Rechnern ausgeführt. Diese besitzen unter anderem keinen gemeinsamen Speicher und keine synchronisierte Zeitbasis. Durch eine sich ständig ändernde Auslastung der Rechner und der Netzwerke sind deshalb die Auslieferungsreihenfolge sowie die Laufzeit von Nachrichten kaum vorhersagbar. Der Begriff Indeterminismus bezeichnet das daraus resultierende Problem, dass Verarbeitungsabläufe in Verteilten Systemen auch bei gleicher Eingabe nicht reproduzierbar sind. Aus der Verteilung und den damit verbundenen Nachrichtenlaufzeiten folgt außerdem, dass eine globale Sicht auf den Zustand des gesamten Systems zu einem bestimmten Zeitpunkt nicht hergestellt werden

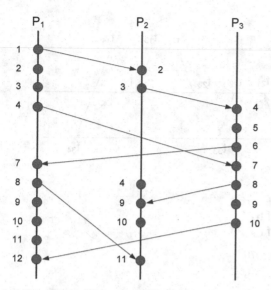

Abbildung A.8. Lösung zu Aufgabe 7.6

kann. Darüber hinaus führt die Ressourcennutzung des Debuggers selbst zu Interferenzen mit dem zu debuggenden System.

Zur Beherrschung des Indeterminismus und dem Fehlen einer globalen Sicht auf den Systemzustand kann das Lamport-Verfahren eingesetzt werden. Dieses ermöglicht die Herstellung einer globalen logischen Ordnung von kausal zusammenhängenden Ereignissen, mit deren Hilfe verteilte Programmläufe reproduziert werden können. Dem Problem der Interferenz kann durch eine Minimierung der Eingriffe in das laufende System durch den Debugger begegnet werden. Je mehr Informationen über das System gesammelt werden sollen, desto mehr wird in der Regel in den Programmablauf eingegriffen. Durch das Sammeln von Logging-Informationen im realen Systembetrieb und eine anschließende Auswertung dieser führt beispielsweise zu nur geringen Eingriffen in das zu testende System.

Aufgabe 6: In Abbildung 7.17 werden in einem Ablaufdiagramm drei verteilte Prozesse dargestellt, die miteinander kommunizieren. Die lokalen Ereignisse sowie die Ereignisse durch den Nachrichtenaustausch zwischen den Prozessen werden durch gefüllte Kreise dargestellt. Ordnen Sie allen Ereignissen im Diagramm gemäß dem Lamport-Verfahren eine entsprechende Nummerierung zu.

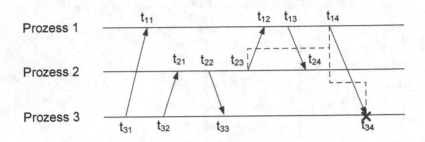

Prozess 1

Prozess 2

Prozess 3

t_{34}: Haltepunktereignis

Prozess 1: Rücksetzen auf t_{14}
Prozess 2: Rücksetzen auf t_{23}

Abbildung A.9. Lösung zu Aufgabe 7.7b

Lösung
Abbildung A.8 enthält die Nummerierung der Ereignisse der drei kommunizierenden Prozesse nach dem Lamport-Verfahren.

Aufgabe 7: Abbildung 7.16 stellt drei kommunizierende verteilte Prozesse mit nummerierten Ereignissen dar.
a. Nennen Sie für die Ereignisse in Abbildung 7.16 je zwei geordnete und zwei ungeordnete Ereignispaare.
b. Geben Sie einen globalen Haltepunkt für den Fall an, dass Prozess 3 zum Zeitpunkt t_{34} angehalten werden soll.

Lösung
a. Nach dem Lamport-Verfahren werden Ereignisse als geordnet bezeichnet, wenn diese in einem direkten oder indirekten kausalen Zusammenhang stehen. Im Beispiel sind etwa die Ereignispaare $(t_{31}; t_{34})$ und $(t_{32}; t_{12})$ geordnet, während die Paare $(t_{32}; t_{11})$ und $(t_{23}; t_{33})$ ungeordnet sind.
b. Abbildung A.9 zeigt den globalen Haltepunkt für das Anhalten von Prozess 3 zum Zeitpunkt t_{34}.

A.8 Kapitel 8

A.8

Aufgabe 1: Nennen Sie die drei grundlegenden Konzepte dienstorientierter Architekturen entsprechend des SOA-Referenzmodells.

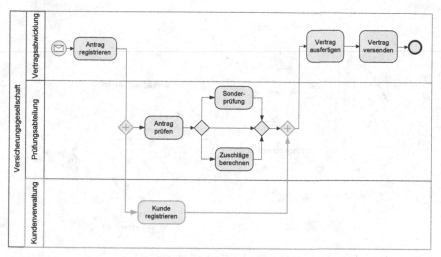

Abbildung A.10. Lösung zu Aufgabe 8.2a

Lösung

Das SOA-Referenzmodell definiert Sichtbarkeit, Interaktion und Wirkung als grundlegende Konzepte dienstorientierter Architekturen. Sichtbarkeit besagt, dass angebotene Dienste für potentielle Dienstnutzer auch auffindbar und verständlich beschrieben sein sollen. Interaktion bezieht sich auf die Möglichkeit von Dienstnutzern, angebotene Dienste auch tatsächlich in Anspruch zu nehmen, etwa durch die Interaktion zwischen Dienstnutzer und Dienstanbieter über Nachrichten. Wirkung beschreibt letztlich, dass mit der Dienstnutzung auch eine Wirkung erzielt werden soll, die Dienstleistung also auch erbracht wird.

Aufgabe 2: Das BPMN-Diagramm in Abbildung 8.16 modelliert einen einfachen Geschäftsprozess eines Versicherungsunternehmens zur Ausfertigung eines Versicherungsvertrages.

a. Erweitern Sie das BPMN-Diagramm um die Aktivität „Kunde registrieren", die parallel zu den Aktivitäten „Antrag prüfen", „Sonderprüfung" und „Zuschläge berechnen" in der Abteilung „Kundenverwaltung" des Versicherungsunternehmens ausgeführt wird.

b. Skizzieren Sie für den erweiterten Geschäftsprozess aus Aufgabe 8.2a ein Petri-Netz.

c. Erweitern Sie das Petri-Netz um die Aktivität „Vertrag Online versenden", der als Alternative zur Aktivität „Vertrag versenden" von der Abteilung "Vertragsabwicklung" ausgeführt wird.

d. Fügen Sie zu dem erweiterten Petri-Netz eine weitere Aktivität „Vertrag archivieren" hinzu, die parallel zu den Aktivitäten „Vertrag versenden"

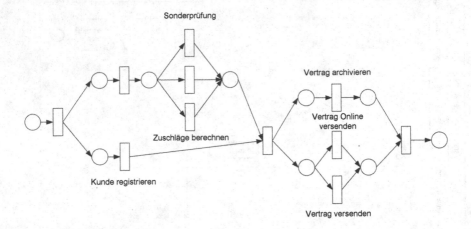

Abbildung A.11. Petri-Netz entsprechend Aufgabe 8.2b bis 8.2d

und „Vertrag Online versenden" von der Abteilung "Vertragsabwicklung"
ausgeführt wird.

Lösung

Das erweiterte BPMN-Diagramm gemäß Aufgabe 8.2 wird in Abbildung Abbildung A.10 dargestellt. Abbildung A.11 stellt das vollständige Petri-Netz
für die Teilaufgaben 8.2b bis 8.2d dar.

Aufgabe 3: Der Geschäftsprozess aus Aufgabe 8.2 soll in einen ausführbaren
Prozess überführt werden.

a. Schlagen Sie eine Menge von Diensten vor, auf die die Aktivitäten des
   abstrakten Prozesses aus Aufgabe 8.2d abgebildet werden können.
b. Skizzieren Sie für den Prozess aus Aufgabe 8.2d den resultierenden BPEL-
   Prozess. Geben Sie dabei die wesentlichen Elemente zur Modellierung der
   Struktur des Prozesses an.
c. Definieren Sie an einem Beispiel die Verwendung der Partnerverweise zur
   Abbildung einer Aktivität auf einen Dienst.

Tabelle A.1. Zuordnung von Diensten und Operationen laut Aufgabe 8.3a

Dienst	Operationen	Aktivität
Vertragsabwicklungssdienst	registriereAntrag	Antrag registrieren
Prüfdienst	prüfeAntrag	Antrag prüfen
	Sonderprüfung	Sonderprüfung
	berechneZuschläge	Zuschläge berechnen
Kundenverwaltungsdienst	registriereKunde	Kunde registrieren
Vertragsausfertigungsdienst	ausfertigenVertrag	Vertrag ausfertigen
Versanddienst	sendeDokument	Vertrag senden
	sendeDokumentOnline	Vertrag Online senden
Archivierungsdienst	archiviereDokument	Vertrag archivieren

Lösung

a. Die Abbildung von Aktivitäten auf Anwendungslogik ist in der Regel ein komplexer Prozess, der sich einerseits an den vorhandenen Diensten und Softwaresystemen, andererseits an den Anforderungen des umzusetzenden Geschäftsprozesses orientiert. Existiert bereits Anwendungslogik für eine Aktivität, sollte diese entsprechend wiederverwendet werden. Wird diese bereits durch einen Dienst realisiert, kann die Aktivität auf den Aufruf einer entsprechenden Operation des Dienstes umgesetzt werden. Wird die Anwendungslogik durch ein Softwaresystem bereitgestellt (z. B. für die Kundenverwaltung), das nicht als Dienst aufrufbar ist, muss diese zunächst durch entsprechende Erweiterungen und Anpassungen als Dienst verfügbar gemacht werden. Ist keine entsprechende Anwendungslogik vorhanden, müssen neue Dienste mit entsprechenden Operationen implementiert werden. Letztlich müssen für alle Aktivitäten entsprechende Dienstoperationen bereitstehen. Im einfachsten Fall könnte nun jeder Dienst genau eine Operation bereitstellen. Eine Bündelung logisch zusammengehörender Operationen in einem Dienst kann natürlich sinnvoll sein.

   Die Zuordnung von Diensten und Operationen in Tabelle A.1 stellt eine mögliche Lösung für die Abbildung der Aktivitäten des abstrakten Prozesses aus Aufgabe 8.2 dar. Andere Varianten sind aber ebenfalls denkbar.

b. Beispiel A.1 zeigt die Struktur des BPEL-Prozesses.

c. Ein Partnerverweis wird innerhalb des BPEL-Prozesses definiert und bezieht sich dabei auf den „portType" einer Web-Service-Beschreibung in WSDL. In der Lösung wird ein Partnerverweis für den Prüfdienst erstellt, dessen Operationen vom BPEL-Prozess aufgerufen werden. Beispiel A.2 stellt den Teil der BPEL-Spezifikation dar, Beispiel A.3 zeigt den dazugehörigen Teil der Definition in der WSDL des Prüfdienstes.

Beispiel A.1 Struktur des BPEL-Prozesses gemäß Aufgabe 8.3b.

```
<process>
  <partnerLinks>
  <variable name="Vertragsangebot" type=.../>
<sequence>
  <receive/>
    <invoke partnerLink="Vertragsabwicklungssdienst"
        operation="registriereAntrag" inputVariable="Vertragsangebot" />
  <flow>
    <sequence>
      <invoke partnerLink="Prüfdienst" operation="prüfeAntrag" />
      <switch>
        <case condition="spezial">
          <invoke partnerLink="Prüfdienst" operation="Sonderprüfung" />
        </case>
        <case condition="zuschlag">
          <invoke partnerLink="Prüfdienst" operation="berechneZuschläge" />
        </case>
        <else/>
      </switch>
    </sequence/>

      <invoke partnerLink="Kundenverwaltungsdienst" operation="registriereKunde" />
  </flow>
  ...
  <invoke partnerLink="Vertragsausfertigungsdienst" operation="ausfertigenVertrag" />
  <flow>
    <switch>
      <case condition="online">
        <invoke partnerLink="Versanddienst" operation="sendeVertragOnline" />
      </case>
      <case condition="offline">
        <invoke partnerLink="Versanddienst" operation="sendeVertrag" />
      </case>
      <else/>
    </switch>

      <invoke partnerLink="Archivierungsdienst" operation="archiviereDokument" />
  </flow>
</sequence>
</process>
```

Beispiel A.2 Definition eines Partnerverweises in BPEL zu Aufgabe 8.3c.

```
<process name = „Antragsbearbeitung">
...
  <partnerLinks>
    <partnerLink name="Prüfdienst"
       partnerLinkType="PrüfdienstLT"
       myRole="Prüfdienstnutzer"
       partnerRole="Prüfer"/>
  </partnerLinks>
...
  <sequence>
...
    <invoke partnerLink="Prüfdienst"
       operation="prüfeAntrag" inputVariable="Antrag" />
...
  <sequence>
</process>
```

Beispiel A.3 Definition eines Partnerverweises in WSDL zu Aufgabe 8.3c.

```
...
  <portType name="PrüfdienstPT">
    <operation name="prüfeAntrag">
    <input message="Antrag"/>
    </operation>
  </portType>
...
  <partnerLinkType name="PrüfdienstLT">
    <role name="Prüfer"
    portType="PrüfdienstPT"/>
  </partnerLinkType>
...
```

Aufgabe 4: Was wird in den folgenden Standards spezifiziert: WS-Coordination, WS-AtomicTransaction, WS-BusinessActivity, WS-Security, XML Encryption, XML Signature, SAML?

Lösung

Die Standards WS-Coordination, WS-AtomicTransaction und WS-Business-Activity können in das Umfeld verteilter Transaktionen und Geschäftsabläufe in dienstorientierten Architekturen eingeordnet werden. Mit WS-Coordination wird ein erweiterbares Framework für die Koordination von Aktivitäten definiert, die mehrere verteilte Dienste umfassen. Die Koordination erfolgt dabei über einen zentralen Dienst, der mit dem Activation Service und dem Registration Service zwei Web Services bereitstellt. Dieser zentrale Dienst kann auf der Basis verschiedener Protokolle mit den Diensten der Anwendungslogik kommunizieren und deren Abläufe koordinieren.

WS-AtomicTransaction und WS-BusinessActivity spezifizieren zwei Koordinationsprotokolle, die in das Framework von WS-Coordination eingebettet werden können. WS-AtomicTransaction definiert ein Protokoll zur Abwicklung atomarer verteilter Transaktionen, die die ACID Eigenschaften erfüllen und eine kurze Laufzeit besitzen. Protokolle zur Koordination langlaufender Geschäftsaktivitäten werden in WS-BusinessActivity festgelegt. Diese unterstützen verschiedene Varianten der Ergebnisfindung. Die Fehlerbehandlung erfolgt nicht durch ein Zurückrollen aller Aktionen sondern durch Kompensationsoperationen.

WS-Security definiert ein Framework zur Bereitstellung von Sicherheitsmechanismen für dienstorientierte Geschäftsprozesse. Es umfasst XML Encryption und XML Signature zur Verschlüsselung von Nachrichteninhalten bzw. die Erstellung digitaler Signaturen sowie Mechanismen für die Authentisierung und Autorisierung. XML Encryption legt fest, wie Inhalte von XML-Dokumenten verschlüsselt werden können. XML Signature definiert Mechanismen zur Erstellung digitaler Signaturen für XML-basierte Nachrichteninhalte. Teil der Festlegung sind auch die Elemente zur Repräsentation digitaler Signaturen in XML.

SAML ist eine XML-basierte Sprache zur Repräsentation von Authentisierungs- und Autorisierungsinformationen, die zwischen unterschiedlichen Sicherheitsdomänen ausgetauscht werden können. Teil des Standards sind Festlegungen zur Repräsentation der Sicherheitsinformationen sowie Interaktionsschemen für den Austausch dieser Informationen.

Aufgabe 5: Welchen Vorteil bietet die Möglichkeit der Verschlüsselung von Nachrichtenteilen mit XML-Encryption?

Lösung

Mit XML Encryption können XML-Inhalte verschlüsselt werden. Damit können nicht nur vollständige SOAP-Nachrichten, sondern auch einzelne Nachrichtenelemente verschlüsselt werden. So könnte etwa der Body-Teil einer Nachricht verschlüsselt werden, während der Header-Teil unverschlüsselt bleibt. Damit wird eine Weiterleitung von SOAP-Nachrichten durch Nachrichtenvermittler anhand der Informationen im SOAP-Header möglich, ohne das die

Nachrichtenvermittler die gesamte Nachricht entschlüsseln müssen. Für den Body-Teil kann damit eine Ende-zu-Ende-Verschlüsselung zwischen aufrufendem und aufgerufenem Dienst gewährleistet werden, während mit Hilfe des unverschlüsselten Header-Teils eine flexible Vermittlung möglich wird.

Aufgabe 6: Was bedeutet Single Sign On und wie kann es umgesetzt werden?

Lösung

Single Sign On bezeichnet die Möglichkeit für Dienstnutzer, nach einer einmaligen Authentifizierung Zugriff auf Dienste verschiedener Sicherheitsdomänen zu erhalten, ohne sich nochmals authentifizieren zu müssen. SAML bietet dafür eine Möglichkeit der Umsetzung. Dazu muss eine Zuordnung der verschiedenen Konten eines Nutzers in einzelnen Sicherheitsdomänen zu diesem Nutzer erfolgen. Dies kann mit Hilfe eines Pseudonyms erreicht werden, das in verschiedenen Sicherheitsdomänen den einzelnen Konten des Nutzers zugeordnet wird.

Der Nutzer kann sich dann in einer Sicherheitsdomäne authentifizieren. Die Information über den erfolgreichen Authentifizierungsvorgang kann dann in Form einer SAML Assertion, genauer einem AuthenticationStatement, an andere Sicherheitsdomänen weitergeleitet werden, wenn der Nutzer dort verfügbare Dienste aufruft. Mit Hilfe des Pseudonyms können dann die Nutzerkonten der Sicherheitsdomänen in Beziehung gebracht und die Zugriffsrechte des Nutzers in der Sicherheitsdomäne des aufgerufenen Dienstes geprüft werden. Eine nochmalige Authentifizierung des Nutzers in der neuen Sicherheitsdomäne ist damit also nicht mehr erforderlich.

Aufgabe 7: Nennen Sie die wesentlichen Konzepte eines ESB.

Lösung

ESB-Lösungen werden heute in vielen Unternehmen zur Integration der dort vorhandenen, in der Regel sehr heterogenen IT-Landschaft eingesetzt. Das Hauptkonzept eines ESB ist dabei die Nachrichtenvermittlung über einen Message Broker, das eine lose Kopplung aller integrierten IT-Systeme ermöglicht. Die Nachrichtenvermittlung erfolgt also über den Nachrichtenbus mit Hilfe von standardisierten Nachrichten. Zur Vermittlung stehen typischerweise verschiedene Protokolle bereit. Der Nachrichtenbus übernimmt dabei die Nachrichtenvermittlung sowie die Transformation von Nachrichten. Alle IT-Systeme werden als abstrakte, technologieunabhängige Endpunkte repräsentiert. Die Anbindung der heterogenen Systeme erfolgt über Adapter.

Neben der Kernfunktionalität zur Nachrichtenvermittlung und -transformation werden auch Sicherheitsmechanismen, Verzeichnisdienste, Dienste zur Transaktionsverwaltung, für das Monitoring des Systems sowie Mechanismen zur Sicherung von Skalierbarkeit und einer hohen Leistungsfähigkeit bereitgestellt.

A.9 Kapitel 9

Aufgabe 1: Diskutieren Sie kurz die Vorteile einer expliziten Spezifikation von required-Schnittstellen von Komponenten!

Lösung

Komponenten werden als wiederverwendbare Softwarebausteine durch ihre Schnittstellen spezifiziert. Werden dabei nur die angebotenen Schnittstellen explizit festgelegt, kann bei einer einzelnen Komponente nicht explizit beschrieben werden, welche Schnittstellen intern genutzt werden. Damit werden Kontextabhängigkeiten nicht vollständig erfasst, sondern nur implizit festgelegt, etwa in Form von Referenzen im Code sowie Anfragen bei einem Verzeichnisdienst. Die Spezifikation sowohl der angebotenen als auch der geforderten Schnittstellen beschreibt alle Kontextabhängigkeiten der Komponente (hinsichtlich der Schnittstellen) und erhöht damit deren Wiederverwendbarkeit sowie die Klarheit der·Spezifikation.

Aufgabe 2: Welche Vorteile hat die Trennung von Implementierungssprache und Konfigurationssprache?

Lösung

Konfigurationssprachen wurden speziell zur Beschreibung der Struktur komponentenbasierter Anwendungen konzipiert. Implementierungssprachen dienen dagegen der Umsetzung von Anwendungslogik, wobei dafür überwiegend objektorientierte Programmiersprachen eingesetzt werden. Diese ermöglichen eine imperative Beschreibung der Anwendungslogik in Form von Anweisungsfolgen. Beziehungen zwischen Objekten und damit die Struktur der Anwendung werden dabei durch Objektreferenzen implizit im Quellcode festgelegt und sind damit nachträglich nur schwer änderbar. Durch eine Trennung von Konfigurationssprache und Implementierungssprache kann eine Anwendung in zwei Ebenen entwickelt werden. Auf der ersten Ebene werden Komponentenimplementierungen erstellt. Auf der zweiten Ebene werden diese implementierten Komponenten dann zu einer Anwendung verknüpft. Mit Hilfe der Konfigurationssprache kann dies unabhängig von der Implementierung der Komponenten erfolgen. Damit werden Konfigurationen leicht änderbar. Außerdem können auch Komponenten, die in verschiedenen Implementierungssprachen umgesetzt wurden, auf einfache Weise miteinander kombiniert werden.

Aufgabe 3: Fügen Sie zum Beispiel 9.3 einen Aspekt zum Logging hinzu. Dieser soll vor der Ausführung aller Methoden und Konstruktoren der Klasse Produkt eine Textnachricht ausgeben, die den Namen der ausgeführten Methode enthält.

Beispiel A.4 Definition des Aspektes der Zugriffskontrolle zu Aufgabe 9.3

```
public aspect Logging {
  pointcut alleProduktKonstruktoren(): execution(Produkt.new(..));
  pointcut alleProduktMethoden(): execution(* Produkt.*(..));
  pointcut alleProduktAufrufe(): alleProduktKonstruktoren() || alleProduktMethoden();

before(): alleProduktAufrufe() {
  System.out.println(„Logging:"+thisJoinPointStaticPart.getSignature().getName());
  }
}
```

A.10 Kapitel 10

Aufgabe 1: Nennen Sie die wesentlichen Problemstellungen für Mobile Computing!

Lösung
Die wesentlichen Problemstellungen des Mobile Computing ergeben sich aus der Heterogenität und Dynamik der zugrunde liegenden Infrastrukturen. Dies betrifft auf technischer Ebene die Vielfalt der verfügbaren Kommunikationstechnologien und der Endgeräte, die sich hinsichtlich der Verbindungsqualität bzw. der verfügbaren Ressourcen und Interaktionsmöglichkeiten stark unterscheiden. Darüber hinaus müssen individuelle Benutzerwünsche sowie die jeweilige Anwendungssituation in der Anwendungsentwicklung berücksichtigt werden. Durch die Mobilität verändern sich die gegebenen Bedingungen ständig. Darauf müssen Anwendungen und Systeme mit einer dynamischen Anpassung, häufig auch zur Laufzeit, reagieren.

Aufgabe 2: Welche Unterschiede bestehen zwischen drahtlosen und drahtgebundenen Kommunikationstechnologien?

Lösung

Drahtlose Technologien ermöglichen eine flexible Netzwerkanbindung mobiler Geräte. Dafür ist insbesondere keine Kabelverlegung notwendig, weshalb drahtlose Netzwerke auch für Netzwerkinstallationen in Gebäuden (z. B. wenn Denkmalschutz besteht oder eine hohe Flexibilität gefordert wird) bzw. ad hoc für Veranstaltungen, Meetings oder ähnliche Ereignisse eingesetzt werden können. Die Dienstgüte drahtloser Netze ist jedoch im Vergleich zu drahtgebundenen Technologien deutlich niedriger. So weisen drahtlose Netzwerke eine höhere Störanfälligkeit auf und besitzen geringe Datenraten sowie höhere Antwortzeiten und Fehlerraten. Darüber hinaus treten wesentlich häufiger Verbindungsunterbrechungen auf, in Gebieten ohne Netzwerkabdeckung auch längere Phasen der Abkopplung.

Aufgabe 3: Welche Probleme entstehen beim Einsatz des Transportprotokolls TCP über drahtlose Netzwerktechnologien? Durch welche Maßnahmen kann diesen Problemen begegnet werden?

Lösung

Das wesentliche Problem beim Einsatz von TCP über drahtlose Kommunikationstechnologien ist die Annahme, dass Paketverluste überwiegend auf Staus in den Netzwerkknoten zurückzuführen sind. TCP reagiert dadurch auf Paketverluste mit Staubehandlungsmechanismen, die die Senderate stark verringern. In drahtlosen Netzwerken treten Paketverluste jedoch vor allem durch Übertragungsstörungen auf, die durch eine schnelle Wiederholung von verlorenen Paketen behandelt werden sollten. Daraus ergibt sich mit der Verwendung von TCP über drahtlose Verbindungen eine drastische Reduzierung der meist ohnehin niedrigen Datenrate. Lösungsansätze verbergen deshalb zum einen Paketverluste vor TCP und verhindern damit das Auslösen einer Staubehandlung, zum anderen werden durch Protokollerweiterungen explizit Informationen über den Grund von Paketverlusten mitgeliefert, die eine Unterscheidung von Staus und Übertragungsstörungen ermöglichen.

Aufgabe 4: Diskutieren Sie die Problemstellungen des RPC sowie die wesentlichen Konzepte für RPC-Lösungen mit Mobilitätsunterstützung!

Lösung

RPCs stellen als synchroner Aufrufmechanismus hohe Anforderungen an die Verfügbarkeit von Netzwerkverbindungen. Durch häufige Verbindungsunterbrechungen bzw. Phasen der Abkopplung ist ein Absetzen von RPC-Aufrufen in der Regel nicht möglich, wodurch der Programmablauf von Client/Server-Anwendungen unterbrochen wird. Außerdem fehlt eine Mobilitätsunterstützung, die etwa ein Neubinden an Server nach einem Ortswechsel ermöglichen. Lösungsansätze sind asynchrone Aufrufe, die entweder für RPC-Aufrufe ohne Ergebnis oder durch erweiterte Mechanismen in Form von Platzhalterobjekten (Future bzw. Promise) für RPC-Aufrufe generell eingesetzt werden können. Darüber hinaus kann durch Zwischenspeicherung von RPC-Aufrufen auf Verbindungsunterbrechungen reagiert werden. Eine Stellvertreterkomponente, etwa auf der Basisstation, überwacht dabei die Verbindung und wiederholt RPC-Anfragen aus dem Zwischenspeicher nach dem Wiederherstellen einer Verbindung. Über einen Stellvertreter können außerdem indirekte RPC-Verbindungen realisiert werden, durch die eine dynamische Neubindung zur Laufzeit, etwa nach einem Ortswechsel, möglich werden.

Aufgabe 5: Welche Varianten für die Platzierung und Kombination von Stellvertreterkomponenten existieren? Nennen Sie für jede der Varianten eine Einsatzmöglichkeit!

Lösung
Stellvertreterkomponenten können auf dem mobilen Rechner, einem Zwischenrechner im Festnetz sowie auf dem Serverrechner platziert werden. Ein Stellvertreter auf dem mobilen Rechner kann zur Serveremulation, zur Einführung eines Caches auf Clientseite oder zur Zwischenspeicherung von RPC-Aufrufen in Abkopplungsphasen verwendet werden. Ein Stellvertreter auf einem Zwischenrechner kann etwa zur anwendungsunabhängigen bzw. medienspezifischen Filterung von Daten verschiedener Anwendungen eingesetzt werden. Durch einen Stellvertreter auf dem Server können anwendungsspezifische Anpassungen von Daten vor einer Übertragung über die drahtlose Verbindung durchgeführt werden, etwa um das Datenvolumen zu reduzieren.

Aufgabe 6: Abgekoppelte Operationen ermöglichen ein Weiterarbeiten auf mobilen Endgeräten auch ohne Netzwerkverbindungen.
a. Wodurch können Phasen der Abkopplung bedingt sein?
b. Welche Maßnahmen sind notwendig, um ein abgekoppeltes Arbeiten zu ermöglichen?
c. Welche Auswirkungen hat die Länge der Abkopplungsphase?

Lösung
a. Phasen der Abkopplung können vorhersagbar (zum Einsparen von Energie bzw. Kommunikationskosten) oder nicht vorhersagbar (durch Bewegung in einen Funkschatten, Funkstörungen, Ausfall eines Zugangsrechners) sein.
b. Für ein abgekoppeltes Arbeiten müssen die Daten sowie die Verarbeitungsfunktionen auf dem abgekoppelten Gerät verfügbar sein. Außerdem

müssen in der Abkopplungsphase ausgeführte Aktionen protokolliert werden, um eine spätere Konsistenzherstellung zu ermöglichen.

c. Mit der Länge der Abkopplungsphase steigt die Wahrscheinlichkeit, dass lokal geänderte Daten parallel auch von anderen Clients geändert werden und damit Konflikte entstehen. Außerdem wächst die Größe des Protokolls der ausgeführten Aktionen, wodurch aber auch die Optimierungsmöglichkeiten steigen.

Aufgabe 7: Durch welche Komponenten werden Datenbanksysteme für den mobilen Einsatz erweitert? Erläutern Sie kurz deren Funktion und Zusammenwirken!

Lösung

Datenbanksysteme werden durch eine leichtgewichtige Datenbankkomponente, eine lokale Anfrageschnittstelle und eine Client-Komponente zur Synchronisation auf dem mobilen Endgerät sowie eine Middlewarekomponente auf einem Zwischenrechner erweitert. Die lokale Datenbankkomponente enthält eine Teilmenge der Daten der Quelldatenbank. Über die lokale Anfrageschnittstelle können Datenbankoperationen im Kontext von Transaktionen auf der lokalen Datenbank ausgeführt werden. In Abkopplungsphasen werden Änderungen auf der lokalen Datenbank protokolliert und lokal zunächst als vorläufig eingestuft. Über die lokale Synchronisationskomponente sowie die Middlewarekomponente findet dann regelmäßig ein Datenabgleich zur Konsistenzherstellung zwischen lokaler Datenbank und Quelldatenbank statt.

Aufgabe 8: Welche Problemstellungen ergeben sich für die Entwicklung Web-basierter Anwendungen durch den Einsatz mobiler Endgeräte?

Lösung

Web-basierte Anwendungen werden auf der Basis von HTML bzw. XHTML sowie HTTP realisiert. Oft werden Inhalte und ganze Seiten optimiert für Standard-PCs entwickelt. Mobile Endgeräte besitzen aber in der Regel nur geringere Displaygrößen und unterstützen multimediale Formate nur begrenzt. Bedingt durch die beschränkten Speicher- und Verarbeitungsressourcen unterstützen Browser für mobile Endgeräte außerdem häufig nur eine Untermenge des Sprachumfangs von HTML. Damit sind Web-basierte Anwendungen auf mobilen Endgeräten häufig nur zum Teil bzw. nicht darstellbar. Durch spezielle bzw. eingeschränkte Interaktionsmöglichkeiten wird außerdem die Bedienung von Anwendungen erschwert, die für Standard-PCs optimiert wurden. Insbesondere muss berücksichtigt werden, dass sowohl die Ressourcenausstattung als auch die Interaktionsmöglichkeiten von Endgerät zu Endgerät stark schwanken können. Aus diese Heterogenität muss flexibel reagiert werden können. Durch die Verwendung drahtloser Netzwerktechnologien ergibt sich neben häufigen Verbindungsunterbrechungen auch das Problem von Abkopplungen, wodurch Sitzungen in der Regel unterbrochen werden. Ein leichtes Wiederaufnehmen von Sitzungen ist deshalb erforderlich. Insgesamt ergibt sich auch ein höherer Aufwand für das Testen der Anwendung, da nun die Lauffähigkeit auf einer möglichst breiten Palette von Geräten geprüft werden muss.

Aufgabe 9: Nennen Sie drei wesentliche Konzepte zur Anpassung von Web-Seiten auf der Basis generischer Dokumentbeschreibungssprachen!

Lösung
Konzepte zur Anpassung von Web-Seiten auf der Basis generischer Dokumentbeschreibungssprachen sind abstrakte Eingabeelemente, die Definition alternativer Inhalte und deren bedingte Auswahl, die Integration von Meta-Informationen zur Adaptionssteuerung und die automatische Fragmentierung von Seiten auf der Basis einer expliziten Layoutbeschreibung.

Aufgabe 10: Beschreiben Sie den Aufbau der Java ME Plattform sowie deren verschiedene Versionen und diskutieren Sie deren Einsatzmöglichkeiten!

Lösung
Java ME Plattformen setzen sich aus einer Konfiguration, Profilen sowie optionalen Paketen zusammen. Die Konfiguration besteht dabei aus einer bestimmten virtuellen Maschine sowie einer Menge von Basisbibliotheken. Derzeit existieren zwei Konfigurationen. Die CLDC-Konfiguration wurde für leistungsschwache Endgeräte wie Pager, Mobiltelefone und einfache PDAs konzipiert. Die CDC-Konfiguration unterstützt dagegen leistungsfähigere mobile Endgeräte wie Set-Top-Boxen sowie leistungsstarke Smartphones und PDAs. Zu jeder Konfiguration existieren mehrere Profile, die jeweils aufeinander aufsetzen und damit den Funktionsumfang der Konfiguration schrittweise erweitern. Damit steigen auch die Anforderungen an die Geräteressourcen schrittweise und schränken die Einsetzbarkeit der Plattform entsprechend ein. Optionale Pakete erweitern ebenfalls den Umfang von Konfigurationen und Profilen um spezielle Funktionen, die meist spezifische Hardware bzw. Ressourcen von Endgeräten nutzbar machen. Java ME Anwendungen sind bei konfigurations- bzw. profilspezifischer Implementierung, insbesondere bei der Verwendung optionaler Pakete, nur eingeschränkt portierbar.

Aufgabe 11: Nennen Sie grundlegende Ortungsverfahren und diskutieren Sie deren Vor- und Nachteile!

Lösung
Clientbasierte Ortungsverfahren berechnen den aktuellen Aufenthaltsort auf dem Endgerät. Die Ortsinformationen liegen damit beim zu lokalisierenden Objekt vor und können von diesem kontrolliert werden. Andererseits sind mit der Berechnung der Lokation auf dem Endgerät bestimmte Anforderung an dessen Kommunikations- und Verarbeitungsressourcen verbunden. Infrastrukturbasierte Verfahren führen die Berechnung des Aufenthaltsortes von Objekten auf einem Rechner der Infrastruktur durch. Damit kann das Objekt über ein sehr einfaches Gerät, das nur ein bestimmtes Ortungssignal aussenden muss (z.B. einen einfachen Infrarotsender), lokalisiert werden. Die Ortsinformationen befinden sich aber unter Kontrolle der Infrastruktur, das geortete Objekt kann also nicht bestimmen, wem diese Informationen zugänglich sind und wem nicht.

Aufgabe 12: Nennen Sie drei konkrete Anwendungen für lokationsabhängige Dienste!

Lösung
1. Lokationsabhängige Dienste können zur Präsentation ortsspezifischer Informationen je nach Standort verwendet werden, beispielsweise in einem Museumsführer, der Informationen zu demjenigen Ausstellungsstück anzeigt, vor dem sich der Besucher gerade befindet.
2. Eine weitere Anwendung ist die Suche nach Dienstanbietern in der Nähe des aktuellen Aufenthaltsortes einer Person, etwa die nächste Post oder Tankstelle.
3. Ein dritter Anwendungsfall ist die Navigation eines Benutzers vom Ausgangsort zu einem gegebenen Zielort, etwa durch ein Navigationssystem im Auto, das die kürzeste Route zum Zielort berechnet.

Aufgabe 13: Nennen Sie die wesentlichen Bausteine des Context Toolkits zur Erfassung und Abstraktion von Kontextinformationen und erläutern Sie deren Funktion!

Lösung
Das Kontext Toolkit besteht aus den Bausteinen Widget, Aggregator und Interpreter. Widgets stellen eine Abstraktion eines Sensors dar und kapseln den Zugriff und die Verwaltung auf diesen Sensor. Damit stellen Widgets den Basiskontext für das System bereit und unterstützen einen direkten Zu-

griff sowie eine ereignisbasierte Vermittlung. Aggregatoren ordnen mehrere Basisinformationen, d. h. Widgets, einem Entity zu. Damit kann über einen Aggregator gesammelt auf alle Kontextdaten eines Entities zugegriffen werden. Interpreter enthalten Operationen zur Verarbeitung und Abstraktion von Kontextwerten und erzeugen damit höherwertigen Kontext. Interpreter können von Widgets, Aggregatoren, Anwendungen und anderen Interpretatoren aufgerufen werden.

Aufgabe 14: Diskutieren Sie die Vor- und Nachteile der Realisierung eines Kontextsystems integriert in die Anwendung bzw. in Form einer Kontextinfrastruktur!

Lösung

Werden alle Funktionen zur Erfassung und Verarbeitung von Kontext in die Anwendung integriert, arbeiten diese in der Regel eng an die Anwendung gekoppelt. Damit ist ein Austausch von Kontextinformationen zwischen verschiedenen Anwendungen zunächst nicht vorgesehen, ebenso werden Sensoren und weitere Kontextquellen isoliert verwaltet. Anwendungsspezifische Operationen zur Abstraktion von Kontext lassen sich aber leicht umsetzen. Außerdem können sich durch die Integration auch Performancevorteile ergeben. In einer generalisierten und eigenständigen Kontextinfrastruktur können Kontextinformationen auf einfache Weise zwischen Anwendungen ausgetauscht werden. Kontextquellen und Sensoren werden getrennt von den Anwendungen verwaltet, ein Zugriff auf diese ist für Anwendungen damit transparent. Anwendungsspezifische Abstraktionen können nur begrenzt durch den Kontextdienst ausgeführt werden. Insgesamt sind Anwendungen und Kontextinfrastruktur über eine Schnittstelle zum Austausch von Kontextinformationen nur lose gekoppelt. Die Funktionalität zur Erfassung und Verwaltung wird generisch umgesetzt und kann von vielen Anwendungen wiederverwendet werden.

Aufgabe 15: Wie können Kontextinformationen grundlegend genutzt werden? Beschreiben Sie zu jeder Nutzungsform ein Beispiel!

Lösung

Kontextinformationen beschreiben zum einen den Zustand der Ausführungsumgebung, zum anderen Änderungen dieses Zustands in Form von Ereignissen. Sowohl Zustands- als auch Änderungsinformationen können dem Benutzer präsentiert oder dazu genutzt werden, um Aktionen auszulösen.

— Präsentation-Zustand: Anzeige des aktuellen Aufenthaltsortes des Benutzers auf einer Karte.

– Präsentation-Ereignis: Anzeige der Verfügbarkeit eines neuen Netzwerkes nach einer Änderung des Standortes des Benutzers.
– Aktion-Zustand: Von mehreren alternativen Netzwerkverbindungen wird die mit der höchsten Übertragungsrate zum Übertragen von Daten verwendet.
– Aktion-Ereignis: Nach Änderung des Erreichbarkeitsstatus einer Person von „nicht stören" zu „erreichbar" wird automatisch ein Anruf initiiert.

Aufgabe 16: Nennen Sie die Grundprinzipien des Ubiquitous und Pervasive Computing!

Lösung
Grundprinzipien des Ubiquitous und Pervasive Computing sind die Ausstattung von Alltagsgegenständen mit Rechentechnik und deren Vernetzung. Damit sind vielfältige Rechengeräte für verschiedenste Anwendungsfelder verfügbar, wobei die dafür verwendete Technologie in den Hintergrund tritt. Diese Geräte können miteinander kommunizieren (Vernetzung aller Dinge) und damit zur Erfüllung gemeinsamer Aufgaben kooperieren. Dabei kann die Ausführungsumgebung einschließlich des Benutzers über Sensortechnik wahrgenommen werden, um das Verhalten der Anwendung daran anzupassen.

Literaturverzeichnis

[AAA+07] Alexandre Alves, Assaf Arkin, Sid Askary, Ben Bloch, Francisco Curbera, Mark Ford, Yaron Goland, Alejandro Gu´izar, Neelakantan Kartha, Canyang Kevin Liu, Rania Khalaf, Dieter König, Mike Marin, Vinkesh Mehta, Satish Thatte, Danny van der Rijn, Prasad Yendluri, and Alex Yiu. Web services business process execution language, version 2.0. OASIS, 2007.

[ACKM04] Gustavo Alonso, Fabio Casati, Harumi Kuno, and Vijay Machiraju. *Web Services: Concepts, Architectures and Applications.* Springer - Berlin, Heidelberg, 2004.

[AG97] Robert Allen and David Garlan. A formal basis for architectural connection. *ACM Trans. Softw. Eng. Methodol.*, 6(3):213–249, 1997.

[And01] Ross Anderson. *Security Engineering. A Guide to Building Dependable Distributed Systems.: A Guide to Building Dependable Distributed Systems.* Wiley & Sons, 2001.

[And04] Andreas Andresen. *Komponentenbasierte Softwareentwicklung mit MDA, UML 2 und XML.* Hanser Fachbuchverlag, 2. auflage (broschiert) edition, 2004.

[Bau97] Bernd Baumgarten. *Petri-Netze - Grundlagen und Anwendungen.* Spektrum Akademischer Verlag, 2. auflage edition, 1997.

[BB95a] Ajay Bakre and B. R. Badrinath. I-tcp: indirect tcp for mobile hosts. Proceedings - International Conference on Distributed Computing Systems, page 136, Vancouver, Can, 1995. IEEE, Piscataway, NJ, USA.

[BB95b] Ajay V. Bakre and B. R. Badrinath. M-RPC: A remote procedure call service for mobile clients. In *Mobile Computing and Networking*, pages 97–110, 1995.

[BBB+05a] Diego Ballve, Ivan Bedini, Kathryn Breininger, Joseph Chiusano Booz, Peter Kacandes, Paul Macias, Carl Mattocks, Matthew MacKenzie, Monica Martin, Richard Martell, and Duane Nickull. ebxml registry information model, version 3.0. OASIS, 2005.

[BBB+05b] Diego Ballve, Ivan Bedini, Kathryn Breininger, Joseph Chiusano Booz, Peter Kacandes, Paul Macias, Carl Mattocks, Matthew MacKenzie, Monica Martin, Richard Martell, Duane Nickull, and Goran Zugic. ebxml registry services and protocols, version 3.0. OASIS, 2005.

[BBF+08] Mark Bartel, John Boyer, Barb Fox, Brian LaMacchia, and Ed Simon. Xml signature syntax and processing (second edition). W3C, 2008.

[BBIM93] B. R. Badrinath, Ajay V. Bakre, Tomasz Imielinski, and R. Maramtz. Handling mobile clients: A case for indirect interaction. In *Workshop on Workstation Operating Systems*, pages 91 – 97, 1993.

[BBM+01] Keith Ballinger, Peter Brittenham, Ashok Malhotra, William A. Nagy, and Stefan Pharies. Web services inspection language (ws-inspection), version 1.0. IBM, Microsoft, 2001.

[BGMP01] Orkut Buyukkokten, Hector Garcia-Molina, and Andreas Paepcke. Seeing the whole in parts: text summarization for web browsing on handheld devices. In *WWW '01: Proceedings of the 10th international conference on World Wide Web*, pages 652–662, New York, NY, USA, 2001. ACM Press.

[BGS99] Timothy Bickmore, Andreas Girgensohn, and Joseph W. Sullivan. Web page filtering and re-authoring for mobile users. *The Computer Journal*, 42:534 – 546, 1999.

[BK98] Hari Balakrishnan and Randy Katz. Explicit Loss Notification and Wireless Web Performance. In *IEEE GLOBECOM Global Internet*, Sydney, Australia, November 1998.

[BKNT11] Christian Baun, Marcel Kunze, Jens Nimis, and Stefan Tai. *Cloud Computing: Web-basierte dynamische IT-Services*. Springer-Verlag Berlin Heidelberg, 2011.

[BL73] D. Bell and L. LaPadula. Secure computer systems: Mathematical foundations and model. Technical Report M74-244, MITRE Corporation, Bedford, MA, USA, 1973.

[BMH06] Bill Burke and Richard Monson-Haefel. *Enterprise JavaBeans 3.0*. Number 978-0596009786. O'Reilly Media, 5. auflage edition, 2006.

[BPSK97] H. Balakrishnan, V. N. Padmanabhan, S. Seshan, and R.H. Katz. A comparison of mechanisms for improving tcp performance over wireless links. *IEEE/ACM Transactions on Networking*, 5(6):756 – 769, 1997.

[BSK95] Hari Balakrishnan, Srinivasan Seshan, and Randy H. Katz. Improving reliable transport and handoff performance in cellular wireless networks. *ACM Wireless Networks*, 1(4), 1995.

[BW98] A. W. Brown and K. C. Wallnau. The current state of cbse. *IEEE Software*, 15(5):37 – 46, 1998.

[CD00] J. Cheesman and J. Daniels. *UML Components A Simple Process for Specifying Component-Based Software*. Addison-Wesley Verlag, 2000.

[CDK02] George Coulouris, Jean Dollimore, and Tim Kindberg. *Verteilte Systeme Konzepte und Design*. Pearson Studium, 2002.

[CFJ04] Harry Chen, Tim Finin, and Anupam Joshi. *The SOUPA Ontology for Pervasive Computing*. Birkhauser Publishing Ltd., April 2004.

[Cha81] David Chaum. Untraceable electronic mail, return addresses, and digital pseudonyms. *Communications of the ACM*, 24(2):84 – 88, 1981.

[CKPM05] Scott Cantor, John Kemp, Rob Philpott, and Eve Maler. Assertions and protocols for the oasis security assertion markup language (saml) v2.0. OASIS, 2005.

[Dad96] Peter Dadam. *Verteilte Datenbanken und Client/Server-Systeme. Grundlagen, Konzepte und Realisierungsformen.* 978-3540613992. Springer, Berlin, 1996.

[Dey01] Anind K. Dey. Understanding and using context. *Personal Ubiquitous Comput.*, 5(1):4–7, 2001.

[DJM05] Wolfgang Dostal, Mario Jeckle, and Ingo Melzer. *Service-orientierte Architekturen mit Web Services. Konzepte - Standards - Praxis.* Spektrum Akademischer Verlag, 2005.

[Eck06] Claudia Eckert. *IT-Sicherheit.* Oldenburg Wissenschaftsverlag GmbH, München, 2006.

[ESG] Earth system grid. www.earthsystemgrid.org.

[FB96] Armando Fox and Eric A. Brewer. Reducing www latency and bandwidth requirements by real-time distillation. *Comput. Netw. ISDN Syst.*, 28:1445–1456, May 1996.

[FG94] M. E. Fiuczynski and D. Grove. A programming methodology for disconnected operation. Technical report, Universität Washington, 1994.

[FGCB98] Armando Fox, Steven D. Gribble, Yatin Chawathe, and Eric A. Brewer. Adapting to network and client variation using active proxies: Lessons and perspectives. *IEEE Personal Communications*, 5:10–19, 1998.

[FHBF+01] Warwick Ford, Phillip Hallam-Baker, Barbara Fox, Blair Dillaway, Brian LaMacchia, Jeremy Epstein, and Joe Lapp. Xml key management specification (xkms). W3C, 2001.

[FJ09] Max Feingold and Ram Jeyaraman. Oasis web services coordination, version 1.2. OASIS, 2009.

[FJP97] Elke Franz, Anja Jerichow, and Andreas Pfitzmann. Systematisierung und modellierung von mixen. In *Verläßliche IT-Systeme, GI-Fachtagung VIS '97, DuD Fachbeiträge*, pages 172 – 190. Vieweg, Braunschweig, 1997.

[FL09] Tom Freund and Mark Little. Web services business activity version 1.2. OASIS, 2009.

[Fos02a] Ian Foster. The grid: A new infrastructure for 21st century science. *Physics Today*, 55:42 – 47, 2002.

[Fos02b] Ian Foster. What is the grid? - a three point checklist. *GRIDtoday*, 1(6), July 2002.

[FPV98] A. Fuggetta, G.P. Picco, and G. Vigna. Understanding code mobility. *IEEE Transactions on Software Engineering*, 24(5):342 – 361, 1998.

[GA03] M. Goulao and F. B. Abreu. Bridging the gap between acme and uml 2.0 for cbd. In *Workshop on Specification and Verification of Component-Based Systems (SAVCBS'03)*, 2003.

[GLO02] GLOBUS. The globus2002 project. www.globus2002project.org, 2002.

[GMW00] David Garlan, Robert T. Monroe, and David Wile. Acme: Architectural description of component-based systems. In Gary T. Leavens and Murali Sitaraman, editors, *Foundations of Component-Based Systems*, page 4768. Cambridge University Press, 2000.

[Ham05] Ulrike Hammerschall. *Verteilte Systeme und Anwendungen*. Pearson Studium, 2005.

[HH95] P. Honeyman and L.B. Huston. Communications and consistency in mobile file systems. *Personal Communications, IEEE [see also IEEE Wireless Communications]*, 2(6):44–48, Dec. 1995.

[HHW+04] Arnaud Le Hors, Philippe Le Hégaret, Lauren Wood, Gavin Nicol, Jonathan Robie, Mike Champion, and Steve Byrne. Document object model (dom) level 3 core specification, version 1.0. W3C, 2004.

[IDS02] Takeshi Imamura, Blair Dillaway, and Ed Simon. Xml encryption syntax and processing. W3C, 2002.

[iVD06] iVDGL. international virtual data grid laboratory. www.ivdgl.org, 2006.

[JdT+95] A. D. Joseph, A. deLespinasse, J. A. Tauber, D. Gifford, and M. F. Kaashoek. Rover: A toolkit for mobile information access. pages 156 – 171. ACM, 1995.

[JK96] A. D. Joseph and M. F. Kaashoek. Building reliable mobileaware applications using the rover toolkit. ACM, 1996.

[JTK97] A. D. Joseph, J. A. Tauber, and M. F. Kaashoek. Mobile computing with the rover toolkit. 46(3):337 – 352, 1997.

[KB98] W. Kozaczynski and G. Booch. Component-based software engineering. *IEEE Software*, 15(5):34 – 36, 1998.

[KM97] Srinivasan Keshav and Samuel P. Morgan. SMART retransmission: Performance with overload and random losses. In *INFOCOM (3)*, pages 1131–1138, 1997.

[KMSD92] J. Kramer, J. Magee, M. Sloman, and N. Dulay. Configuring object-based distributed programs in rex. *IEEE Software Engineering Journal*, 7(2):139 – 149, 1992.

[Küp05] Axel Küpper. *Location-based Services: Fundamentals and Operation.* John Wiley & Sons Ltd., 1. Auflage, 2005.

[KS93] Puneet Kumar and Mahadev Satyanarayanan. Supporting application-specific resolution in an optimistically replicated file system. In *Workshop on Workstation Operating Systems*, pages 66–70, 1993.

[KS95] Puneet Kumar and Mahadev Satyanarayanan. Flexible and safe resolution of file conflicts. In *USENIX Winter*, pages 95–106, 1995.

[KWB03] Anneke Kleppe, Jos Warmer, and Wim Bast. *MDA Explained. The Model Driven Architecture: Practice and Promise.: The Model Driven Architecture: Practice and Promise.* Addison-Wesley Longman, 2003.

[LHC] Worldwide large hadron collider computing grid. lcg.web.cern.ch/LCG/.

[LS88] B. Liskov and L. Shrira. Promises: linguistic support for efficient asynchronous procedure calls in distributed systems. pages 260–267, 1988.

[LS00] H. Lieberman and T. Selker. Out of context: Computer systems that adapt to, and learn from, context. *IBM Systems Journal*, 39(3&4):617, 2000.

[LV95] David C. Luckham and James Vera. An event-based architecture definition language. *IEEE Trans. Softw. Eng.*, 21(9):717–734, 1995.

[LW09] Mark Little and Andrew Wilkinson. Web services atomic transaction, version 1.2. OASIS, 2009.

[MBH+04] David Martin, Mark Burstein, Jerry Hobbs, Ora Lassila, Drew McDermott, Sheila McIlraith, Srini Narayanan, Massimo Paolucci, Bijan Parsia, Terry Payne, Evren Sirin, Naveen Srinivasan, and Katia Sycara. OWL-S: Semantic Markup for Web Services. W3C Standard, 2004.

[MDEK95] J. Magee, N. Dulay, S. Eisenbach, and J. Kramer. Specifying distributed soft-ware architectures. In *Proc. of the fifth European Software Engineering Conference (ESEC)*, pages 137 – 153. Springer-Verlag, 1995.

[MG11] Peter Mell and Timothy Grance. The NIST definition of cloud computing (draft). National Institute of Standards and Technology (NIST), Special Publication 800-145 (Draft), 2011.

[MH10] Mario Meir-Huber. *Cloud Computing: Praxisratgeber und Einstiegsstrategien.* Entwickler.Press, 2010.

[MK09] Vipul Modi and Devon Kemp. Web services dynamic discovery (ws-discovery), version 1.1. OASIS, 2009.

[MKL+03] Dejan S. Milojicic, Vana Kalogeraki, Rajan Lukose, Kiran Nagaraja, Jim Pruyne, Bruno Richard, Sami Rollins, and Zhichen Xu. Peer-to-peer computing. Technical Report HPL-2002-57, HP Lab, 2003.

[MKS89] J. Magee, J. Kramer, and M. Sloman. Contructing dirstributed systems in conic. 15(6), 1989.

[MLM+06] C. Matthew MacKenzie, Ken Laskey, Francis McCabe, Peter F Brown, and Rebekah Metz. Reference model for service oriented architecture 1.0. OASIS, October 2006.

[MMFR96] M. Mathis, J. Mahdavi, S. Floyd, and A. Romanow. TCP Selective Acknowledgement Options. RFC 2018 (Proposed Standard), October 1996.

[MORT96] Nenad Medvidovic, Peyman Oreizy, Jason E. Robbins, and Richard N. Taylor. Using object-oriented typing to support architectural design in the c2 style. In *SIGSOFT '96: Proceedings of the 4th ACM SIGSOFT symposium on Foundations of software engineering*, pages 24–32, New York, NY, USA, 1996. ACM Press.

[Mos05] Tim Moses. extensible access control markup language 2 (xacml), version 2.0. OASIS, 2005.

[MP97] Günter Müller and Andreas Pfitzmann, editors. *Mehrseitige Sicherheit in der Kommunikationstechnik*. Addison-Wesley-Longman, 1997.

[MRRR02] Nenad Medvidovic, David S. Rosenblum, David F. Redmiles, and Jason E. Robbins. Modeling software architectures in the unified modeling language. *ACM Trans. Softw. Eng. Methodol.*, 11(1):2–57, 2002.

[NKMHB06] Anthony Nadalin, Chris Kaler, Ronald Monzillo, and Phillip Hallam-Baker. Web services security: Soap message security, version 1.1. OASIS, 2006.

[NL05] Eric Newcomer and Greg Lomow. *Understanding Service-Oriented Architecture (SOA) with Web Services*. Addison-Wesley Longman, Amsterdam, 2005.

[NSN+97] Brian D. Noble, M. Satyanarayanan, Dushyanth Narayanan, James Eric Tilton, Jason Flinn, and Kevin R. Walker. Agile application-aware adaptation for mobility. In *SOSP '97: Proceedings of the sixteenth ACM symposium on Operating systems principles*, pages 276–287, New York, NY, USA, 1997. ACM Press.

[Oes04] Bernd Oestereich. *Objektorientierte Softwareentwicklung. Analyse und Design mit UML 2.0*. Oldenbourg, 2004.

[OLM00] R. Ommering, F. Linden, and J. Kramer J. Magee. The koala component model for consumer electronics software. *IEEE Computer*, 33(3):33 – 85, 2000.

[PASa02] Andreas Pfitzmann and Andreas Westfeld Alexander Schill and. *Mehrseitige Sicherheit in offenen Netzen*. Vieweg Verlagsgesellschaft, 2002.

[RFB01] K. Ramakrishnan, S. Floyd, and D. Black. The Addition of Explicit Congestion Notification (ECN) to IP. RFC 3168 (Proposed Standard), September 2001.

[Rot05] Jörg Roth. *Mobile Computing: Grundlagen, Technik, Konzepte.* dpunkt.verlag, 2. aktualisierte Auflage, 2005.

[RSL02] Stephan Rupp, Gerd Siegmund, and Wolfgang Lautenschlager. *SIP - Multimediale Dienste im Internet. Grundlagen, Architektur, Anwendungen.* Dpunkt.Verlag, 2002.

[Sat96] M. Satyanarayanan. Mobile information access. *IEEE Personal Communications*, 10(2):26 – 33, 1996.

[Sch03] Jochen Schiller. *Mobilkommunikation.* Pearson Studium, 2. auflage edition, 2003.

[Sch06] Klaus-Dieter Schmatz. *Java Micro Edition.* dpunkt.verlag, 2006.

[SDA99] D. Salber, A. K. Dey, and G. D. Abowd. The context toolkit: Aiding the development of context-enabled applications. In *CHI*, pages 434–441, 1999.

[SDK+95] Mary Shaw, Robert DeLine, Daniel V. Klein, Theodore L. Ross, David M. Young, and Gregory Zelesnik. Abstractions for software architecture and tools to support them. *IEEE Trans. Softw. Eng.*, 21(4):314–335, 1995.

[Ser06] J. Sermersheim. Lightweight Directory Access Protocol (LDAP): The Protocol. RFC 4511 (Proposed Standard), June 2006.

[SGM02] Clemens Szyperski, Dominik Gruntz, and Stephan Murer. *Component Software - Beyond Object-Oriented Programming.* Addison-Wesley Longman, Amsterdam, 2. auflage edition, 2002.

[SM99] Inc. Sun Microsystems. Java naming and directory interface application programming interface (jndi api). 1999.

[Spe11] OMG Specification. Business Process Model and Notation, version 2.0. OMG, 2011.

[SS00] Thomas Springer and Alexander Schill. Agent based mechanisms for automated adaptation. in: (eds.) trends in distributed systems: Towards a universal service market. lect. notes comput. sci., vol. 1890, s.. münchen: Springer 2000. In C. Linnhoff-Popin and H.G. Hegering, editors, *Trends in Distributed Systems: Towards a universal Service Market*, volume Lect. Notes Comput. Sci. 1890, pages 284 – 289. Springer, 2000.

[ST08] Nathalie Steinmetz and Ioan Toma. WSML Language Reference. ESSI WSML working group, 2008.

[Ste99] Ralf Steinmetz. *Multimedia-Technologie, Grundlagen, Komponenten und Systeme.* Springer-Verlag Berlin Heidelberg, 1999.

[STHK01] Bill N. Schilit, Jonathan Trevor, David M. Hilbert, and Tzu Khiau
Koh. m-links: An infrastructure for very small internet devices. In *MOBICOM*,
pages 122–131, 2001.

[SV05] Thomas Stahl and Markus Völter. *Modellgetriebene Softwareentwicklung.
Techniken, Engineering, Management.* Dpunkt.Verlag, 2005.

[SW05] Ralf Steinmetz and Klaus Wehrle. *Peer-to-Peer Systems and
Applications.* Springer, Berlin, 2005.

[Tan03a] Andrew. S. Tanenbaum. *Computernetzwerke.* Pearson Studium, 4.
überarbeitete auflage edition, 2003.

[Tan03b] Andrew S. Tanenbaum. *Verteilte Systeme. Grundlagen und
Paradigmen.* Pearson Studium, 1. auflage edition, 2003.

[vK10] Anne van Kesteren. Xmlhttprequest. W3C, 2010. W3C Candidate
Recommendation, 3 August 2010.

[Wah97] M. Wahl. A Summary of the X.500(96) User Schema for use with
LDAPv3. RFC 2256 (Proposed Standard), December 1997. Obsoleted by RFCs
4517, 4519, 4523, 4512, 4510, updated by RFC 3377.

[WFN90a] E. F. Walker, R. Floyd, and P. Neves. Asynchronous remote operation
execution in distributed systems. 1990.

[WFN90b] E.F. Walker, R. Floyd, and P. Neves. Asynchronous remote operation
execution in distributed systems. In *Distributed Computing Systems, 1990.
Proceedings., 10th International Conference on*, pages 253–259, 28 May-1 June
1990.

[WHK97] M. Wahl, T. Howes, and S. Kille. Lightweight Directory Access
Protocol (v3). RFC 2251 (Proposed Standard), December 1997. Obsoleted by
RFCs 4510, 4511, 4513, 4512, updated by RFCs 3377, 3771.

[Win01] Terry Winograd. Architectures for context. *Human-Computer
Interaction*, 16:401–419, 2001.

[XPMS01] G. Xylomenos, G. Polyzos, P. Mahonen, and M. Saaranen. TCP
performance issues over wireless links. *IEEE Communications Magazine*,
39(4):52–58, 2001.

[Zen97] Bruce Zenel. A general purpose proxy filtering mechanism applied to the
mobile environment., s. 248259, 1999. In *In: Proc. of the 3th ACM/IEEE
International Confer-ence on Mobile Computing and Networking (MobiCom97)*,
1997.